U0650593

普通高等教育土木工程专业"十二五"规划教材

铁道及城市轨道养护与维修

李明华 编著

中国铁道出版社有限公司
CHINA RAILWAY PUBLISHING HOUSE CO., LTD.

内 容 简 介

本书是为高等学校土木工程专业及其相关专业方向编写的教材,主要讲述铁路及城市轨道的养护与维修技术和各项工程的基本养护与维修方法、程序及工艺操作要点。

全书共分10章,主要内容有养护计划与维修天窗、养路机械与设备、线路维修养护、桥隧养护、路基养护、大修设计与施工、铁路防灾与抢修、高速铁路养护特点、地铁交通设施养护与维修。

本书除作为高等学校相关专业教学用书之外,也可供从事铁路与地铁工程运营管理的相关技术与管理人员参考。

图书在版编目(CIP)数据

铁道及城市轨道养护与维修/李明华编著. —北京:
中国铁道出版社,2014.9(2024.7 重印)
普通高等教育土木工程专业"十二五"规划教材
ISBN 978-7-113-18712-5

Ⅰ.①铁… Ⅱ.①李… Ⅲ.①铁路养护—高等学校—
教材 ②铁路线路—维修—高等学校—教材 ③城市铁路—铁
路养护—高等学校—教材 ④城市铁路—铁路线路—维修—
高等学校—教材 Ⅳ.①U216.42 ②U239.5

中国版本图书馆 CIP 数据核字(2014)第 161211 号

书　　名:**铁道及城市轨道养护与维修**
作　　者:李明华

责任编辑:李丽娟　　　编辑部电话:(010) 83527746
封面设计:王镜夷
责任校对:龚长江
责任印制:樊启鹏

出版发行:中国铁道出版社有限公司 (100054,北京市西城区右安门西街 8 号)
网　　址:https://www.tdpress.com/51eds/
印　　刷:三河市宏盛印务有限公司
版　　次:2014 年 9 月第 1 版　2024 年 7 月第 3 次印刷
开　　本:787 mm×1 092 mm　1/16　印张:17.75　字数:448 千
书　　号:ISBN 978-7-113-18712-5
定　　价:45.00 元

版权所有　侵权必究

凡购买铁道版图书,如有印制质量问题,请与本社读者服务部联系调换。电话:(010) 63550836
打击盗版举报电话:(010) 63549461

前　言

　　铁路分为普速铁路和高速铁路，当普速铁路通过改造使运营速度达到 200 km/h 以上，或者新建铁路达到 250 km/h 以上时则称为高速铁路；地下铁道（简称地铁）从狭义上讲也专指在地下运行为主的城市轨道交通系统。由于同属于轨道交通系统，因而他们的养护与维修具有较强的通用性与可借鉴性。

　　路基、桥梁、涵洞、隧道、轨道是组成轨道交通系统的主体结构，因为它们长期处在自然环境下，养护任务相当繁重。又因营业线养护与维修工作安全性要求高，施工繁琐，加之又不能影响其他列车正常运营，其养护工艺、操作方法随现场条件、对象和材料的不同而不同。限于篇幅，本书仅重点介绍相关工作的基本程序、基本方法和操作要点，并结合现场实际需要，略有侧重。

　　本书是为在校大学生及铁路工务及地铁有关人员全面而系统地了解工务工作的基本过程与基本操作等知识，结合现场养护需要而编写的，可作为高等学校土木工程专业相关方向如道路与铁道工程、城市轨道工程、地下工程等的教学用书，也可供铁路及地铁运输管理部门的相关技术与管理人员参考。

　　全书共分 10 章，主要内容有：绪论；养护计划与维修"天窗"；养路机械与设备；线路维修养护；桥隧养护；路基养护；大修设计与施工；铁路防灾与抢修；高速铁路养护特点；地铁交通设施养护与维修。全书尽可能结合目前铁路与地铁实际操作状况，力求系统性强又简明扼要。

　　随着科学技术的不断发展及列车速度的不断提高，养护标准也在不断的提高，且地铁养护尚无统一标准，因而，书中有些术语和数据可能会随时间而异，如与现行规范不符时应以现行规范为准。

　　本书在编写过程中，得到了毛建红、张鹏飞、方焘、孙志龙、梁华等同志的大力支持与帮助，在此表示感谢。除所列主要参考文献外，还参考了大量相关文献与资料，恕不一一列出，在此谨向相关文献的作者表示衷心的感谢与敬意。

　　由于编者水平所限，不妥之处在所难免，敬请读者批评指正。

编　者
2014 年 7 月于南昌

目　录

第1章　绪　　论 ……………………………………………………………………… 1

1.1　概　述 ……………………………………………………………………………… 1

1.2　工务系统的组织机构 ……………………………………………………………… 8

1.3　工务工作的管理 …………………………………………………………………… 11

第2章　养护计划与维修天窗 ………………………………………………………… 17

2.1　养护工作计划 ……………………………………………………………………… 17

2.2　养修分开 …………………………………………………………………………… 22

2.3　天　窗　修 ………………………………………………………………………… 25

第3章　养路机械与设备 ……………………………………………………………… 32

3.1　我国铁路大型养路机械发展历程 ………………………………………………… 33

3.2　常用养路机械与设备 ……………………………………………………………… 34

3.3　大型养路机械作业 ………………………………………………………………… 41

第4章　线路养护维修 ………………………………………………………………… 49

4.1　线路设备检查 ……………………………………………………………………… 49

4.2　线路设备修理主要作业 …………………………………………………………… 65

4.3　曲线养护 …………………………………………………………………………… 71

4.4　道岔养护 …………………………………………………………………………… 89

4.5　无缝线路的养护维修 ……………………………………………………………… 98

4.6　无砟道床维修作业 ………………………………………………………………… 112

4.7　精密测量控制网 …………………………………………………………………… 119

第5章　桥隧养护维修 ………………………………………………………………… 123

5.1　概　述 ……………………………………………………………………………… 123

5.2　桥隧的检查与状态评定 …………………………………………………………… 129

5.3　桥涵病害与维修 …………………………………………………………………… 133

5.4　隧道病害与维修 …………………………………………………………………… 155

第 6 章　路基养护 ·· 182

　6.1　概　述 ·· 182

　6.2　路基养护 ··· 187

　6.3　路基病害类型与整治 ··· 193

第 7 章　大修设计与施工 ·· 202

　7.1　概　述 ·· 202

　7.2　线路设备大修 ·· 204

　7.3　桥隧建筑物及路基大修 ·· 222

第 8 章　铁路防灾与抢修 ·· 229

　8.1　应急处置 ··· 229

　8.2　铁路灾害及类型 ··· 231

　8.3　铁路交通事故 ·· 234

　8.4　防洪与防冻 ··· 239

　8.5　紧急抢修 ··· 245

第 9 章　高速铁路养护特点 ··· 252

　9.1　高标准的基础设施 ·· 252

　9.2　严格的养护维修要求 ··· 256

第 10 章　地铁交通设施养护与维修 ·· 259

　10.1　区间隧道工程 ··· 260

　10.2　地铁桥梁 ··· 263

　10.3　地铁车站 ··· 268

　10.4　地铁路基和涵洞 ··· 272

　10.5　车辆段及区间附属构筑物 ··· 275

参考文献 ··· 278

第1章 绪 论

1.1 概 述

线路设备是铁路或地铁运输业的基础设备,常年裸露在大自然中,经受风雨冻融和列车荷载的作用,轨道几何尺寸不断变化,路基及道床不断产生变形,钢轨、联结零件及轨枕不断磨损,因而使线路设备的技术状态不断地发生变化。为确保列车能按规定的速度安全、平稳、不间断地运行,以及延长线路各部分的使用寿命,必须加强对线路的养护维修和监测,保证线路设备经常处于完好状态。

1.1.1 养护与维修的概念

在列车不间断地运行和自然环境的作用下,钢轨、轨枕、道砟和路基必然会发生各种各样的变形或损坏,使线路轨道产生不平顺,导致承载力下降,需要有专业人员保持轨道状态,使其恢复到原来的设计位置;更换磨损超限的钢轨、枕木和零部件,增强轨道结构强度,提高线路设备修理质量,保证列车畅通无阻。

为保证铁路或地铁线路状态良好,使列车按规定速度安全、平稳、不间断运行而进行以及延长线路各部分的使用寿命而进行的各项养护与维修作业统称为工务养护。它包括恢复铁路线路各组成部件性能的更新、修理,预防和消除线路在列车动力作用及其他影响下所产生的变形、病害等的经常维修工作。

1.1.2 养护与维修的任务

我国铁路线路设备修理分为线路设备大修和维修。二者的任务均以铁路运输为中心,在技术上,最大可能地减少永久变形的积累,经常保持线路设备状态的均衡完好。

1. 线路设备大修的基本任务

(1)提高轨道结构强度。随着铁路的发展,速度、轴重、牵引定数和通过总重不断增大,原有的轨道结构已不能与新的运营条件相匹配,需要加强,以增强轨道的承载能力。

(2)恢复轨道结构强度,全面改善轨道弹性。原有的轨道经过一个大修周期以后,轨道部件老化、失效、伤损率较高,道床板结,弹性降低。仅靠线路维修难以保持行车安全,且不经济。因此,要通过对线路进行全面大修,全面更换轨道部件,清筛、补充道床,恢复轨道结构强度,全面改善轨道弹性。

2. 线路设备维修的基本任务

(1)经常保持线路设备的完整和质量均衡。线路设备任何部分的短缺或失效,都可能影响正常行车甚至危及安全,必须经常保持其完整无缺。铁路的某一干线或某一区段,其运营条件基本上是相同的,要求线路具有统一的标准、同等的强度及均衡的质量。

(2)保证列车能以规定的速度,安全、平稳和不间断地运行。线路的设备状态,应能保证列车按运行图规定的容许速度正常运行,否则将延误列车运行时分,打乱运输秩序。安全是运输生产的主题,线路维修就是以保证行车安全、平稳为目的而进行的工作。做好线路维修工作,保证列车运行平稳,避免因设备故障中断行车,是线路维修工作的一项主要任务。

(3)尽量延长设备使用寿命。提高线路维修质量,保持线路平直圆顺,减少列车对线路的附加动力作用,延长设备使用寿命,也是线路维修工作的一项重要任务。

1.1.3 养护与维修的特点

由于铁路轨道运营的特殊性,相关工务养护与维修工作,具有如下特点。

(1)减少消耗,降低成本,最大限度地延长线路设备使用寿命。

(2)线路设备是固定的,既没有大量备用,也不可能撤离行车现场,必须边使用边检修并确保列车安全运行。

(3)线路设备分布在沿线,工务养护工作线长点多、露天作业,必须冒着风沙雨雪、严寒酷暑,必要时还须与自然灾害斗争,工作条件十分艰苦。

(4)在服务于运输的前提下,线路设备维修应实行天窗修制度,并实行检修分开的管理体制,利用有限的预留施工天窗点内完成养护维修作业,及时恢复运输条件。

(5)必须提报养护维修作业计划,经上级主管部门批准后,方可实施正常作业。

1.1.4 养护与维修的原则

工务养护工作要满足铁路运输发展和行车安全的需要,而大部分施工作业又是在行车条件下进行的既有设备的拆除、恢复或修理更换,应遵循以下主要原则:

(1)全面贯彻铁路总公司及各铁路局相关维修与安全方针,结合实际需要和具体条件,制订工务养护维修工作计划和规划目标。

(2)线路设备大修应贯彻"运营条件匹配,轨道结构等强。修理周期合理,线路质量均衡"的原则,坚持全面规划、适度超前、区段配套的方针,并应采用无缝线路。

(3)普速铁路线路设备维修应贯彻"预防为主,防治结合,修养并重"的原则,按线路设备技术状态的变化规律和程度,进行综合维修、经常保养和临时补修,有效地预防和整治线路病害,有计划地补偿线路设备损耗,以取得较好的技术经济效益。

高速铁路线路维修则应按照"预防为主,防治结合,严检慎修"的原则,根据线路状态的变化规律,合理安排养护与维修,做到精确检测、全面分析、精细修理,以有效预防和整治病害。

(4)线路维修应实行检、修分开的管理制度,实行专业化和属地化管理。应本着"资源综合、专业强化、集中管理"和"精干、高效"的原则建立高速铁路线路维修管理机构。线路设备大修由大修设计和施工专业队伍承担。

(5)高速铁路应严格实行"天窗修"制度,做好精密测量控制网(简称精测网)的管理,加强曲线(含竖曲线)、道岔、焊缝、无砟轨道结构及过渡段的检查和养护维修,加强轨道长波不平顺的检查和管理,保证线路质量均衡、稳定。

(6)线路设备修理应采用新技术、新设备、新材料、新工艺和先进的施工作业方法,优化劳动组织,提高劳动生产率和施工作业质量,降低成本,改进检测方法,推行信息化技术,健全并严格执行安全管理和检查验收制度。

（7）特别注意行车和人身安全,正确处理施工与运输的关系,尽量减少中断行车和限制行车速度的时间。

1.1.5 养护与维修的分类

1. 铁路养护与维修的分类

按工作内容可划分为铁路线路养护和铁路建筑物养护两个方面。铁路线路养护是对路基、轨道等进行的维修和保养作业;铁路建筑物养护是对铁路桥梁、隧道和房屋建筑物等进行的维护和保养作业。其中,线路养护又可以划分为线路设备大修和线路设备维修。

（1）线路设备大修

根据运输需要及线路设备损耗规律,周期性地、有计划地对损耗部分更新和修理,恢复和提高设备强度,延长设备使用寿命,恢复和增强轨道承载能力。因线路设备大修引起其他设备变动时,应由铁路局在相应的大修计划中统一安排。线路经过大修后,其质量标准应符合设计要求或得到加强。

①线路大修。线路上的钢轨疲劳伤损,轨型不符合要求,不能满足铁路运输需要时,必须进行线路大修。线路大修分为普通线路换轨大修和无缝线路换轨大修。无缝线路换轨大修按施工阶段可分为铺设无缝线路前期工程和铺设无缝线路。

②成段更换再用轨(整修轨)。

③成组更换道岔和岔枕。

④成段更换混凝土枕。

⑤道口大修。

⑥隔离栅栏大修。

⑦其他大修(以上未涵盖的线路设备大修项目)。

⑧线路中修。在线路大修周期内,道床严重板结或脏污,弹性不能满足铁路运输需要时,应进行线路中修。石灰岩道砟应结合中修有计划地更换为一级道砟。在无路基病害、一级道砟、道床污染较轻、使用大型养路机械按周期进行修理的区段,通过有计划地进行边坡清筛,应取消线路中修。

大修的目的:解决运输上薄弱环节和设备上薄弱地段,消灭列车动力作用所造成的一切永久变形的积累,恢复设备原有的技术标准,或提高轨道结构强度。

（2）线路设备维修

保持轨道几何形位和轨面平顺为主,通过起道、捣固、改道、拨道等作业,使轨距、水平、方向、高低等达到维修标准的良好状态;保养轨道各组成部分,包括更换个别伤损和磨耗逾限的部件。维修工作还包括巡查线路和检测轨道状态。

线路维修工作分为综合维修、经常保养和临时补修,而高速铁路线路维修则分为周期检修、经常保养和临时补修。

①综合维修。根据线路变化规律和特点,以全面改善轨道弹性、调整轨道几何尺寸和更换、整修失效零部件为重点,以大型养路机械为主要作业手段,按周期、有计划地对线路进行的综合性维修,以恢复线路完好技术状态。其中,客运专线综合维修指根据线路变化规律和特点,以全面进行钢轨打磨、调整轨道几何尺寸和更换、整修失效零部件为重点,按周期、有计划地对线路进行的综合性修理,以恢复线路完好技术状态。钢轨打磨以打磨车为主要作业手段。

高速铁路的周期检修指根据线路及其各部件的变化规律和特点,对钢轨、道岔、扣件、无砟道床、无缝线路及轨道几何形位等按相应周期进行的全面检查和修理,以恢复线路完好技术状态。铁路局可根据线路设备状态、线路条件、运输条件和自然条件等具体情况调整维修周期,并报铁路总公司核备。

②经常保养。根据线路变化情况,以养路机械为主要作业手段,对全线进行有计划、有重点的经常性养护,以保持线路质量处于均衡状态。其中,客运专线经常保养指根据线路变化情况,进行有计划、有重点的经常性养护,以保持线路质量经常处于均衡状态。

③临时补修。以小型养路机械为主要作业手段,及时对线路几何尺寸超过临时补修容许偏差管理值及其他不良处所进行的临时性整修,以保证行车安全和平稳。其中,客运专线临时补修指以垫板和改道为主要作业手段,及时对线路几何尺寸超过临时补修容许偏差管理值及其他不良处所进行的临时性修理,以保证行车安全和平稳。

维修的目的:消除轨道的不平顺、改善轨道的弹性、整治设备病害和整修设备零部件,使线路设备质量保持平稳性、均匀性和一致性。因此,线路维修的决定因素,主要是轨道的几何尺寸、钢轨接头的状态。

2.地铁养护与维修的分类

地铁养护维修中轨道线路设备维修通常分为经常保养、纠正性维修、临时补修。

(1)经常保养。根据线路变化情况,对除纠正性维修地段外的所管辖轨道设备几何尺寸达到经常保养管理值,以及其他计划性维护项目进行的一项月度设备维护,以保持轨道设备质量经常处于均衡状态。

(2)纠正性维修。是根据轨道线路的变化规律、特点以及轨道设备的现状,全面改善轨道弹性、调整几何尺寸和更换、整修失效零部件,有重点地对轨道线路进行计划性修理,以恢复轨道线路完好的技术状态。

(3)临时补修。是及时修正(整修)达到(线路几何尺寸超过临时补修容许偏差管理值及其他不良处所进行)临时补修容许偏差管理值及影响行车的线路病害的临时修理,以保证行车平稳和安全。

1.1.6 养护与维修作业制度

1.铁路养护与维修作业制度

铁路工务部门为确保安全生产,建立健全许多制度,明确各单位、各部门、各责任人的职责,规定施工作业必须建立以下制度。

(1)施工三检制。在每次开工前、施工中和线路开通前,施工负责人应组织有关人员分别按分工地段对施工准备、施工作业方法和线路设备状态进行检查。

(2)巡查养护制。施工现场应设置巡养人员,对施工地段进行巡查和养护,发现并及时消除危及行车安全的处所。

(3)工序交接制。前一工序应给后一工序打好基础,在前一工序完成后,应由施工负责人组织工序负责人进行交接。

(4)隐蔽工程分阶段施工制度。每阶段完成后,施工单位应会同接管单位共同检查,并填写记录,确认符合设计要求,方准开始下一阶段施工。

(5)岗前培训制度。新工人上岗前必须经过安全教育和技术培训,经考试合格方准上岗。

采用新工艺、使用新设备时,必须首先制定安全保证措施和操作规程,并对职工培训后方准进行操作和调试。

(6)安全检查分析制度。施工安全工作应抓早、抓小、抓苗头、抓薄弱环节,应定期加强检查,重点加强季节性、节假日和工地转移前后的检查,及时消除隐患。应组织开展事故预想活动,预防事故的发生。对事故苗头和事故应及时分析、处理,吸取教训。

(7)立项报批制度。对现场发现的设备病害及时上报相应科室,科室有关人员再复核汇总,经主管领导批准后报铁路局审批。铁路局下达件名后,进行设计,并按审批文件组织实施,如需变更,须办理变更手续经铁路局审批。

(8)技术交底制度。施工前上级(或制订方案)部门需向下级(或实施方案)部门进行施工技术交底。对涉及封锁、慢行的施工,还须召开技术协调会议。根据施工的等级和难易程度分别请主要领导和相关科室、车间的人员以及施工单位负责人、施工工地管理、技术人员参加,并做好记录。

1)施工交底会议内容:

①工程的范围、工程项目、数量、图纸各部分的尺寸、位置、标高等。

②施工方法及施工的进度安排。

③施工封锁和慢行条件。

④各项作业的标准要求。

⑤确保质量和安全的措施和注意事项。

2)技术协调会的主要内容:

①详细介绍工程技术要求及施工组织情况。

②对施工方案进行审查和优化。

③需要各个相关部门协助的方面进行确定和落实。

(9)施工检查制度。施工过程中,各级领导(技术人员)每日在施工前、施工中及施工后,按责任分工地段做好检查工作。主要是施工前的准备,施工中的作业情况以及施工后设备技术状态检查。

(10)竣工验收制度。工程竣工后,施工单位应按有关要求整理好竣工文件,装订成册,交工务段技术主管部门,申请验收。综合维修验收,要严格执行工务段、车间、工区三级验收制,按综合维修验收标准及有关规定要求,全项目验收,进行质量评定。工区每天在作业中及收工前,进行质量自检或互检,自检合格后填写验收证报请车间复验,领工员复验符合要求时,再报请工务段验收。工务段应及时验收,验收合格,应立即签发验收证,交工区保存;如验收不合格时,应提出不合格处所,限期由工区继续整修。整修完毕后,再报请工务段复验。长大桥隧也可分孔或分段办理验收。

2.地铁养护与维修作业制度

地铁运营管理部门工建车间推行"安全第一、预防为主"的全生产制度。要求线路作业人员必须认真执行"三不动"、"三不离"、"三不放过"、"三级施工安全措施"、"三级检查制度"等安全制度。

(1)三不动:未联系登记好不动;对设备性能、状态不清楚不动;正在使用中的设备不动。

(2)三不离:检修完不复查试验好不离开;发现故障不排除不离开;发现异状、异味、异声不查明原因不离开。

（3）三不放过：事故原因分析不清不放过；未制订防范措施不放过；责任人和群众未受到教育不放过。

（4）三级施工安全措施：施工前的准备措施；施工中单项作业措施；施工后检查措施；预防人为故障措施以及发生故障时的应变措施。

（5）三级检查制度：工建车间主任每季对车间管理范围内的固定资产、主要线路、设备的性能、状态及安全运行条件检查一次；工段长每月对管内重点设备检查一次；工班每周对管内设备全面检查一次；巡道人员每日有计划地对管内线路、道岔进行巡查。

1.1.7 春秋季设备检查

工务部门各单位除按规定执行各项定期的或经常的工务设备检查制度外，铁路局还应组织工务段进行春秋季设备检查。为使检查结果准确无误，在检查前应组织参加检查的人员学习技术标准和检查方法，必要时，还可组织试查。

春秋季设备检查十分重要，必须认真组织。春季设备检查，一般在每年 3～4 月份进行，检查的重点是路基状态，在北方寒冷地区主要是通过检查防止春融乱道；在南方多雨地区则可以结合防洪检查，做好路基排水工作。秋季设备检查，应在每年 9 月末以前完成，按铁路总公司规定的秋检内容，应由铁路局组织工务段进行一次秋季设备检查，并结合设备检查进行线路设备状态评定。铁路局应于 10 月 20 日前汇总并分析秋季设备检查结果，报铁路总公司。秋季设备检查的项目多、工作量大，在组织上可以车间为单位成立检查小组，按照规定的技术标准和检查方法进行检查。技术性强的项目，为保证检查质量，工务段可以成立专业小组进行检查。春秋季设备检查的目的和作用如下：（1）全面掌握线路设备状态。工务段应根据现场调查结果，及时组织车间和工区全面修改钢轨、轨枕、道岔、道口等登记簿。同时，还应根据现场调查结果，按铁路总公司的规定要求，在 9 月末以前报送各种报表；并提出检查总结和分析报告。（2）作为次年编制计划的依据。铁路局可据以核实线路大中修计划、道床轮筛计划、路基、道岔和道口大修计划；工务段则可据以提报次年的生产财务计划，核实设备病害的整修计划。（3）线路设备存在的问题。针对线路设备存在的问题，可以立即采取技术组织措施，组织力量进行整修处理，以保证设备质量的全面均衡良好。

1.1.8 养护与维修的发展

中国铁路始建于 1876 年，20 世纪 60 年代以前，人工作业为主。60 至 80 年代以小型机械化配合人工作业。80 年代以后逐步发展大型养路机械。随着我国铁路高速、重载和舒适化的快速发展和要求，线路验收标准逐步提高，再加上近年来各种新建铁路、客运专线和改、扩建线路的大量竣工，我国铁路的运营里程增加，传统的维修手段已无法满足维修要求，大型养路机械养护已成必然。

铁路养护机械的发展推动了铁路养护与维修技术的发展。目前，我国使用的大型养路机械主要有线路捣固车、道岔捣固车、动力稳定车、清筛机、配砟整形车、钢轨打磨车等。残余变形对线路或道岔造成横向、竖向和纵向几何形位发生改变的病害时，可通过线路或道岔捣固车进行起道、拨道、捣固和砟肩夯拍，作业后可使线路或道岔水平、高低、轨向和三角坑扭曲量等参数都在验收范围内，砟肩夯拍后还可提高道床的横向阻力，增强道床的稳定性；残余变形造成钢轨及其他组成部件疲劳伤损和磨耗伤损时，也可通过线路或道岔捣固车加强病害部位（例如接头处)的捣固,消除病害部位的空吊板和翻浆冒泥现象。钢轨波浪形磨耗、钢轨肥边、马鞍形磨耗、焊缝凹陷及鱼鳞裂纹等病害,可通过钢轨打磨车进行打磨。道床结硬和溜坍时可通过清筛机对道床石砟进行彻底清筛或更换新砟,并且捣固坚实。此外,动力稳定车还可跟进捣固车作业,以巩固捣固效果,增强道砟的密实度。提高道床稳定性。配砟整形车作业后可使道床布砟均匀,并按线路的技术要求使道床断面成形。组合后的大修列车车组可完成线路换轨、换枕、清筛等大修工程。

1. 形成新的生产格局

近年来,铁路总公司不断加大对大型养路机械的投入力度,使我国铁路大型养路机械形成了一定的装备规模。大型养路机械的综合作业范围覆盖了全路繁忙干线和提速线路,形成以大型养路机械为主要作业手段的新的生产格局。

2. 提高线路维修质量

大型养路机械配套作业项目齐全、标准高,无论大修、维修作业,施工后的线路状态质量均衡,稳定性好,大幅度提高了轨道的承载能力和几何精度,人工作业和小型养路机械无法与其相比。实践证明,大型养路机械作业安全度高,采用其进行维修的线路,减少了因作业质量不良而引发的行车事故。

3. 确保提速目标实现

在铁路实施六次大提速中,工务系统面临前所未有的线路整修改造等繁重工作,包括换轨大修、病害整治、曲线改造、换砟、补砟和强化维修等项工作。各铁路局组织大型养路机械机群作业,充分发挥机动、高效、综合作业的优势,圆满地完成了提速线路全面技术改造。其中,曲线改造是难度较大的复合作业,而采用维修机组的自动抄平起拨道捣固车,动力稳定车和配砟整形车配套作业,一次即可完成,几何尺寸和道床密实度均衡达标。大型养路机械为提速线路基础的安全可靠性提供了重要的技术保障,确保了提速目标的实现。

4. 推进工务体制改革

大型铁路工具的广泛应用引发传统的工务修制、体制的变化,促进工务工作的深化改革。以大型养路机械为主要作业手段的生产格局形成,促使工务段及其属下机构的设置、养护人员数量按"养修分开"进行调整,工务生产布局相继也进行较大的调整,同时加快了工务队伍由劳动密集型向技术密集型转化,管理工作由粗放型向集约型转化。

1.1.9 工务设备的发展趋势

随着国民经济的迅速发展,铁路必须以大力提高列车牵引质量,增加行车密度,提高行车速度为方针,以扩能、提效为中心,以安全、正点、优质、服务为宗旨,发展我国铁路现代化,以适应国民经济发展的需要。

工务设备发展的主要趋势:换铺重型钢轨及弹性扣件;发展无缝线路;铺设提速道岔;铺设钢筋混凝土轨枕或使用各种新型轨下基础;改善碎石道床及路基工作条件;积极采用新技术,整治桥隧病害,强化桥隧结构;逐步推行大维修机械装备、高速度检测设备装备、高效率和特种设备的装备;开发研制适用于工务动态监测、检测等管理软件,开发大中维修周期、计划预测系统和地理信息系统软件,建立铁路工务工程数据库管理系统;并实现综合维修大型机械化,临时补修中型机械化,养护维修智能化、自动化。

1.2 工务系统的组织机构

铁路是国民经济的大动脉,是一架大"联动机"。前者说明铁路运输在国民经济中的重要性,后者说明铁路机构是庞大的母体系。组成这个母体系的主要子体系是运输、机务、工务、电务、车辆、客运、货运、供电、装卸八大业务系统。这八大业务系统在完成铁路运输任务中既相互关联,相互作用,是个整体,而又相互独立,具有不同的业务功能。

按系统工程分析,在组成铁路运输的各系统中,铁路运输是母系统,工务系统则是铁路运输的一个子系统。线路设备既是铁路运输从事物质生产的"劳动资料(工具)",又是工务系统的"劳动对象",具有两重性。

铁路的管理机制,从解放初期至今已经有过几次演变,但是,无论如何变更,运输管理工作还是坚持按业务系统分级管理制。

工务管理工作,中国铁路总公司设运输局,内设工务部,铁路局设工务处,直接从事工务设备维修保养工作的是工务(桥工、机械)段、车间、工区。

铁路局为一级管理机构,属决策指挥层;工务(桥工、机械)段等基层单位为二级管理机构,属生产执行层。

1.2.1 运输局

2013 年 3 月,根据国务院机构改革和职能转变方案,实行铁路政企分开。将铁路总公司拟定铁路发展规划和政策的行政职责划入交通运输部,组建国家铁路局,由交通运输部管理,承担铁路总公司的其他行政职责;组建中国铁路总公司,承担铁路总公司的企业职责;不再保留铁道部。

中国铁路总公司承担原铁道部运输局的相应职能,运输局工务部是工务系统的最高管理机关,按工务部→工务处→工务段→车间→工区进行管理。目前,全路共有 18 个铁路局(集团公司),下辖 120 多个工务段。工务系统的工种分为线路工、桥隧工、巡道工、看守工、道口工、探伤工。单位级别分为铁路局工务处、工务段、线路(桥隧)车间、线路(桥隧)工区。职称级别分为初级技工、中级技工、高级技工、技师、高级技师。铁路局以工务处为铁路工务系统最高级单位,下设若干个工务段,工务段下设线路(桥隧)车间,线路(桥隧)车间下设若干个线路(桥隧)工区。线路(桥隧)工区为工务段最基层单位,一般设在车站附近。

1.2.2 工务处

工务处是铁路局工务系统业务主管部门,内设线路、高速、桥隧、综合、安全道口、施工技术、机械设备等多个科室,主要负责全局线桥设备大维修计划的编制,线桥规章及标准制定和落实,大中修施工质量监察及工程验收,防洪、林业绿化以及工务设备等其他日常管理工作。

铁路设备的日常检查与保养由工务段完成,为保证线、桥设备大修工作的顺利进行,铁路局还成立了相应的大型养路机械化维修段,按"检养修分开"的模式进行管理。其组织管理如图 1-1 所示。

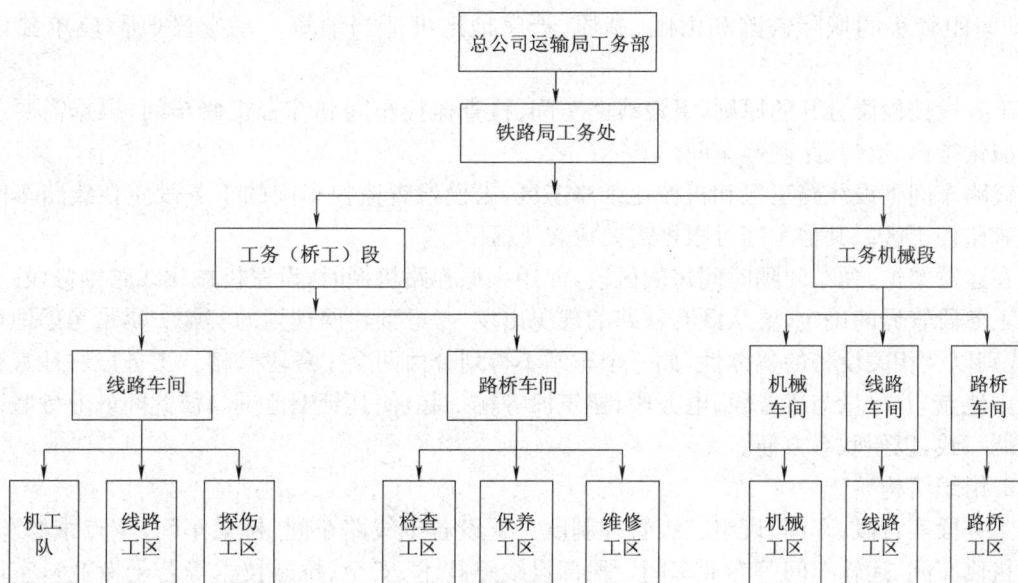

图 1-1 工务系统组织形式示意图

1.2.3 工务段

工务段是工务部门的基层生产单位,负责铁路线路及桥隧设备的保养与维修工作,经常保持线路设备处于完整和良好状态,保证铁路运输的安全畅通。因而,工务段的主要职责是切实掌握线路设备的变化规律,制定有效的改善措施,安排好整治病害、综合维修和紧急养护。同时,按计划完成规定的线路中修和各项段办大修任务,以改善和提高线路设备状态,保持设备质量的均衡良好。

随着铁路的全面提速和管理体制的改革,线路修理将逐步实行养修分开,工务段主要负责线路的检查、保养和临修,线路大中维修由路局工务处安排,养路机械段承担施工,而且养路机械段也将逐步从运输主业分离。

线路车间负责铁路线路及相关设备的日常保养与维修,以及铁路巡道、铁路道口的看守。桥梁车间负责桥梁、隧道、涵洞的保养与维修。重点维修车间负责铁路线路的大中维修施工作业。综合机修车间负责机具检修、配件修理、辅助加工等。每个车间下设若干作业班组。

1. 管辖范围

工务段的管辖范围:正线延长单线以 $500\sim700$ km 为宜,双线以 $800\sim1\,000$ km 为宜。但随着通信信号设备的更新换代和机车动力的提升,机车交路大大延长(主要干线客运机车交路已经由过去的不足 500 km 延长到 900 km 以上,直达特快列车的机车交路已经达到 1 500 km 左右,直通货车的机车交路已经由过去的不足 280 km 延长到 500 km 以上,客货车辆安全运行的保障距离也大幅度延长),又由于机械化养路的全面推广和管理体制和改革,工务部门养护管辖范围实际上已远远大于 400 km。

线路车间的管辖范围:正线延长单线以 $60\sim80$ km 为宜,双线以 $100\sim120$ km 为宜。

线路工区的管辖范围:正线延长以 $10\sim20$ km 为宜。

而高速铁路线路车间管辖线路长度以营业里程 $200\sim300$ km 为宜,站间距较小的城际铁路,管辖范围可适当缩短。线路车间下设工区,工区间距平原地区一般为 100 km 左右,站间距较小的城际铁路和山区、高原、严寒地区可适当缩短。动车段(所)应单独设置工区。

工务段按检修分开的原则,下设线路车间、检查监控车间和综合机修车间,根据需要还可设机械化维修、道口、路基等车间。

线路车间下设线路工区和机械化维修工区,未设检查监控车间的工务段应在线路车间设置检查监控工区。其他车间可根据需要设置工区。

在运输繁忙、列车间隔时间短的区段,使用大型养路机械时,设置机械化线路维修段。

工务段管界的确定,要从既有铁路的现况出发,考虑到路网规划的实施。尽量考虑地域管辖、线别以及相关设备的整体性,如一个车站不得划分由两个工务段管辖。工务段驻地宜在管辖适中地点,并尽量与机务段、电务段、建筑段等在一起,使其管辖范围与彼此间的业务联系尽量协调一致,以便联系方便。

2.组织机构

工务段实行段、车间、班组三级管理制度。下设若干线路车间、桥梁车间、重点维修车间、综合机修车间、运输车间等专业车间。段部设线路技术、安全、桥隧技术等若干专业科室以及人事、财务、教育、行政等若干后勤科室。此外工务段内还设有检修车间,以修制钢轨联结零件、道岔部件和养路机具等;同时还设有物资仓库,分别储存线路配件、机电、五金、木材、杂品、低值易耗品等,并有危险品库,专门储存油脂和其他危险品。必要时,还设有修旧利废的第一仓库。

3.车间和工区

工务段下设的养护维修组织有线路车间、桥梁车间、综合车间,每一线路车间再设若干个工区或机械化维修工队,分别负责管辖范围内的线路维修检查、保养工作;桥梁车间下设若干个桥梁工区;有人看守道口数量较多且比较集中的地区,设道口车间、或设由养路车间领导的道口工区,探伤车间或探伤工区;对专业性较强且工作量较大的工作,应设有由工务段直接领导的专业工队。有大隧道和隧道较多的工务段,还应设置隧道通风和照明工区。山区铁路可设路基车间和路基工区,负责路基维修和路基病害的整治工作;而由养路工区负责整修路肩、清除杂草和疏通侧沟工作。其他铁路不设路基工区时,按照《铁路路基大维修规则》的规定,由养路工区负责路基维修、检查和巡守工作。

我国铁路的线路维修管理组织基本分为修养分开和修养合一两种形式,目前线路设备维修实行检修分开制度。

检修分开的基本原则是实行专业检查和机械化集中修理,实现检查与维修的异体监督。

检查监控车间(工区)应按规定的项目和周期进行设备检查分析,并及时传递检查信息;线路车间负责安全生产的组织实施;线路工区主要负责线路设备巡查、临时补修、故障处理;机械化维修车间(工区)主要负责综合维修、配合大机维修作业和经常保养;综合机修车间负责钢轨、道岔焊补,养路机械的维修保养,工具制作、修理及线路配件修理等工作。

1.2.4 工务大修段

大修段是工务系统的一支"野战军",与工务段构成工务工作的两翼,在工务工作中起着重要的作用。

大修段的主要任务:改善和提高轨道结构强度,实现全线等强配套,为提高铁路的运输能力和线路设备的良性循环而服务。

大修段的设置,以前基本上是一个铁路分局设一个大修段。随着大型养路机械的增加和生产专业化的要求,必将使大修段的管辖变长,很多铁路局已将其与机械段合并称为工务机械段。

1.2.5 工务机械段

为调整铁路生产力布局、扩大站段管理跨度、减少站段数量,使工务养护从原来的手工作业人海战术逐渐转变为机械化作业,线、枕、岔的维修全部使用大中型机械设备,大幅度提高综合施工能力和机械化程度。同时,由于新技术、新设备的广泛使用,线路大修逐步向无缝线路铺设过渡,原有的大修施工模式逐渐发生变化,在生产结构调整之后,短轨大修、轨排组装等项目也将不复存在。于是,大型养路机械段应运而生。

大型养路机械是一种现代化的生产工具,科技含量大、技术密集、价格昂贵,要最大限度地发挥这些大型设备的功效,一方面依赖于检修操作人员的技术业务素质,一方面依赖于设备的性能。维持设备的良好性能,就是要在使用的过程中,形成使用、损耗、恢复的良性循环,尽可能延长其使用周期。机械化线路维修段进行综合维修时,工务段、电务段等应予以配合。

工务大修机械段机构设置通常设有段办公室、党群工作室、技术科、路桥科、设备科、安全质检科、劳动人事科、计划财务科、职工教育科、材料科等;并设有相关线路队、机械队、长轨队、换枕队、清筛队、线路整修队、检测车间、综合车间、焊轨车间、轨料车间、大修基地、采石车间及相关集经单位等。

1.2.6 工务工厂

工务工厂是工务系统线路部件和养路机具制造、修理的主要基地。一般铁路局都有自己的工务工厂(或焊轨工厂)。工务工厂的主要产品有:焊接的长钢轨、成组的道岔及其配件,小型养路机具、线路配件等。此外,有的还经营轨道车、轻型轨道车、平车的大修;旧轨料的整修;钢轨、辙叉的淬火。目前,大部分铁路局已将其划入工务机械段管理。

1.2.7 地铁维修组织

地铁维修管理组织模式根据各地铁公司组织机构不同而不同,通常由轨道公司下设设备运营部,或设地铁运营分公司综合维修部,其工建车间负责地铁轨道交通线路设备的维修管理工作。根据线路设备具体情况,车间设置轨道专业生产技术组,下设正线轨道维修工班、车辆段综合维修工班、探伤检修工班等。

地铁轨道线路维修管理组织实行修养分开的维修模式。综合维修部工建车间负责经常保养、临时补修以及工作量较小的纠正性维修工作,工作量较大、周期长的纠正性维修采取委外维修的方式,维修工程部、工建车间负责施工管理和验收工作。

1.3 工务工作的管理

随着管理现代化的逐步发展和完善以及全面质量管理的开展,工务质量管理的重点已从"事后检查"转移到"事前预防",并尽可能地使组织管理、专业技术和数理统计方法有机地结合,尤其是工务信息系统建设与推广,全面提高了工务管理水平。

1.3.1 工务信息管理

随着我国路网干线的全面提速以及高速、重载铁路的发展,路网设备维护已成为运输生产组织,行车安全中的关键问题。由于客车的提速,高速、重载货车的开行,工务设备状态恶化过程加剧,工务部门管理工作量加大。同时,由于行车密度的提高,行车间距的缩短,可用于养护维修的作业时间却在不断减少,运营与维修的矛盾日益尖锐,行车安全隐患增多。这种情况下,为确保车安全,必须应用现代计算机技术通信手段和检测设备全面迅速获取和处理工务数据,工务管理和维修部门及时提供准确信息和修理指导。

1. 信息系统的应用现状

我国铁路相关部门于 20 世纪 80 年代逐渐开始使用计算机技术对工务设备进行管理,开发出一些局部的软件系统。1998 年原铁道部提出在工务段中进行工务设备的计算机全面管理,国内出现多个工务管理信息系统。例如:铁路总公司电子中心开发的铁路工务管理信息系统(PWMIS),北京铁路局使用的"北京铁路局工务地理信息查询系统",南昌铁路局使用的"南昌铁路局铁路工务管理信息系统,上海铁路分局使用的"沪宁铁路工务管理信息系统"等。

2. 工务管理信息系统组成

工务信息管理的目标是全面掌握工务设备情况,迅速准确地提供工务设备资料,及时反映轨道质量状态和线路设备状态,快速报告突发工务安全隐患,指导工务设备修理,适应铁路运输发展需要,确保行车安全。以 PWMIS 为例,共由 13 个子系统组成(图 1-2)。

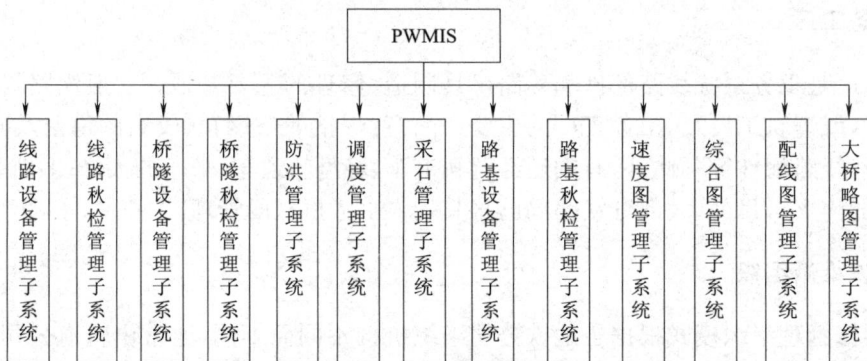

图 1-2　PWMIS 系统组织示意

各子系统的主要功能如下。

(1)线路设备管理子系统

按照设备管理的要求记录线路设备台账数据,提供线路运营情况计算。线路设备汇总和统计分析结果及 23 类设备年报,为线路设备的大修和维修提供决策依据。

(2)线路秋检管理子系统

反映线路设备状况,提供线路上部建筑秋检年报、设备状态评定和钢轨伤损状态等报表。为设备的大修维、修提供决策依据。

(3)桥隧设备管理子系统

按照设备管理的要求记录桥梁、隧道、涵渠和其他桥隧建筑物设备的各类数据,提供汇总统计查询报表等功能,为桥隧设备的大修、维修提供决策依据。

(4)桥隧秋检管理子系统

记录桥梁隧道、涵渠等设备病害、存梁信息、劣化桥梁消除情况,并汇总统计产生报表。

(5)防洪管理子系统

包括水害信息、水害慢行处所、封锁区间、水害损失、防洪预抢工程、危险地点、看守处所、雨量警戒值、沿线水库、防洪准备工作、防洪备料机具和战备梁等信息。各级管理部门利用防洪管理子系统及时收集、整理各类水害信息和防洪资料,为防洪抢险、尽快开通线路、保证铁路运输安全通畅提供决策依据

(6)调度管理子系统

提供工务安全管理、施工管理、伤损设备和故障统计分析等功能模块。提供安全天数统计、事故统计、日(月)施工计划、施工天窗兑现率、线路大修快(季)报、维修月报等报表。调度管理子系统涵盖影响行车的线路、路基、桥隧施工。

(7)采石管理子系统

包括采石生产、供应、机械设备台账、经济技术指标、产品质量检验、人员统计、采石场状态等内容及相关报表。

(8)路基设备管理子系统

收集路基本体设备、排水设备防护加固设备、基床加固设备和路基其他设备等数据库信息,利用线桥系统中的数据,在 MAPINFO 平台上绘制出路基综合图。

(9)路基秋检管理子系统

记录各单位正(站)线路基病害。根据铁路总公司统一评定标准评定路基设备状态,为路基大修、维修提供决策依据。

(10)速度图管理子系统

按照《铁路技术管理规程》中规定的算法计算出曲线允许速度和道岔允许速度,生成区段速度,通过区段速度生成允许速度并绘制线路速度图,为改善线路设备,提高列车运行速度,修订运行图提供依据。

(11)综合图管理子系统

包括线路上的钢轨、轨枕、道床、路基、坡度、曲线、桥梁、隧道、涵渠、道口立交设备、车站、工务各级管界等基本数据。综合图管理子系统利用设备数据库的数据自动生成综合图,可用于查询或输出。

(12)配线图管理子系统

系统预设基本车站配线图库和标准线型、图例等资料,可完成各类车站配线图的制作、修改、存储、查询和输出。

(13)大桥略图子系统

利用自身预装的标准图库数据、桥隧设备数据库和线路设备数据库,系统自动绘制大桥设计略图,对于非标准桥梁,通过人机对话绘制大桥设计略图。

3.注意事项

铁路信息系统是铁路运输生产的重要组成部分,其建设应遵循统一领导、统一规范、统一标准、统一资源、统一管理的原则。禁止安全生产网直接与互联网连接。内部服务网和外部服务网之间,按国家和铁路总公司有关规定进行物理隔离,禁止外部服务网用户和设备直接访问

安全生产网资源。对于安全要求特别高的系统,可在安全生产网中划分出逻辑上或物理上相对独立的业务子系统专网,实行强制保护。铁路信息系统的数据应保证安全、真实、完整、有效,并建立历史数据的保存、备份和查询制度,重要数据的备份应异地存放,涉及安全和商业机密的运行数据必须采取保密措施。投入运行的铁路信息系统技术设备不得兼做新项目的开发和测试等其他用途,技术设备变更应执行规定的审批程序。

1.3.2　技术管理

技术管理是工务相关管理的中心,其主要任务是要全面掌握线路设备的数量、技术状态及其发展和变化规律,使之成为指导生产的重要依据,并通过一系列技术管理手段,监督控制生产活动的全过程,提高作业质量,使线路设备经常处于完整良好状态,延长设备的使用寿命。

1. 线路设备管理

为强化线路设备管理,我国铁路工务系统,运用设备综合管理学和全员生产维修(TPM)的原理,根据线路设备状态的变化规律(包括轨道沉落量、钢轨接头变形程度、道床脏污板结速率、零部件失效率等),全面推行"状态修"。"状态修"是在设备状态检测的基础上,运用数理统计方法,通过定量分析,找出线路设备状态的变化规律和临界状态,制定了什么状态要修、怎样修、修到什么状态的标准,同时,运用全面质量管理的各类管理图,控制作业质量,使线路设备的整体质量保持均衡、完好、等强。"状态修"的主要特点如下所述。

(1)按照不同的轨道结构类型(包括钢轨类型、轨枕种类、道床状态)、运输强度(包括列车的密度、速度、轴重)、线路平纵断面(坡度、曲线半径)以及自然环境,合理地确定不同的综合维修周期。

(2)在综合维修作业中强调做到,全面调整轨道几何状态,全面改善轨道弹性,全面整修钢轨及零部件,从重轨面转变为重结构。

(3)以设备寿命周期(换轨大修周期)为研究对象,从投入和产出两个方面通过综合分析,对设备寿命周期的全过程进行系统管理,实行优化,寻求最佳的经济效益和综合效能。

(4)贯彻预防为主、预防与整治结合、养护与检修并重的原则,做到应该修的及时修,不该修的坚决不修,可以推迟修的决不提前修,把有限的人力、物力用在刀刃上,从而防止线路设备的失修或"过剩修",保持设备的整体质量处于均衡、完好状态。

(5)专业技术管理和全员参加管理相结合,在不同层次实行分级负责,控制设备状态和作业质量。铁路局负责线路大中修计划的审批,着重抓好设备的等强;同时负责综合维修和道床轮筛、钢轨焊补打磨计划的审批,着重抓好设备质量的均衡;工务段负责合理安排综合维修和单项作业计划,控制设备和作业质量,保持设备状态的均衡完好。

2. 班组技术管理

班组是企业的最基层组织,是安全生产和全面管理的落脚点,班组管理的质量,直接反映企业管理的素质。班组(工区)的技术管理,必须着重抓好"检查、计划、作业、验收"四个环节。

检查包括调查了解设备状态,发现设备病害,掌握设备变化规律,是保证行车安全的重要手段,也是制订工作规划和作业计划的重要依据。

计划是合理组织生产活动的有效方法,也是完成指标任务的重要手段。

作业必须实行标准化、机械化,这是提高作业质量的可靠途径,也是在劳力紧缺形势下挖潜、革新的主要途径。

验收是评定综合维修质量的有效措施。机械化维修队、机械化工队或养路工区,在综合维修完工后,应进行自验,确认各项质量达到标准后,上报车间、工务段进行验收评定质量。

3.收集和筛选技术资料

技术资料必须正确地记述和反映各阶段线路设备的真实状态,成为生产技术管理、更新改造和大、中维修的重要依据。技术资料基本上可以分为两大类。

(1)汇总统计性资料

汇总统计性资料是根据原始技术资料,分类统计各项设备的共性状态的资料,反映历年来变化后的现状,从而掌握所辖设备的全貌,以便于进行宏观控制。这类技术资料主要有:

①工务登记簿。包括钢轨登记簿、轨枕登记簿、道口登记簿、路基病害登记簿、机械设备登记簿等,是工务段生产、管理的主要基础资料。这些登记簿要求按实际情况随时修改填写。

②工务设备图表。包括综合图表、站场图表、坡度表、曲线表、工区车间管界表等。这些图表是根据基建、大修竣工文件、工务登记簿、旧线复测和秋检资料等绘制而成;反映线路设备的年末状态及基本特征,是长期保存的技术资料。

③技术档案。包括基建、大中修竣工图纸和文件、旧线复测的平纵断面图、设计和鉴定的图纸、文件,以及各类标准图表等。这类技术资料要分门别类、登记造册进行长期保管,并建立使用、借阅和管理等制度。

(2)单项设备的原始技术资料

单项设备的原始技术资料包括春秋季检查、重要设备的特别检查、新型或病害设备的观测分析,以及辙叉更换、曲线正矢检查、线路爬行检查等记录资料。这类技术资料反映线路设备各部件的变化情况,以便于进行微观方面的控制。

原始技术资料,除按规定的检查制度,如定期检查、特别检查和秋检等取得的资料外,对重点或病害的设备,则要按特定的观测、监视办法,取得所需要的数据。

4.标准化管理

标准化管理工作的基本任务是执行国家有关标准化的法律、法规,实施国家标准、行业标准和地方标准,制定和实施企业标准,并对标准的实施进行检查。铁路技术标准是组织铁路运输生产、建设工作的共同技术依据,工务段应建立起以技术标准为主体,包括工作标准和管理标准在内的企业标准化系统。工务系统标准化的内容很多,而最基本的是计量标准化和作业标准化。

1.3.3 安全生产管理

安全生产管理是铁路改革与发展的重要基础性工作,是企业生产经营的头等大事,是铁路运输生产的前提和基础。工务系统在生产活动中,必须把安全生产工作放在首位,认真客观地分析影响安全生产的各种因素,找出主要矛盾,采取有效措施,把事故减少到最少限度,使生产活动处于最佳的安全状态。

"逐级负责、专业负责"是安全生产的根本组织形式，"设备达标、人员素质达标"是安全生产的根本保障形式，"管理监控机制、激励约束机制、合力保证机制"是安全生产的根本落实手段。

工务系统负责线路设备的大中维修工作，只有保证线路设备经常处于完整良好的技术状态，才能保证行车安全，达到为铁路运输生产服务的目的。为此，工务段必须组织全体职工以"两纪"（劳动纪律、作业纪律）"一化"（作业标准化）保证设备质量，并以设备质量保证行车安全。同时，应针对线长点多、工作分散和露天作业等特点，制订详细的安全卡控措施，切实做好人身安全工作。

1.3.4　其他管理

要完成工务养护与维修工作，除认真做好以上管理外，还必须完善财务管理、物资管理、旧轨料管理、养路机械设备管理和基层作业班组管理等工作。

复习思考题

1. 什么是养护与维修？铁路为什么要进行养护与维修？
2. 铁路养护与维修的基本任务主要有哪些？
3. 铁路养护与维修具有哪些特点？原则是什么？
4. 简述铁路、地铁养护与维修的分类方法。
5. 简述铁路、地铁养护与维修的作业制度。
6. 什么是"春检"、"秋检"？并说明其主要任务与目的。
7. 试对工务养护与维修的发展方向与前景进行展望。
8. 简述铁路、地铁工务系统的组织机构及其主要职责。
9. 简述如何做好工务信息相关管理。
10. 何谓"三不动"、"三不离"、"三不放过"？
11. PWMIS具有哪些系统与功能？还存在哪些不足？

第2章　养护计划与维修天窗

2.1　养护工作计划

养护与维修一般贯彻"预防为主,防治结合,修养并重"的原则,对设备还制订一套严密的监视、巡守和检查制度。目前,养护作业手段已由手工操作逐步发展到机械化,由单项作业机械发展到多功能综合作业机械,由人工操纵发展到半自动或自动控制。在设备检测方面,也由使用简单的手工具发展到使用机械、电子设备,如使用超声波或电磁钢轨探伤仪、钢轨探伤车、轨道检查车等进行铁路设备检测。

随着铁路行车速度的提高和列车密度的增大,各国铁路除积极改进和加强养护工作外,都致力于加强轨道及建筑物的结构,如采用重型钢轨,修建无缝线路,铺设高强度预应力混凝土轨枕、宽轨枕,修筑整体道床和沥青道床等。线路养护维修计划编制的发展目标是运用计算机与网络实现自动化与科学化。

2.1.1　目标计划

1. 目标的制订

(1)制订依据

①铁路运输发展的要求。要从铁路运输需要出发,根据列车的密度、速度和轴重的实际情况和发展趋势,制订相应的方针目标。

②上级领导机关的要求。上级下达的任务,一般都具有指令性和时间性,应当保证完成。

③科技进步的要求。要根据铁路技术政策,创造各种条件,有计划、有目的地推广新技术和新工艺,提高轨道结构强度,改造线路设备。

④生产实际的要求。要根据现状和上年度遗留的问题,提出整治线路病害和强化、优化设备的具体目标,解决突出的薄弱环节,从整体上提高设备质量。

⑤各种规划的要求。年度或阶段目标,要体现长期规划、企业升级规划、任期目标责任制等要求。

(2)注意事项

①目标与方针要密切联系,目标一定要体现方针的精神和要求,使原则性的方针能够落实到具体目标的实处。

②确定的目标要体现铁路产品的质量特征和质量要求,并且要用数据说话,有明确的目标值,体现量的概念,以便于检查和考核。对于不能用数据表示的目标,也要规定实现的程度和期限。

③方针目标的提出要有现实性和针对性。在制订计划以前,认真分析本企业的现状,找出问题点,把最关键的问题列入计划。

④领导必须亲自参加制订计划,同时要贯彻群众路线,上下结合,共同参与。

2. 目标的展开

方针目标实施计划制订以后，一定要层层展开，使其成为所有部门和全体员工的奋斗目标，以集中企业的所有力量去实施。

3. 目标保证体系

为保证目标的实现，必须建立和健全目标保证体系。做到横向到边包括各个部门，纵向到底落实到人，在时间上留有充分的余地。目标保证体系可分解为思想体系、组织体系、活动体系和信息反馈体系，为使保证体系充分发挥作用，在日常工作中，还要注意抓目标控制，组织QC小组进行目标攻关活动，抓信息反馈，发现偏差及时处理，抓全面考核。

2.1.2 生产财务计划

工务段的生产财务计划是铁路运输成本计划的一个组成部分。工务段的全面计划管理，主要体现在生产财务计划的调查编制、展开下达、贯彻实施、跟踪调查、决算分析、总结提高的全过程中。为实现计划规定的各项经济指标，在生产财务计划编制的同时，还应编制技术组织措施计划和增产节约计划。在生产财务计划的展开下达贯彻实施过程中，还需要编制季度分月计划和单项工作计划。

1. 计划的组成内容

(1) 总说明书

总说明书应该说明编制计划的依据、原则、方法、措施及主要问题等概况和工务段的管辖范围、设备数量和状态、定员和现员情况，以及推广应用的新技术等。同时，说明上年度生产财务计划执行情况，本年度计划还存在哪些问题和缺口，以及如何解决等。

(2) 行政区域划分

工务段应根据管内设备情况和管理方式，划分车间、工区的管辖范围，并列表说明其设备数量。同时，还应根据生产的实际需要和专业化特点，编列各种工人数量和任务。

工务段还应按行政编制和有关规定计算定员人数。计划的定员需按行政管理人员，直接生产人员、间接生产人员、服务人员分类，分别列出各相应定员数和计算依据。

(3) 任务指标计划

① 工务设备完好率。包括线路和道岔保养的质量评定、线路设备状态评定、桥梁设备状态评定、隧道状态评定、路基状态评定和动态检测质量等相应合格率。

② 线路大中修兑现率。

③ 维修任务。主要包括综合维修任务和主要单项工作任务。主要单项工作任务除铁路局规定的指令性任务外，还要结合本段设备状态，安排整治病害和优化轨道结构的单项工作。

(4) 运营支出计划

运营支出计划主要包括运输支出和营业外支出两大类。运输支出按会计科目分为生产费用和管理费用两类，而生产费用又分为基本生产费用(运营维修直接发生的费用)和一般生产费用(辅助生产费用)。

2. 计划编制的依据

(1) 设备数量的换算

不同种类设备，在生产中的单位消耗水平不相同。为便于宏观控制和对比分析，需将不同种类的设备换算为同一种类的设备，以便于计算计划定员、计划费用，考核劳动生产率及年终清算。同时,还可以根据换算设备数量控制综合定额水平以及总的计划费用。现行的换算系数,是原铁道部 2011 年在关于《铁路运输单位劳动生产率统计规则》中规定的。

（2）维修周期

线路综合维修周期按铁路局规定和线路负荷、行车速度、轨道结构类型以及道砟脏污情况等确定。但间隔时间不得超过规定年限。

（3）设备状态

在编制生产财务计划时,必须切实掌握设备状态的变化规律,除合理确定综合维修周期外,还必须对线上主要材料的消耗规律进行分析,合理安排补充和更换数量。

例如:抽换钢轨(含再用轨),除掌握小半径曲线每年需要更换的磨耗到限的数量外,还需预计每年新生重伤数量、缺少常备轨数量和道岔用轨数量。以上这些数量的计算要以上年度实际发生数和设备实际需要为依据。

再如:抽换木枕(含再用枕和胶合拼接枕),首先要明确线路上合理的失效率,并预计新生失效率,根据上年秋检调查的失效数计算。

预计更换数＝秋检失效数＋预计新生失效数－（铺设总数×容许存在的失效率）。

其他,如补充道砟、防爬器、铁垫板、胶垫、轨距杆、尖轨、辙叉、道钉等主要材料,也应根据线路状态和消耗规律计算。秋检资料是重要的计算依据。

（4）任务和指标的确定

确定任务的原则:按照设备的宏观状态确定综合维修周期,按照设备的微观状态,安排好重点整治病害和单项工作。从实际出发,保持设备状态的均衡完好。

在安排重点整治病害和单项工作时,要突出轮筛道床、倒换钢轨,焊磨钢轨、焊修辙叉、修理轨枕、矫直硬弯钢轨、疏通路基排水设备及加强防爬锁定工作,并做好轨件涂油及缺损零件的补充与更换。

在确定任务和指标时,应从以下属于共性的几个方面充分考虑:上年度已达到的实际水平及其分析;设备状态的变化规律;通过维修所能实现的状况;通过大中修可以改善的效果;新增设备的情况。

2.1.3　维修作业计划

作业计划是一个完整的体系,包括工作量的调查、计划的编制、实施的步骤、作业质量回检、执行结果的分析等,每一个环节都必须认真做好,以便及时发现问题,改进工作。作业计划是进行科学养路的主要环节。工务系统各部门都要编制相关工作计划,如年度计划、季度计划、月计划、旬计划、周计划以及日计划。

工务段根据铁路局下达的年度计划,编制年度分季维修计划,下达各养路车间和机械化维修队。主要内容包括:线路、道岔综合维修工作的数量;经常保养工作的重点安排;各项技术指标;劳力和主要材料计划。机械化线路维修段根据路局下达的年度综合维修计划编制分月维修计划。

养路车间和机械化维修队,根据工务段下达的年度分季维修计划和各项技术指标,共同编制维修队的年度分月维修计划。养路车间会同养路工区和机械化工队,编制工区和工队的年度分月维修计划。

1. 年度计划

年度计划是年度工作的总体安排,对全面实现安全、质量、任务、效益的年度目标起着主导作用,是养路根本任务的体现。应根据下达的指标安排计划实施并定期分析完成情况。

(1)主要内容

包括线别、行别、区间、里程(位置)及主要工程数量、产值、施工日期、施工队伍及劳力配置、施工方法及施工机械配置、主要材料计划、各项技术指标(质量指标:各项工程优良率、封锁开通正点率、天窗利用率和天窗兑现率、施工任务兑现率)。

(2)编制依据

包括上级部门对维修工作的重点要求;上年度设备秋检结果;劳力及料具消耗成本控制。

(3)总体要求

①任务质量:做好经常保养的同时,加强综合维修和病害整治,做到及时消除超限处所,控制病害新生的发展,逐步降低设备状态 A 级劣化率;②劳力投入:做到控制保养,确保整治,合理安排,尽量压缩非生产劳动;③材料消耗:根据工作项目数量的消耗定额合理安排,在确保安全质量前进下减少经费,节省投入。

2. 月计划

月计划是班组生产活动的准则,必须认真编制,并按计划组织实施。在年度计划的宏观指导下,根据检查结果,结合季度特点,合理编制工区月度计划。其中,综合维修和单项重点病害整治计划由车间编制报工务段审批,保养计划由工区编制报车间审批,批准下达后由工区实施。编制计划时,在劳力安排上,严格控制养修整比例;在保养安排上,注意周期预防;在维修安排上,做到月度控制、季度调整;在重点工作安排上,坚持先重点后一般,保证年度计划的实现。

(1)编制依据

①工务段下达批准的年度分月任务,包括综合维修和重点整治病害及单项工作任务。

②养路工区月末设备检查发现的临时补修工作量和因设备变化预测的下半月发生的临时补修工作量。

③本月需要安排解决的季节性工作和经常保养工作量。

④可能发生的病事假和非生产工时。

(2)编制原则

①必须正确处理综合维修、经常保养和临时补修的关系。养路工区在编制月计划时,必须保证有足够的工时能及时地消灭超过临时补修容许偏差的不良处所和其他危及行车安全的隐患,在此前提下,按照季节特点和设备状态变化规律,安排综合维修和经常保养工作。

②月计划要保证完成工务段下达批准的综合维修和重点工作任务。

③在编制月计划时,要同时考虑工作数量和劳力、材料供应的关系,发现问题应及时进行调整。

(3)编制内容

月份施工计划与年、季度计划相比,对施工更具有指导意义,主要包括以下内容:

①上月工作总结:安全、质量存在的问题、各项技术指标的兑现情况(各项工程优良率、封锁开通正点率、天窗利用率和天窗兑现率、施工任务兑现率)、全年总体任务的完成情况等。

②本月工作计划:各项工程所对应的施工队伍任务计划。包含线别、行别、区间、里程(位置)及主要工程数量;劳力组织、施工机械配置的调配情况及主要材料计划的增减情况(也可在具体要求中说明);根据上级要求结合本段实际情况,从安全、质量、正点、进度等方面,安排重点工作及各项指标,同时强调为兑现各项指标及完成重点工作所应采取的各项措施。

3.日计划

为确保月计划实现,日计划编制必须以月计划为依据,在当天作业下班后编制第 2 天工作计划,日计划分点内作业和点外作业,必须注明作业地点、项目、工作量和劳力分工、工时安排、材料消耗,并提出作业要求、质量要求、安全预想,小结当日工作和进行日评分。

日计划是完成月计划的基础,是每天工作的具体安排,必须做到项目清楚,数量准确,计划切实指导作业。养路工区的日作业计划由养路工长负责调查与编制。应以指导生产作业为目的,坚持"先严重、后一般"的原则,合理安排线路经常保养和临时补修工作内容,及时消灭严重影响行车的设备病害。

(1)编制原则

①按"先严重、后一般"的原则整治设备病害。

②在当日上班点名前编制完毕,安全预想必须与当日作业项目密切相关。

③作业计划与检查记录、工作量调查合一(包括作业地点或轨号及病害数量)。

④在确保安全、质量的前提下,合理减少人工与原材料消耗。

⑤按实际作业日期填写。

(2)编制依据

①作业调查资料。

②铁路工务维修劳动定额。

③养路工区次日可能参加作业的人数。

④天窗修作业项目。

⑤月计划的项目和数量。

⑥工区月度全面检查与重点检查记录。

⑦临时发生的严重影响行车的设备病害。

(3)编制步骤

①按月计划中综合维修、经常保养、临时补修的比例,并考虑线路技术状态的变化情况,确定次日维修方式和作业地点。

②在次日作业地点进行工作量调查(临时补修可用静动态检测资料),查清作业项目及其工作数量。

③按作业地点、工作数量和定额,计算应消费工时。

④按可能上道作业人数提供工时,确定计划作业项目和工作数量。

⑤按计划作业项目、工作数量和人数,计划携带工具数量和材料消耗数量。

(4)日作业计划与完成表

在编制日作业计划时,要保证需要工时与可能提供的工时平衡。但由于按作业长度制订计划,允许计划工时稍高于可以提供的工时,但在计算劳动生产率时,应按标准计算。

2.2　养修分开

铁路线路养护维修的主要特点是按设备的状态进行必要的状态修,做到既不失修也不过剩修,避免养护维修中的盲目性,使设备处于可靠受控状态。维修管理组织主要有修养分开和修养合一两种形式。

修养合一的组织形式即由养路车间领导的3～4个机械化工区或6～8个手工操作为主的养路工区,负责全面线路维修工作,有大站时,可设站线养路工区、道岔工区。而修养分开组织形式则由工务段直接领导的跨养路车间的机械化维修队,负责综合维修,养路车间和养路工区负责经常保养和临时补修;或者由养路车间领导的跨养路工区的机械化工队负责综合维修,养路工区负责经常保养和临时补修。修养合一与修养分开最主要的区别就是修养合一由机械化工队或养路工区负责全面线路养护维修工作。

修养分开主要有三种组织方式:(1)机械化线路维修段负责综合维修,工务段配合,负责经常保养和临时补修;(2)工务段直接领导的机械化维修队负责综合维修,养路车间配合;(3)养路车间下设的机械化工队负责综合维修,保养工区配合。

国外的修养分开与我国在工作组织上存在很大不同。日本新干线的维修工作均是由非铁路部门的专业承包商以承包的方式进行作业。主要维修设备产权属各铁路客运公司,租借给承包商,小型维修机具由承包商自行购置。因此,铁路客运公司基层养护维修部门的主要业务是工程发包管理、维修检查等。这种管理模式为提高维修质量以及发展维修技术提供一个良好的平台。

随着铁路深化改革和工务系统"线桥结构现代化、施工作业机械化、企业管理科学化"的发展,以及高速铁路时代的到来,工务维修管理模式和维修手段也在悄然发生变化。目前,工务段已全面实施检、养、修分开的维修模式,用数据指导维修,实现了工作量调查数据化、数据标定准确化、作业分工合理化、作业程序流水化、质量验收标准化,设备质量大幅提升。

2.2.1　机械化维修工队

按现有的管理模式,各工务段设有段机械化维修工队和车间机械化维修队(简称机工队),段机械化维修工队主要负责全段重点地段的综合维修任务,由段技术部门提供维修作业计划,车间机工队为车间范围内解决和消灭接近超临修地段和全面检修,提高线路全面质量的作业。根据工务的改革模式,加强了对车间机工队的建立和完善,并已在工务系统推广。

1. 机构组织管理

段机工队的作业范围为全段管辖的正、站、专线,可根据现场情况设立更专业化的机工队,如线路综合维修机工队、道岔维修机工队。枢纽或编组站视具体情况确定。

①人员组织:以30人左右为宜,设工长1名,班长2～3名。

②机具配置:机具的种类和数量与所承担的任务类别与大小有关,需根据具体情况配备。

2. 机工队和养路工区作业项目的界定

机工队主要负责车间所承担的重点工作及重点病害整治;养路工区主要负责线路巡检、病害监控、养护、线路外观工作。养路工区不再承担线路、道岔维修任务。

(1)机工队作业项目

优质曲线,优质道岔,优质缓冲区,线路经常保养,接头螺栓及扣件涂油,更换重伤设备(如重伤钢轨、辙叉、尖轨、尖基轨、护基轨等),单根更换失效轨枕,清挖翻浆,成段改正轨距、成段拆捣、整理胶垫,更换曲线侧磨轨、调整轨缝等,综合整治接头病害,整治钢轨硬弯,成段轨面不良等薄弱地段起整作业,零星螺栓改锚,其他影响行车或影响轨道几何尺寸的作业及临时抢修工作。

(2)养路工区作业项目

设备巡检(包括全面检查、重点检查、巡道、防洪防断防胀检查等);消灭超临修病害;个别调整轨道几何尺寸;个别更换伤损夹板;对伤损设备或危及行车安全的病害处所进行监控;标志标记、线路外观整理作业;补充缺少零配件;管内外单位施工作业工区级的安全监控工作。

3.实施

机工队生产任务按照调查、计划、作业、验收四个环节来组织实施。

(1)调查

养路工长每月下旬向车间提交管内设备全面检查记录资料,领工员根据各工区全面检查资料,对管内设备轨道几何状态及其他病害,进行一次统计分析和工作量核查,并作为工区、机工队编制下月度线路养护和临时补修计划的依据。

(2)计划

机工队应根据工务段下达的年度重点工作任务和各工区上月管内设备全面检查记录,合理、统筹编制每月作业计划。

(3)作业

严格执行作业技术标准,按照制订的月、日作业计划,充分利用综合维修天窗进行作业,机工队进入工区管内作业后,养路工区相关职工应一并纳入机工队劳动组织中,由机工队进行统一管理、统筹安排、共同作业,实现资源共享。

(4)验收

机工队应建立健全作业人员"记名修"、作业质量回检、当月作业地段质量抽检制度,由机工队工长负责实施;当月作业任务完成后,应进行自验,自验合格后报请车间复验,车间验收合格后再报段验收考核。

2.2.2 车间维修工队

1.组织形式

维修工队由所辖车间管理,业务通常接受工务段线路科指导。每队25人左右,设工长1名,班长2~3名。

2.作业内容

每月对管内正线、到发线全面综合养护一遍;清挖翻浆(破底一次连续长度不超过25 m);更换失效轨枕、岔枕;更换伤损钢轨、辙叉、尖轨、尖基轨等;调整轨缝;成段扣件、接头螺栓涂油;成段改道;接头病害的综合整治;成段失效零配件的更换;局部轨面不良地段的线路、道岔整修;工务段机工队作业的前期配合工作;正线大机维修部分配合工作;工务段或车间临时安排的其他重点工作。

3.作业计划管理

(1)工队每月的工作由所辖车间根据工务段生产计划、重点工作及车间的设备状况合理安排,并将工队的次月作业计划在规定时间前报段线路科。

(2)车间要加强设备检查。领工员每月必须对管内正线、正线道岔徒步全面看,重点量一遍,做到设备心中有数,按轻重缓急安排作业计划。

(3)工队必须按照车间安排的生产计划认真做好工作量调查,并按调查确定的工作量,安排材料计划,编制月计划报车间审核。

(4)工队每日作业完毕,必须向车间汇报当日作业完成情况并申报次日作业计划,由车间统一向工务段调度汇报。

4.作业质量控制

(1)改善作业手段,凡是有条件使用机械作业的,应禁止手工作业,以提高作业质量和作业效率。

(2)认真执行自验、复验、联验三级验收制度。工队每日对自己完成的工作必须进行自验,对不合格项目及时安排返工;车间月底前必须对所辖工队当月完成任务进行复验,对复验存在的问题,督促工队安排计划整改;段每月对小工队完成的任务进行验收。

(3)工队月度任务完成情况纳入段验收考核范围。

5.安全管理

(1)维修工队必须纳入天窗修作业管理。

(2)严格执行工务段公布的作业权限,严禁越权作业。

(3)工队作业防护的设置按上级要求进行设置。

(4)施工作业时要做好材料、工机具的管理,防止侵限或伤人,施工完毕,要将材料、工机具收回并妥善保管。

(5)工地负责人要加强线路检查,每次作业完毕,确认线路达到放行列车条件方可开通线路。

(6)维修工队作业地段的安全责任与工区的线路交接规定,由各车间公布,报段线路科室核备。

2.2.3　养路工区

1.组织形式

养路工区由所辖车间管理,工区设工长1名,班长1名,工区定员根据工作量设定。

2.作业内容

消灭线路设备静态超临修病害,轨检车动态Ⅲ级超限及机车晃车仪、动态添乘仪Ⅲ级超限病害;补充缺少的零配件,拧紧接头螺栓及扣件螺栓,整理防爬设备;整理线路外观,补充缺少的线路标志,油漆线路标记。

2.2.4　客运专线的检修分开制度

客运专线线路车间设设备检查监控组、补修工区和维修工区。

检查监控组负责线路的检查,仪器和手工相结合按规定的检查项目和周期进行设备的专业检查和分析。

补修工区负责线路设备的巡查、临时补修、故障处理。

维修工区负责线路设备综合维修和经常保养。

维修作业均要在天窗内进行。综合维修和经常保养实行机械化集中专业修理,工务机械段负责钢轨打磨,工务段负责其他作业项目和钢轨打磨质量验收。

2.3　天窗修

随着铁路列车运行速度的提高和列车运行密度的加大,特别是快速旅客列车对数的增加,铁路运输与施工的矛盾日益突出,运营中行车设备检修和施工的直接作业时间不断减少,传统的利用列车运行间隔进行分散要点检修施工的办法,施行起来越来越困难。同时,分散要点也给铁路运输安全带来非常大的威胁,而集中要点进行检修、施工的方法,由于集中要点施工的时间比较长,且需进行检修、施工的系统较多,相应进行的次数也就较多,给铁路正常的运输生产带来的干扰和影响也比较大,同时也造成大量人力、物力的浪费。

2.3.1　天窗概述

1. 天窗的概念

(1)天窗

天窗是指铁路列车运行图中,不铺画列车运行线而为施工和维修作业预留的时间。即行车设备管理单位及其他施工作业单位,在运营线上进行不同性质施工和日常检(维)修作业时所需的某一区段所能利用的时间。

(2)天窗修

天窗修是指利用天窗进行设备施工,维(检)修的作业方式。即行车设备管理单位及施工作业管理单位,在天窗时间进行一切影响行车设备正常使用的施工和检(维)修作业。

2. 天窗的用途

天窗按用途分为施工天窗,维修天窗。施工天窗主要用于设备大中修,技术改造,大型养路机械施工及设备管理单位,工程部门在营业线上的施工作业;维修天窗主要用于设备管理单位日常对设备进行维(检)修作业;在列车基本运行图中所确定的维修天窗内不得铺画客、货列车运行线,计算区间通过能力时,须将维修天窗按最低时间标准扣除,临时由于突发性设备故障或状态不良危及行车安全需要停用抢修或灾害等意外情况下的设备紧急抢修,应请求临时封锁进行作业。

3. 天窗的使用原则

凡在营业线影响设备稳定,设备使用和行车安全的施工,维修作业,必须纳入天窗,不准利用列车间隔进行,为提高天窗的利用效率,各有关部门要密切配合,减少天窗的空费时间,并应对天窗进行充分的综合利用,集中力量采取平行作业方式安排多项作业,减少对运输的影响。利用天窗修作业必须满足四个基本条件:

(1)施工或维修作业开始前及结束后列车不慢行;

(2)施工或维修作业时不影响邻线正常行车;

(3)施工或维修作业开始前及结束后不影响信号使用;

(4)天窗点内能够完成相关工作内容。

2.3.2 天窗的分类

天窗实际上是为铁路维修所给定的时间,是事先在列车运行图中不铺画列车运行线或调整、抽减列车运行线为营业线行车设备进行施工、维修等作业预留、安排的时间。主要有如下类型。

1.按作业范围分

(1)天窗单元:电气化铁路区段以供电臂停电单元为天窗单元。一个天窗单元含数个基本天窗单元。

(2)基本天窗单元:包含起始站内一个方向正线及该方向侧的到发线(包括衔接线路和有关道岔)和两站间区间正线。非电气化铁路双线区段中间站按上下行线分别延正方向自一站接车端正向进站信号机起,至下一站正向进站信号机止为一个基本天天窗单元。单线区段按下行方向一站一区间依次划分基本天窗单元。大站按电务设备联锁关系划分基本天窗单元。

2.按用途分

(1)施工天窗;指列车运行图预留的、在运营线上进行施工作业的时间。

(2)维修天窗:指列车运行图预留的、对运营线行车设备进行维修作业的时间。

3.按影响范围分

(1)V形天窗:指列车运行图预留的、对运营线单线单方向行车设备进行维修作业的时间。

(2)垂直天窗:指需同时影响上、下行正线行车设备正常使用而安排的作业时间。

(3)同步天窗:指两条及以上干线在同一车站相连时,需同时影响同一车站两条干线行车设备正常使用而安排的作业时间。

图定天窗时间外给点的为临时天窗。其中,图定天窗是在列车运行图中固定一段时间用于施工维修。临时天窗指对严重危及行车安全的设备隐患及严重线路病害需临时封锁要点施工而安排的作业时间,包括故障修天窗,即发生灾害、行车设备临时故障影响行车设备正常使用或出现可能危及行车安全的险情时,行车组织部门根据设备管理单位提出的,临时申请封锁要点而安排的施工抢修作业时间。

4.按时间范围分

(1)夜间天窗。通常开设在繁忙干线上,包括高速铁路、市郊电气化客运线和地下铁道。这些线路行车密度大且客车必须占用白天,因此只能在夜间客流量减少或停止运输时开设天窗进行作业。夜间天窗的时间视各线运营条件确定,如莫斯科地铁为 2~3 h。在日本和法国高速铁路上,线路作业都是在轨检车检测后的 1~2 d 夜间天窗。

(2)节假日天窗。这是西欧一些工业发达国家、特别是原联邦德国采取的方式。主要做法是利用节假日,包括周末两个休息日,职工不用乘坐班车上班,在一些客运线上开设 8~12 h 天窗进行线路作业,其他少量旅客则提前与公交部门取得联系,加开临时班车协助运送。

(3)技术天窗和累计天窗。这是前苏联通常采用的一种方法,用于繁忙干线和主干线。根据前苏联交通部的命令,技术天窗的延续时间不小于 2.5~3 h。在每年线路作业季节,按与运输部门和计划部门共同制定的计划,在每昼夜固定的时间开设天窗,每周若干次,每年总数为 150~180 次。

(4)间隔天窗。这是前苏联在一些繁忙干线上创造的大修作业天窗。其做法是以一个铁路局的某枢纽站为基地,在一定的作业半径内,在两个或两个以上的方向上,集中几个线路机械站的技术力量,根据每一方向上的线路条件,分配好线路作业量。在不同方向上开设天窗。日期是互相交叉的。

(5)综合天窗。这也是前苏联在繁忙干线上经常采用的方法,目的在于减少每年开设天窗的次数,综合利用天窗时间,同时还可发挥大型养路机械的作业效率。这种方法的最大特点是要组织铁路局内各有关施工单位密切配合,最大限度地利用天窗时间,但同时,其组织、协调工作量也是巨大的。

2.3.3　综合维修天窗单元的划分

综合维修天窗施工作业按天窗单元方式实施,天窗单元是维修天窗某项计划作业地段和调度给点的最大空间单位。工务维修天窗按天窗单元组织实施,由于作业安排需要或运输组织要求,可拆分天窗单元按站内或区间组织实施。如仅在车站某正线或到发线内作业时,可按封锁某股道方式办理(大型车站除外)。

1. 双线

双线区段及中间站综合维修天窗单元按上、下行线顺线路走向分别划分。即上行线自甲站上行进站信号机起至乙站上行进站信号机止为一个综合维修天窗单元;下行线自甲站下行进站信号机起至乙站下行进站信号机止为一个综合维修天窗单元。

2. 单线

原则上按下行方向依次划分,即自甲站下行进站信号机起至乙站下行进站信号机止为一个综合维修天窗单元。

以上两种基本天窗单元内包含起始站内的一个方向正线及该方向侧到发线(包括衔接线路的有关道岔)和两站间区间正线。

3. 大型车站

按照站区维修天窗作业模式管理,站区维修天窗是按照列车运行图和车站技术作业特点,并根据电务设备联锁关系,划分不同的作业区域组织实施。大型编组站、客运站站场内的天窗单元由车务部门牵头,根据车站作业和进路排列、联锁区特点签订《站区维修天窗协议》,报路局审批后执行。

4. 特别划分

综合维修天窗施工作业按天窗单元方式实施,在一个天窗单元内,若与前两种情况不同而出现特别情况,即某一端尚未纳入天窗单元,区间天窗申报则按本车站的反向进站信号机(或站界标)为界点,到下一正方向进站信号机止为一个综合维修天窗单元。

(1)某站车站未纳入综合维修天窗单元,则相邻站间的天窗单元划分即为该区间线路范围,以该区间两端进站信号机(或站界标)为界点。

(2)某区间未纳入综合维修天窗单元,则该站天窗单元划分即为该站间线路范围,以该站两端进站信号机(或站界标)为界点。

(3)路局间分界口所在区段的维修天窗作业,由分界站所属路局运输处负责协调邻局后确定。

(4)编组站、区段站、客运站等技术站和较大车站站内综合维修天窗单元可由车站会同工务、电务部门,根据车站作业特点和进路排列、联锁区划分共同确定。

2.3.4　纳入天窗修的作业项目

1. 施工天窗作业项目

（1）工务

大型养路机械作业（含钢轨或道岔打磨车作业），破底清筛道床，成段更换轨枕、钢轨、道砟，整组更换道岔，铺设无缝线路，成段焊接钢轨接头，整治翻浆冒泥，无缝线路应力放散，道口大修，拆除道口，架设、拆除施工便梁，拨正、抬高或降低桥梁，桥面、支座大修，下承式钢梁孔喷砂除锈油漆，喷锚加固隧道衬砌，翻修隧道内排水沟，加深隧道侧沟，整治道床翻浆，隧道仰拱破损整治及换填隧道铺底等施工以及途卸和回收路料。

（2）供电

原位更换桥支柱，更换四跨分段隔离开关，架设承力索，接触线，原位更换软横跨钢支柱（复线区段需要垂直停电）以及接触网大修等施工。

（3）电务

转辙机、电源、信号机、轨道电路、电缆、光缆等主要器材更换和整治的中修施工，联锁、自闭、TDCS、CTC 大修和技术改造等施工。

（4）基建工程

新线接轨、出岔，既有线技术改造，道路（电线路）跨越（或下穿）铁路。

2. 维修天窗作业项目

（1）工务

施工时需要办理封锁手续，设置移动停车防护信号，开通后放行列车不限速的维修项目及相关工作。根据"一点多用、平行作业"的原则，在与施工天窗相同的同一个天窗单元内，工区（工队）可以安排包含天窗点内 30 项指导作业项目内容，进行养护、维修作业，但安排的作业项目不得超出施工影响范围，可和施工天窗同时登记开始作业，但必须较施工天窗时间提前 10 min 销记，结束作业。必须纳入天窗修的作业项目主要有：

更换钢轨长度在 100 m 及以内；单根抽换轨枕；单个更换夹板、钢轨、辙叉及道岔主要零配件；单根更换尖轨、尖基轨（两正线之间联动道岔采用垂直天窗或月度施工计划实施）；整修道口；调整轨缝、整治错牙；在线路上焊补钢轨、辙叉、焊接、冻结钢轨；一次起、拨道量在 40 mm 以内；成段改正轨距；在线路上整治硬弯钢轨；整治翻浆冒泥（不破底）；成段松开扣件、夹板螺栓涂油；成段整治或更换胶垫；小型起道机、捣固机、机动螺栓扳手、齿条式起道机、钢轨锯轨机、钢轨钻孔机等机械作业；成段方正轨枕及个别整修轨底坡；在线路上使用单轨车均匀石砟；在线路上利用机械改锚混凝土枕螺纹钉；拆开钢轨接头检查；吊装、搬运钢轨或辙叉；工电联合整治道岔需配合的作业项目；成段更换护（轮）轨或护（轮）轨整修；隧道衬砌裂损加固；钢梁上盖板涂装；起动钢轨单根抽换桥枕；桥梁施工进行试顶需起动梁身并回落原位时；桥隧施工或检查所搭的脚手架（不包括可迅速拆装的轻便装置），侵入机车、车辆限界每边（左、右及上边）各加 150 mm 的范围内时；利用小型爆破开挖侧沟、地下渗沟或基坑时（限于不影响路基稳定的范围）；清理危石有碍行车时；砍除危树影响行车安全时；隧道拱顶漏水整治。

（2）电务

室外信号设备，电动转辙机，轨道电路，信号机，电缆及各种变压器箱，接线盒的检修，整治和测试及零小设备的更换，室内信号设备，电源屏，组合架，控制台及各种电子盒的检修测试，在天窗内可以完成的其他作业项目。

（3）供电

接触悬挂、附加悬挂、软横跨、绝缘部件、支撑装置、隔离开关等检修,牵引变电所内有关行车设备检修等。

铁路局工务、电务、机务处自行明确和细化本系统天窗时间内、外的具体作业项目。

2.3.5 天窗修计划取消或变更

在铁路春运,黄金周等特殊运输时期,以及在遇有自然灾害,事故抢险等特殊情况,跨局天窗根据铁路总公司的命令可以取消或变更。取消或变更管内天窗,影响邻局时需经局同意。其他情况,若需取消天窗修计划,必须经主管运输副局长批准方可,其他部门不得擅自更改或取消天窗。

2.3.6 天窗修的组织实施

1. 基本要求

（1）天窗修工作量调查:各工区（工队）工长要认真掌握管内设备状况,根据段下达的生产任务、设备病害情况,结合线路动、静态检查情况,认真搞好天窗修工作量调查,把影响设备使用的各项工作分解落实到天窗中执行,有针对性地制定天窗修作业计划,保证天窗修时间的合理利用。

（2）天窗修预想:工区在实行维修天窗前,针对不同的作业地点、作业项目充分做好各项安全及工作质量预想,明确作业人员、工机具、材料和安全措施。

（3）天窗修实施:作业人员根据天窗修作业项目、内容、分工,在作业过程中,严格执行技术标准、作业标准和工艺标准,按时保质保量地完成天窗修作业。严禁进行超出天窗点内作业项目范围的作业。

2. 计划提报

施工天窗作业计划按月度施工方案的程序提报,并按正常施工组织实施。

3. 配合与协调

（1）凡设备维（检）修作业需要其他部门配合时,在周计划提报前,必须提前与配合单位协商同意。

（2）维（检）修及配合单位均须在作业前到达现场,其中一方未到,另一方不得作业,影响作业时影响方承担相应责任。

（3）维（检）修及配合单位须分别在车站行车室（信号楼）设联络员。

（4）设备管理单位以外的其他单位需要维（检）修作业时,应向作业所涉及的设备管理单位提报计划,并由设备管理单位按规定办理。

4. 作业登记

进行维修天窗作业时,必须在天窗点 40 min 前,由驻站联络员在车站"运统—46"上登记,并遵循以下原则。

（1）必须严格按照一个维修天窗单元一站登记的原则安排登记车站,登记车站原则上安排在天窗单元的始端站,在始端站未安排作业时可在就近站办理登记。

（2）车间管内两个及以上单位共同作业,由车间协调确定,派一名驻站联络员登销记。

（3）段管内两个及以上单位共同作业,由工务段协调确定,派一名驻站联络员登销记。

（4）两个工务段管界交界处的两个及以上设备管理单位共同作业,两个段应互相联系,由始发端车站所在单位的工区派一名驻站联络员,负责同步登销记,另一单位的工区应派一名驻站防护员负责本单位作业联络与防护,但不进行登销记。

（5）站内作业时必须在作业站登记。

（6）施工单位与配合单位必须同步登记;综合利用单位必须和主体施工单位同步登记。

（7）按照维修天窗单元进行登记,如实际作业区段只涉及站内或区间,必须根据实际作业区段进行登记。

5. 通信联络

主体维修单位、综合利用单位必须在同一车站办理登销记手续,在作业登记时要明确作业里程。实施维修天窗计划时,驻站联络员应每 3～5 min 不间断地与工地通话,了解现场作业动态,并在命令确定的天窗结束点前 10 min,向车站值班员通报预计是否正点开通。在批准的天窗点结束前,应将线桥设备恢复到正常行车条件,撤离一切作业机具至限界以外,施工负责人方可通知驻站联络员销记开通线路。如未达到放行列车条件或机具未撤离限界以外,不得办理销记手续。

6. 天窗作业程序

（1）天窗修计划每周申报一次。工区于规定时间（如每周二 18:00 前）向车间汇报下周的天窗修工作安排;车间审核汇总后于规定时间（如每周二 18:00 前）向工务段调度申报;工务段调度审核汇总后于规定时间（如每周四上午 8:00 前）上报路局工务处;段调度在收到工务处审核反馈的周计划后,于规定时间（如每周五 10:00）前将加盖本单位公章的周计划电传相关的直属站及车务段,并于当晚 20:00 前将路局批准的下一周综合维修天窗计划电传各车间。

（2）工区以天窗区间提报周作业计划,在批准的天窗区间内的具体作业地点、作业项已、使用机具、作业负责人等,只需提前一天向工务段调度汇报并得到批准即可。

（3）需电务配合的综合维修天窗作业计划,提报前必须征得电务部门的同意（书面回复）。

（4）天窗修周计划上报并确认反馈后,需临时变更计划且内容需其他单位配合的,必须在实施前两日通知配合单位,并取得共同意配合的书面答复后方可实施该项目内容。

（5）由于特殊情况,需取消已批准的天窗点,工区必须在前一日的 11:00 前到指定要点车站登记取消。

7. 注意事项

（1）作业单位应切实加强天窗作业前、中、后的联系和防护工作;对封锁线路,接触网停电,移动作业车等关键环节的作业,必须严格按规定设置防护。

（2）工务、电务、供电（水电）、工程等单位,在电气化区段停电单元进行作业时,必须分别确认列车调度员发布的天窗修命令和供电调度员发布的停电的调度命令后,方可进行作业。

（3）多个单位综合利用天窗在同一区间作业时,必须制定安全控制措施,运输部门在审批施工方案时,要指定施工主体单位,没有列入方案的,由车站值班员在作业开始前负责指定确定施工主体单位,明确施工负责人,明确安全责任.施工主体单位负责协调,组织天窗修工作,掌握作业进度,明确各单位间联系及防护办法。各单位必须服从施工主体单位负责人指挥,按时完成维修或施工作业办法任务,确保达到规定的列车放行条件。

（4）多个单位作业车辆进入同一区间移动作业时,由主体单位负责统一划分各单位作业车的作业范围及分界点,两个单位作业车之间的间隔不得小于 500 m,各该作业单位必须按规定分别进行防护。

(5)为恢复列车运行秩序以及特殊运输等因素,需要占用或影响天窗作业时,跨局天窗作业根据铁路总公司批准。

(6)对擅自停止已确实的综合维修天窗和垂直天窗作业的列车调度员、车站值班将追究总调室、车站有关领导的责任,对责任列车调度员、车站值班员给予处分。

(7)各单位要加强领导并以积极认真的态度做好天窗修工作,积极推行集中修、专业修、机械修,实现养修分开,使工务设备修制步入有序可控状态。

(8)实行天窗修的区段,必须严格执行各项安全规章制度。严格遵守"行车不施工,施工不行车"的原则,杜绝违章作业。凡影响线路设备正常使用的各类作业必须安排在天窗点内进行,对违反规定利用列车间隔进行危及行车安全的"抢点、偷点、骗点"作业以及擅自扩大天窗修作业范围的责任单位,要追究有关人员的责任。

(9)难以在维修天窗点内安排的维修(养护)作业项目,必须申报月度施工计划,纳入施工天窗点内进行。凡发生灾害、行车设备临时故障影响行车设备正常使用或出现可能危及行车安全的险情时,应立即申请故障修天窗,进行抢修作业,以确保行车安全。

(10)利用维修天窗进行维修(养护)作业必须做到:作业用时不超过规定的天窗时间;作业开始前不需限速,结束后须达到正常放行列车条件;速度 160 km/h 以上区段维修天窗、站内维修天窗结束后,放行首次列车不得为动车组。双线 V 形维修天窗作业时原则上不得影响另一方向线别的正常行车(工、电配合整治道岔除外)。

复习思考题

1. 简述养护工作计划的种类及其相应任务。
2. 何谓养修分开,什么要进行养修分开?
3. 养修分开后段机械化维修工队、车间维修工队、机械化养路段之间如何进行分工与合作?
4. 何谓天窗、天窗修?
5. 简述天窗、天窗修的种类。
7. 简述综合维修天窗单元的划分方法。
8. 哪些项目必须纳入天窗修的作业?
9. 天窗修计划如何进行取消或变更?
10. 简述天窗修的组织实施方法与作业程序。

第3章　养路机械与设备

随着高速铁路的迅速发展,有力地推动了大型养路机械的发展,出现了作业功能齐全、自动化程度很高的组合式大型养路机械群。目前,铁路已形成以大型养路机械为主要作业手段的局面,主要表现在以下方面。

1.设备高效化

铁路速度的提高要求尽可能地减少线路维修所占用的时间,大型养路机械的高效化成为发展必然。近年来出现的高效道砟清筛机和捣固车,提高了线路大修和维修能力。

2.性能优异化

高、顺、平是高速铁路技术的关键所在,其中严格控制轨道不平顺至关重要,促使大型养路机械的性能越来越优异、精度越来越高。同时,综合作业车的出现,还实现了一机多能。

3.品种多元化

路修理涉及的内容很多,路基、道床、轨枕、扣件、钢轨、道岔等,涉及的修程有大修、中修和维修等。与之相对应的路基整治机械、线路捣固、道岔捣固和清筛机械、轨道动力稳定机械、道床配砟整形机械、钢轨及道岔打磨机械、道岔运输及铺换设备、钢轨及轨枕铺换设备、焊轨设备、物料运输设备、线路检查设备以及电气化铁路维修作业车、接触网架线车、巡检车等,应运而生,配套发展,几乎覆盖了线路的各种修程和作业。

4.产品系列化

目前,大型养路机械,每3～5年就有重大改进或技术创新的新机型出现,捣固车、清筛机、大修列车、轨检车、钢轨打磨车等都是这种趋势。如奥地利 PLASSER 公司的捣固车有 07 序列、08 序列、09 序列,而每一序列中又包括多种系列产品。

5.工作智能化

纵观大型养路机械的发展,无不经历了由简单到复杂,由单项功能到综合性多功能,由机械化到半自动化、自动化,产品的技术性能不断完善和提高。当今的大型养路机械是集机、电、液、气、激光、计算机等先进技术于一体的高新技术产品,是任何工程机械和机车车辆无法比拟的。从数据采集、线路优化,到作业控制、数据输出和存储均实现了计算机控制,激光扫描、超声波、GPS 定位系统测量技术以及信息技术得到越来越广泛的应用,大型养路机械的工作智能化已成为重要发展趋势。

6.作业环保化

尽管养路机械制造商把开发的重点放在提高设备的作业性能和生产效率上,但对劳动和环境保护的要求越来越引起高度的重视。低噪声的机械设备和作业机组、低扬尘的钢轨打磨车、清筛机及污土运输设备相继投入使用,吸尘和集尘装置、废气催化装置、烟雾过滤装置及降解型合成液压油等新技术和新材料,已开始成为大型养路机械和工务专用设备设计和制造中不断增加的内容。

3.1　我国铁路大型养路机械发展历程

中国早年的铁路养路水平很低,至少到 20 世纪 60 年代以前,铁路线路养护基本上靠的是人力。人力养护线路劳动强度大,工作效率低,作业质量不高。随着铁路事业的发展,铁路养护工作在 20 世纪 60 年代之后,迈出了艰难的步伐。

3.1.1　养路机械前期探索

建国以后,我国铁路养路机械经历了一个漫长的发展过程。到 20 世纪 70 年代,我国小型养路机械的研制达到一定水平,针对线路各项作业的小型机械基本配套,这些小型养路机械的使用替代了大部分的手工作业,满足了当时线路维修作业的技术要求,显示了养路机械化的作用。但跨入 20 世纪 80 年代,由于铁路运输的发展,小型养路机械存在的作业质量、效率、安全等方面的问题,逐步限制了它的发展。

1965 年,我国铁路首次从瑞士马蒂萨公司引进轨行式 16 镐捣固车和中型全断面道砟清筛机各 1 台,拟作为样机进行仿制。铁路总公司为此专门投资在沈阳机车车辆厂建立从事养路机械生产的一个车间,最终生产出建立在当时工业水平上的国产捣固车。尽管国产捣固车与进口设备差距很大,但是优于小型养路机械的作业质量和效率依然使其受到现场的欢迎。

70 年代,对大、中型养路机械的强烈需求,促使国内部分铁路局先后自行开展了对中型清筛机的研制。但由于研制大、中型养路机械的工作有较高难度,又缺乏设计理论和依据,生产单位工艺能力不足,加之国内配套机电产品质量低下,试制的机械大多不能正常使用。经过多年探索,开始在养护维修工作中使用小型机械,摆脱了完全依靠人力进行铁路养护的时代。

3.1.2　养路机械的发展

国外发达国家养路机械的发展都经历了小、中、大的一个完整过程,到 20 世纪 80 年代基本进入了大型化的时代。80 年代,随着我国铁路运输密度的加大,繁忙干线的维修采用传统的方式和手段已无法完成,而且轨道结构的日益现代化也向作业质量提出了更高的要求。在这种形势下,经过长达几年慎重的考查和论证,最终铁道部做出了跨过中型养路机械,直接发展大型养路机械的发展方针,先后采用引进、合资、自主研发等方式使我国铁路养路机械水平上升到了一个新的台阶。

1.提高了线路修理能力和作业精度

大型养路机械大面积的使用,使线路大修、维修质量得到了有效改善,为铁路的扩能、提速创造了良好条件。例如,道岔捣固车的应用,做到起、拨、捣、夯一次完成,作业后质量均衡,消除了传统维修道岔后对列车运行速度的限制。钢轨打磨车的使用可以及时消除钢轨的表面伤损,延长钢轨使用寿命,提高了轨道的平顺性和旅客列车的舒适度。广深、秦沈客运专线和京津城际使用钢轨打磨车作业后,平顺性明显改善。

2.提高了工作效率,缩短了维修养护时间

我国铁路提速改造,工务系统面临着前所未有的繁重的线路整修工作。在时间紧、标准高、工作量大的困难情况下,为完成重点病害整治、曲线改造、换砟补砟和强化维修保养等工作,各铁路局积极组织了大型养路机械机群作业,发挥了大型养路机械机动、高效、综合作业的优势,圆满地完成了线路整修任务,保证了提速工程的顺利实施。在曲线改造中,采用维修机组配套作业,大量的超高调整及缓和曲线的延长一次完成,这是人力和小型养路机械绝对不可比拟的。

3.缓解了运输施工矛盾,挖掘了运输潜力

大型养路机械作业项目全、程序细、标准高、要求严、作业质量均衡,从而提高了线路质量和轨道承载能力。此外,大型养路机械施工组织形式和作业性能为夜间施工提供了条件。大型养路机械夜间开天窗作业,使繁忙的线路找到了维修作业时间。

一般传统线路大修施工后,放行首列车的允许速度为 25 km/h。1 h 后为 35 km/h,再 1 h 后为 45 km/h,以后逐渐恢复列车行车速度。而利用大型养路机械连挂多机作业,在一个封锁天窗内可实现 5 次捣固、3 次稳定作业,使线路大修后放行首列车速提高到 80 km/h,次列可达120 km/h,第三列车即恢复到正常运行速度。

据统计,大型养路机械每维修 1 km 线路可替代 230 个人工,每大修 1 km 线路可替代 350 个人工。因此,大型养路机械日益普及应用,在一定程度上弥补了工务部门近年来的定员短缺,缓解了劳动力不足与修理任务繁忙的矛盾。

3.1.3 养路机械的前景

大型养路机械经过多年的发展,在国内的装备已具备了一定的规模,养护水平也有了长足的进步,国内大型养路机械制造业已基本实现线路大修、维修主型机械的国产化,国产设备占到我国大型铁路养路机械总量的 90%。

养路机械的趋势:装备功能多样化、制造技术国产化、设备检修专业化、运用组织高效化,特种(道岔、隧道、桥梁)养路机械需求加大、高速铁路相关养路机械不断创新且匹配趋向合理化。

3.2 常用养路机械与设备

养路设备按用途可分为线路作业设备、内燃发电设备和施工作业防护设备;按重量可分为重型和轻型设备;按动力类型可分为电动动力和内燃动力;同时还可按作业项目划分。目前,铁路工务养护运用的机具设备主要有手工机具、小型养路机械、大型养路机械等。

3.2.1 常用手工工(机)具、量具

线路的养护维修工作,已基本实现养路机械化。但在日常的许多线路养护维修和线路病害整治方面,仍需使用手工工(机)具去进行一些最基本的线路作业。使用手工工(机)具进行作业,对列车运行影响小,行车安全可靠性大;手工工(机)具作业易操作,简单实用,能有效地消除线路病害;手工工(机)具相对体积小,重量轻、成本低,有一定的工作效率和作业质量。是工务系统基本作业必不可少的操作装备。

1.手工工(机)具的种类

常用于线路手工作业的工(机)具,一般可按其外形、用途、种类分为柄类工具、长件类工具、小件类工具、机具类、利刃类工具、特种类工具和运输类工具等。

(1)柄类工具多用于捣固、改道、道床清筛、整理道床等作业,一般有捣镐、小拉耙(又称三齿叉)、大拉耙、口齿耙、九齿钢叉、三齿镐、钦锹、道钉锤等。

（2）长件类工具主要有撬棍、长柄接头固定扳手、扣件固定扳手、轨距整正杆、抬杠等。

（3）小件类工具包括面比较广，主要有活扳手、抬钳、钢轨手抬钳、混凝土轨枕手抬钳、枕木拉钳、手摇钻、枕末夹紧器、枕木紧线器、起钉器、直孔器、起钉垫、直钉器、刹子、箩筐、铁筛等。

（4）利刃类工具主要有锛斧、劈刀、龙锯、末工斧、手工锯等。

（5）特用类工具主要指在机械工具无动力或发生故障时，线路在区间发生故障需应急处理时，以及在特殊情况下进行施工所需要的钢轨作业工具。最常用的有锯弓、板钻器、板钻架等。

（6）运输类工具主要指单轨小车。

2. 常用手工量具

铁路专用量具较多，可用于机车车辆、铁道建筑、通信信号等的量测，其中，铁道建设方面主要有：

（1）路基密度、湿度测量器具：路基密实度测量仪，核子湿度、密度测量仪；

（2）线路配件专用量具：道钉螺栓量具、套管螺孔量具、防松螺母量具；

（3）线路几何状态测量器具：轨距尺、线路曲线正矢测量仪、钢轨几何参数测量器具、钢轨断面检测样板、轨底坡测量仪、钢轨直度测量仪、道岔结构参数测量器具、支距尺、辙叉几何参数测量器具、辙叉磨耗测量尺、轨道检查仪；

（4）其他：轨温计、桥梁摇轴支座检具、隧道断面测量仪；铁道建筑接近限界检测仪、列车测速仪、超声波探伤仪等。

3. 2. 2　小型养路机械

小型养路机械是实现铁路轨道作业的重要设备，主要包括道砟捣固机械、道砟清筛机械、道床整形机械、起拨道机械、钢轨整修机械及其他机械设备。其主要特点是可以方便的随时上下道，用于线路的日常养护维修。

20 世纪 50 年代我国开始研制简单的小型机具，并在线路维修作业中试用。1959 年首次从苏联进口了包括手提式电动捣固机和液压轨缝调整器等小型维修作业机具。60 年代我国研制了具有可扒砟、回填、夯实、锯轨、打磨、拧紧螺栓等功能的电动、风动小型机具。70 年代我国养路机械化水平有了较大提高。1971 年，四头电动捣固机开始上道后，相继出现了小型液压捣固机，实现了以捣固为主的小机群作业，后期又研制了小型枕底清筛机。1979 年重点对主要机械如液压捣固机、小型枕底清筛机及轻型轨道车进行了选型、定型和定点生产。进入 80 年代后，养路机械化发展水平不断提高。为满足现场作业灵活、机动的要求，机械的动力从原有的电动、风动逐渐向内燃、液压方式过渡并转型，产品的质量逐渐提高。在这一时期，小型防撞液压起道、拨道器得到了推广。

20 世纪 80 年代后期至今，随着进口大型养路机械装备水平的提高，我国铁路技术装备政策也进行了调整，坚持繁忙干线采用大型养路机械，一般干线发展配套中、小型养路机械。这一时期小型养路机械的发展已趋于稳定，为适应铁路养护维修的需要，开发研制了部分新产品，如内燃双头螺栓扳手、内燃冲击式捣固稿、气压焊及铝热焊配套机具等。

1. 捣固机

道床石砟的密实是采用捣固机械通过压实或振动密实的方法实现的，常用的捣固类型有冲击式、振动式和振动夹实式捣固机三种，组成电动或内燃捣固机。

电动捣固机的捣固作业是利用振动密实的方法作用于道床枕下的石砟,使石砟密实,达到捣固的目的。电动捣固机是在普通电动机的转轴上安装偏心铁装置,然后在电机的端盖上安装捣固电动机作为振源。当电动机接通电源后,偏心装置随同电动机一同高速转动,并产生方向变化的离心力,即振动力。当捣镐作用于石砟后,镐头将振动传给石砟。当道砟受到振动力的作用也处于振动时,原道砟间的摩擦阻力得到克服和减少。当振动的强度达到一定程度之后,道砟近乎处于流动状态,开始相对运动而重新排列。经过一段时间,道砟在枕下的空隙充满,达到枕下道砟密实的程度。

液压捣固机主要用于铁路线路枕下道砟捣固。早期产品多以电动机为动力,后期逐步被以内燃机为动力的液压捣固机所取代。该机为单升油缸、双导柱式,两台捣固机为一组,置于同一走行架上作业,备有轻便下道装置,随时可上下道。液压捣固机采用振动和夹实联合进行捣固作业,捣实的质量较高。捣固机的传动部分采用液压传动,从而使结构得到简化,重量减轻。在液压捣固机作业时,不需要扒砟和回填石砟,使工序简化。

小型液压捣固机(图 3-1)在使用中,两台捣固机连在一起构成一套。由两个人各自操作一台,这样每根轨枕的 8 个捣固位置一个动作循环即可完成。

2. 内燃捣固镐

内燃捣固镐(图 3-2)产于 20 世纪 90 年代,动力为二冲程下排式汽油机,主要用于铁路线路枕下道砟捣固。该产品的出现提高了作业效率。该机结构简单、性能可靠、养护维修方便。

图 3-1　液压捣固机

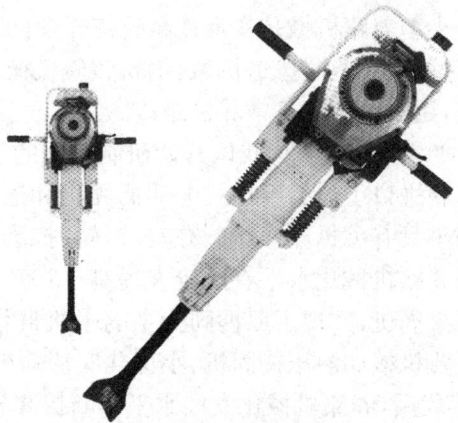

图 3-2　内燃捣固镐

3. 锯轨机

锯轨机(图 3-3)又称无齿锯,主要用于切割钢轨。早期产品多为电动锯轨机,后期逐步被内燃锯轨机所取代。该机体积小、重量轻、切割钢轨速度快、切割断面精度高。

4. 钻孔机

钻孔机(图 3-4)主要用于铁路工务、工程部门钻制钢轨夹板螺栓孔。早期产品多为电动钻孔机,后期逐渐以小型汽油机为动力,经过减速器带动钻杆旋转,手柄驱动实现进给,设有钻杆托架以保证钻孔位置准确,使用空心钻头,提高了钻孔效率和质量。

图 3-3　锯轨机

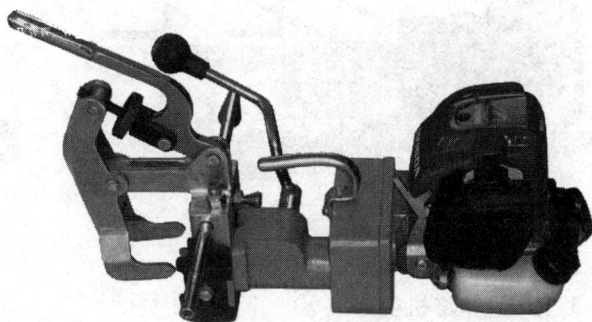

图 3-4　钻孔机

5. 打磨机

打磨机(图 3-5)主要用于钢轨焊接及钢轨伤损焊补后,对轨头进行仿形打磨。适用于各型钢轨在基地或现场焊接及轨头焊补后打磨作业,也可作为超长无缝线路铺设、断轨修复的机具。

6. 轨缝调整器

轨缝调整器(图 3-6)主要用于铁路线路维修作业中调整钢轨接头轨缝。早期产品为单向轨缝调整器,进入 20 世纪 90 年代逐步被推拉式的双向轨缝调整器取代。

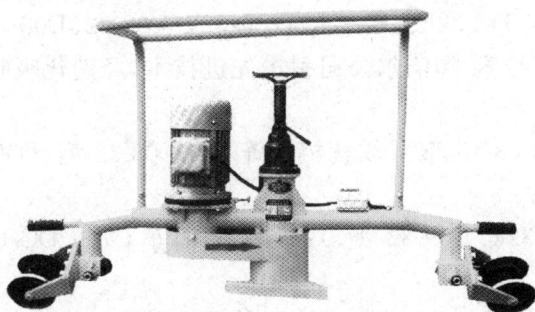

图 3-5　打磨机

图 3-6　轨缝调整器

7. 内燃螺栓扳手

内燃螺栓扳手(图 3-7)产于 20 世纪 90 年代,主要用于轨枕螺栓松、紧作业。基本特点是造型简洁、移动灵活、维修容易,操作简便。

8. 液压起拨道机

液压起拨道机(图 3-8)是铁路线路大中修及道床维护的起道、拨道专用设备,既能抬高又能调整轨道水平作业,具有工作效率高,操作简单、轻便,减轻体力劳动,安全可靠、适用范围广等特点。

图 3-7　内燃螺栓扳手

图 3-8　液压起拨道机

3.2.3　大型养路机械

1.捣固车

捣固车用在铁路线路的新线建设、旧线大修清筛和运营线路维修作业中,对轨道进行拨道、起道抄平、道砟捣固及道床肩部道砟的夯实作业,使轨道方向、左右水平和前后高低均达到线路设计标准或线路维修规则的要求,提高道床石砟的密实度,增加轨道的稳定性,保证列车安全运行。捣固车可以单独进行起拨道抄平作业或是捣固作业,但为提高作业质量,一般情况下都是拨道、捣固作业同时进行,即综合作业。

捣固车必须封闭线路进行作业,捣固车在运行状态下与其他机械连挂进入封闭区间,到达作业地点后,机组解体,捣固车由运行状态转换为作业状态后开始工作,作业中捣固车需要操纵及辅助人员 5～7 人,若线路封闭 3 h,捣固车可以完成 2 km 左右的线路综合维修。

(1)捣固车的类型

目前,国内捣固车主要车型是 CDC-16k、DC-32k、DG-32k、DCL-32k、D08-32、D08-475、D09-32,D09-3X、DWL-48,基本是从奥地利普拉塞-陶依尔公司引进先进技术,经消化吸收后基本实现国产化。

按同时捣固轨枕数分为单枕捣固车(如 08-16 型)、双枕捣固车(如 D08-32 型、D09-32型)、三枕捣固车(如 D09-3X 型、DWL-48 型);

按作业对象分为线路捣固车(如 DC-32k、D09-32 型、);道岔捣固车(如 CDC-16k、D08-475);

按作业走形方式分为步进式捣固车(如 D08-32 型)、连续式捣固车(如 D09-32 型)。

(2)D08-32 捣固车

D08-32 型自动抄平起拨道捣固车是我国 1984 年从奥地利 Plasser & Theuere 公司引进的,1990 年引进其生产技术,在昆明机械厂开始批量生产。目前,已在全国铁路线路修理、提速线路改造和新线建设当中得到广泛应用。D08-32 型捣固车有 32 个捣固头,是一种结构先进的自行式、多功能线路机械,集机、电、液、气于一体,采用电液伺服控制、自动检测、微机控制和激光准直等先进技术,操作简便,为双枕捣固车,作业走行为步进式,能进行起道、拨道、抄平、钢轨两侧枕下道砟捣固和枕端道破夯实作业。

D08-32 型捣固车利用车上测量系统,可对作业前、后线路的轨道几何参数进行测量和记录,并通过控制系统按设定的轨道几何参数进行作业。作业方式为"定点式"捣固,即一次捣固循环周期为主机运行→主机制动→捣镐振动下插→捣镐枕下夹实。

（3）D09-32 型连续式捣固车

D09-32 型连续式捣固车（图 3-9）是 Plasser & Theuere 公司 20 世纪 80 年代中后期的研制的，是 D08-32 型捣固车的换代产品，也是目前世界上非常先进的线路捣固机械，具有较高的作业精度和作业效率。主要结构特点：捣固头、夯实器、起拨道等主要机构安装在车体下部的一台作业小车上。工作时，作业小车与主机差速运动，主机始终连续、匀速地向前行进，工作小车在主机下部以钢轨导向步进作业。从一根枕木到下一根枕木循环移动，一次捣固循环周期为：工作小车运行→工作小车制动→捣镐振动下插→捣镐枕下夹实→捣镐提升。

图 3-9　D09-32 型捣固车

（4）DWL-48 型连续走行捣固稳定车

DWL-48 连续走行捣固稳定车能够实现连续式三枕捣固作业，并同时对线路进行动力稳定。其作业效率比连续式双枕捣固车提高将近 30%～40%，是当今世界上作业精度和作业效率最高，性能最先进的铁路线路捣固机械；由于增加了复合控制的动力稳定小车，作业后的线路即可获得很高的精度，又能获得足够的稳定性能，线路开通后，就能够高速满负荷运行。

2.动力稳定车

动力稳定车（图 3-10）是模拟列车对轨道的动力作用原理而设计的。稳定车作业时，由柴油机带动的液压马达同时驱动两套稳定装置的两个激振器，由于稳定器的走行轮和火钳轮紧紧地扣住钢轨，便得激振器和轨道产生强烈的同步水平振动；与此同时，稳定装置的垂直液压缸分别给予两侧钢轨施加向下的静液压力，在水平振动力和静液压力的共同作用下，道砟重新排列密实。线路均匀下沉，线路因而达到稳定。

图 3-10　WD-320 型动力稳定车

铁路线路经过破底清筛和捣固作业后，道床仍不够密实，道床横向阻力和稳定性都较差。

因此,行车安全得不到保证,故有关规范要求列车限速运行。限速运行,就不可避免地损失了铁路运能,使本来就非常繁重的铁路运输,加重了负担。为减少或取消因施工造成的慢行时间,使施工后的轨道尽快达到稳定状态,保证列车按规定的速度安全运行,各国铁路专家做了大量的科学研究和试验工作,动力稳定车就是在这种背景下研究制造成功的。

3. 道床配砟整形车

配砟整形车用于将道床整理成形,同时将散落在轨枕或扣件上的道砟清扫干净,具有对道床进行配砟、整形和清扫轨枕枕面等作用。其工作装置由中犁、侧犁和清扫装置组成,其工作原理就是由中犁和侧犁完成道床的配砟及整形作业,使作业后的道床布砟均匀,并按线路的技术要求使道床断面成形。清扫装置将作业过程中残留于轨枕及扣件上的道砟清扫干净,并收集后通过输送带移向道床边坡,通过适当调整侧犁的转角,使道床断面按 1:1.75 成形,达到线路外观整齐、美观。SPZ-200 型双向道床配砟整形车(图 3-11)是我国现阶段应用范围最广的车型。

4. 道砟清筛机

SRM80 型全断面道砟清筛机(简称 SRM80 型清筛机)是我国采用技贸结合方式引进奥地利 Plasser & Theuere 公司 RM80 型全断面道砟清筛机制造技术进行国产化生产的大型养路机械,是线路大修的主型机械。SRM80 型清筛机(图 3-12)是一种结构复杂、先进的自行式线路机械,集机、电、液、气于一体,具有操作简便、性能良好、作业高效的特点。在封锁线路条件下,通过穿入轨排下的挖掘链运动,实现全断面道砟的挖掘,经筛分装置筛分后,清洁道砟回填至道床,污土抛至规定区域,对线路翻浆冒泥地段的污染道砟可进行全抛作业。

图 3-11 SPZ-200 型双向道床配砟整形车

图 3-12 SRM80 型全断面道砟清筛机

5.其他机械

除上述四种主要机械外,在日常养护维修中还会用到许多机械设备,如铺轨机械、轨排运送机械、轨道检测车、钢轨打磨车、钢轨焊接车、污土运输车、钢轨探伤仪、轨道添乘仪等。

3.3　大型养路机械作业

大型养路机械线路维修作业是在繁忙的干线上利用大型养路机械在天窗时间内进行线路维修作业,在作业时配套使用起拨道捣固车、动力稳定车、配砟整型车联合作业,充分发挥激光照准、自动抄平、起道、拨道、捣固、动力稳定、回填道砟、道床整型和夯拍功能。线路综合维修施工涉及多个部门,各部门要密切配合,要求工务段按大型养路机械参与综合作业前、中、后各阶段的有关要求,做好大型养路机械的施工作业的配合工作,并派专人对大型养路机械作业后的线路进行随机验收工作。

3.3.1　适用范围

目前,我国使用的大型养路机械是按照我国铁路的运行条件及地理特点制造的,既可用于既有线的大修与维修,又适用于新建铁路的维修作业。但因大型养路机械构造特点及其部件装置的限制,在下列条件和线路上禁止使用:

(1)有砟桥上或隧道内;

(2)道岔范围内;

(3)驼峰与坡度大于 33‰ 的线路上;

(4)D08-32 捣固车禁止在混凝土宽枕线路上及道床板结严重的线路上使用;

(5)DGS-62N 动力稳定车,禁止在轨道几何尺寸严重不良的线路上高速运行,以免损坏车上装配的精密测试仪表。

3.3.2　工作组织

维修计划通常由铁路局下达,工务处归口管理,大型养路机械配属单位组织实施,车务、工务、电务、供电和车辆等有关部门共同配合完成。大型养路机械配属单位应根据路局下达的年度大型养路机械维修计划和大型养路机械维修分月实施计划组织施工,如需变更计划必须向路局提出书面申请,经审批同意后方可执行。施工前按规定与有关单位签订施工安全协议,明确安全责任和配合要求。并按规定向路局提报月度施工计划、施工组织、安全措施,经审核同意后下达并实施。施工日计划应由大型养路机械配属单位与工务段共同确定,并由大型养路机械配属单位在施工前一天通知有关配合单位,如系搬家转场首次施工,需提前三日通知配合单位。配合单位接到通知后,及时安排配合人员,并按要求做好施工前的准备工作。

3.3.3　施工条件

由大型养路机械配属单位提出申请,路局协调解决大型养路机械维修所必需的封锁和限速条件、机组运行条件和机组人员生活条件。

1. 封锁和限速条件

（1）封锁天窗

使用大型养路机械维修线路，必须在固定的维修天窗内进行。采用大区间滚动计划，原则上封锁每月应不少于 24 次，维修天窗封锁时间不应少于 3 h，确有困难的繁忙区段，封锁时间也不得少于 2.5 h。否则会因为纯作业时间不足 1.5～2.0 h，造成人力和财力上的浪费，也会因为日作业长度不足，加大对正常运输的干扰。

在无缝线路地段作业时，高温季节应避开高温时间段，冬季不宜安排夜间作业。

（2）限速条件

维修机组和道岔捣固车施工封锁前慢行 60 min，限速 45 km/h；封锁开通后只首列限速，未经动力稳定的线路限速 60 km/h，经动力稳定后的线路限速 90 km/h，原则上限速长度不超过 7 km；道岔捣固车和维修机组可共用一个封锁天窗，当线路维修和道岔维修封锁里程不连续时，按线路和道岔实际施工里程同时封锁，慢行长度同封锁里程长度。

2. 机组运行条件

机组运行由调度排点运行，在封锁开始前 40 min 到达当日作业地段邻站；封锁结束后，应及时安排返回驻地，以便机组人员对机械进行检修保养。

3. 机组人员生活条件

大型养路机械停留驻地站应具备可停放机组和附属车辆的站线，以及水、电、通信等生产生活条件。驻地站与作业地段的距离不宜超过 25 km。

3.3.4 施工准备

工务段需提前在作业地段补砟、调整轨缝、调直钢轨、拧紧扣件、处理翻浆冒泥等，并进行线路测量和标记，认真复核并向大型养路机械配属单位提供作业地段的线路起、拨道量和无缝线路锁定轨温、曲线要素及有关线路技术资料。对线路进行拉坡设计时应尽量优化，减少复捣作业量，原则上复捣公里数不大于路局下达计划的 10%。

钢轨打磨作业前，工务段应清除作业地段妨碍打磨列车作业的障碍物和易燃物，并将作业区段的钢轨磨耗、缺陷等情况提供给大型养路机械配属单位。

大型养路机械配属单位需提前做好大型养路机械的调试、检修工作，确保技术状态良好，制订施工计划、作业方案、应急措施。

电务、铁通等配合单位需派专人负责，提前调查、探明各种电务、电力、通信过轨电缆现状，对埋深不足枕底以下 200 mm 的必须提前埋深。电务段应提前处理影响机械化维修的扼流变，车辆段应提前处理红外线轴温探测仪等设备。

电化区段，供电段需派专人负责，提前处理接触网接地线和吸上线，使其符合大型养路机械作业要求，并根据工务段测定的起、拨道量，调整接触网高度及拉出值等。

车务部门需提前安排好大型养路机械停留站及停留线，组织好大型养路机械站内调车编组计划和开行计划，确保大型养路机械能及时进入封锁区间和返回停留站。

3.3.5 职责分工

在封锁施工期间，设备管理单位、施工单位和配合单位应各负其责、密切配合，确保大型养路机械维修作业的顺利进行。

1. 大型养路机械配属单位

(1)按规定申请办理施工封锁手续和线路开通手续,并派驻站联络员 1 名。

(2)按施工日计划和作业标准组织施工作业,负责大型养路机械随车防护、作业质量检查,掌握作业进度,处理机械故障,确保作业安全、质量和正点。

(3)按规定使用捣固车、稳定车的记录仪,全过程监视作业质量,及时处理线路施工质量问题。

(4)负责钢轨打磨作业时的防火工作。

(5)施工过程中,施工负责人要与机组人员、驻站联络员和施工配合人员等保持密切联系,确保施工指令畅通。

(6)与工务段共同做好作业质量静态验收,并即时办理线路交接手续。

2. 工务段

(1)按规定办理慢行限速登记和撤销手续,设置施工地段两端和工务段作业地段的防护,设置临时站界标。当公路道口需封锁时,负责提前办理与地方管辖部门的有关手续。

(2)按规定在施工地段的轨枕上标明起道量、拨道量、拨道方向、曲线位置、接头位置等标记。

(3)做好施工前对施工地段的抽板、方枕、改道、更换失效轨枕、全面拧紧扣件等作业。

(4)拆除并及时恢复影响大型养路机械作业的线路设施及障碍物;轨距拉杆应串移紧靠一侧轨枕,使轨枕间捣固净空不小于 200 mm;对不能拆除的障碍物,应在线路上做好醒目标记。

(5)负责作业质量监控,发现问题及时通知机组处理。

(6)负责除大型养路机械作业外的其他辅助作业,如不能捣固地段的人工起整、顺坡,道岔捣固时的小型机械辅助捣固等。

(7)大型养路机械故障时,负责线路恢复及确定线路开通后放行列车条件。

(8)负责钢轨打磨作业后的防火工作,协助大型养路机械配属单位做好施工作业中的防火工作。

(9)与大型养路机械配属单位共同做好作业质量静态验收及确认放行列车条件,并即时办理线路交验手续。

3. 配合单位

(1)电务部门应按规定时间到达配合现场,临时拆除或捆扎影响大型养路机械作业的绝缘跳线和道岔内电务连接线等设施(轨端连接线除外),保证大型养路机械连续作业,作业后及时恢复。负责施工时电务设施故障的应急处理。

(2)道岔捣固作业完毕,电务与车务应共同配合,进行道岔尖轨和可动心轨调试。遇复线正线联动道岔施工,车务应按规定对邻线正线联动道岔加锁。作业完毕后调试道岔,电务需提前和车站登记要点,检查完毕后通知施工负责人。

(3)电气化线路作业时,供电段应派专人进行配合指导和安全监督,拆除和恢复影响大型养路机械作业的设备。

(4)车辆段负责拆除和恢复影响大型养路机械作业的红外线轴温探测仪和 AEI 车号设备。

3.3.6 作业配合

大型养路机械综合维修作业的配合工作分为作业前、作业中、作业后三个阶段。作业前、作业后阶段由工务段独立自行完成,作业中的工作量由大型养路机械在工务段的配合下完成。

1. 作业前

(1)对线路进行全面调查,并以此为依据向机械段(队)提供线路资料。对线路道砟情况进行调查(特别曲线地段)对道砟不足地段特别是曲线上股,一定要提前补足道砟。无缝线路曲段的砟肩宽度不应小于 400 mm,曲线外股应按规定加宽,砟肩堆高不应小于 150 mm,普通线路砟肩宽度不应小于 300 mm。

(2)方正轨枕,更换无效轨枕,更换和修理损坏和失效的联结零件。

(3)改正轨距,矫正死弯钢轨,整治钢轨接头"支嘴"、错牙等病害。

(4)调整轨缝。

(5)结合全面整修,更换和补充联结零件,有计划地进行螺栓涂油。同时,将轨距杆移至靠轨枕,将防爬支撑移到钢轨下面或道心。若移至道心时防爬支撑距轨底的距离不得少于 300 mm。

(6)焊补和打磨轨面,消除轨面不构成重伤的掉块、疤痕、擦伤和马鞍形磨耗等钢轨病害。

(7)全面整正轨下胶垫,更换失效的胶垫和尼龙挡板座。

(8)全面拧紧接头及扣件螺栓。

(9)综合整治坍砟处所,特别是坍砟接头,对道口等欠修和道床脏污严重的处所进行清筛,并均匀补充道砟。

2. 作业中

(1)大型养路机械进行综合维修时是全捣固作业,工务段必须在全面细致地进行线路调整的基础上,提供线路的详细的与实际状态符合的线路资料。必须根据线路的高低情况给出一个合理的基本起道量及作业区段内的最大起道量,基本起道量以 20～40 mm 为宜。捣固车一次起道量不宜超过 50 mm,起道量超过 50 mm 时应分两次起道捣固;一次拨道量不宜超过 80 mm,曲线地段上挑、下压量应尽量接近。每次作业后应进行道床动力稳定。

(2)大型养路机械作业时,应提供如下线路资料:

①作业区段的起始和终点里程。

②作业区段内各控制点(道口、车站、进站信号机、桥梁、隧道等)的里程。

③作业区段内各曲线的曲线要素(曲线头尾、里程、转向角、缓和曲线长度、曲线全长、曲线外轨超高)。并且在作业时将曲线的 ZH、YH 点所在的钢轨上作出明显的标记,以方便大型捣固车校对同步点。

④无缝线路区段要结合日常对无缝线路的技术管理和养护,提供准确的线路锁定轨温,同一锁定轨温节长度,分界桩号,允许作业轨温等资料,作为机械队进行施工作业的依据。

(3)大型养路作业所在工务段应组织配合大型养路机械作业专业工队,进行大型养路机械作业前的各项准备和单项作业,确保在大型养路机械到达前完成各项准备工作和作业项目。大型养路机械到达后应调配对线路熟悉、技术业务素质高、责任心强的主任领工员或相当于主任领工员一级的干部作为配合大机施工作业的负责人。负责向机械队移交线路资料,线路交底,提出施工作业的有关具体要求,并协调和解决配合大机施工作业中出现的具体问题。

(4)大机作业前 3 h 内拆除作业当日作业区段内的道口、桥梁护轨、护轨梭头。道口的中间铺面和两侧铺面必须全部拆除并移出道心至线路以外,混凝土桥枕护轨允许放在道心,但护轨放置应与线路钢轨基本平行,距离不小于 300 mm,两端弯向道心,中间适当固定,放置高度不能超过线路钢轨顶面 25 mm,必须距两侧钢轨内侧轨底 300 mm 以外,并加以固定。

(5)大机作业前 5 h 内撤出线路钢轨接头处的调高垫板和高弹胶垫,换上普通垫板或 7 mm 普通胶垫(需要强调的是一定要换上普通垫板或 7 mm 普通胶垫,并上紧螺栓,不允许钢轨和轨枕直接接触)。清除堆积在钢轨轨头下颚处的道砟,以防止大机的夹轨钳脱落。

(6)大型养路机械参与综合维修时对线路和对钢轨接头处进行两次捣固,工务段应提前用粉笔或油漆在轨枕的斜坡处标注明显的 ZX 标记,每个接头标准 4 块板。对各种原因受到限制不能进行捣固的处所也应提前在轨枕上标注明显的 X 标记。

(7)大型捣固车作业时,应由工务段派员看道,配合大型捣固车的操作手用手动方法有计划地消除,大轨面和大方向上的不量地段。但在进行该项作业时应注意准确地测量大轨面和大方向不良地段的头尾位置,最大矢距和长度,以此计算并向大型捣固车 2 号位提供顺坡率,起(拨)道量和顺坡起、止点。

(8)每台捣固车应由工务段派人员用道尺和弦绳对作业后的线路的水平、高低、方向、曲线正矢进行随机验收。并记录超差处所的里程、轨号和超差值,以备评定捣固车作业质量之用。

(9)持道尺进行线路水平验收的人员以每根钢轨测量四次(接头、小腰、中间)为宜,并应随时将所测得的线路水平超差通知大型捣固车的操作人员以便及时进行修正。同时应注意人身安全,人员和大型养路机械的距离应在 25 m 之间,处于机后的人员应随时注意大型养路机械的后退信号(鸣笛两声),听到信号后应立即下道,防止被机械撞倒发生人身伤亡事故。同时也不应离开太远,以免在发现超差时捣固车退行超过 10 m,造成二次顺坡,影响捣固车的作业质量和作业效率。

(10)大型捣固车进行拨道作业时一般用四点法进行,对于方向严重不良或曲线上正矢连续差、最大最小差严重超限时应采用三点精确法拨道,但工务段应提前每隔 5 m 将拨量和移动方向标注在轨枕上。

(11)在无缝线路区段作业时机械段(队)和工务段应坚持"三测"制度,即作业前、作业中(每小时一次)、作业后测量轨温并加以记录和签字确认。作业中,机械段(队)和工务段配合人员应加强对轨面的观察,防止胀轨跑道,此期间机械段(队)应注意保护好大型养路机械设备。

(12)在无缝线路区段作业时应尽量减少重复作业,如必须重复作业则应不超过 100 m,且应在动力稳定后进行。在无缝线路区段也应坚持配砟车、动力稳定车、捣固车联合作业,动力稳定车必须在捣固车之后作业,作业速度一般应为 0.8～1.2 km/h,振动频率 2 530 Hz,捣固车应坚持使用夯拍装置,以便对在捣固作业时丧失的道床横向阻力进行一定的补偿。

(13)在大型捣固车作业时工务段应在每台车上放置人工起道工具一套,在大型捣固车出现无法修复的故障由人工进行顺坡开通线路。

(14)大型养路机械当日作业结束后,工段配合大型养路机械作业负责人根据作业质量情况签认《大型养路机械作业质量验收单》。

3. 作业后

(1)在大型养路机械作业后工务段应在 5 h 内恢复道口设备和桥梁护轨,并达到标准。同时也可结合大型养路机械施工作业有计划地改造和更换道口设备。

（2）全面拧紧接头和扣件螺栓，更换和补充在作业中损坏的配件。

（3）全面整理道床、清理路肩、侧沟，恢复道床断面尺寸。

（4）全面补充和刷新线路标志，位置不准的应找准位置重新埋设；全面刷新钢轨标记，位置不对的，应在正确位置上重新进行涂标。

（5）无缝线路区段应全面整理和打紧防爬设备，同时在 100 万～150 万 t 通过总重内，养路工区应加强对无缝线路的防爬观测（一般每天两次）和对线路的巡查。

（6）按标准组织作业区段验收。

3.3.7　质量控制和验收

1. 质量控制

大型养路机械进行线路综合维修的质量控制应贯穿于大型养路机械施工作业前、施工作业中、施工作业后的整个过程。

（1）大型养路机械作业前由工务段承担的作业项目，工务段应按有关作业质量标准认真做好大型养路机械施工作业的各项工作，做到不漏项、不简化作业程序。

（2）提供准确的符合现场线路实际的线路资料是保证大型养路机械作业质量的关键。曲线的头尾里程、缓和曲线长度、直缓点、圆缓点位置必须和现场实际相符，否则大型捣固车作业时会在曲线的头或尾处留下"鹅头"或反弯。曲线若需要变更超高，应按变更后的超高提供线路资料，并重新计算缓和曲线的超高递增量，标注在缓和曲线各测点的钢轨上。

（3）道砟是否充足是影响大型养路机械作业质量好坏的一个非常重要的因素，道砟不足的处所必须在大型养路机械作业前补足（起道量不大于 40 mm 时道砟以满槽为好，起道量大于 40 mm 时道砟应埋住轨枕头为宜），否则大型养路机械作业后的线路 48 h 内在列车的碾压下会产生较严重的不均匀下沉，导致出现三角坑和高低、水平等严重的不良状况，从而影响整个线路综合维修的质量。

（4）为保证捣固作业质量，步进式捣固车捣固频率每分钟不得超过 18 次，连续式捣固车捣固频率每分钟不得超过 22 次。对桥头、道口、钢轨接头 4 根轨枕等薄弱处所，应按照工务段标记增加捣固次数。

（5）曲线地段变更超高量和直线地段一次起道量大于 40 mm 的地段，要有计划地进行二次作业，且第二次作业时的起道量不得大于 30 mm。凡是进行二次作业的地段，工务段都应配备一定的劳力和工具，在第一次作业后立即补充道砟，以利于第二次作业。曲线上个别点的正矢严重不良时可在该点将拨量和拨移方向标注在轨枕上，大型养路机械可在该点进行手动干预拨正，但在确定该点拨量时应注意对作业相邻两点的影响。

（6）钢轨接头是线路的薄弱环节，也是大型养路机械作业时的重点部位。大型养路机械在钢轨接头处下插二次，加强接头的捣固，在大型养路机械作业前应将钢轨接头处 14 mm 和 10 mm 胶垫换成 7 mm 胶垫，维修完成后在一定通过总重的作用下开始产生低接头时再将 14 mm 和 10 mm 胶垫换至钢轨接头下，以保持轨面的平顺。这时应注意的是在更换 14 mm 和 10 mm 胶垫时一定要将 7 mm 胶垫放入，不能将钢轨直接放置在混凝土轨枕上，以免大型养路机械捣固和动力稳定时损坏轨枕。

（7）大型养路机械作业对坍砟接头进行综合整治也是保证大型养路机械作业质量的重要环节之一，坍砟接头必须进行综合治理，而且必须在大型养路机械作业前进行，坍砟接头处所应进行彻底的换砟,低塌的钢轨接头应进行平轨或喷焊处理,否则坍砟接头在大型养路机械作业后仍会再次出现,影响线路综合维修质量。

(8)大型养路机械作业中,工务段和机械段(队)应密切配合。机械段(队)应精心组织、精心施工,严格执行作业标准和作业质量标准。起道时不要频繁变更顺坡率和起(拨)道量,以免将线路起成搓板道或引起小方向不良。作业中应严格执行大型养路机械作业质量验收标准,对出现的超限处所应认真记录,严重超限处所应及时通知大型养路机械施工负责人进行返工,并重新验收,从而使大型养路机械作业质量得到确实的保证。

2.质量验收

(1)验收主要项目:清筛、起道、拨道、捣固、动力稳定和钢轨打磨等。

(2)验收办法:静态和动态相结合,以其中最差成绩作为该千米线路的验收结果。

①静态验收:使用大型养路机械施工作业时,工务机械段应及时提供大型养路机械记录仪的检查记录数据,与工务段共同随同大机检查,发现失格处所应立即组织返工。返工后仍有 4 处及以上达不到作业验收标准、2 处及以上达不到保养标准或无法返工的(每处长度不超过5 m,过 5 m 按 2 处计)判该千米线路为失格,并于当日填写验收记录。

②动态验收:使用大型养路机械施工作业后 15 日内,铁路局轨检车进行动态检查评定。

③静态与动态检查合格,大型养路机械作业项目齐全,质量优良,施工作业质量评为优良;大型养路机械作业项目不全,质量合格,施工作业质量评为合格。

(3)施工单位在办理工程交验时,应备齐下列竣工资料。

①线路大中修:施工日期、时间;主要材料使用数量表;竣工后的线路平纵断面图;钢轨配轨表(其中包括钢轨的钢种、熔炼炉号、生产厂、淬火厂、出厂年月等资料);无缝线路的锁定轨温及应力放散资料;.隐蔽工程记录;其他有关技术资料。

②铺设无缝线路工程除上述资料外,还需备齐:无缝线路布置图、观测桩位置;位移观测记录;工地焊接、探伤及外观检查记录;钢轨编号和焊接编号表、现场胶接绝缘接头记录;应力放散记录;厂焊单位及出厂时间。

③其他各项线路设备大修:施工日期、时间;主要工程数量表;隐蔽工程记录;其他有关技术资料。

(4)如因季节影响,无缝线路不能在工程交验前按设计锁定轨温锁定线路时,先组织交验,再适时组织应力放散。

(5)线路设备大修验收组织和程序。线路大修每完成 3～5 km(铺设无缝线路为一个区间),经施工单位自验并做好记录,及时向铁路局提请验收。铁路局应及时组织施工单位和设备接管单位,按照设计文件及有关验收标准进行验收。

(6)线路、道岔综合维修按下列单位进行验收:

①正线为 1 km(月综合维修不足 1 km 的也可验收),无缝线路可为 1 个单元轨条。

②站线为 1 股道。

③道岔为 1 组。

(7)机械化维修车间(工区)完成综合维修后,及时进行自验并做好记录,报请线路车间初验。线路车间应及时组织初验并做好记录,报请工务段组织验收。工务段应及时组织验收。

当月经常保养地段的作业项目由工区自验,车间验收,工务段抽验。具体验收办法一般由铁路局自行规定。

复习思考题

1. 简述我国铁路大型养路机械的发展历程。

2. 常用养路机械与设备有哪些？并说明各自在何种情况下进行运用？

3. 大型养路机械具有哪些优势与不足？

4. 常用手工工(机)具、量具有哪些？大型养路机械发展后它们还是否有存在的价值？为什么？

5. 大型养路机械发展后小型养路机械还有何作用？

6. 简述大型养路机械作业的适用范围及组织方法。

7. 大型养路机械作业的工作条件有哪些？

8. 大型养路机械作业前、中、后，各相关单位如何进行配合与协调？

第4章　线路养护维修

在线路上,由于列车荷载的反复作用,钢轨会变成凹凸不平的状态,称为轨道变形。为保证旅客乘车的舒适性,必须经常对轨道状态进行检查和测量,并对变形进行修整,对钢轨进行管理,对钢轨磨耗、锈蚀等进行一般性检查,同时还用钢轨擦伤检查车和超声波探伤机进行周密检查。发现钢轨、道岔及叉心的磨耗或损伤的测量值超过容许值时,应及时进行修补或更换。缓和钢轨磨耗(包括波状和蛇形磨耗)及改善剥落、肥边、裂纹等不良状态。

维修养护就是及时消灭轨道上的缺陷,如处理断裂钢轨、起道抽换轨枕等,同时进行更换扣件、零件,定期拨道,捣固道床等工作。

4.1　线路设备检查

线路设备检查坚持"动态检查为主,动、静态检查相结合,结构检查与几何尺寸检查并重"的原则。积极采用先进的线路检查设备,提高线路检查质量,加强线路设备状态分析,指导线路维修作业。对道岔、调节器、大跨桥梁、过渡段和沉降等重点地段的线路设备,应在昼间进行巡视,每年应不少于一遍。

动态检查以综合检测列车和探伤车检测结果为主要依据,巡检设备、车载式线路检查仪和添乘检查作为动态检查的辅助手段。发现问题时,应结合现场静态复核,全面分析原因,合理确定维修作业方案。对超过临时补修允许偏差管理值的处所应及时处理。

4.1.1　线路检查

1.轨道几何尺寸容许偏差管理值

轨道几何尺寸是指轨道的几何形状、相对位置和基本尺寸。轨道几何尺寸正确与否,对行车安全、平稳及设备使用寿命有直接关系。同时,也直接影响养护维修的工作量。

我国铁路对各类不同的轨道几何尺寸都规定了标准。但是,由于施工和作业精度的限制,以及受列车荷载和自然条件变化的作用,轨道几何尺寸不可能时时处处都为标准数值。所以,在保证行车安全、平稳和线路质量均衡的前提下,规定了轨道静态几何尺寸容许偏差管理值。

(1)关于轨道静态几何尺寸容许偏差管理值(铁运〔2006〕146号)的规定

①线路轨道静态几何尺寸容许偏差管理值详见表4-1。

②道岔轨道静态几何尺寸容许偏差管理值见表4-2。

表 4-1 线路轨道静态几何尺寸容许偏差管理值

项　目		$v_{max}>160$ km/h 正线			160 km/h$\geqslant v_{max}>$120 km/h 正线			$v_{max}\leqslant120$ km/h 正线及到发线			其他站线		
		作业验收	经常保养	临时补修	作业验收	经常保养	临时补修	作业验收	经常保养	临时补修	作业验收	经常保养	临时补修
轨距(mm)		+2 −2	+4 −2	+6 −4	+4 −2	+6 −4	+8 −4	+6 −2	+7 −4	+9 −4	+6 −2	+9 −4	+10 −4
水平(mm)		3	5	8	4	6	8	4	6	10	5	8	11
高低(mm)		3	5	8	4	6	8	4	6	10	5	8	11
轨向(直线)(mm)		3	5	7	4	6	8	4	6	10	5	8	11
三角坑(扭曲)(mm)	缓和曲线	3	4	5	4	5	6	4	5	7	5	7	8
	直线和圆曲线	3	4	6	4	5	6	4	6	9	5	8	10

注：①轨距偏差不含曲线上按规定设置的轨距加宽值，但最大轨距(含加宽值和偏差)不得超过 1 456 mm；

②轨向偏差和高低偏差为 10 m 弦测量的最大矢度值；

③三角坑偏差不含曲线超高顺坡造成的扭曲量，检查三角坑时基长为 6.25 m，但在延长 18 m 的距离内无超过表列的三角坑；

④专用线按其他站线办理。

表 4-2 道岔轨道静态几何尺寸容许偏差管理值

项　目		$v_{max}>160$ km/h 正线			160 km/h$\geqslant v_{max}>$120 km/h 正线			$v_{max}\leqslant120$ km/h 正线及到发线			其他站线		
		作业验收	经常保养	临时补修	作业验收	经常保养	临时补修	作业验收	经常保养	临时补修	作业验收	经常保养	临时补修
轨距(mm)		+2 −2	+4 −2	+5 −2	+3 −2	+4 −2	+6 −2	+3 −2	+5 −3	+6 −3	+3 −2	+5 −3	+6 −3
水平(mm)		3	5	7	4	5	8	4	6	9	6	8	10
高低(mm)		3	5	7	4	5	8	4	6	9	6	8	10
轨向(mm)	直线	3	4	6	4	5	8	4	6	9	6	8	10
	支距	2	3	4	2	3	4	2	3	4	2	3	4
三角坑(扭曲)(mm)		3	4	6	4	6	8	4	6	9	5	8	10

注：①支距偏差为现场支距与计算支距之差；

②导曲线下股高于上股的限值：作业验收为 0，经常保养为 2 mm，临时补修为 3 mm；

③三角坑偏差不含曲线超高顺坡造成的扭曲量，检查三角坑时基长为 6.25 m，但在延长 18 m 的距离内无超过表列的三角坑；

④尖轨尖处轨距的作业验收的容许偏差管理值为±1 mm；

⑤专用线道岔按其他站线道岔办理。

(2)制订轨道静态几何尺寸容许偏差管理值的依据

线路容许速度越高,轨道静态几何尺寸容许偏差就越小,这样才能满足高速列车运行平稳和安全的需要。轨道类型应与线路容许速度相适应,在相同运量和线路容许速度的情况下,轨道静态几何尺寸变化的幅度和速度与轨道类型有密切关系,轨道类型越重,其变化越小。

作业验收标准既是大修、综合维修验收标准,也是经常保养和临时补修作业质量的检查标准。凡是进行有关轨道静态几何尺寸的养护维修作业,在检查和验收时均按作业验收标准办理。这是因为轨道静态几何尺寸在运营过程中不断发生变化,每次作业都应有一定的质量效能,以保持一定的作业周期。

经常保养标准是轨道应经常保持的质量管理标准。这个标准是在综合维修及其他有关作业以后,在轨道几何尺寸不断变化的条件下,日常应保持的基本状态。制定该标准的目的是:使轨道保持较好的技术状态,具有一定的平顺性,并减缓轨道静态几何尺寸的变化。对超过经常保养标准而又不超过临时补修容许偏差的个别处所,并不要求一处一处地去整修,而要按其处数的多少,有计划地成段进行经常保养,使成段的轨道几何尺寸都在验收标准以内。

临时补修标准是应及时进行轨道整修的质量控制标准。这个标准的管理目标是:控制轨道静态几何尺寸偏差的变化量,在少量超过临时补修容许偏差时,就及时地进行整修,使其与危及行车安全程度保持一段距离,防止偏差的发展变化过大而危及行车安全。

2.线路检查制度

(1)线路车间

车间主任对管内正线、到发线的线路和道岔,每月要检查两次;对其他站、专线路和道岔,每月应检查一次。对无缝线路长轨条位移情况,每月观察一次,并填写记录。发现观测桩处累计位移量大于 10 mm 时(不含长轨条两端观测桩),应及时上报工务段查明原因,采取相应措施。

养路工长对管内曲线正矢,每季至少应结合线路检查全面检查一次,并填写记录。同时对线路高低和直线轨向,用弦线重点检查,重点记录。对普通线路爬行情况,每季至少要检查1次,爬行量大于 20 mm 时,应安排计划整正。

(2)线路工区(队)

区(队)长对管内线路、道岔和无缝线路长轨条位移,每季至少应全面检查一次,并做好记录。对线路严重病害地段和薄弱处所应加强检查。

(3)工务段

工务段长、副段长每季应有计划地检查线路、道岔和其他线路设备,并着重检查重点地段和薄弱处所。

(4)铁路局

铁路局工务处用轨道检查车检查线路,是动态检查线路质量的主要手段,每季至少检查1次,必要时应增加检查次数。

3.线路检查方法

线路设备检查分为静态和动态检查两种。线路车间主要执行静态检查制度。除添乘列车检查线路质量和用轨道检查车检查线路质量外,线路检查制度规定的其他检查项目均为静态检查。近来,随着新开发的轨检小车在线路上的应用,将大大提高静态检查质量和降低劳动强度,提高劳动生产率。线路静态检查包括:线路检查、道岔检查、曲线检查及季节性检查(如轨缝检查、防洪、防胀检查、防断拆检)等。

(1)静态检查方法

1)静态检查制度

设有检查监控车间的工务段,应由检查监控车间有计划地对工务段管辖线路设备进行月度周期性检查,线路车间参加月度周期性检查并负责检查监控车间检查内容以外的检查工作;未设检查监控车间的工务段,应由线路车间组织检查监控工区有计划地对线路车间管辖线路设备进行月度周期性检查,组织线路工区参加月度周期性检查并进行检查监控工区检查内容以外的检查工作。

2)线路设备检查内容及检查周期

①正线线路和道岔,每月应检查2次(当月有轨检车检查的线路可减少1次);其他线路和道岔,每月应检查1次。轨距、水平、三角坑应全面检查,轨向、高低及设备其他状态应全面查看,重点检查,对伤损钢轨、夹板和焊缝应同时检查。

②曲线正矢,每季应至少全面检查1次。

③对无缝线路轨条位移,每月应观测1次。

④对钢轨焊接接头的表面质量及平直度,每半年应检查1次。

⑤对严重线路病害地段和薄弱处所,应经常检查。

⑥无砟道床静态检查要求每半年检查1遍,对未处理的Ⅱ级伤损处所每季度检查1遍。

3)全面检查

养路工区每月必须对管内正线、到发线及其他主要站线、专用线(由工务段发文公布)和全部道岔进行1次全面检查,对次要站线及专用线每季进行1次全面检查。全面检查由工长组织进行。

全面检查项目包括轨距、水平、高低、方向(含曲线正矢、岔后连接曲线正矢及道岔支距)及其他检查(指养护范围内其他工作量调查项目)。

4)重点检查

除对管内道岔进行全面检查外,应对正线、到发线及其他主要站线、专用线进行1次有计划、有目的地全面看、重点量检查。次要站线、专用线未做全面检查的月份应进行1次重点检查。重点检查由养路工长执行。

重点检查时,下列地段必须全部检查:薄弱处所(小半径曲线、绝缘接头、异型接头、长大坡道、无缝线路缓冲区、焊缝);关键部位(道岔、道口、桥上线路、隧道内线路);病害地段(伤损设备、翻浆冒泥、水害、路基下沉地段等);作业地段(施工作业处所及最近1次养护作业地段)。

5)支线或专用线工区

支线或专用线工区,每月进行1次全面检查。检查结果应做好记录。

6)标准股的确定

①检查水平时标准股确定:直线线路顺里程方向以左股为标准股,左股水平比右股高时,记录为"+",反之记录为"-"。

②曲线线路为:曲线以下股(曲线内轨)为标准股,曲线上股(曲线外轨)水平比曲线下股(曲线内轨)高时,记录为"+",反之记录为"-"。

③道岔标准股为:以导曲线上股及外侧直股为标准股,标准股比内股高时,记录为"+",反之记录为"-"(含辙叉部分)。

7)检查前的准备工作

①记录簿上的表头应事先填写好,如里程、股道、钢轨编号、曲线半径、超高、加宽、顺坡率、车站名、道岔类型、道岔编号、线别等,以方便记录人员使用,防止漏查漏记。

②检查前,一切量具须由检查人确认无误方准使用。道尺和支距尺等须在校验期内使用,严禁非标量具上道检查。检查量具和用品包括:道尺、支距尺、方尺、弦线、木折尺(或小钢尺)、石笔、安全防护用品等。

③参加检查人员应掌握设备检查操作要领,熟知线路基本知识、技术要求、作业标准和轨道静态几何尺寸容许偏差管理值。

8)轨距、水平检查

①全面检查时,25 m轨应均匀检查8处,12.5 m轨应均匀检查4处。

②重点检查时,25 m轨应均匀检查4处,12.5 m轨应均匀检查2处。

③接头必须检查。

④发现超过经常保养和临时补修允许误差的轨距、水平,应查出超限处所的始终点,并在轨底划上拆垫、捣固、改道的标记。

⑤检查及画撬时,应注意轨枕空吊板对水平的影响、轨距递减率对水平加速度的影响及超高顺坡率对垂直加速度的影响。

⑥为使全面检查的轨距、水平记录与重点检查的轨距、水平能进行相应的核对,全面检查轨距、水平的记录应一上一下,从左到右,依次填记。

⑦轨距、水平记录应按线路计算里程的方向依次填写,每个轨号的第一格记录值,都应是该轨号钢轨接头处的轨距、水平。

9)三角坑检查

线路三角坑是指检查18 m范围内的轨道水平扭曲状况,即水平误差变化量。在检查时按前后水平的相对差来掌握线路的扭曲状况,对三角坑不再另行检查。

发现18m范围内有超限的三角坑时,应查出超限的起终点,并注明超限值,划好撬,将超限值填记在三角坑栏内。

对轨检车动态检查时发现的三角坑超限处所,在进行线路整修之前,应进行复检。复检时的三角坑基长应按轨检车检测的基长2.4 m量取。

10)轨向检查

直线方向,以10 m弦不定点检查;曲线方向,以20 m弦检查中央点矢值,除缓和曲线应定点检查外,圆曲线部分可定点或不定点检查;道岔导曲线方向采用支距法检查;岔后连接曲线方向以10 m弦定点或不定点检查正矢值。

曲线检查时要注意观看是否存在接头"支嘴"、反弯或"鹅头"(反弯是指曲线头或尾部的直线线路存在与曲线方向相反的弯曲,"鹅头"是指曲线头或尾偏离应有的平面位置,向曲线外侧凸出,越出直线方向,状似"鹅头"),并设法量出反弯或"鹅头"的数值,在曲线头或曲尾部的轨底上注明。检测正矢应选择晴天或无风的天气,弦线与测尺均应放在钢轨顶面下16 mm处,读数时,测尺、弦线、视线应互相垂直。

轨向的超限值,应填记在记录簿上轨向一栏的相应轨号处。

11)高低检查

①高低以10 m弦不定点检查。

②划高低撬时,应注意前后水平及三角坑超限情况,该合并的要合并,以避免混乱。

③高低的超限值记录在检查记录簿的高低一栏内,并与轨距、水平超限处所相对应,以便和水平、三角坑进行对照分析。

④捣固的工作量记录在检查记录本的"捣固"栏内,拆垫的工作量记录在拆垫栏内,不能混记,以便准确统计工作量,编制月、日计划。

12)道岔检查

①从尖轨接头轨距顺坡终点开始,至辙叉曲股前止。

②各项轨道几何尺寸均应按规定定点检查。

③道岔连接曲线按线路检查要求,记录在线路(曲线)检查记录本上。

13)月度检查

养路工长在月度检查时,应对线路、道岔设备的结构状态以及设备不良处所同时进行检查,并将病害情况记录在检查记录簿的其他记录栏内。如零配件松动、缺损;接头"支嘴"、低扣;接头塌坍或坍砟;道岔动程、开程;转辙部位竖切不密、顶铁不靠;岔心、尖轨、基本轨侧面肥边;轨枕空吊;伤损的钢轨和夹板;连续瞎缝和大轨缝;侧沟淤塞和路肩冲刷;严重的线路病害;道口基础设施;标志。对设备其他状态的检查,应结合季节性工作特点及实际需要进行。

14)现场画撬(各铁路局可能各有规定,如下方法可作为参考)

①高低、水平画撬:＞　＜

②改道画撬:　├　　↑↓　　┤

③接头错牙画撬:　—　　水平方向画在接头夹板上部

④拨道画撬:　　→　顺轨枕纵向画

⑤失效轨枕标记:　│　画在轨枕的中部

⑥方正轨枕标记:方↑或方↓　画在要方轨枕的一端

⑦检查出的轨距、水平数值记录:如:2　—1、3　＋4。

⑧其他现场画撬符号可由工区自己设定。

15)记录要求

设备检查记录簿应使用路局规定的统一格式。做到检查项目齐全,不漏填、漏记,记录数据应真实可靠,填写规范整洁,不得随意涂改,确保记录与实际状态合一。

①轨道几何状态和结构状态病害不漏查漏记。

②数据与实际误差不超过±1 mm。

③工作量调查(画撬)合理。

轨道几何尺寸超过临时补修容许误差的处所必须消灭不过夜,并在设备检查记录簿的消灭签认栏中填写消灭人、消灭日期和质量回检情况,消灭人、消灭日期和质量回检记录必须与派工单和日计划相符。

16)工作量调查

养路工长在进行线路检查时,如发现超过经常保养允许偏差管理值的病害处所,应做好工作量调查,并在检查记录簿内做好记录,作为编制线路养护和临时补修计划的依据。调查工作量时,应综合考虑下列因素的互相影响。

①水平、水平三角坑、空吊板和高低不良的相互影响。

②既有轨下垫片对作业方式、工作量的影响。

③轨距变化率、超高顺坡率对工作量的影响。

④轨距、轨向、轨距递增（减）不良的相互影响。

⑤道岔支距、道岔轨向、导曲线和直股的相互影响。

17）统计分析

养路工区对检查发现的各类轨道几何尺寸超限处所，在检查记录本上应进行认真细致的分析，并以不同符号标注，以示区别。统一使用符号，如：

①超过经常保养容许偏差管理值的处所用红色"√"表示。

②超过临时补修容许偏差管理值的处所用红色"⍉"表示。

根据检查结果，按线别、岔别统计出各公里（股道）、组超保养值、超临修值的超限数量和各项作业的工作量，分别填入轨道静态几何尺寸超限及工作量统计表，以便分析轨道几何状态的变化规律，并作为编制月计划的依据。

设备检查记录簿是养路工区的重要台账之一，不仅是编制年、月、日计划的依据，同时也是发生行车事故后判断设备状态是否失修的法律依据。所以，必须严格按照有关规定及时认真填写，并妥善保管。

18）检查工具

使用经过定期鉴定的万能道尺检查轨距和水平，使用绝缘的支距尺检查道岔导曲线支距，携带工务段统一编号的线路检查记录簿、道岔检查记录簿、交分道岔检查记录簿、菱形道岔检查记录簿。另备一把 2 m 钢卷尺做其他项目的检查。

19）注意事项

①记录人员负责瞭望列车。在列车距检查地点的制动距离以外，督促作业人员下道。

②区间或站内邻线有列车通过时，应停止在本线检查线路，预防本线同时来车。

③下道避车应站在距钢轨 2 m 以外的路肩上，面对列车，防止车上坠物伤人。

④工务段段长、副段长、指导主任、检查监控车间主任、线路车间主任和线路工长应定期检查线路、道岔和其他线路设备，并重点检查薄弱处所，具体办法由铁路局规定。

⑤检查结果应认真分析，对超过临时补修管理值的处所应及时处理。

⑥应积极采用轨道检查仪检查线路，提高线路静态检查质量，加强线路设备状态分析，指导线路养修工作。

（2）动态检查方法

采用综合检测列车、车载式线路检查仪等检测设备对线路进行周期性检查，按局部不平顺（峰值）和区段整体不平顺（均值）进行动态质量管理。

工务段应设专人对动态检测结果进行全面分析，并进行必要的现场复核，编制月度动态检测分析报告，以指导线路维修作业。对Ⅲ级及以上偏差处所，应及时安排临时补修；对轨道质量指数（TQI）超过管理值的区段和超过经常保养容许偏差管理值的处所，应安排经常保养；对车辆动力学指标超限处所，应及时分析原因，安排整修。

综合检测列车发现的轨向水平逆向复合不平顺和连续三波及多波高低、轨向不平顺，以及车载式线路检查仪和添乘检查发现的不良处所，应及时进行分析和处理，具体办法由铁路局规定。

综合检测列车对线路局部不平顺采用偏差扣分办法进行评定，对整体不平顺采用 TQI 进行评定。综合检测列车检查结果应分线、分段汇入综合检测列车线路评分统计报告表中。

1）轨道动态局部不平顺（峰值管理）

轨道检查车对轨道动态局部不平顺（峰值管理）检查的项目为轨距、水平、高低、轨向、三角坑、车体垂向振动加速度和横向振动加速度七项。各项偏差等级划分为四级:Ⅰ级为保养标准,Ⅱ级为舒适度标准,Ⅲ级为临时补修标准,Ⅳ级为限速标准。各级容许偏差管理值见表 4-3。

表 4-3　轨道动态质量容许偏差管理值

项　目	$v_{max}>160$ km/h≥正线				160 km/h≥v_{max} >120 km/h 正线				$v_{max}≤120$ km/h 正线			
偏差等级	Ⅰ级	Ⅱ级	Ⅲ级	Ⅳ级	Ⅰ级	Ⅱ级	Ⅲ级	Ⅳ级	Ⅰ级	Ⅱ级	Ⅲ级	Ⅳ级
轨距(mm)	+4 −3	+8 −4	+12 −6	+15 −8	+6 −4	+10 −7	+15 −8	+20 −10	+8 −6	+12 −8	+20 −10	+24 −12
水平(mm)	5	8	12	14	6	8	14	18	8	12	18	22
高低(mm)	5	8	12	15	6	8	15	20	8	12	20	24
轨向(mm)	5	7	10	12	6	8	12	16	8	10	16	20
扭曲(三角坑)(mm)(基线 2.4 m)	4	6	9	12	5	8	12	14	8	10	14	16
车体垂向加速度(g)	0.10	0.15	0.20	0.25	0.10	0.15	0.20	0.25	0.10	0.15	0.20	0.25
车体横向加速度(g)	0.06	0.10	0.15	0.20	0.06	0.10	0.15	0.20	0.06	0.10	0.15	0.20

注:①表中各种偏差限值为实际幅值的半峰值;
　　②高低、轨向不平顺按实际值评定;
　　③水平限值不含曲线上按规定设置的超高值及超高顺坡量;
　　④三角坑限值包含缓和曲线超高展坡造成的扭曲量;
　　⑤固定型辙叉的有害空间部分不检查轨距、轨向;其他检查项目及检查标准与线路相同。

2)轨道质量指数(TQI)

轨道检查车检查线路区段整体不平顺(均值管理)的动态质量用轨道质量指数(TQI)评定。轨道质量指数管理值见表 4-4。轨道质量指数(TQI)从统计学的角度来说是一个离散性的指标,从轨道状态控制上来说是反映某一区段线路质量均衡程序。轨道质量指数报告表有两种用途。

表 4-4　轨道质量指数(TQI)管理值

项　目		高低	轨向	轨距	水平	三角坑	TQI
管理值	$v_{max}≤160$ m/h	2.5×2	2.2×2	1.6	1.9	2.1	15.0
	$v_{max}>160$ km/h	1.5×2	1.6×2	1.1	1.3	1.4	10.0

① 作为评价轨道质量的指标

轨道质量指数代表着某一区段轨道的整体质量,不受检测标准和速度的影响,更能反映轨道的实际状态。运用轨道质量指数使不同等级线路、不同检测标准的轨道质量具有可比性,可用它定性评价某一设备或某条线路质量控制水平。

② 指导线路综合养护

轨道质量指数是轨道质量的综合反映,这一特性决定了其指导现场不是单一撬病害、单一项目的养护,而是对某一区段(通常 200 m)的综合养护。

某一区段(通常为 200 m 作为单元)轨道质量指数由区段上左右轨高低、左右轨轨向、轨距、水平、三角坑等 7 项指标组成,可计算其几何不平顺幅值的标准差,各单项几何不平顺值的标准差称为单项指数,将 7 个单项指数之和作为评价该单元区段轨道平顺性综合质量状态的指标,称为轨道质量指数。每单元区段轨道质量指数的数值可以反映轨道技术状态的好坏。在相同运量、车速和轨道条件下,可以看出维修管理水平和作业质量的好坏。在同一单元区段积累和分析轨道质量指数,可以明显看出轨道改善或恶化的程度。若该区段大部分单项指数均较高,则对该区段进行全部项目的养护;若该区段仅某一项或两项指数较高(如高低不良),则只需对高低进行综合养护,如全起全捣。

$$TQI = \sum_{i=1}^{7} \sigma_i$$

$$\sigma_i = \sqrt{\frac{1}{n}\sum_{j=1}^{n}(x_{ij}^2 - \bar{x}_{ij}^2)}$$

式中 σ_i——各项几何偏差的标准差(均方差);

x_{ij}——各项几何偏差在单元区段中连续采样点的随机测值;

$\bar{x}_{ij}$—— x_{ij} 的算术平均值;

n——单元区段中采样个数,每米采集 4 个数,每 200 m 的 $n=4\times200=800$。

3)检测周期

检测周期根据运量和线路状态确定。铁路总公司轨道检查车,对允许速度大于 120 km/h 的线路及其他主要繁忙干线进行定期检查。铁路局轨道检查车,对允许速度大于 120 km/h 的线路每月检查不少于 2 遍(含铁路总公司轨道检查车检查),对年通过总重不小于 80 Mt 的正线 15~30 d 检查 1 遍,对年通过总重为 25~80 Mt 以内的正线每月检查 1 遍,对年通过总重小于 25 Mt 的正线每季检查 1 遍,对状态较差的线路可适当增加检查遍数。

高速铁路要求综合检测列车每 10~15 d 检查 1 遍。动车组应安装车载式线路检查仪,每天至少对线路检查 1 遍。工务段应使用便携式线路检查仪添乘检查线路,每月至少 2 遍。

4)检测报告。

①铁路总公司轨道检查车检测中发现的问题,应及时通知有关单位,检查后及时将检测报告提交有关单位,每月末(或年底)向铁路总公司提报月度(或年度)检测、分析报告(含轨检车线路评分统计报告表)。

②铁路局轨道检查车检测中发现的问题,应立即通知工务段,检查后向有关单位通报检查结果,每月上旬(或年初)向铁路总公司提报上月(或上年度)检查、分析报告(含轨检车线路评分统计报告表)。

5)处治措施

①对线路区段整体不平顺(均值管理)动态质量指标——轨道质量指数(TQI)超过管理值的线路,有计划地安排维修或保养。

②工务段(或由工务段通知管内施工的责任单位)应对轨检车查出的Ⅲ级超限处所及时处

理,对查出的Ⅳ级超限处所立即限制行车速度并及时处理。

③应重视以下轨道不平顺的判别,并及时处理。

a. 周期性连续三波及多波的轨道不平顺中,幅值为 10 mm 的轨向不平顺、12 mm 的水平不平顺、14 mm 的高低不平顺。

b. 对于 50 m 范围内有 3 处大于以下幅值的轨道不平顺:12 mm 的轨向不平顺、12 mm 的水平不平顺、16 mm 的高低不平顺。

c. 轨向、水平逆向复合不平顺。

d. 速度大于 160 km/h 区段,高低、轨向的波长在 30 m 以上的长波不平顺,当轨道检查车检查其高低幅值达到 11 mm 或轨向幅值达到 8 mm 时。

④ 工务段段长(或副段长)、指导主任和线路车间主任对管内正线每月应用添乘仪至少检查 1 遍。发现超限处所和不良地段,应及时通知线路车间或工区进行整修,并在段添乘检查记录簿上登记。

⑤机车轨道动态监测装置对年通过总重不,小于 25 Mt 或允许速度大于 120 km/h 的线路每天应至少检查 1 遍。具体使用及管理办法由铁路局规定。

高速铁路要求检查发现Ⅲ级及以上偏差或车辆动力学指标超限时,检测单位应立即通知铁路局。对Ⅲ级偏差处所应及时处理;对Ⅳ级偏差处所,或Ⅲ级偏差且车辆动力学指标超限处所应立即限速,200~250 km/h 线路限速不超过 160 km/h,250(不含)~350 km/h 线路限速不超过 200 km/h,具体处理程序执行铁路总公司相关规定。

检测单位应及时将检测报告提交给有关单位,并向铁路总公司提报月度和年度检测分析报告(含综合检测列车线路评分统计报告表)。

6)其他检查

①动态添乘仪:为满足各种不同检测条件,各型动态添乘仪分别提供了不同的检查参数。使用时要选择、采用适合本单位线路特点的检查标准,并较轨检车的检查评定标准略高,以起到线路质量监控和指导线路养修的作用。工务处和工务段专职人员按 1 次/周使用动态添乘仪对管内主要干线进行检查。

②人工添乘:人工添乘检查是对仪器添乘检查的必要补充。添乘人员要将添乘资料报各单位调度。添乘发现的晃车处所比照动态添乘仪的偏差管理及时消灭。轨检车检查线路时,工务段必须派人上轨检车跟车添乘,段长、或主管副段长添乘检查线路每月不少于 3 次,工务段线路领工员每月人工添乘检查线路不少于 1 次。

③机车晃车仪:固定机车交路每日对主要干线线路动态进行检查、监控。按机车运行的不同速度等级设定相应的偏差分级检测参数,评定偏差。

4.1.2 巡守工作

近年来随着铁路提速和高速铁路的发展,行车密度大幅度增长,导致线路问题日益严重。目前,我国主要采用的方法有:巡道工人沿线路目测,或利用巡道车采集视频图像,由工作人员目视此视频检测线路问题。这两类人工方法对工人的经验要求高、劳动强度大、效率较低,已不能满足当前高速铁路发展的需要,正在发展用于自动检测线路的巡道车视频处理系统。

1.巡守制度

线路巡守人员应执行下列工作制度。

（1）交接班制度

线路巡守人员交接班时，应交清和接清下列事项：

①发现的问题和处理情况以及需要继续处理的问题，并记入交接班记录簿内；

②信号用品、巡道牌、工具、材料及其他备品等。

（2）汇报制度

发现影响行车安全的故障和其他重要情况时，应及时报告工长或车间主任，危及行车安全时应立即采取防护措施并向车站和工务段调度报告；经常向工长汇报行车安全及人身安全情况、线路设备变化情况。

2. 巡道

工务段应根据管内设备情况合理设置巡回区，每个巡回区一般实行三班巡道制；线路设备条件较好或列车次数较少的，可实行昼间一班或两班巡道制；在自然条件很差、沿线人烟稀少且列车次数不多的区段，可实行定期巡道制。巡道班制由铁路局根据各线具体情况决定。

巡道工在当班巡道时，应穿戴防护服，按照工务段编制的巡回图巡道，以 3 km/h 左右的速度全面查看线路，掌握重点列车运行时刻，注意瞭望，及时下道避车，目送本线运行列车。重点检查钢轨、道岔及主要联结零件是否缺损，原有标记的伤损是否变化；是否有侵入限界、胀轨跑道等线路故障；路基沉陷、塌方落石、水害、雪害、沙害、冻害等情况；桥头护锥是否出现异常；道口铺面及护桩是否缺损。

如线路发生故障，应立即按有关规定进行防护、处理。线路允许速度大于 120 km/h 区段或遇降雾、暴风雨（雪）、扬沙等恶劣天气、瞭望困难时，巡道工应行走路肩，察看线路状态。巡道工在当班巡回时，应打紧浮起道钉，拧紧松动的螺栓，清扫无人看守道口的轮缘槽。

3. 视频检测替代人工巡道

随着铁路速度的提高，对线路基础设施的质量检测不能再通过人工巡道的方式，要尽可能避免铁路工作人员在运线路上行走。考虑到安全要求，只有在线路封闭的前提下，才能进线路的养护作业。使用视频检测装置，可将线路检测工作带回到办公室，改变巡道人员的职能，使其成为养护工程师，在一个安全的环境中工作。

视频检测列车的运行被纳入日常行车计划。要完成所有直线及岔线上的道岔检测。需要安排相当数量的检测车运行，每次运行都有自己的运行计划。检测列车通过车站时，需要按计划认真来回走行，不遗漏任何一个检测点。

线路养护工程师在专用的工作台上通过至少 3 台显示器对每组道岔状态进行检查：其中1 台高分辨率显示器可对道岔每个构件进行详细的检查，另外 2 台显示器显示来自其他摄像机及数据库的图像，通过软件的导航选择，可确定是否可以安全通过道岔。同时，可根据编号、轨道名称、区号或图像获取的顺序对钢轨或道岔进行分类和选择。通过扫描摄像机获取的图像，可以特定的速度反复显示。同时，所有的显示都可以同步移动，一旦发现异常情况，可调出以往的图像，从不同角度进行对比。

由于图像的分辨率非常高，可及时发现钢轨出现的细小裂缝、辙叉损伤、毛刺的形成、焊缝损伤，及其他缺陷。如果发现缺陷，在缺陷处理前，每次检测后对相关区域进行检查。

4. 道口看守

道口工值班应注意瞭望列车，注意信号显示、警铃音响和道口交通情况，在列车通过前后适时关、开栏杆或栏门。双线和多线地段的道口，列车通过后，必须确认其他线路无列车驶来，多人看守道口应先互对信号后方可开放栏杆或栏门。如道口发生故障,应按《铁路工务安全规则》的规定首先进行防护,然后迅速组织力量排除故障。道口工应清扫轮缘槽,平整道口铺面,定期对栏杆或栏门转动设备涂润滑油,清理道口排水设备,保持道口和附近线路整洁。

4.1.3 钢轨检查

1. 伤损钢轨标准

钢轨伤损形式主要有轨头磨耗、轨头剥离裂纹及掉块、轨顶面擦伤、波形磨耗、表面裂纹、内部裂纹和锈蚀等。伤损钢轨按其伤损程度,分为轻伤、重伤和折断。

(1)轻伤、重伤钢轨标准

钢轨轻伤和重伤标准根据列车运行速度的不同而不同,具体请参看相应规范。当探伤人员、线路(检查)工长认为钢轨有伤损时,也可判为轻伤或重伤。

(2)钢轨折断标准

钢轨折断是指发生下列情况之一者:

①钢轨全截面断裂。

②裂纹贯通整个轨头截面。

③裂纹贯通整个轨底截面。

④允许速度不大于 160 km/h 区段钢轨顶面上有长度大于 50 mm 且深度大于 10 mm 的掉块;允许速度大于 160 km/h 区段钢轨顶面上有长度大于 30 mm 且深度大于 5 mm 的掉块。

2. 接头夹板伤损标准

(1)接头夹板伤损达到下列标准,应及时更换。

①折断。中间两螺栓孔范围内裂纹。

②正线、到发线有裂纹,其他站线平直及异型夹板超过 5 mm,双头及鱼尾型夹板超过15 mm。

③其他部位裂纹发展到螺栓孔。

(2)接头螺栓及垫圈伤损达到下列标准,应及时更换。

①螺栓折断,严重锈蚀、丝扣损坏或杆径磨耗超过 3 mm 不能保持规定的扭矩。

②垫圈折断或失去弹性。

3. 伤损辙叉标准

辙叉伤损分轻伤和重伤两类,具体标准数据请参看相应规范。辙叉有轻伤时,应注意检查观测,达到重伤标准时应及时更换。

4. 检查钢轨方法简介

检查钢轨必须按规定周期进行,着重检查钢轨有无伤损,已标记的伤损有无变化。各种裂纹部位和名称如图 4-1 所示。

(1)手工检查钢轨

手工检查钢轨是较为落后的方法。但在探伤仪缺少的情况下,对次要站专线和轻型杂轨地段,仍然辅之以手工检查,检查时要精神集中,力求做到一步不白走,一眼不白看,使任何伤损钢轨都不漏检。手工检查不能代替探伤仪对正线的检查。

1)检查人员分工及工具

手工检查钢轨通常由 6 人组成(分股检查时由 3 人组成),钢轨检查人员应明确分工,负责对钢轨不同部位的检查。

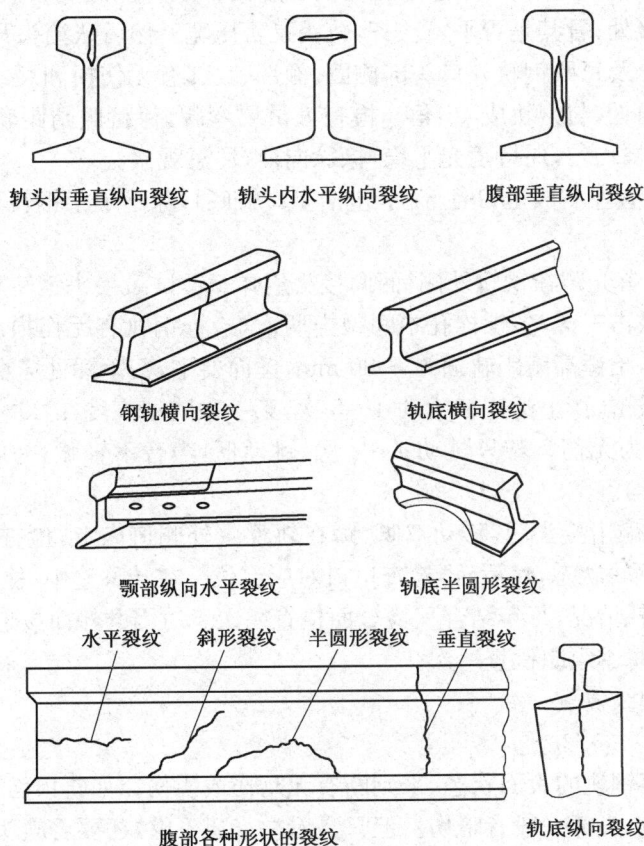

图 4-1　钢轨裂纹部位及名称

1、2 号检查人员分别负责检查左右股外口钢轨顶面、轨头侧面、轨腹、轨颚及外口夹板螺栓孔以上部分的伤损、裂纹情况。

3、4 号检查人员分别检查左右股里口钢轨,与 1、2 号检查人员检查的部位相对应。

5、6 号检查人员分别检查左右股钢轨接头和夹板,并复检接头前 5 m 范围内有无损伤和裂纹。

为确保行车及人身安全,由领工区指定 1 名负责人,并由最前方和最后方各一名人员(即 1、6 号检查人员)负责瞭望列车,并在来车前指挥检查人员下道避车。

在检查钢轨时,每人应携带必要的工具和防护用品。如八字卡尺、折尺、毛笔、粉笔、铅油盒、记录本、煤油、弹簧锤、响墩、探伤钩、1 号、2 号和 3 号镜(1 号镜 120×(250～300) mm,带反光镜,2 号镜 60×90 mm,3 号镜 15×150 mm)。

2)检查方法

检查时左股在前,右股在后,两股钢轨检查人员相错不超过 25 m。左股检查人员按 1、3、5 顺序排列,距离间隔为 5～6.25 m,最大不可超过 10 m。右股比照左股排列(2 号在前,4 号居中,6 在后)。

检查速度。保持每分钟走行 10 m,每一个轨枕间隔走一步,每日检查 3～3.5 km。

1、2 号人员在检查每根钢轨外口各部位之前,要先骑跨钢轨(或半蹲在钢轨外口),背向阳光看前方 10～20 m 钢轨顶面光线,检查钢轨顶面有无异状。注意观察轨面磨亮部分与未被车轮磨亮部分的交接处,看其是否平、直、齐,轨头是否压宽。然后从接头开始用 1 号镜照看夹板自螺栓孔向上部分及每股钢轨外口头部侧面、额部、腹部有无伤损和裂纹。1 号镜放置在轨腹与轨底接触部位附近,与钢轨成 45°角。检查人员要弯腰,保持眼睛距轨面不超过 1 m。持镜时要手轻脚稳,步幅均匀,保持镜光平稳,徐徐向前,注意观察。

3、4 检查人员检查左右股里口各部位(包括里口轨底),除不观察钢轨顶面外,其检查方法同 1、2 号检查人员。

5、6 号检查人员首先蹲在钢轨外侧,面向接头用弹簧锤试敲接头钢轨顶面(在桥梁上可蹲在钢轨内侧),轨端敲击三次,各螺栓孔中间敲击两次,检查钢轨有无伤损。敲击时,手握锤柄要自然,大拇指伸直,抬锤高度距轨面 50～80 mm,锤面要平落,落锤处应在距里口边缘 10 mm 及轨面中心线处。敲击时,小锤连续跳动 4～5 次,第一次跳动高度在 20～25 mm,声音轻脆,手感震动有力,一般为无伤。若只跳动 1～2 次,跳动低,声音不轻脆,一般为有伤(夹板不密贴、螺栓松动、吊板等)。

5、6 号检查人员敲击接头后,移动双脚,蹲在轨枕头外侧道床上,检查外口夹板及接头前后各 5 m 范围内备钢轨状态,然后,再检查里口对应部位。在转移途中,检查里口钢轨底部。

对钢轨、道岔磨耗情况,每年结合秋检全面检查一次。对因磨耗而接近轻伤和重伤程度的钢轨,由养路领工区每季组织检查一次。

3)分析伤损与裂纹要点

①看

看是用肉眼观察钢轨的表面状态,来判断有无暗伤或明伤。如轨顶面光面中有黑线,或车轮压面不直,这种钢轨头部一般有暗伤。但只是看白光还不够,还要看轨头的形状和特征。看时主要掌握以下六点。

a. 看轨面白光有无扩大。钢轨如有内伤,轨面白光会向外扩大,白光扩大的长度,与内部裂纹长度大致相同(图 4-2)。如发现白光扩大时,必须进一步检查有无其他特征,如白光扩大处有颚部下垂,颚下又有红锈等现象时,才能判断是伤轨。

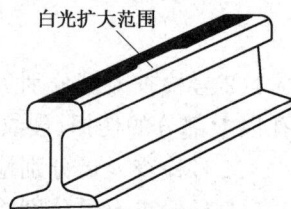

图 4-2　白光扩大圈

b. 看白光中有无暗光或黑线。轨头内部有垂直纵向裂纹时,会在扩大的白光中出现一道暗光。这是因为内部发生裂纹后轨面受车轮压力不均,原来亮光消失的缘故。暗光的形状一般是中间宽窄一致,两端尖小。内部裂纹越宽时,越靠轨面,暗光越粗越明显。裂纹发展到接近表面时,暗光变成黑线。

曲线上的钢轨,由于受车轮偏压磨损后,经整修或改铺在直线上时,会出现假暗光或假黑线。相互式接头曲线的大腰处,轨面白光处有时向外扩大,但无暗光或黑线。假暗光或假暗线一般粗细不一,可以擦掉。辨别时,还要看轨头有无轧宽,颚下或轨腹有无锈线,如有上述现象之一时,则为伤损钢轨(图 4-3)。

在长大坡道经常撒砂制动地段,不易看清白光时,可以从轨面砂粒压成粉末的情况加以判断。如轨面砂粒粉末较厚较粗处,应与白光中出现暗光、黑线的现象同等对待。

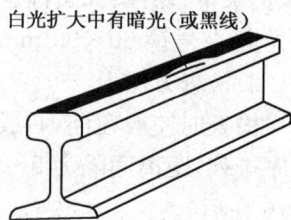

图 4-3　白光中有黑线

c. 看轨头是否肥大。轨头内部如发生裂纹,则该处轨头必然肥大。

d. 看轨头是否下垂。轨头纵向裂纹、下颚纵向水平裂纹等伤损发展到严重程度时,都会出现颚部下垂(图 4-4)。

e. 看头部侧面有无锈线。如发现轨面有白光扩大,白光中又有暗光和黑线,这时应详细检查该处两侧面,如有锈线,就是伤轨。白光向外侧扩大,锈线出现在内侧,白光向内侧扩大,锈线出现在外侧。

f. 看腹部有无臌包和变形。轨腹出现臌包时,腹部有竖裂内伤。哪一面臌出,内伤靠近哪一面,可用手摸或锤击方法判断。要把重皮排除在外(图 4-5)。

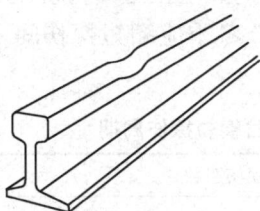

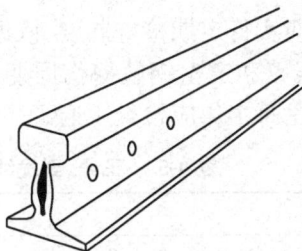

图 4-4 轨头下垂　　　图 4-5 钢轨腹部变形

②照

即用镜子照,方法:将小镜(可放入口袋)放在钢轨底下,从轨缝内向上反光;也可将小镜放在胸前,迎着阳光,弯腰站在距接头 1 m 左右处,借反射的光,观察轨端竖面有否裂纹。

③特殊检查

即检查钢轨黑核(图 4-6)。黑核发生的部位一般是小腰多,大腰少;里口多,外口少;冬季多,夏季少;夜间多,白天少;轨枕边缘发现多,两轨枕中间发现少。一般从前一次发现到下一次发现大约是 10~15 d。检查钢轨时,应着重看钢轨侧面和下颚有无红色锈痕,再看其中是否有垂直裂纹,接下来再看其颜色是否为浅黑色,轨面是否有白线。

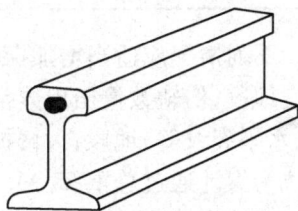

图 4-6 钢轨黑核

④趁霜、雪、雨、雾天气检查钢轨裂纹

主要观察裂纹处有无流水、淌锈水等异状。下霜下雪时,裂纹处不沾霜雪;下雨降雾时,裂纹处不易干,晒干后留有红锈或黑锈痕。雨后有裂纹的部位不易干,敲击时向上冒锈水。

夏天裂纹刚出现时,裂纹两侧掉铁皮,当裂开以后,经水侵蚀,出现黄色锈线,全部裂通后,锈线由酱红色逐渐变为粉色。一般在锈痕中央有裂纹。冬天一般无锈痕,只是两侧掉铁皮,霜退后有霜痕。

发现可疑裂纹锈痕时,可用放大镜细看或用少许粗砂、玻璃碎片、铜纽扣等放在钢轨面上,用小锤敲击轨头侧面,或用中指抚在轨头侧面,通过小锤敲击感觉,综合判断有无暗伤。

发现轨面擦伤及轨底、顶面有可疑处所而难以判断时,可使用煤油试验。

(2)超声波探伤

利用超声波钢轨探伤仪检查钢轨,是依据超声波在介质中的传播特性,以超声脉冲反射法和超声脉冲穿透法,对钢轨进行非破坏性的无损探伤。超声波探伤能探测各种钢轨的核伤、螺孔裂纹、轨腰的水平或纵向裂纹,以及焊缝裂纹等各种伤损。在探测过程中遇伤损缺陷时,仪器能迅速地由示波管荧光屏显示出伤损脉冲波形,同时发出伤损报警信号,且能用数字显示伤损位置。

1)探伤问题处治

铁路总公司钢轨探伤车检查中发现的问题,应及时向有关单位发出通知,并于每月末(或年底)向铁路总公司提报月度(或年度)检测、分析报告。铁路局钢轨探伤车检查中发现的问题,应立即通知工务段处理,检查后向有关单位通报检查结果,每月上旬(或年初)向铁路总公司提报上月(或上年度)检查、分析报告。

2)探伤周期

钢轨探伤检查应实行定期检查制度,依据年通过总重、轨型等条件确定钢轨探伤周期。

正线、到发线线路和道岔钢轨探伤周期见表 4-5。冬季应缩短探伤间隔时间,其他站线、专用线的线路和道岔每半年应检查 1 遍。

表 4-5　正线、到发线线路和道岔钢轨探伤周期

年通总重(Mt)	年探伤遍数		
	75 kg/m、60 kg/m轨	50 kg/m轨	43 kg/m 及以下轨
≥80	10		
50～80	8	10	
25～50	7	8	9
8～25	6	7	8
<8	5	6	7

下列情况应适当增加探伤遍数:冬季;在桥梁上、隧道内、小半径曲线、大坡道及钢轨状态不良地段;伤轨数量出现异常,连续两个探伤周期内都发现疲劳伤损(如核伤、鱼鳞伤、螺孔裂纹、水平裂纹等)地段;大修换轨初期(75 kg/m、60 kg/m 钢轨为累计通过总重 50 Mt,50 kg/m钢轨为累计通过总重 25 Mt)、超过大修周期地段、钢轨与运量不匹配地段。

无缝线路和道岔钢轨的焊缝除按规定周期探伤外,应用专用仪器对焊缝全断面探伤,每半年不少于 1 次。

高速铁路使用探伤车对正线钢轨每年检查不少于 7 遍,冬季应适当缩短检查周期;使用钢轨探伤仪对正线钢轨每年检查 1 遍;使用钢轨探伤仪对到发线钢轨每年检查 4 遍,其他站线每年检查 1 遍。冬季可适当缩短探伤周期。

使用钢轨探伤仪对正线道岔及调节器的钢轨每月检查 1 遍,对到发线道岔每年检查 4 遍,其他站线道岔每年检查 1 遍。

对正线无缝线路和道岔、调节器钢轨的焊缝还应使用焊缝探伤仪进行全断面探伤,厂焊焊缝每 5 年检查 1 遍;现场闪光焊焊缝每年检查 1 遍,铝热焊焊缝每半年检查 1 遍。

(3)磨耗检查

对钢轨、道岔磨耗情况,每年结合秋检应全面检查 1 次。对磨耗接近轻伤和重伤的钢轨和道岔,每季至少应组织检查 1 次。

5.伤损钢轨的监视和处理

线路上的伤损钢轨,由检查人员在轨腰上做如表 4-6 所示的标记。

表 4-6　伤损钢轨标记

伤损种类	伤损范围及标记		说　明
	连续伤损	一点伤损	
轻伤	|←△→|	↑△	用白铅油标记
轻伤有发展	|←△△→|	↑△△	用白铅油标记
重伤	|←△△△→|	↑△△△	用白铅油标记

普通线路、道岔和无缝线路缓冲区的重伤钢轨、伤损接头夹板和重伤辙叉应及时换下，换下后应标上明显的"×"标记，防止再铺用。无缝线路长轨条的重伤处，须及时上好腰包夹板和急救器加固，或采用钻孔上夹板的办法加固；若长钢轨重伤范围较大或折断时，在断缝和连续重伤处上腰包夹板和急救器加固，限速放行列车，并在前后各 50 m 范围内拧紧扣件，有条件时再原位焊复。若断缝拉开大于 50 mm 时，不得放行列车。临时处理的办法是：锯掉断缝前后各一段钢轨，锯口距断缝不得小于 1 m，插入 4.5 m 的带孔短轨，并按当时轨温预留轨缝，上好夹板，拧紧螺栓后恢复正常速度。临时插入短轨或用腰包夹板和急救器加固的轨条，不宜在线路上长时间保留，应尽早采用焊接短轨的方法进行永久性处理。

对轻伤钢轨和辙叉，要在各次定期钢轨检查、工长线路检查和巡道员巡查时，检查其是否有发展和变化，并按规定做好钢轨标记。

4.1.4　扣件系统检查

扣件尤其是高速铁路扣件系统要经常进行检查，其静态检查内容和周期见表 4-7。

表 4-7　扣件检查内容和周期

序号	检查内容	检查周期
1	扣件安装状态、部件缺损、预埋套管等	每半年检查 1 遍
2	弹条紧固状态（WJ-7、WJ-8、300-1 型扣件）	每半年检查 1 遍，每公里连续抽查 50 个
3	弹条扣压状态（SFC 型扣件）	每半年检查 1 遍，每公里连续抽查 50 个
4	钢轨与绝缘块（绝缘轨距块）、轨距挡板间隙	每半年检查 1 遍，每公里连续抽查 50 个
5	锚固螺栓扭矩（WJ-7、SFC 型扣件）	每半年检查 1 遍
6	弹性垫板刚度	每年抽检 1 次，抽检数量 3 块/50 km

线路开通前，应对扣件安装状态、部件缺损、预埋套管等全面检查，对弹条紧固状态和锚固螺栓扭矩全面查看、重点检测。应加强扣件弹性垫板刚度检查，分析其弹性衰减规律。

4.2　线路设备修理主要作业

线路设备修理作业是工务养护维修工作的重要环节，作业质量的好坏不仅直接影响设备质量，而且涉及劳动生产效率和行车安全。线路设备作业是由许多单项作业组成的，如扒道床、起道、捣固、垫板、拨道、改道、调整轨缝、更换钢轨、更换联结零件、抽换轨枕、涂油、整修道口等等。只有做好这些单项作业，才能保证整体作业的质量。

4.2.1 起道捣固、垫砟和垫板作业

1.起道捣固

（1）采用大型养路机械进行线路综合维修作业时，应拆除所有调高垫板，全面起道，全面捣固。采用小型养路机械时，可根据线路状态重点起道，全面捣固。

（2）混凝土宽枕线路起道作业，应采用枕下垫砟和枕上垫板相结合的方法。

（3）起道作业收工时，顺坡率应满足：允许速度不大于 120 km/h 的线路不应大于 2.0‰，允许速度为 120 km/h（不含）~160 km/h 的线路不应大于 1.0‰，允许速度大于 160 km/h 的线路不应大于 0.8‰。

2.垫砟

（1）垫砟起道应具备的条件：

①混凝土枕、混凝土宽枕线路或混凝土岔枕道岔。

②路基稳定，无翻浆。

③道床较稳定，局部下沉量较小。

④当轨下调高垫板厚度达到 10 mm，或连续 3 根及以上轨枕调高垫板厚度达到 8~10 mm，使用调高扣件时调高垫板厚度达到 25 mm。

（2）垫砟注意事项。

①垫砟作业除混凝土宽枕外，一律采用横向垫砟。

②垫砟起道时，一次垫入的厚度不得超过 20 mm，抬起高度不得超过 50 mm，两台起道机应同起同落。垫砟作业每撬长度不得超过 6 根轨枕，并随垫随填，夯实道床。

3.调高垫板

（1）规格尺寸：长度为 185 mm，宽度比轨底窄 2 mm，厚度分为 2 mm、3 mm、4 mm、7 mm、10 mm、15 mm 等。

（2）使用要求：调高垫板应垫在轨底与橡胶垫板之间，每处调高垫板不得超过 2 块，总厚度不得超过 10 mm。使用调高扣件的混凝土枕、混凝土宽枕和整体道床，每处调高垫板不得超过 3 块，总厚度不得超过 25 mm（大调高量扣件除外）。

（3）客运专线博格板轨道当轨距、轨向、高低、水平变化时，可通过可以调节的 Vossloh 系统 300-1 钢轨扣件，通过分级的钢轨垫板、高度调节板和宽度分级的轨距挡板（钢轨垫板：2~12 mm；高度调节板：6 mm 和 12 mm；轨距挡板：±（1~8 mm），对轨距、轨向、高低、水平以毫米为单位进行修正。如果高度调整超过既有的修正范围，可以采用带转接板的钢轨扣件改进方案（两部分组成的 20 mm 厚的外形相适应的钢板）。这样，调整范围就可以达到 -4~+56 mm。

4.2.2 拨道和改道作业

线路直线地段轨向不良，可用目测方法拨正。曲线地段轨向不良，可用绳正法测量、计算与拨正。如需改变曲线头尾位置、缓和曲线长度与圆曲线半径，应用仪器测量改动。

改道时，木枕地段应使铁垫板外肩靠贴轨底边；混凝土枕地段应调整不同号码扣板、轨距挡板、挡板座，并可用厚度不超过 2 mm 的垫片调整尺寸。同时，应修理和更换不良扣件。

螺纹道钉改道时，应用木塞填满钉孔，钻孔后旋入道钉，严禁锤击螺纹道钉。

改道的前后作业程序应紧密衔接,保证起下道钉和松开扣件的数量不超过《铁路工务安全规则》的规定。应按改道量将钢轨拨正,严禁利用道钉或扣件挤动钢轨。

在道岔转辙部分改道时,应将曲股基本轨弯折尺寸和尖轨侧弯整修好。在辙叉部分改道时,应处理好查照间隔、护背距离和翼轨、护轨轮缘槽宽度之间的关系,应用打磨钢轨肥边和间隔铁加垫片等方法调整好轮缘槽宽度。

凡有硬弯的钢轨,均应于铺轨前矫直。常备轨亦应保持顺直。线路上的钢轨硬弯,应在轨温较高季节矫直,矫直时轨温应高于 25 ℃。

矫直钢轨前,应测量确认硬弯的位置、形状和尺寸,确定矫直点和矫直量,避免矫后硬弯复原或产生新弯。矫直钢轨时,应防止钢轨扭曲。矫直钢轨后用 1 m 直尺测量,矢度不得大于 0.5 mm;允许速度大于 120 km/h 地段,矢度不得大于 0.3 mm。

轨道板改道作业应通过调整不同号码轨距挡板进行,改道同时应修理和更换不良扣件。

改道的前后作业程序应紧密衔接,按改道量将钢轨拨正,严禁利用扣件挤动钢轨。

在道岔转辙部分改道时,应将曲股基本轨弯折尺寸和尖轨侧弯整修好,同时要特别注意不能随意改变转辙部分的轨距加宽值。

4.2.3　调整轨缝作业

线路轨缝应设置均匀,每千米线路轨缝总误差 25 m 钢轨地段不得超过 80 mm,12.5 m 钢轨地段不得超过 160 mm,绝缘接头轨缝不得小于 6 mm。当超过这一要求或轨缝严重不均匀,出现连续 3 个及以上瞎缝或轨缝大于构造轨缝,线路爬行量超过 20 mm 时,就需要对轨缝进行调整。

12.5 m 钢轨地段,更换钢轨或调整轨缝时的轨温不受限制。25 m 钢轨地段,更换钢轨或调整轨缝时的轨温限制范围为 $(t_z-30 ℃)\sim(t_z+30 ℃)$;最高、最低轨温差不大于 85 ℃ 地区,如将轨缝值减小 1~2 mm,轨温限制范围相应地降低 3~7 ℃。其中 $t_z=\frac{1}{2}(T_{max}+T_{min})$。

最高、最低轨温差大于 85 ℃ 地区的 25 m 钢轨地段,应在春、秋季节调整轨缝,通过放散钢轨温度力,将轨缝调整均匀,避免在炎热季节过早地出现瞎缝,在严寒季节过早地出现大轨缝。

钢轨接头应采用相对式联结方式。成段调整轨缝时,应先调查计算,确定每根钢轨的串动方向和串动量,编制分段作业计划。如因配轨不当,接头相错量较大时,不得用增减轨缝尺寸的方法调整接头相错量。

曲线地段外股应使用标准长度钢轨,内股应使用厂制缩短轨调整钢轨接头位置。剩余少量相错量,应利用钢轨长度误差量在曲线内调整,有困难时可在直线上调整。直线地段应按钢轨长度误差量配对使用。在每节轨上,相差量不应大于 3 mm,并应前后、左右抵消,在两股钢轨上累计相差量最大不得大于 15 mm。

正线钢轨异型接头必须使用异型钢轨。

4.2.4　冻害垫板作业

1. 顺坡长度

(1)在线路上垫入或撤出冻害垫板,在正线、到发线上,顺坡长度应为:允许速度不大于

120 km/h 的线路不应小于冻起高度的 600 倍,允许速度为 120(不含)～160 km/h 的线路不应小于冻起高度的 1 200 倍,允许速度大于 160 km/h 的线路不应小于冻起高度的 1 600 倍;在其他站线上,顺坡长度不应小于冻起高度的 400 倍。冻起高度超过 20 mm 时,两端顺坡之间应有不短于 10 m 的过渡段,其坡度应与线路坡度一致。

(2)在道岔上垫入或撤出冻害垫板,在正线、到发线上,顺坡长度应为:允许速度不大于 120 km/h 的线路不应小于冻起高度的 600 倍,允许速度为 120(不含)～160 km/h 的线路不应小于冻起高度的 1 200 倍,允许速度大于 160 km/h 的线路不应小于冻起高度的 1 600 倍;在其他站线上,顺坡长度不应小于冻起高度的 400 倍。辙叉及转辙部分不得有变坡点。

2. 冻害垫板的类型和尺寸

(1)顺垫板:无铁垫板地段,长度为 200 mm,宽度与轨底相同,厚度分为 3 mm、6 mm、9 mm、12 mm、15 mm 等 5 种。有铁垫板地段冻起高度不超过 6 mm 时,可使用厚度为 3 mm、6 mm 的顺垫板在铁垫板上顺垫。

(2)横垫板:有铁垫板时,宽度为 150 mm;无铁垫板时,宽度为 200 mm。厚度和长度如下:

①小型垫板的厚度分为 6 mm、9 mm、12 mm、15 mm、18 mm、21 mm 等 6 种,长度与铁垫板相同;

②中型垫板的厚度分为 25 mm、30 mm、40 mm、50 mm 等 4 种,长度为 300 mm;

③大型垫板的厚度分为 40 mm、50 mm、60 mm、70 mm、80 mm、90 mm 等 6 种,长度为 400 mm;

④通长垫板的厚度分为 50 mm、60 mm、70 mm、80 mm、90 mm、100 mm、110 mm 等 7 种,长度为 2 300 mm。

3. 使用条件

冻害垫板及道钉的使用条件见表 4-8。

表 4-8　冻害垫板及道钉使用条件

冻起高度 (mm)	线路条件	冻害垫板类型	道钉长度 (mm)	安全道钉		每节 12.5m 钢轨使用通长垫板数量	附注
				长度 (mm)	钉法		
25 及以下	直线和曲线	顺垫板和小型垫板	165				
26～50	直线和 R≥1 500 m 的曲线	中型垫板	185 205	165	每隔 1 根木枕		垫板厚度不足 30 mm。可不使用安全道钉
	R<1 500 m 的曲线	中型垫板	185 205	165	每根木枕		
51～75	直线和 R≥1 500 m 的曲线	大型垫板	205 230	165	每隔 1 根木枕		
	R<1 500 m 的曲线	大型和通长垫板	205 230	165	每根木枕	接头处 2 块,中间部分 3 块	

续上表

冻起高度 (mm)	线路条件	冻害垫板类型	道钉长度 (mm)	安全道钉		每节 12.5m 钢轨使用通长垫板数量	附注
				长度 (mm)	钉法		
76～90	直线和 R≥1 500 m 的曲线	大型和通长垫板	230 255	165	每根木枕	接头处 2 块,中间部分 4 块	
	R<1 500 m 的曲线	大型和通长垫板	230 255	165	每根木枕	接头处 2 块,中间部分 5 块	
90 以上	直线和曲线	通长垫板	255 280	230	每根木枕	每根木枕 1 块	

4. 垫板使用

(1) 顺垫板重叠使用不得超过 2 块,总厚度不得超过 15 mm;横垫板重叠使用不得超过 3 块,较厚的垫板应放在下层。

(2) 混凝土枕线路冻害地段,在冻结前,应有计划地撤出调高垫板进行捣固。冻结后,冻起高度不超过 15 mm 地段,可用调高垫板整修。每处调高垫板不得超过 2 块,总厚度不得超过 15 mm(丝扣不足的螺旋道钉除外)。

(3) 混凝土枕地段发生 15 mm 以上冻害时,可采用调高扣件,每处调高垫板不得超过 3 块。

(4) 超过 15 mm 冻害地段的维修方法和作业要求,铁路局可根据具体情况规定,但对冻害必须有计划地尽早进行整治。

(5) 冻害回落时,应及时撤出或调整冻害(调高)垫板,做好顺坡,保持轨道几何尺寸在经常保养容许偏差限度以内。

(6) 木枕地段在冬季垫入的全部垫板和混凝土枕地段总厚度超过 10 mm 的垫板,应在线路解冻后及时撤出。

4.2.5 线路清筛施工作业

成段破底清筛应采用大型养路机械施工,施工天窗不应少于 180 min,并应连续安排施工天窗。慢行距离以日进度的 4 倍为宜。

成段破底清筛前,应根据既有线路情况和清筛施工要求预卸足够的道砟。

无缝线路地段,当预测施工轨温高于原镇定轨温 10 ℃以上时,线路清筛前必须进行应力放散,放散轨温应满足施工期间作业安全要求。

清筛后应根据具体情况安排无缝线路应力放散。

成组更换道岔和岔枕时,应全部更换为新道砟。

道床一般清筛枕盒清筛深度为枕底向下 50～100 m,并做好排水坡;边坡清筛为轨枕头外全部道砟,宜使用边坡清筛机施工。清筛后应及时夯实、捣固。

4.2.6　龙门架换铺轨排施工作业

施工单位必须提前对龙门架铺轨排列车运行的线路限界进行全面检查,必要时采取临时措施。

龙门架铺轨排列车应限速运行,并加强对轨排层数的控制和轨排的锁定,同时应由专人负责,切实做好龙门架铺轨排列车的运行监护和停车检查工作,确保运行安全。

在 $R \leqslant 400$ m 的曲线上铺设轨排时,必须采取特殊安全措施,防止叠层轨排偏移倾倒。

远离基地施工时,龙门架应在就近车站甩挂,以确保铺轨排列车安全。

使用龙门架换铺轨排施工时,施工封锁前的慢行时间内应做好下述各项准备工作:扒出枕盒内石砟,松开钢轨接头螺栓,拆除道口铺面,清除障碍物,设置临时铺轨排方向桩,拆除桥梁护轨,打紧木枕浮钉等。

线路开通前,施工负责人应及时组织整修线路,经检查达到规定标准后方可开通线路。线路开通后逐步提高行车速度,保证行车安全。

4.2.7　可动心轨辙叉道岔作业

可动心轨辙叉道岔起道作业时,直、曲股应同时起平,保证可动心轨辙叉在一个平面上,并做好道岔前后及道岔曲股顺坡。道岔维修应使用机械捣固,加强接头、辙叉、尖轨弹性可弯段等部位和钢枕及其前后岔枕的道床捣固。

可动心轨辙叉道岔的垫板作业,可采用调换不同厚度轨下垫板的方法进行。垫板数量不应超过 1 块,厚度不应超过 6 mm。

可动心轨辙叉道岔的改道作业,应采用调整不同号码轨距挡块的方法进行。调整量不足时可加垫片调整,但厚度不得超过 2 mm,严禁用改螺纹道钉孔的方法改道。

可动心轨辙叉道岔应保持弹条扣件和接头螺栓的扭矩,加强尖轨跟端及可动心轨辙叉前后钢轨接头的锁定,加强尖轨限位器间隔尺寸、可动心轨辙叉尖趾距离的检查、维修,确保尖轨和可动心轨辙叉的正常使用。

1. 可动心轨辙叉道岔各部件的日常检查、维修

(1)防松螺母的位置、扭矩和上下螺母间隙。

(2)滑床板及护轨垫板的弹片、弹片销钉、短心轨转向轴线顶铁的位置、方向和间隙。

(3)钢枕的位置、钢枕塑料垫板及胶垫的位置、钢枕立柱螺栓的扭矩、钢枕上垫板的位置。

(4)长心轨与短心轨联结螺栓的扭矩。

2. 可动心轨辙叉道岔更换尖轨、辙叉等的执行要求

(1)伤损尖轨应与基本轨同时更换。确有困难时可单独更换尖轨,但在更换前应校核尖轨几何尺寸,更换后应进行基本轨、尖轨顺坡打磨,保证换后符合技术标准。

(2)钢轨组合式可动心轨辙叉必须整组更换;锰钢组合式可分件更换。

4.2.8　钢轨打磨、焊修作业

对线路上钢轨波浪形磨耗、钢轨肥边、马鞍形磨耗、焊缝凹陷及鱼鳞裂纹等病害,应使用打磨列车或小型磨轨机进行打磨。打磨作业后应达到表 4-9 的标准。

表 4-9　钢轨打磨作业验收标准

钢轨轨顶面病害	$v_{max}>120$ km/h		$v_{max}\leqslant120$ km/h		测量方法
	打磨列车	小型打磨机	打磨列车	小型打磨机	
工作边肥边(mm)	<0.3	<0.3	<0.3	<0.5	1 m 直尺测量
焊缝凹陷(mm)	<0.3	<0.3	<0.3	<0.5	
钢轨母材轨顶面凹陷或马鞍形磨耗(mm)	<0.3	<0.3	<0.3	<0.5	1 m 直尺测量矢度
波浪形磨耗(mm)	<0.2		<0.2		

对接头和绝缘接头轨端肥边,应及时整修处理。固定型辙叉及可动心轨顶面不平顺,尖轨、固定型辙叉、可动心轨、翼轨工作边及尖轨非工作边出现肥边,应打磨整修。

采用钢轨打磨列车进行预防性打磨和修理性打磨时,应与大型养路机械维修捣固作业配套,安排在捣固作业后进行。

钢轨(含尖轨和辙叉)低塌接头、压溃、擦伤、掉块、磨耗和锰钢辙叉裂纹应进行焊修。

钢轨打磨作业技术要求:

(1)打磨前应调查待打磨地段钢轨状况,每 100 m 采用钢轨轮廓(磨耗)测量仪测试钢轨廓形,根据钢轨表面状态、钢轨伤损和轮轨接触情况,由线路维修和打磨技术人员共同研究确定打磨方案。

(2)打磨前应对影响正常打磨操作地段尤其是影响轨距角打磨的因素进行调查,并预先采取措施,以保证钢轨打磨正常进行。

(3)打磨前应对焊接接头轨面平直度进行检查。当超过标准时,应采用仿形打磨设备对焊接接头进行局部打磨。

(4)打磨前应在站线进行打磨参数调整试验,确认打磨廓形达到要求后,方可进行正式打磨。

(5)打磨车作业速度应根据打磨列车特性和打磨目的确定。

(6)最后一遍打磨应降低打磨功率或提高打磨速度,以保证钢轨打磨后表面粗糙度达标。

(7)应及时清理轨道板、钢轨表面上的打磨碎屑。

4.3　曲线养护

列车通过曲线时,在曲线上运行的状况是:运行着的列车在进入曲线后,由于牵引力和惯性力作用,使车体沿着切线方向运行,而轨道则迫使车体转向,势必形成车轮冲击轨道,造成轨道变形,发生方向不良;而不良的曲线方向又会加剧列车的摇摆,增大列车对轨道的破坏力,形成恶性循环,同时车轮与钢轨的冲击又造成钢轨的磨耗。当超高不符合标准或水平不良,引起内外轨必产生偏载,更加剧了钢轨的磨耗。因此,在曲线轨道上,曲线方向不良和钢轨严重磨耗是曲线的两种主要病害。

铁路曲线整正常用的方法:一是用弦线测量曲线正矢,应用绳正法计算;二是用全站仪测出各点坐标,应用坐标法计算;三是道岔后附带曲线用钢尺测量,应用支距法计算。过去基于渐伸线理论的偏角法、角图法由于理论不严密,误差大,在既有线存在行车干扰,置镜困难,已经淘汰,很少有人使用。故本节只对绳正法进行介绍。

4.3.1 绳正法拨道

列车在曲线上行驶时,由于列车离心力的影响,容易造成曲线不圆顺,如果不及时进行拨正养护,病害会逐渐扩大,以致威胁行车安全。

曲线拨道,每年至少要全面、定期地按作业验收标准计算拨正三次,即春融、综合维修(或经常保养)和冬前详细各一次。对超过正矢偏差容许值的个别处所,可以用简易计算方法,结合临时补修作业及时拨正。这里介绍绳正法拨道相关知识。

1. 基本假定

(1)假定曲线两端切线方向不变,即曲线始终点拨量为零;

(2)曲线上某一点拨道时,其相邻测点在长度上并不随之移动。

2. 基本原理

(1)现场正矢的合计等于计划正矢的合计;

(2)曲线上任意点的拨动,对相邻点正矢的影响量为拨动点拨动量的二分之一,其方向相反;

(3)曲线上各点正矢之和为一常数;

(4)曲线上各点正矢差之代数和为零,即曲线终点的拨量等于零。

3. 基本要求

(1)曲线两端直线轨向不良,一般应事先拨正,两曲线间直线段较短时,可与两曲线同时计算、拨正;

(2)在外股钢轨上用钢尺丈量,每 10 m 设置一个测点(曲线头尾是否在测点上不限);

(3)在风力较小条件下,拉绳测量每个测点正矢,测量 3 次取其平均值;

(4)按绳正法计算拨道量,计算时不宜为减少拨道量而大量调整计划正矢;

(5)设置拨道桩,按桩拨道。

4. 外业测量

测量现场正矢是曲线整正计算前的准备工作。这项工作的质量好坏,直接关系到计算工作,并影响到拨后曲线的圆顺。因此,应注意以下几点:

(1)测量现场正矢前,先用钢尺在曲线外股按计划的桩距(一般为 10 m)丈量,并划好标记和编出测点号,测点应尽量与直缓、缓圆、圆缓、缓直点重合。

(2)测量现场正矢时,弦线必须拉紧,弦线的两端位置和量尺位置要正确。量时应在轨距线处量,有肥边应在肥边处量,肥边大于 2 mm 时应铲除之。每个曲线丈量三次,取其平均值,精确到毫米。测量正矢要求做到"三不"、"三要"、"两准确"。"三不"是指在大风天气情况下不测量正矢,弦线拉得时紧时松用力不一致时不测,弦线未放在轨头下 16 mm 处不测;"三要"是要用细而光滑坚实的弦线测量,要在板尺、弦线、视线三者垂直时读数,要事先压除"鹅头",消灭"支嘴"后再测;"两准确"是指读数准确,记录准确。

(3)尺在下,弦在上,尺不要顶弦也不要离开。读数时,视线、弦线、量尺三者应保持垂

直;要读弦线靠钢轨一侧的数,如图 4-7 所示。用 20 m 弦线在钢轨踏面下 16 mm 处测量
正矢。

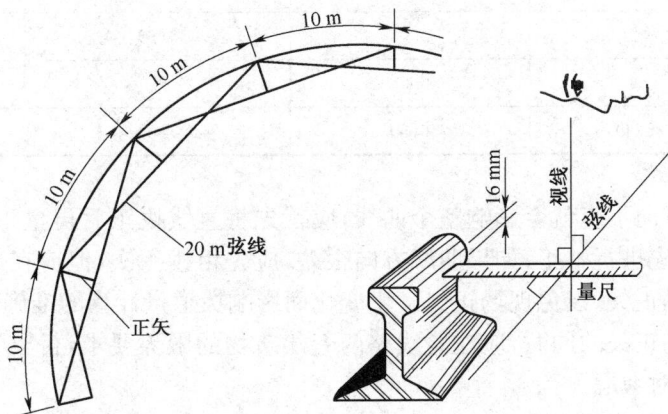

图 4-7　曲线正矢测量

(4)曲线应保持圆顺。曲线正矢作业验收容许偏差管理值见表 4-10,正矢容许偏差经常
保养管理值见表 4-11。高速铁路 200～250 km/h(250～350 km/h)曲线正矢容许偏差管理值
见表 4-12。

表 4-10　曲线正矢作业验收容许偏差(mm)

曲线半径 R(m)		缓和曲线的正矢与计算正矢差	圆曲线正矢连续差	圆曲线正矢最大最小值差
R≤250		6	12	18
250<R≤350		5	10	15
350<R≤450		4	8	12
450<R≤800		3	6	9
R>800	v_{max}≤120 km/h	3	6	9
	v_{max}>120 km/h	2	4	6

注:曲线正矢用 20 m 弦在钢轨踏面下 16 mm 处测量。

表 4-11　曲线正矢经常保养容许偏差(mm)

曲线半径 R(m)	缓和曲线的正矢与计算正矢差		圆曲线正矢连续差		圆曲线正矢最大最小值差	
	正线及到发线	其他站线	正线及到发线	其他站线	正线及到发线	其他站线
R≤250	7	8	14	16	21	24
250<R≤350	6	7	12	14	18	21
350<R≤450	5	6	10	12	15	18
450<R≤800	4	5	8	10	12	15
R>800	3	4	6	8	9	12

注:专用线按其他站线办理。

表 4-12　高速铁路 200～250 km/h(250～350 km/h)曲线正矢容许偏差管理值(mm)

项目	实测正矢与计算正矢差		圆曲线正矢连续差	圆曲线最大最小正矢差
	缓和曲线	圆曲线		
作业验收	2	3	4(3)	5
经常保养	3	4	5	6
临时补修	5(4)	6(5)	7(6)	8

(5)如果直线方向不直就会影响整个曲线,应首先将直线拨正后再量正矢;如果曲线头尾有反弯("鹅头")应先进行整正;如果曲线方向很差,应先粗拨一次,但应在新拨动部分经列车滚压后,再量取现场正矢,以免现场正矢发生变化而影响拨道量计算的准确性。

(6)在测量现场正矢的同时,应注意线路两旁建筑物的限界要求,桥梁、隧道、道口等建筑物的位置以供计划时考虑。

5.曲线半径、弦长、正矢之间的关系

在曲线上两点连一条直线,这条直线叫弦。弦上任一点到曲线上的垂直距离叫做矢距,在中央点的矢距叫做正矢,如图 4-8 所示。

曲线半径、弦长、正矢之间的关系为

$$f=\frac{L^2}{8R}$$

式中　f——圆曲线正矢(mm);

　　　R——圆曲线半径(mm)。

当 $L=20$ m 时,$f=\dfrac{50\,000}{R}$(mm);当 $L=10$ m 时,$f=\dfrac{125\,000}{R}$(mm)。

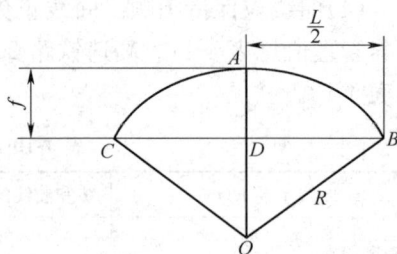

图 4-8　曲线半径、弦长、正矢

现场一般取弦长为 20 m 计算正矢值。

6.头尾标桩齐全的曲线计划正矢计算

(1)圆曲线上各测点计划正矢

①圆曲线计划正矢的计算

圆曲线计划正矢(f_c)$=\dfrac{50\,000}{R}$(mm)。

圆曲线计划正矢也可以根据现场实量正矢计算确定。

圆曲线计划正矢(f_c)$=\dfrac{现场实量正矢合计}{圆曲线的分段数}$。

【例题 4-1】　如图 4-9 所示,求无缓和曲线时圆曲线计划正矢值。

【解】　现场实量正矢合计$=67+113+121+126+123+109+119+124+127+74+11-3-2=1\,109$(mm)。

圆曲线分段数$=$圆直测点(YZ)$-$直圆测点(ZY)$=11.24-2=9.24$。

圆曲线计划正矢(f_c)$=\dfrac{1\,109}{9.24}=120$(mm)。

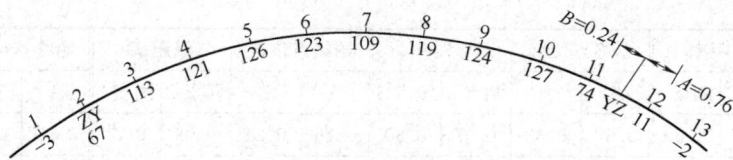

图 4-9　各测点实量正矢

②测点正好在圆曲线始终点时的计划正矢计算

圆曲线始终点正矢为

$$f_{\text{始(终)}}=\frac{f_{\text{c}}}{2}$$

③测点在圆曲线始终点附近时的计划正矢计算（图 4-10）。

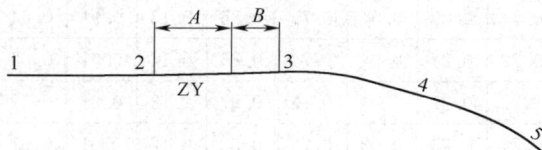

图 4-10　测点在圆曲线始终点附近
A—圆曲线始点（或终点）到直线侧测点分段数；
B—圆曲线始点（或终点）到曲线侧测点分段数

为简化计算手续，可以运用圆曲线始终点纵距率表，见表 4-13。

表 4-13　圆曲线始终点纵距率表

始终点位置		纵距率		始终点位置		纵距率		始终点位置		纵距率		始终点位置		纵距率	
A	B	测点 2	测点 3	A	B	测点 2	测点 3	A	B	测点 2	测点 3	A	B	测点 2	测点 3
0.00	1.00	0.50	1.00	0.12	0.88	0.39	0.99	0.24	0.76	0.29	0.97	0.36	0.64	0.21	0.94
0.01	0.99	0.49	1.00	0.13	0.87	0.38	0.99	0.25	0.75	0.29	0.97	0.37	0.63	0.20	0.93
0.02	0.98	0.48	1.00	0.14	0.86	0.37	0.99	0.26	0.74	0.27	0.97	0.38	0.62	0.19	0.93
0.03	0.97	0.47	1.00	0.15	0.85	0.37	0.99	0.27	0.73	0.27	0.96	0.39	0.61	0.19	0.92
0.04	0.96	0.46	1.00	0.16	0.84	0.35	0.99	0.28	0.72	0.26	0.96	0.40	0.60	0.18	0.92
0.05	0.95	0.45	1.00	0.17	0.83	0.35	0.99	0.29	0.71	0.25	0.96	0.41	0.59	0.17	0.92
0.06	0.94	0.44	1.00	0.18	0.82	0.34	0.98	0.30	0.70	0.25	0.96	0.42	0.58	0.17	0.91
0.07	0.93	0.43	1.00	0.19	0.81	0.33	0.98	0.31	0.69	0.24	0.95	0.43	0.57	0.16	0.91
0.08	0.92	0.42	1.00	0.20	0.8	0.32	0.98	0.32	0.68	0.23	0.95	0.44	0.56	0.16	0.91
0.09	0.91	0.41	1.00	0.21	0.79	0.31	0.98	0.33	0.67	0.23	0.95	0.45	0.55	0.15	0.90
0.10	0.90	0.41	1.00	0.22	0.78	0.30	0.98	0.34	0.66	0.22	0.94	0.46	0.54	0.15	0.90
0.11	0.89	0.40	0.99	0.23	0.77	0.30	0.97	0.35	0.65	0.21	0.94	0.47	0.53	0.14	0.89

始终点位置		纵距率		始终点位置		纵距率		始终点位置		纵距率		始终点位置		纵距率	
A	B	测点2	测点3	A	B	测点2	测点3	A	B	测点2	测点3	A	B	测点2	测点3
0.48	0.52	0.14	0.89	0.62	0.38	0.07	0.80	0.76	0.24	0.03	0.71	0.90	0.10	0.01	0.60
0.49	0.51	0.13	0.89	0.63	0.37	0.07	0.80	0.77	0.23	0.03	0.70	0.91	0.09	0.00	0.59
0.50	0.50	0.13	0.88	0.64	0.36	0.07	0.79	0.78	0.22	0.02	0.70	0.92	0.08	0.00	0.58
0.51	0.49	0.12	0.88	0.65	0.35	0.06	0.78	0.79	0.21	0.02	0.69	0.93	0.07	0.00	0.57
0.52	0.48	0.12	0.87	0.66	0.34	0.06	0.77	0.80	0.20	0.02	0.68	0.94	0.06	0.00	0.56
0.53	0.47	0.11	0.87	0.67	0.33	0.06	0.77	0.81	0.19	0.02	0.67	0.95	0.05	0.00	0.55
0.54	0.46	0.11	0.86	0.68	0.32	0.05	0.76	0.82	0.18	0.01	0.66	0.96	0.04	0.00	0.54
0.55	0.45	0.10	0.85	0.69	0.31	0.05	0.76	0.83	0.17	0.01	0.66	0.97	0.03	0.00	0.53
0.56	0.44	0.10	0.84	0.70	0.30	0.05	0.75	0.84	0.16	0.01	0.65	0.98	0.02	0.00	0.52
0.57	0.43	0.09	0.83	0.71	0.29	0.04	0.75	0.85	0.15	0.01	0.64	0.99	0.01	0.00	0.51
0.58	0.42	0.09	0.82	0.72	0.28	0.04	0.74	0.86	0.14	0.01	0.63	1.00	0.00	0.00	0.50
0.59	0.41	0.08	0.82	0.73	0.27	0.04	0.73	0.87	0.13	0.01	0.62				
0.60	0.40	0.08	0.81	0.74	0.26	0.03	0.73	0.88	0.12	0.01	0.61				
0.61	0.39	0.08	0.81	0.75	0.25	0.03	0.72	0.89	0.11	0.01	0.60				

从表4-13中查出纵距率后,就可以根据下式计算出直圆点(或圆直点)左右测点的计划正矢。

圆曲线始终点附近测点的计划正矢 = f_c ×该点纵距率。

【例题 4-2】 如图 4-11 所示,圆曲线计划正矢 $f_c = 100$ mm,$A = 0.15$,$B = 0.85$,求测点 2、3 的计划正矢。

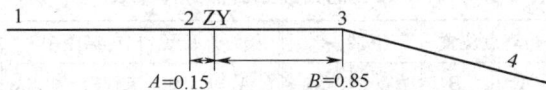

图 4-11 圆曲线始点位置图

【解】 由 $A = 0.15$ 及 $B = 0.85$ 查表 4-13,2 测点的纵距率为 0.36,3 测点的纵距率为 0.99,则

$$f_2 = f_c × 2 \text{ 测点的纵距率} = 100 × 0.36 = 36(\text{mm})$$
$$f_3 = f_c × 3 \text{ 测点的纵距率} = 100 × 0.99 = 99(\text{mm})$$

(2)缓和曲线正矢

缓和曲线正矢是从直线往圆曲线方向逐渐由小变大的,由直缓点向缓圆点方向变化的大小叫缓和曲线的正矢递增率。

$$\text{缓和曲线的正矢递增率}(f_N) = \frac{\text{圆曲线计划正矢}(f_c)}{\text{一端缓和曲线分段数}(N)}$$

①圆曲线计划正矢计算

$$f_c = \frac{\text{现场实量正矢合计}}{\text{圆曲线分段数} + \text{缓和曲线总分段数的二分之一}}$$

如果两端缓和曲线同样长度时,可按下式计算:

$$f_c = \frac{现场实量正矢合计}{圆缓点(YH)号数-直缓点(ZH)号数}$$

如果知道圆曲线的半径,也可以用下列公式进行计算:

$$f_c = \frac{50\,000}{R}$$

【例题 4-3】　如图 4-12 所示,求圆曲线计划正矢值。

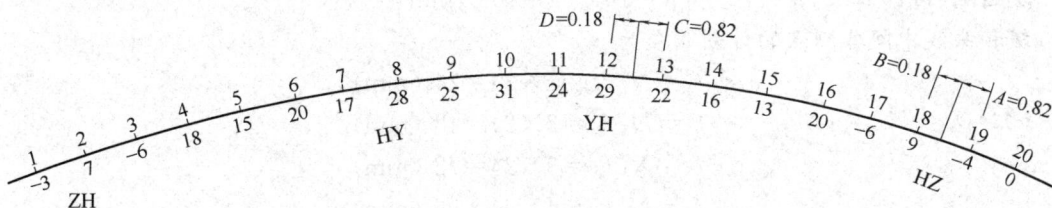

图 4-12　圆曲线各测点实量正矢

【解】　现场实量正矢合计＝7＋18＋15＋20＋17＋28＋25＋31＋24＋29＋22＋16＋13＋20＋9－3－6－6－4＝275（mm）。

$$f_c = \frac{现场实量正矢合计}{圆缓点(YH)号数-直缓点(ZH)号数} = \frac{275}{12.18-2} = 27\,(mm)$$

②测点正好在缓和曲线始终点时的计划正矢计算(图 4-13)

图 4-13　测点在缓和曲线始

a.缓和曲线始终点计划正矢

$$缓和曲线始点正矢(f_{始}) = \frac{缓和曲线正矢递增率(f_N)}{6}$$

$$缓和曲线终点正矢(f_{终}) = f_c - 缓和曲线始点正矢(f_{始})$$

b.缓和曲线中间各测点计划正矢

$$f_i = N_i f_N$$

式中　f_i——缓和曲线中间各测点的计划正矢($i=1,2,\cdots,N-1$);

$\quad\quad N_i$——测点距缓和曲线始点的段数;

$\quad\quad f_N$——缓和曲线的正矢递增率。

【例题 4-4】　如图 4-14 所示,已知曲线半径 $R=300$ m,缓和曲线长为 70 m,求缓和曲线上各测点计划正矢值。

【解】

$$f_c = \frac{50\,000}{R} = \frac{50\,000}{300} \approx 167\,(mm)$$

$$f_N = \frac{圆曲线计划正矢(f_c)}{一端缓和曲线分段数(N)} = \frac{167}{7} \approx 24\,(mm)$$

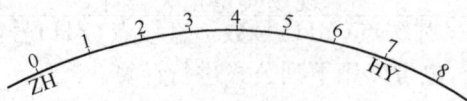

图 4-14　一侧缓和曲线图

直缓点(ZH)正矢 $f_{始}=\dfrac{f_N}{6}=4$（mm）

缓圆点(HY)正矢 $f_{终}=f_c-f_{始}=167-4=163$（mm）

缓和曲线中间各测点的计划正矢为

$$f_1=N_1f_N=1\times24=24\text{（mm）}$$
$$f_2=N_2f_N=2\times24=48\text{（mm）}$$
$$f_3=N_3f_N=3\times24=72\text{（mm）}$$
$$f_4=N_4f_N=4\times24=96\text{（mm）}$$
$$f_5=N_5f_N=5\times24=120\text{（mm）}$$
$$f_6=N_6f_N=6\times24=144\text{（mm）}$$

③测点在缓和曲线始终点附近时的计划正矢计算(图 4-15)

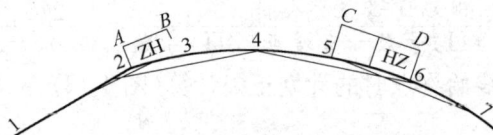

图 4-15　测点在缓和曲线始终点附近

A—缓和曲线始点到直线侧测点分段数；B—缓和曲线始点到缓和曲线侧测点分段数；
C—缓和曲线终点到缓和曲线侧测点分段数；D—缓和曲线终点到圆曲线侧测点分段数

a.缓和曲线始终点附近测点计划正矢

为简化计算手续，可以运用缓和曲线始终点纵距率表，见表 4-14。

表 4-14　缓和曲线始终点纵距率表

始终点位置		纵距率		始终点位置		纵距率		始终点位置		纵距率		始终点位置		纵距率	
A	B	测点2	测点3	A	B	测点2	测点3	A	B	测点2	测点3	A	B	测点2	测点3
D	C	测点6	测点5	D	C	测点6	测点5	D	C	测点6	测点5	D	C	测点6	测点5
0.00	1.00	0.17	1.00	0.10	0.90	0.12	0.9	0.20	0.8	0.09	0.8	0.30	0.70	0.06	0.71
0.01	0.99	0.16	0.99	0.11	0.89	0.12	0.89	0.21	0.79	0.08	0.79	0.31	0.69	0.06	0.7
0.02	0.98	0.16	0.98	0.12	0.88	0.11	0.88	0.22	0.78	0.08	0.78	0.32	0.68	0.05	0.69
0.03	0.97	0.15	0.97	0.13	0.87	0.11	0.87	0.23	0.77	0.08	0.77	0.33	0.67	0.05	0.68
0.04	0.96	0.14	0.96	0.14	0.86	0.11	0.86	0.24	0.76	0.07	0.76	0.34	0.66	0.05	0.67
0.05	0.95	0.14	0.95	0.15	0.85	0.10	0.85	0.25	0.75	0.07	0.75	0.35	0.65	0.05	0.66
0.06	0.94	0.14	0.94	0.16	0.84	0.10	0.84	0.26	0.74	0.07	0.74	0.36	0.64	0.05	0.65
0.07	0.93	0.13	0.93	0.17	0.83	0.10	0.83	0.27	0.73	0.07	0.73	0.37	0.63	0.04	0.64
0.08	0.92	0.13	0.92	0.18	0.82	0.10	0.82	0.28	0.72	0.06	0.72	0.38	0.62	0.04	0.63
0.09	0.91	0.13	0.91	0.19	0.81	0.09	0.81	0.29	0.71	0.06	0.71	0.39	0.61	0.04	0.62

续上表

始终点位置		纵距率		始终点位置		纵距率		始终点位置		纵距率		始终点位置		纵距率	
A	B	测点2	测点3	A	B	测点2	测点3	A	B	测点2	测点3	A	B	测点2	测点3
D	C	测点6	测点5	D	C	测点6	测点5	D	C	测点6	测点5	D	C	测点6	测点5
0.40	0.60	0.04	0.61	0.56	0.44	0.01	0.47	0.72	0.28	0.00	0.34	0.88	0.12	0.00	0.23
0.41	0.59	0.04	0.6	0.57	0.43	0.01	0.46	0.73	0.27	0.00	0.34	0.89	0.11	0.00	0.23
0.42	0.58	0.03	0.59	0.58	0.42	0.01	0.45	0.74	0.26	0.00	0.33	0.90	0.10	0.00	0.22
0.43	0.57	0.03	0.58	0.59	0.41	0.01	0.44	0.75	0.25	0.00	0.32	0.91	0.09	0.00	0.22
0.44	0.56	0.03	0.57	0.60	0.40	0.01	0.44	0.76	0.24	0.00	0.31	0.92	0.08	0.00	0.21
0.45	0.55	0.03	0.57	0.61	0.39	0.01	0.43	0.77	0.23	0.00	0.31	0.93	0.07	0.00	0.20
0.46	0.54	0.03	0.56	0.62	0.38	0.01	0.42	0.78	0.22	0.00	0.30	0.94	0.06	0.00	0.20
0.47	0.53	0.03	0.55	0.63	0.37	0.01	0.41	0.79	0.21	0.00	0.29	0.95	0.05	0.00	0.19
0.48	0.52	0.03	0.54	0.64	0.36	0.01	0.40	0.80	0.20	0.00	0.29	0.96	0.04	0.00	0.19
0.49	0.51	0.03	0.53	0.65	0.35	0.00	0.40	0.81	0.19	0.00	0.28	0.97	0.03	0.00	0.18
0.50	0.50	0.02	0.52	0.66	0.34	0.00	0.39	0.82	0.18	0.00	0.27	0.98	0.02	0.00	0.18
0.51	0.49	0.02	0.51	0.67	0.33	0.00	0.38	0.83	0.17	0.00	0.27	0.99	0.01	0.00	0.17
0.52	0.48	0.02	0.50	0.68	0.32	0.01	0.37	0.84	0.16	0.00	0.25	1.00	0.00	0.00	0.17
0.53	0.47	0.02	0.50	0.69	0.31	0.01	0.37	0.85	0.15	0.00	0.25				
0.54	0.46	0.02	0.49	0.70	0.30	0.01	0.36	0.86	0.14	0.00	0.25				
0.55	0.45	0.02	0.48	0.71	0.29	0.00	0.35	0.87	0.13	0.00	0.24				

从表 4-14 中查出纵距率后,就可以根据下面的公式计算出直缓(或缓直)点、缓圆(或圆缓)点左右测点的计划正矢。

缓和曲线始点附近测点(2、3)正矢 $= f_N \times$ (2、3)测点的纵距率

缓和曲线终点附近测点(5、6)正矢 $= f_c - f_N \times$ (5、6)测点的纵距率

b. 缓和曲线中间各测点计划正矢

缓和曲线中间各测点正矢 $= f_N \times$ 自缓和曲线始点到所求点的分段数。

为简化计算手续,从直缓(ZH)、圆缓(YH)点后第三个测点开始可用下列公式计算:

直缓点后其他各点正矢 = 前点正矢 $+ f_N$

圆缓点后其他各点正矢 = 前点正矢 $- f_N$

【例题 4-5】 如图 4-16 所示,已知圆曲线计划正矢为 120 mm,缓和曲线长为 60 m,缓和曲线正矢递增率为 20 mm,设直缓点(ZH)为 2.75,即距测点 2 为 0.75,距测点 3 为 0.25,缓圆点(HY)为 8.75,即距测点 8 为 0.75,距测点 9 为 0.25,求缓和曲线上各测点的正矢值。

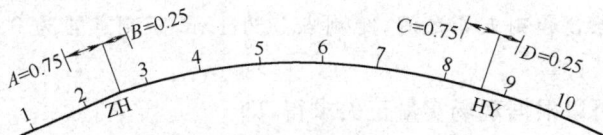

图 4-16 缓和曲线上各测点位置

【解】 由 $A=0.75$ 及 $B=0.25$ 查表 4-14 得，2 测点纵距率为 0，3 测点纵距率为 0.32，则

$$f_2 = f_N \times 2 \text{ 测点的纵距率} = 20 \times 0 = 0$$

$$f_3 = f_N \times 3 \text{ 测点的纵距率} = 20 \times 0.32 = 6.4 \approx 6 \text{ (mm)}$$

$$f_4 = f_N \times \text{直缓点到 4 测点的分段数} = 20 \times 1.25 = 25 \text{ (mm)}$$

$$f_5 = f_4 + f_N = 25 + 20 = 45 \text{ (mm)}$$

$$f_6 = f_5 + f_N = 45 + 20 = 65 \text{ (mm)}$$

$$f_7 = f_6 + f_N = 65 + 20 = 85 \text{ (mm)}$$

由 $C=0.75$ 及 $D=0.25$ 查表 4-14 得，8 测点纵距率为 0.75，9 测点纵距率为 0.07，则

$$f_8 = f_c - f_N \times 8 \text{ 测点纵距率} = 120 - 20 \times 0.75 = 105 \text{ (mm)}$$

$$f_9 = f_c - f_N \times 9 \text{ 测点纵距率} = 120 - 20 \times 0.07 = 118.6 = 119 \text{ (mm)}$$

7. 需要确定头尾标桩的曲线计划正矢计算（中央点法）

(1) 确定曲线始终点位置

有的曲线因直线方向变化，头尾位置不对，以致测量出的现场正矢数很不正常。如果在这基础上去计算和拨正曲线，不仅拨道量大，而且曲线也不能圆顺。在这种情况下，应先通过计算，找出曲线中央点，确定曲线头尾位置，重新测量现场正矢与计算拨量。

① 曲线中央点位置的计算

中央点位置＝现场实量正矢倒累计合计÷现场实量正矢合计

【例题 4-6】 某曲线实量正矢如表 4-15 所列，求曲线中央点的位置。

【解】 实量正矢倒累计，即现场实量正矢按箭头方向用"斜加平记"的方法，由下往上累计，其累计数的合计即为实量正矢倒累计合计，见表 4-15。

表 4-15 曲线实量正矢表（mm）

测点号	实量正矢	正矢倒累计	正矢倒累计的排列
(1)	(2)	(3)	(4)
1	45	400	55+110+100+90+45
2	90	355	55+110+100+90
3	100	265	55+110+100
4	110	165	55+110
5	55	55	55
合计	400	1240	1 240

实量正矢倒累计合计＝1 240（mm）

实量正矢合计＝400（mm）

$$\text{中央点位置} = \frac{\text{现场实量正矢倒累计合计}}{\text{现场实量正矢合计}} = \frac{1240}{400} = 3.1$$

中央点位置在测点 3 和测点 4 之间，距测点 3 为 1 m，距测点 4 为 9 m。

② 圆曲线平均正矢计算

圆曲线平均正矢可以根据现场实量正矢求得，即

$$\text{圆曲线平均正矢}(f_\text{平}) = \frac{\text{圆曲线实量正矢合计}}{\text{圆曲线测点线}}$$

在曲线头、尾没有算出之前,可在曲线中部选择大致上相同的正矢数累加计算。如果知道曲线半径,也可以用下列公式进行计算,即

$$圆曲线平均正矢(f_平) = \frac{50\,000}{R}$$

③曲线长分段数计算

$$曲线长分段数 = \frac{现场实量正矢合计}{圆曲线平均正矢}$$

④圆曲线头尾(ZY、YZ)位置的计算

$$曲线头(ZY) = 曲线中央点 - 曲线长分段数/2$$
$$曲线尾(YZ) = 曲线中央点 + 曲线长分段数/2$$

如果曲线有缓和曲线,那么曲线头(ZY)、曲线尾(YZ)是曲线两端缓和曲线的中央点。

⑤缓和曲线长度的计算

容许速度大于 120 km/h 的线路采用 $10v_{max}h$,其他线路采用 $9v_{max}h$。

⑥直缓(ZH)、缓圆(HY)、圆缓(YH)、缓直(HZ)各点位置的计算

$$直缓点(ZH) = 曲线头(ZY) - 缓和曲线长分段数/2$$
$$缓圆点(HY) = 曲线头(ZY) + 缓和曲线长分段数/2$$
$$圆缓点(YH) = 曲线尾(YZ) - 缓和曲线长分段数/2$$
$$缓直点(HZ) = 曲线尾(YZ) + 缓和曲线长分段数/2$$

(2)计算各测点计划正矢

在计算出曲线位置以后,可以引用前面所讲的方法计算各测点的计划正矢。

【例题 4-7】 已知曲线半径 320 m,缓和曲线长为 70 m,现场实量正矢见表 4-16,计算各测点的计划正矢值。

表 4-16 曲线计划正矢计算表(mm)

测点	实量正矢倒累计	实量正矢	计划正矢	备注	测点	实量正矢倒累计	实量正矢	计划正矢	备注
(1)	(2)	(3)	(4)	(5)	(1)	(2)	(3)	(4)	(5)
1	2 013	4	4	ZH(1.01)	12	918	151	156	
2	2 009	19	22		13	767	158	156	YH(13.98)
3	1 990	47	45		14	609	150	151	
4	1 943	62	67		15	459	132	132	
5	1 881	92	89		16	327	106	109	
6	1 789	108	111		17	221	92	87	
7	1 681	146	134		18	129	66	65	
8	1 535	145	152	HY(8.01)	19	63 ←	43	42	
9	1 390	158	156		20 ←	20	20	20	HZ(20.98)
10	1 232	162	156		21	0	0	3	
11	1 070	152	156		Σ	22 046	2 013	2 013	

【解】

1)确定曲线始终点位置

$$①中央点位置=\frac{实量正矢倒累计合计}{现场实量正矢合计}=\frac{22\ 046}{2\ 013}=10.95(mm)$$

$$②圆曲线平均正矢(f_平)=\frac{50\ 000}{R}=\frac{50\ 000}{320}=156.3(mm)$$

$$③曲线长分段数=\frac{现场实量正矢合计}{f_平}=\frac{2\ 013}{156.3}=12.88(mm)$$

$$④曲线头(ZY)=中央点位置-\frac{曲线长分段数}{2}=10.95-\frac{12.88}{2}=4.51(mm)$$

$$曲线尾(YZ)=中央点位置+\frac{曲线长分段数}{2}=10.95+\frac{12.88}{2}=17.39(mm)$$

$$⑤缓和曲线长分段数=\frac{缓和曲线长}{10}=\frac{70}{10}=7(mm)$$

$$⑥直缓点(ZH)=曲线头-\frac{缓和曲线长分段数}{2}=4.51-\frac{7}{2}=1.01(mm)$$

$$缓圆点(HY)=曲线头+\frac{缓和曲线长分段数}{2}=4.51+\frac{7}{2}=8.01(mm)$$

$$圆缓点(YH)=曲线尾-\frac{缓和曲线长分段数}{2}=17.39-\frac{7}{2}=13.89(mm)$$

$$缓直点(HZ)=曲线尾+\frac{缓和曲线长分段数}{2}=17.39+\frac{7}{2}=20.89(mm)$$

2)计算各测点的计划正矢(图4-17)

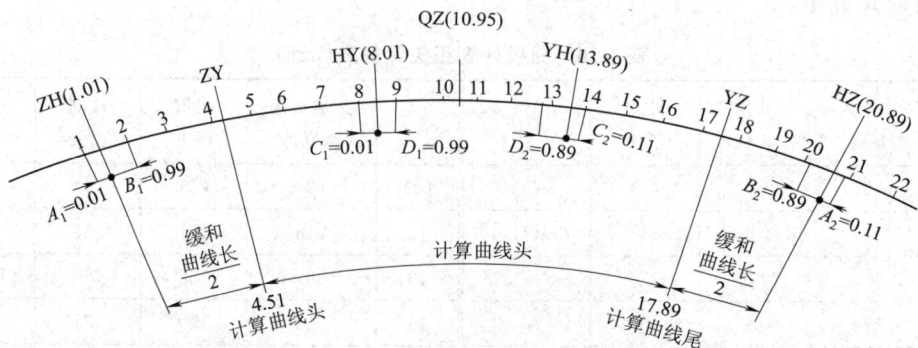

图4-17 曲线测点位置图

$$f_c=\frac{实量正矢合计}{圆曲线分段数+缓和曲线总分段数的一半}=\frac{2\ 013}{5.88+7}=156.3\approx156(mm)$$

$$f_N=\frac{f_c}{N}=\frac{156.3}{7}\approx22.3(mm)$$

求各测点的计划正矢:

由 $A_1=0.01$ 及 $B_1=0.99$,查表4-14得,1测点的纵距率为0.16,2测点的纵距率为0.99,则

$$f_1=f_N\times1测点的纵距率=22.3\times0.16=3.6\approx4(mm)$$

$f_2 = f_N \times 2$ 测点的纵距率 $= 22.3 \times 0.99 = 22.1 \approx 22$（mm）

$f_3 = f_N \times 3$ 测点到 ZH 点分段数 $= 22.3 \times 1.99 = 44.4 \approx 45$（mm）（调整为 45 mm）

$f_4 = f_3 + f_N = 44.4 + 22.3 = 66.7 \approx 67$（mm）

$f_5 = f_4 + f_N = 66.7 + 22.3 = 89$（mm）

$f_6 = f_5 + f_N = 89 + 22.3 = 111.3 \approx 111$（mm）

$f_7 = f_6 + f_N = 111.3 + 22.3 = 133.6 \approx 134$（mm）

由 $C_1 = 0.01$ 及 $D_1 = 0.99$，查表 4-14 得，8 测点的纵距率为 0.17，9 测点的纵距率为 0，则

$f_8 = f_c - f_N \times 8$ 测点的纵距率 $= 156 - 22.3 \times 0.17 = 152.2 \approx 152$（mm）

$f_9 = f_c - f_N \times 9$ 测点的纵距率 $= 156 - 22.3 \times 0 = 156$（mm）

$f_{10} = f_{11} = f_{12} = 156$（mm）

由 $D_2 = 0.89$ 及 $C_2 = 0.11$，查表 4-14 得，13 测点的纵距率为 0，14 测点的纵距率为 0.23，则

$f_{13} = f_c - f_N \times 13$ 测点的纵距率 $= 156 - 22.3 \times 0 = 156$（mm）

$f_{14} = f_c - f_N \times 14$ 测点的纵距率 $= 156 - 22.3 \times 0.23 = 150.9 \approx 151$（mm）

$f_{15} = f_N \times 15$ 测点到 HZ 点的分段数 $= 22.3 \times 5.89 = 131.4 \approx 131$（mm）（调整为132 mm）

$f_{16} = f_{15} - f_N = 131.4 - 22.3 = 109.1 \approx 109$（mm）

$f_{17} = f_{16} - f_N = 109.1 - 22.3 = 86.8 \approx 87$（mm）

$f_{18} = f_{16} - f_N = 86.8 - 22.3 = 64.5 \approx 65$（mm）

$f_{19} = f_{18} - f_N = 64.5 - 22.3 = 42.2 \approx 42$（mm）

由 $B_2 = 0.89$ 及 $A_2 = 0.11$，查表 4-14 得，20 测点的纵距率为 0.89，21 测点的纵距率为 0.12，则

$f_{20} = f_N \times 20$ 测点的纵距率 $= 22.3 \times 0.89 = 19.9 \approx 20$（mm）

$f_{21} = f_N \times 21$ 测点的纵距率 $= 22.3 \times 0.12 = 2.7 \approx 3$（mm）

为保证曲线头尾拨量为零，要求计划正矢合计与实量正矢合计数值相同。上例计算结果，正矢合计为 2 011 mm，与实量正矢合计比较不足 2 mm，考虑在第 3、15 测点计划各调整 1 mm，以使计划正矢合计数与实量正矢合计数相等。计划正矢算出后，将其填入表 4-16 内，以备拨道计算。

8. 曲线绳正法拨道量计算

曲线绳正法拨道量计算方法较多，下面以表 4-17 为例主要介绍梯形修正法。

表 4-17　绳正法曲线拨道计算表（mm）

测点	实量正矢倒累计	实量正矢	计划正矢	正矢差	正矢差累计	修正量	半拨量	拨量	拨后正矢	备注
(1)	(2)	(3)	(4)	(5)	(6)	(7)	(8)	(9)	(10)	(11)
1	2 013	4	4	0	0		0	0	4	
2	2 009	19	22	−3	−3		0	0	22	
3	1 990	47	45	+2	−1		−3	−6	45	
4	1 943	62	67	−5	−6	+1	−4	−8	66	
5	1 881	92	89	+3	−3	+1	−9	−18	89	

续上表

测点	实量正矢倒累计	实量正矢	计划正矢	正矢差	正矢差累计	修正量	半拨量	拨量	拨后正矢	备注
(1)	(2)	(3)	(4)	(5)	(6)	(7)	(8)	(9)	(10)	(11)
6	1 789	108	111	−3	−6		−11	−22	112	
7	1 681	146	134	+12	+6		−17	−34	134	
8	1 535	145	152	−7	−1		−11	−22	152	
9	1 390	158	156	+2	+1		−12	−24	156	
10	1 232	162	156	+6	+7		−11	−22	156	
11	1 070	152	156	−4	+3			−8	156	
12	918	151	156	−5	−2		−1	−2	156	
13	767	158	156	+2	0		−3	−6	156	
14	609	150	151	−1	−1		−3	−6	151	
15	459	132	132	0	−1		−4	−8	132	
16	327	106	109	−3	−4		−5	−10	109	
17	221	92	87	+5	+1		−9	−18	87	
18	129	66	65	+1	+2		−8	−16	65	
19	63	43	42	+1	+3		−6	−12	42	
20	20	20	20	0	+3		−3	−6	20	
21	0	0	3	−3	0		0	0	3	
Σ	22 046	2 013	2 013	±34	+26 −28 −2				2013	

（1）计算正矢差

$$正矢差＝实量正矢－计划正矢$$

当实量正矢大于计划正矢时，正矢差为"＋"号；当实量正矢小于计划正矢时，正矢差为"－"号。正矢差的"＋"值和"－"值分别加在一起，其数值必然相等，否则要复查和改正计算上的错误。

见表 4-17 计算结果，正矢差的正值与负值均为 34 mm。

（2）计算正矢差累计

计算正矢差累计可按表 4-17 箭头表示的方向，用"斜加平写"的方法进行累计。如表 4-17 中，第 4 测点的正矢差累计＝第 4 测点的正矢差（−5）＋第 3 测点的正矢差累计（−1）＝−6。

每个测点的差累计数算出来以后，对其正号值与负号值分别累加比较。如数值相等，则不必修正，即可进行半拨量计算；如数值不等，说明曲线始点或终点将发生拨道量，故应进行修正。

（3）修正正矢差累计

用梯形修正法在一些测点上，加一些与正矢差累计合计的符号相反，总的数值相同的修正量。在本例中需要加正数，总的修正量为 2，即在测点 4、5 上备设修正量为＋1，其合计为＋2，与正矢差累计合计数相同,符号相反,这样就可以消去-2,保证曲线头尾位置不变的要求。

如果需要消去的差累计合计数值较大,可在多个测点上修正。为了保证曲线的圆顺性,相邻测点修正量应排列成梯形的渐变形式,渐变量为 1 mm,一般不要超过 2 mm,并且在相邻测点上修正量由增加转变为减少时,至少有两个相邻测点上的修正量相同,确保曲线圆顺。

(4)计算半拨量

半拨量可按表 4-17 中箭头指的方向用"平加下写"的方法进行计算。

$$半拨量＝前点正矢差累计＋前点修正量＋前点半拨量$$

表 4-17 中,第 5 测点的半拨量＝4 测点的差累计＋4 测点修正量＋4 测点半拨量＝-6+1-4＝-9(mm)。

表 4-17 计算结果,第一个测点和最后一个测点的半拨量均等于零,符合始、终点半拨量等于零的要求。

如果半拨量很大,要求把它减少到许可程度,也可用梯形修正法。一般的,曲线的上半部半拨量"-"号大,曲线轨道往下压得多,可先用正号梯形来修正,在下半部用负号梯形来反修正;反之,如曲线上半部半拨量"+"号大,曲线轨道往上挑得多,可先用负号梯形来修正,在下半部用正号梯形来修正。但修正量的合计与正矢差累计的合计必须符号相反,绝对值相等。

(5)计算拨量

$$拨量＝半拨量×2$$

(6)计算拨后正矢

$$拨后正矢＝实量正矢＋拨量-(前点拨量＋后点拨量)/2$$

表 4-17 中,第 5 测点的拨后正矢＝5 测点实量正矢＋5 测点拨量-(4 测点拨量＋6 测点拨量)/2＝92+(-18)-(-8-22)/2＝89(mm)。

通过计算,拨后正矢合计应与实量正矢合计、计划正矢合计相等;若干点拨后正矢与计划正矢相比较的增减数,应和修正量的计算根据相吻合,否则应复查在计算上的错误。

对照拨后正矢与计划正矢值可以发现,梯形修正,在修正过程中,虽然没有考虑计划正矢,但实际上与调整计划正矢的原理是完全相同的,修正差累计实质是改变了计划正矢。

对于没有缓和曲线的圆曲线计算方法,与上例计算基本相同。

9.拨道作业

算出曲线拨量后,为防止现场曲线正矢变化,应及时进行拨道作业。

拨道作业须按拨道量正确设置施工防护和确定施工负责人,并按拨通作业的程序和要领进行。此外,要特别注意做好以下工作。

(1)设置曲线拨道标桩。为了准确控制各桩点的拨量和方便过车后回检,在拨道前一定要设置曲线拨道标桩,绝不允许用轨枕头外石砟控制拨量。

(2)调查与调整轨缝。曲线拨道时,上挑会使轨线伸长,下压会使轨线缩短。要防止在曲线范围内轨缝总量不当,影响拨道效果。同时要保证拨后轨缝状态良好。要按拨道后轨线伸缩量和拨前轨缝状态,调整好轨缝。拨道后曲线伸缩量可按下式计算:

$$\Delta l=\frac{e \cdot l}{R}$$

式中　Δl——拨道后的轨线伸缩量(mm);

　　　e——各测点的拨量代数和除以测点数(mm);

l——曲线的长度减去一端缓和曲线的长度(m);

R——圆曲线半径(m)。

(3)扒开枕端道砟。当拨道量较大时,为防止拨道困难和破坏线路纵向平顺,应将拨道方向枕端道床扒至枕底面。

(4)对拨量大于 20 mm 的曲线,应先拨道,后起道捣固,防止因拨道破坏线路纵、横向的平顺和捣固质量。不论拨道量大小,在过车后都要检查高低、水平和轨向,整修超限处所,并回填和夯实道床。

(5)对拨量较大的曲线,无条件设置慢行或停车防护时,可采用分次拨道法,但必须在每次拨道后都进行起道捣固,保证枕下道砟坚实和水平,保证高低不超过临时补修容许偏差。否则,应按规定办理施工手续和进行慢行或停车防护。

10. 运用程序整正

曲线整正是铁路工务部门经常进行的工作内容,是必须掌握的基本技能,但因计算复杂,实际应用较为困难。而运用程序进行曲线整正,则使用起来方便很多。

(1)数据录入及计算过程全部放在 Excel 中进行,易于现场工作人员掌握使用;

(2)在绳正法中,程序会判别曲线的完整性,若测点没有完整布到直线上时,会自动在曲线头尾增加测点;

(3)应用独创的断面扫描法,无论是普通曲线,还是复心曲线,只要有测量数据,就会得出最优拨量;

(4)具有完善的自动修正功能,若某处拨量较大,只要在该点输入一限制值,系统就会以最优数组、最恰当位置自动修正;

(5)设计有严格的计算条件,算前须通过实测正矢校验,算后拨后正矢须满足多项要求;

(6)绳正法计算结果同时具有状态分析功能,在计算表内设有超限处所统计;

(7)具有曲率图显示功能,使用户可直观地看到曲线状态;

(8)坐标法中的拨距计算:直线上是计算点至直线距离,缓和曲线是应用趋近原理计算,圆曲线上为计算半径,理论正确,方法可靠。

4.3.2 曲线综合养护作业

曲线综合养护作业的重点是:保持曲线圆顺,合理设置超高,提高轨道框架阻力,减轻钢轨磨耗,延长设备使用寿命。在养护作业中,必须抓住重点进行综合整治。

(1)建立定期拨道制度,加强对曲线正矢的检查和拨正。除春融季节、结冻前以及结合综合维修(或经常保养)全面计算拨正曲线外,对每季检查发现的正矢不良曲线,也要进行拨正。要建立曲线正矢检查记录卡,以研究曲线正矢变化的情况,找出变化的规律和原因,对症下药,及时整治。在临时补修时,要对轨向不良处所的正矢进行实测,用简易计算法消灭超限处所。

(2)对轨距经常发生变化的曲线,可加设轨距杆或轨撑。曲线改道时,最好同时测量正矢,发现个别桩点正矢不良,可利用改道机会进行调整。

(3)提高起道质量,加强捣固工作。缓和曲线范围内,要在各桩点及各桩之间标注设计超高值(在上股钢轨内侧轨腰上)。起道时,无论起道机放在何处,水平尺均应放在超高标记点处。直线和圆曲线起道时,起道机和水平尺可放在同一位置。

(4)曲线的防爬锁定与保持轨向良好有密切的关系。在曲线及相邻直线上,要特别注意补充和整修防爬设备。对已爬行的地段应及时拉轨整正,并采取综合措施加以锁定。

(5)为增加道床横向阻力,稳定曲线线形,可采取加宽(适当堆高)外股砟肩的办法。在加宽时要经济合理地使用道砟,即根据曲线半径大小、道床稳定程度和曲线圆度变化情况决定道砟使用量。

(6)要根据每年实测的加权平均车速和钢轨磨耗情况,合理地设置曲线超高。为减小列车从直线进入缓和曲线或从缓和曲线进入圆曲线引起的急剧冲击,可以将直缓点和缓圆点的超高值零点不做零,顶点不做顶,采用补坑削顶的作法,做成竖曲线。其圆曲线形的竖曲线长20 m,并以直缓(缓直)点或缓圆(圆缓)点为竖曲线顶点,竖曲线的纵距见表 4-18 所示。

表 4-18　竖曲线纵距表

超高顺坡率(‰)	竖曲线切线长(m)	竖曲线顶点纵距(mm)	距竖曲线顶点 5 m 处纵距(mm)
1.0～1.3	10	3	1
1.4～1.7	10	4	1
1.8～2.1	10	5	1

在实际作业时,也可在曲线外方的直线上,保持外轨水平高出内轨 3～4 mm。

(7)曲线上钢轨和联结零件发生磨耗或有磨耗迹象时,要有计划地进行更换和修理,或与直线上的轨件倒换使用,是延长钢轨使用寿命的一个有效办法。曲线与直线钢轨倒换使用时,须注意钢轨作用面不要调边使用,倒换使用直曲线钢轨时,要防止发生接头错牙,在保证直角错差不超限的情况下,尽量按原来排列顺序连接。

(8)及时轮筛道床,做好排水工作,经常保持路基干燥,这对巩固曲线轨向、稳定线形有重要作用。

4.3.3　曲线病害的防治

对曲线进行综合养护,是预防曲线病害的有效措施。曲线病害一旦发生,应在加强综合养护的基础上,积极予以整治,防止病害进一步发展。

1. 曲线主要病害

(1)曲线方向不良

造成曲线方向不良的直接原因是横向水平力的作用,而横向水平力的大小,又取决于曲线的平面形状,二者互为因果。曲线方向不良,列车发生剧烈摇摆,横向水平力随着摇摆而变化,加剧了对轨道的冲击和振动,因而使各种不良现象恶化。恶化的结果反过来又会加大列车摇晃,影响列车平稳运行,旅客感到不舒适,并加剧钢轨的磨耗。

曲线方向不良的表现形式是多种多样的:

①缓和曲线的头尾连接不良,有反弯或"鹅头"现象。

②钢轨弯曲,接头有"支嘴"。

③曲线上轨距、水平超限,轨底坡不正确,外轨超高顺坡过陡,也会造成曲线方向不良。

(2)曲线钢轨磨耗

钢轨在列车作用下及受大自然的影响,将会产生锈蚀、伤损和磨耗。实践证明在曲线上,尤其在小半径曲线上,更换钢轨的主要原因是钢轨头部磨耗超限。研究钢轨磨耗是为了减少或消除不正常磨耗,从而延长钢轨的使用寿命。钢轨磨耗有垂直磨耗和侧面磨耗两种形式。

①钢轨垂直磨耗：主要是由于内外轨轮滚动距离与内外轨线长度不相适应的长度差，要用轮对在钢轨上的滑行来加以调整，这是曲线上钢轨垂直磨耗更加严重的主要原因。

②钢轨侧面磨耗：引起钢轨侧面磨耗的原因，主要是导向轮的作用。

除了上述影响钢轨垂直磨耗和侧面磨耗的原因外，超高过大过小、曲线轨距扩大、曲线轨底坡不正确也会加剧钢轨的磨耗。

2. 主要防治方法

（1）曲线"鹅头"的防治

曲线方向不良多发生在曲线头、尾处，曲线头尾向上股凸出，称之为"鹅头"。产生"鹅头"的原因之一是养护方法不当。例如用目视指挥拨道，习惯于上挑，从而破坏了曲线头尾的正确位置。使用拉绳简易计算拨道，由曲线中间向两端拨，也有可能产生"鹅头"。另外，列车由直线进入曲线或由曲线驶向直线时，列车对线路的冲击也是产生"鹅头"的一个原因。

防治曲线"鹅头"的措施有如下几种。

①在测量正矢前，应拨直切线方向，压除"鹅头"。在实量正矢时，可向直线方向多量几点，直到正矢为零止。

②合理地做好轨距加宽和超高递减。

③在曲线定期拨道时，一定要用绳正法计算拨道量，在曲线全长范围内拨道。

④在临时补修拨正曲线时，不可从中间向两端拨道，防止将作业误差赶到曲线两端。

⑤在小半径曲线头、尾，应保持有足够的道床厚度，并加强道床夯实。

（2）钢轨接头"支嘴"的防治

曲线上钢轨接头"支嘴"是指曲线上的钢轨接头离开应有的圆弧位置，向曲线外侧支出。是由于钢轨弹性和硬弯所引起的，这种病害多发生在小半径曲线上，特别是相对式接头的曲线上。道床厚度不足、道床不坚实、轨枕失效、螺栓松动、夹板弯曲或强度不足、轨缝不良等，更会加剧接头"支嘴"。

防治接头"支嘴"的措施有如下几种。

①加强钢轨接头处的轨道结构，补充和夯实道床。必要时，可在接头五孔轨枕盒内按联排锁定方式加装防爬支撑，或在钢轨接头处换铺分开式扣件。

②根据曲线横向移动的规律和"支嘴"大小，局部加宽和堆高曲线外股砟肩，作业时可采用分层夯实道床的作法，以增加道床阻力。

③调换接头夹板，矫直硬弯钢轨。

（3）接头道砟坍砟的防治

钢轨低接头，接头处道床板结、翻浆以及捣固不良，超高不当等，均会造成接头道砟坍砟病害。接头道砟坍砟会加剧轨件的磨损和加速轨枕失效。

防治接头道砟坍砟的措施有如下几种。

①加强对接头处的捣固，综合整治接头病害。对接头伤损磨耗的联结零件要及时更换，已造成低接头的钢轨要及时更换或焊补打磨马鞍形磨耗。

②对接头板结或翻浆的道床进行清筛或铺换洁净的有棱角道砟或小石砟，并捣固坚实。必要时可在铁垫板下加垫 8 mm 的橡胶垫板，或在轨枕下加橡胶套垫。

③合理设置超高，做好超高递减。

（4）曲线钢轨磨耗的防治

曲线钢轨磨耗速率除与曲线半径、钢轨材质、通过总重、机车类型有关外，还和养护质量有密切关系。如轨向不良、超高或轨底坡不当、轨距超限等，都会加剧曲线钢轨的磨耗。

防治曲线钢轨磨耗的措施如下。

①在重载大运量区段或山区小半径曲线上，铺换合金钢轨或全长淬火钢轨。

②正确设置超高，每年应定期测速，并根据外轨侧磨和内轨压溃情况，及时调整外轨超高。

③用看线修坡的方法，及时修正轨底坡，使轮轨接触面积增大。轨底坡的修正在木枕地段可用砍削垫板下枕面的方法，混凝土枕可采用加垫楔形胶垫板方法解决。

④采取上股钢轨侧面涂油的方法是减轻钢轨磨耗的有效措施。可定期地采用人工涂油、涂油小车涂油或在机车上安装涂油器的方法进行。

人工涂油使用的油脂必须挥发性小、不易流失、润滑效果好。涂油的周期，应根据气候、油料及列车对数及速度来确定。应保证钢轨侧面经常有油。

⑤加强养护，经常保持轨向圆顺、轨面平顺、轨距不超限。当发现曲线钢轨上股侧磨接近轻伤标准一半时，要及时与直线钢轨调换使用。

⑥定期观测钢轨磨耗情况，总结钢轨磨耗与曲线养护状态的关系，找出钢轨磨耗的原因，及时加以解决。

4.4　道岔养护

道岔是轨道结构三大薄弱环节之一，也是日常设备养护维修的重点。其本身结构复杂，又与电务设备紧密相连，每次养护维修需多个单位配合。对各部尺寸精度要求更是非常严格，由于道岔复杂特殊的构造方式，班组日常检查处理不到位，导致多个问题叠加重合，晃车频繁出现，普速与高速线路都不同程度的存在相同问题。

4.4.1　道岔及调节器标准

道岔轨型应与线路钢轨轨型相同，轨型不同时采用异型轨过渡。

（1）根据线路允许速度等运营条件采用相应的可动心轨无缝道岔，道岔各部尺寸按标准图或设计图办理。

（2）查照间隔（心轨工作边至护轨头部外侧的距离）不得小于 1 391 mm，护轨轮缘槽宽度为 42 mm，容许误差为 $-1\sim+3$ mm，尖轨非工作边与基本轨工作边的最小距离不小于 63 mm。

（3）岔后到发线连接曲线半径不应小于该道岔导曲线半径，超高不应大于 15 mm，顺坡率不应大于 2‰。

（4）尖轨、心轨、叉跟尖轨出现以下不良状态或伤损，应进行修理或更换：

①尖轨尖端与基本轨或可动心轨尖端与翼轨间隙大于 1 mm。

②尖轨、可动心轨侧弯，造成轨距不符合要求，或尖轨与基本轨、可动心轨与翼轨间隙超过 2 mm。

③尖轨、可动心轨拱腰，造成与滑床台间隙超过 2 mm。

④尖轨相对于基本轨降低值、心轨相对于翼轨降低值偏差超过 1 mm，且对行车平稳性有影响。

⑤尖轨与心轨因扭转或磨耗等原因造成光带异常，且对行车平稳性有影响。

⑥其他伤损达到钢轨轻伤标准。

(5)基本轨、翼轨、导轨和护轨出现以下不良状态或伤损，应进行修理或更换：

①弯折点位置或弯折尺寸不符合要求。

②高锰钢摇兰出现裂纹。

③其他伤损达到钢轨轻伤标准。

(6)扣件系统及其零部件应满足以下要求：

①道岔扣件系统安装与调整应符合铺设图要求，各零部件应保持齐全，作用良好。

②应使用铁路专用防腐油脂定期对螺栓涂油，螺栓保持润滑状态。

③扣件有以下伤损情况，应及时更换：

a. 岔枕螺栓、T形螺栓折断或严重锈蚀。

b. 调高垫板损坏。

c. 弹性铁垫板或弹性基板的橡胶与铁件严重开裂。

d. 弹条、弹性夹、拉簧、弹片等损坏或不能保持应有的扣压力。弹性夹、弹片、挡板损坏。弹性夹离缝、弹片与滑床板挡肩离缝、挡板前后离缝大于 2 mm。

e. 轨距块、挡板、缓冲调距块、偏心锥等严重磨损。

f. 套管失去固定螺栓的能力。

g. 垫板、滑床板、护轨垫板的焊缝开裂。

h. 滑床板损坏、变形或滑床台磨耗大于 3 mm。

i. 弹性垫板静刚度值超过设计上限的 25%。

④不得对转辙器滑床台涂油，辙叉滑床台可涂固体润滑剂。各部位螺栓涂油时不得污染橡胶垫板、弹性铁垫板和弹性基板。

(7)辊轮系统及其部件应满足以下要求：

①辊轮安装与调整应符合铺设图要求，各零部件应保持齐全，作用良好。

②闭合状态下，辊轮与尖轨轨底边缘间的空隙应为 1～2 mm；辊轮顶面应高于滑床台上表面 1～3 mm。

③辊轮槽排水孔应保持畅通。

④辊轮上下部分连接螺栓松动、折断、缺失或辊轮转动不灵活、破损时应立即修理或更换。

(8)其他零部件应满足以下要求：

①其他零部件安装应符合铺设图要求，缺少时应及时补充。

②应使用铁路专用防腐油脂定期对螺栓涂油，螺栓保持润滑状态。

③间隔铁、限位器的联结螺栓、护轨螺栓、长短心轨联结螺栓、接头铁螺栓必须齐全，作用良好，折断时必须立即更换。同一部位同时有两条螺栓或接头铁螺栓有一条缺少或折损时，道岔应停止使用。

④顶铁、心轨防跳铁、尖轨防跳限位装置等各部件的联结和固定螺栓变形、损坏或作用不良时应进行修理或更换。

⑤尖轨防跳限位装置、心轨防跳顶铁和心轨防跳卡铁损坏或作用不良时应进行修理或更换。

（9）无缝道岔应满足以下技术要求：

①正线道岔应采用直、侧向全焊无缝道岔，除绝缘接头采用胶接绝缘接头外，其余接头全部焊接。

②道岔设计应满足跨区间无缝线路允许温降和允许温升要求，各联结件应牢固可靠。

③道岔应铺设在无缝线路固定区。

④无缝道岔设计锁定轨温应与两端区间无缝线路设计锁定轨温一致。

⑤无缝道岔尖轨尖端伸缩位移、可动心轨尖端伸缩位移应满足表 4-19 要求，超过允许值应分析原因，并及时调整。

表 4-19　尖轨相对于基本轨、可动心轨相对于翼轨允许伸缩位移（mm）

道岔类型	尖轨允许伸缩位移	心轨允许伸缩位移	备　注	
			锁闭机构	尖轨跟端结构
客专线系列	±40	±20	多机多点钩型外锁	限位器、间隔铁或无传力部件
CZ 系列	+45	±30	第一牵引点拐肘外锁	无传力部件
CN 系列	±40	±20	多机多点自调式外锁	限位器

⑥应加强桥上及隧道口附近无缝道岔检查和锁定，防止碎弯和爬行。

⑦应按规定利用钢轨位移观测桩进行位移观测，及时分析锁定轨温变化及钢轨位移情况。应加强尖轨和心轨位移观测，防止转换卡阻。

（10）调节器性能和配置、尖轨降低值应符合设计要求。

（11）调节器用钢轨、扣件及其他零部件制造、组装、吊装、运输、储存、铺设及养护维修技术要求应符合铁路总公司科技司《时速 350 m 客运专线无砟轨道 60 kg/m 钢轨伸缩调节器暂行技术条件》规定。

（12）调节器应满足以下技术要求：

①平面曲线和竖曲线地段不得设置调节器。

②在桥梁中部设置双向调节器时，温度跨度不宜超过 200 m，宜将双向尖轨的对称中心设置在连续梁中部固定支座上方。

③调节器基本轨始端和尖轨跟端焊接接头位置距梁缝不应小于 2 m。

④调节器基本轨和尖轨应同时更换，接续线钻孔位置应避开基本轨伸缩范围。

⑤调节器扣件铁垫板锚固螺栓扭矩为 300～350 N·m；尖轨螺栓扭矩为 400～500 N·m；基本轨轨撑螺栓扭矩为 300～350 N·m。

⑥单向调节器应加强尖轨及其后 50～100 m 范围内钢轨锁定，双向调节器应加强尖轨范围锁定。

⑦调节器及其前后线路扣件类型和扭矩应符合设计要求。

4.4.2　道岔作业内容

1. 道岔病害形成原因

（1）组装铺设时遗留的病害

道岔在组装铺设时遗留的主要病害包括铁路电气化改造后，电化柱的埋设使得联动道岔两中交点偏移，造成渡线方向不良，尖轨、基本轨及护轮轨部位出现的钢轨硬弯，混凝土岔枕间隔位置不正确及一侧偏移;两节拼装铺设时接头未放正等。

(2)运营中产生的典型病害

道岔在运营中产生的典型病害有:零配件锈蚀和磨损,尖轨跟部通连垫板折断,滑床台脱焊,胶垫压溃破损,大地脚螺栓尼龙套管失效,垫板孔磨损,锈蚀孔径扩大;轨面波浪形磨耗,护轮轨磨损,尖轨和基本轨侧磨,侧向钢轨锈蚀;基本轨的波浪形磨耗,尖轨中部轨距扩大,暗坑吊板等。

(3)维修养护方面存在的问题

维修养护处理不当,也会使提速道岔产生病害。例如:工务作业人员对道岔的日常维修养护认识不足,主观地认为道岔不需要进行全面起道捣固,对提速道岔组装铺设时遗留的病害没有采取相应的整治方法与措施,维修养护使用的机工具无法适应设备更新的要求,工务作业人员对病害所采取的处理方法不当导致病害逐步化等。

2.作业基本内容

(1)起平道岔

对道岔进行全面捣固.特别是对钢轨接头、辙叉心、导曲线上股、尖轨尖端、尖轨跟部进行第二遍捣固,保持前后高低、左右水平处于良好状态。

(2)拨正方向

首先要把道岔大方向拨好.使道岔在正确位置上,与前后线路、道岔衔接顺直,没有甩弯和折角;在道岔前后75m范围,要采取拨、改、弯三结合的方法,改好各处轨距和顺坡递减;整正道钉、支距、垫板、轨撑、间隔铁等零件,使其与钢轨连接牢固,预防钢轨横向移动。

(3)锁定线路

防止爬行,均匀轨缝:对道岔前后75 m范围内包括道岔部分要加强防爬锁定,必要时可采用连排锁定,消灭大轨缝和连续瞎缝,拧紧螺栓,消灭浮离道钉,各种配件要经常处于紧、密、靠状态。

(4)加强岔枕修理

认真做好捆扎、腻缝和削平、钉孔防腐工作,预防岔枕劈裂和腐朽,方正枕木间隔.使各种尺寸符合道岔布置图的标准

(5)整治路基病害

认真执行道床轮筛周期,恢复道床的弹性;有计划地消灭道床脏污板结、翻浆,清筛道床边坡和道心土砂拢,铲平路肩杂草,疏通侧构,加强排水。

3.作业基本要求

(1)经常保养时要做到对尖轨、基本轨非作用边的肥边进行适时打磨对轨面擦伤和剥落掉块地段要有计划地进行焊修。

(2)对道床板结的道岔应进行破底清筛或更换优质石砟,绝不能只挖盒不破底。

(3)合理确定综合维修周期。

(4)综合维修的重点首先是根据轨面下沉量、轨道大平状况以及道床的脏污程度,进行适当起道,全面捣固或重点捣固,以改善轨道弹性。一般至少普起40 mm,清筛枕盒和边坡要彻底,清筛出土要清理干净,路肩严禁造成反坡。其次,打磨、焊补钢轨工作一定要重视。三是整修和更换设备零部件,恢复设备技术状态。

4.4.3 道岔常见病害防治

线路动静态检查发现,线路不平顺多发生在道岔区,表现为存在结构上的不平顺,几何形位变化快等。养护维修时既要注重几何尺寸的修整,尤其注重轨距、水平、高低、方向、查照间隔、护背距离等是否符合标准,也要注重钢轨病害的处理,如打磨钢轨、辙叉,焊补低坍接头、掉块,整治马鞍形磨耗等。另外,道床维修跟不上,造成道岔综合维修收效不明显、轨道几何尺寸变化快、调高垫板用量大、保养周期缩短等。

1. 转辙部分常见病害

(1)尖轨与基本轨不密贴

1)原因分析

①加工制造时 50 mm 范围内刨切长度不够;

②尖轨顶铁过长,补强板螺栓凸出;

③转辙机位置与尖轨动作拉杆位置不在同一水平线上;

④曲股基本轨弯折点有误;

⑤基本轨工作边及尖轨非工作边有"肥边"造成假密贴;

⑥基本轨横向移动;

⑦基本轨或尖轨本身有硬弯;

⑧基本轨、轨撑、滑床板挡肩之间存在"三道缝"(图 4-18);

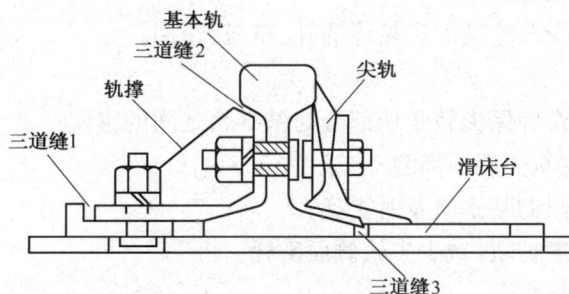

图 4-18 "三道缝"示意图

⑨第一、二连接杆与尖轨耳铁连接的距离不合适。

2)防治措施

①对刨切不足的尖轨再进行刨切;

②打磨焊补或更换顶铁和补强板螺栓;

③调整转辙机及尖轨拉杆位置,使其在同一水平线上;

④拨正基本轨方向,矫正弯折点位置和矢度;

⑤打磨基本轨和尖轨的"肥边";

⑥打靠道钉,消除假轨距;

⑦调直尖轨或基本轨,拨正方向,改好轨距;

⑧调整连接杆长度,改变尖轨耳铁的孔位或加入绝缘垫板,误差较大时,可更换耳铁或方钢;

⑨焊补或更换磨损挠曲不平的滑床台、轨撑、滑床板挡肩；或用螺旋道钉将轨撑、滑床板与枕木连接成一体，并用水平螺栓使轨撑与基本轨牢固第联结在一起，消灭"三道缝"。

（2）尖轨跳动

1）产生的原因

①尖轨跟端轨缝过大，间隔铁和夹板磨损，螺栓松动，过车时加大冲击；

②跟部桥型垫板或凸台压溃；

③捣固不实，有吊板；

④尖轨拱腰。

2）防治措施

①焊补或更换间隔铁、夹板，更换磨耗的双头螺栓；

②增补整修跟部桥形垫板和防跳卡铁，进一步采取尖轨防跳措施，如在基本轨轨底增设尖轨防跳器，或将尖轨连接杆两端安设防跳补强板，使其长处部分卡在轨底，以防尖轨跳动；

③加强转辙部分枕下的捣固，尤其是加强接头及尖轨跟端的捣固；

④调直拱腰的尖轨。

（3）尖轨轧伤与侧面磨耗

1）产生的原因

①尖轨与基本轨不密贴或假密贴；

②尖轨顶铁过短；

③基本轨垂直磨耗超限；

④尖轨前部顶面受车轮踏面和轮缘的轧、挤、辗作用；

2）防治措施

①防止尖轨跳动及确保尖轨竖切部分与基本轨之间的密贴；

②加长顶铁，使尖轨尖端不离缝；

③将垂直磨耗超限的基本轨及时更换；

④必要时安装防磨护轨，减少尖轨侧面磨耗。

（4）尖轨扳动不灵活

1）产生的原因

①尖轨爬行，两股前后不一致；

②拉杆或连接杆位置不正确；

③尖轨跟端双头螺栓磨损或间隔铁夹板螺栓磨损严重，螺栓上紧后影响扳动；

④基本轨有小弯，滑床板不平直；

⑤拉杆、连接杆、接头铁螺栓孔壁磨耗扩大，螺杆磨细。

2）防治措施

①串动尖轨、基本轨使之处于正确位置，将尖轨跟端螺栓方正，锁定爬行；

②调整拉杆或连接杆位置；

③焊补或更换磨损超限的双头螺栓、间隔铁和夹板；

④整正滑床板；

⑤保持尖轨跟端轨缝符合设计规定，不允许挤成瞎缝。

2. 连接部分常见病害

(1) 导曲线轨距扩大

产生的原因:列车通过导曲线时,由于离心力、横向推力以及车轮冲击钢轨,导致道钉浮离,配件松动,钢轨有小反弯。

防治措施:在导曲线外侧设置轨撑,可隔一根枕木或连续设置;整治轨撑离缝消除假轨距;在导曲线外股接头处安装桥型垫板;更换腐朽岔枕;混凝土岔枕要消除扣件挡肩和轨底边离缝,使其达到足够扭力矩。

(2) 导曲线钢轨偏心磨耗

产生的原因:由于导曲线外股没有设置超高,长期受离心力作用,导致反超高和上股钢轨偏心磨耗。

防治措施:在导曲线上股铺设 1/20 的铁垫板;根据需要设 6 mm 超高;在导曲线范围内按不大于 2‰顺坡;保持连续部分钢轨无接头相错。

(3) 导曲线不圆顺

产生的原因:尖轨跟端和辙叉前后开口尺寸不合标准,支距点位置不对,支距尺寸不标准和作业不细,维修不当以及列车车轮冲击作用,均可造成导曲线不圆顺。

防治措施:保证支距点位置和跟端支距正确;保持支距尺寸并使递减率符合标准;导曲线目测圆顺,消灭"鹅头";个别处所,通过拨道和改正轨距解决。

3. 辙叉及护轨部分常见病害

(1) 辙叉垂直磨耗和压溃

产生的原因:车轮通过有害空间时对心轨和翼轨产生冲击作用,辙叉心处的岔枕经常发生吊板;破坏道床坚实性是引起辙叉垂直磨耗的主要原因。

防治措施:加强辙叉底部捣固,特别是叉心和辙叉前后接头处的捣固;借助于更换岔枕的机会,彻底加强辙叉底的捣固;在辙叉底岔枕顶面垫胶垫,以缓冲受力;用竖螺栓把辙叉固定在垫板上,如 AT 型道岔一样,加强辙叉的整体稳定性;可在辙叉部位的岔枕上安设特制铁座,用弹条扣件固定辙叉位置。

(2) 辙叉偏磨

产生的原因:辙叉偏磨是由于单侧通过列车次数较多造成的。

防治措施:焊补偏磨辙叉;可倒换方向使用;加强偏磨部位捣固,且兼顾辙叉水平状态。

(3) 辙叉轨距不合标准

产生的原因:查照间隔和护背距离不合标准,护轨轮缘槽、辙叉轮缘槽尺寸不合标准是造成辙叉轨距失格的原因。

防治措施:拨正直股方向;调整辙叉及护轨轮缘槽宽度,使其符合标准;打磨作用边肥边,焊补伤损心轨、翼轨;整修查照间隔、护背距离,使其符合规定。

4. 其他方面

(1) 道岔方向不良

原因分析:忽视对道岔的整体维修,造成道岔前后方向不顺;铺设位置不正,随弯就弯;钢轨及其联结零件磨损,作业方法不合理,硬性凑合支距和轨距,造成个接续部不圆顺;曲股基本轨弯折点位置不对,造成转辙器部分轨向不良;捣固不实,使线路出现坑洼;道砟不良、夯实不好,降低道床阻力;钢轨及其零件联结不好,导致方向不正等等。

防治措施:做好道岔前后 50 m 线路的维修,经常保持轨面平,方向顺;做好直股基本轨方向,拨好道岔位置;弯好曲基本轨弯折点,做好轨距加宽递减;检查确认基本轨既有弯折量,按照标准做好弯折长度和矢度;加强捣固作业,除按规定捣固外,还应根据道岔构造的特点进行适当加强;补充夯实道床,道岔转辙部分设置有转辙杆、连接杆,各轨枕孔道砟应比岔枕顶面低 20～30 mm,并夯实道床;加强各部分联结零件的养护维修,充分发挥各种扣件固定钢轨位置的作用。

(2)道床翻浆冒泥

道岔道床翻浆冒泥主要是由于更换提速道岔时,封锁时间短,施工准备不足或受既有线纵断面影响致使枕下清砟厚度不足,排水不良造成的。特别是道岔头、尾处受电务信号机座影响排水,冒泥更加突出。可以采用捣固机对道岔进行高起道(起道量最高 200 mm)增加道岔枕下清砟厚度,恢复道床弹性。同时,清筛边坡,增强道床排水性,必要时进行全断面破底清筛,全面更换硬质道砟。

(3)寒冷地区冬季"三折"

"三折"是指钢轨、岔心和夹板折断,是铁路运输安全的大敌,防折是北方冬季安全工作的重点。"三折"威胁行车安全,危及人民生命、财产安全,社会影响极大。因此必须认真分析"三折"原因,采取积极对策加以防治,确保行车安全。

(4)道岔爬行

爬行是病害中的祸首,可以引起一系列病害。产生爬行的原因很多,主要是道岔及其前后线路的防爬设备不足,扣件的扣压力不足,道床纵向阻力不够,以及下坡或单向运行地段列车动力作用的结果。防治道岔爬行的措施如下:

①保持道床丰满,有足够的砟肩宽度和道床厚度;并夯实道床,以加强轨枕与道床间的防爬阻力;

②木枕的道岔及其前后线路,要安装足够的防爬器和防爬支撑;失效的防爬设备要及时更换或整修;

③保持扣件应有的扣压力。为增加钢轨与夹板和垫板、垫板与轨枕之间的阻力,应及时拧紧扣件和螺栓,打紧浮离道钉;

④及时整治接头病害,对鞍形磨耗的接头、低接头,以及轨端的剥落掉块,应及时整修,并要消灭连续大轨缝,调整不均匀轨缝。

道岔爬行量应以尖轨跟端相错量为准,这是由于尖轨有制造公差,容易发生差误,但尖轨尖端和基本轨接头处的相错量,可作为参考。

道岔爬行量的限度为 20 mm,超过限度即为不合格,应及时进行整治。

(5)零部件缺损、磨耗

道岔零部件的状态是否良好,对道岔的稳定性影响很大。道岔零部件缺损、磨耗的主要原因是:道岔爬行、捣固不良,轨道几何状态差,以及对零部件缺乏经常的涂油和养护,从而增加列车对道岔的冲击振动。

防止措施:

①充分发挥各种零部件的作用,在养护中做到"紧、密、靠",并加强涂油工作,及时更换、修理磨耗损坏的零部件。

②提高道岔的稳定性,除按标准安装防爬设备和轨撑垫板外,转辙和辙叉部位应使用螺纹

道钉,基本轨与轨撑用横穿螺栓联结在一起。

③锁定道岔及其前后 75 m 线路,按规定标准安装防爬设备,必要时在转辙部位按联排锁定办法安装防爬支撑,在中间部位增加防爬设备。

(6)联结零件失效

①形成原因

联结零件的失效是提速道岔最普遍的病害之一。其中,主要表现在轨枕螺栓的失效、滑床台开裂和垫板的撕裂,轨枕螺栓的失效主要原因有铺设过程中用撬棍等插入使轨枕孔内翻、拨、抬轨枕造成螺纹伤损;养护不当形成吊板或螺栓松动;过车时螺栓与螺纹反复上下冲击而磨损螺纹。

②整治措施

轨枕螺栓的失效和垫板的开焊、断裂都不易整治,因此应加强预防,在铺设过程中杜绝用插入轨枕螺栓孔的方法翻、拨、搬动轨枕,搬运钢筋混凝土岔枕避免螺栓孔螺纹的伤损,日常养护维修时,应保持螺栓的紧固,定期涂油防止锈蚀,更新和改造维修机具,提高作业效率。

4.4.4　高速道岔的养护特点

1.高速道岔特点

(1)道岔种类较为单一,以单开道岔为主。

(2)道岔号码较大,一般在 18 号以上,最大已达 65 号。

(3)道岔要具有高平顺性、高稳定性,保证列车平稳、舒适运行。

(4)辙叉普遍采用可动心轨辙叉。

(5)道岔适用于跨区间无缝线路。

(6)电务转换采用外锁闭装置。

(7)轨下基础采用混凝土长岔枕或道岔板,并与道床相匹配。

(8)道岔要具有较高的制造、组装、铺设精度。

2.高速道岔养护

目前,高速道岔的保养方法还主要依据或参照普速铁路的经验,所不同的是高速铁路道岔直、侧向的列车通过速度高,精度要求更严格。主要注意以下问题。

(1)要遵循"少动、慎动、找准问题再动"的原则。也就是说,在道岔的病害整治时,能不动的地方尽量不动,需要整治的处所,一定要先进行轨检小车数据上的分析,现场目测并配合悬绳、道尺找准具体的位置,以及方向、轨距、高低、水平超限的具体数值,再进行轨距块的更换和轨下垫片的调整,切忌仅凭经验,盲目动手。

(2)作业过程中要灵活变通,不能死扣数据。在方向、轨距的调节过程中,要做到"眼不离方向、悬绳不离钢轨、道尺不离手"。即:在调整方向时,自始至终要有人进行目测钢轨的走向,并随时测量悬绳所拉数据;调整轨距时,要边调整边测量。切忌只以测量数据为基准。例如:在轨向调整作业中,悬绳测量数据为轨向不良 2 mm,但在实际操作过程中,由于受到钢轨因温度影响而引起的应力变化,或内、外口扣件使用时的受力不均匀等因素,通常改变 1 mm 的轨距块,即可实现 2 mm 的方向或轨距的调节。

(3)导曲部的改道需谨慎。理论上,导曲线的改道作业可由以下顺序进行:首先要改好外直股的方向,确定为基本股,然后改正内直股的轨距,再用支距尺根据支距尺寸改正圆顺度不符合要求的导曲线上股,即可实现导曲部的改道作业。实际作业中,支距的调整一直是一个难点问题,由于受可动心无砟道岔的设计上的制约,支距的调节只能通过外直股与曲上股之间铁垫板的前后移动来实现,可调节范围太小,往往无法满足支距的调整,因此,在实际操作中,可试设支距良好,通过调整外直股的方向来实现导曲上股的方向调整;

(4)作业后的回检要加强。作业后,必须进行回检,对调整后的轨距、水平、方向、高低进行检查,是否符合标准,以及对轨下垫片、扣件的三点密程度做一次仔细的检查,要确保轨下垫片铺垫到位,扣件密贴部分达标。

4.5　无缝线路的养护维修

4.5.1　无缝线路的类型

无缝线路根据处理钢轨内部温度应力方式的不同,可分为:温度应力式、放散温度应力式两种类型。

温度应力式无缝线路在运营过程中,通常不必人工放散温度应力。其结构形式是:由一根焊接长钢轨及其两端2~4根标准轨组成,并采用普通接头的形式;受力状况:无缝线路铺设锁定后,在钢轨内部产生很大的温度力,其值随轨温变化而异;特点:结构简单,铺设维修方便,应用广泛;铺设范围:对于直线轨道,铺设50 kg/m和60 kg/m轨,每公里配置1 840根混凝土枕时,铺设温度应力式无缝线路允许轨温差分别为100 ℃和108 ℃。

放散温度应力式无缝线路需要定期或自动放散温度应力,又分为定期放散式和自动放散式两种,适用于年轨温差较大的地区。

自动放散式是为消除和减少钢轨内部的温度力,允许长轨条自由伸缩,在长轨两端设置钢轨伸缩接头,为了防止线路爬行,在长轨中间用特制的中间扣件。由于结构复杂,已不适用。

定期放散温度应力式无缝线路的结构形式与温度应力式相同。根据当地轨温条件,把钢轨内部的温度应力每年春秋两季调整放散1~2次。放散时,封闭线路,松开焊接长钢轨的全部扣件,使它自由伸缩,放散内部温度应力,应用更换缓冲区不同长度调节轨的办法,保持必要的轨缝。由于每次放散应力需耗费大量劳力,作业很不方便。放散温度应力式无缝线路曾在前苏联和我国年温差较大的地区试用,因结构复杂或作业很不方便,目前已不使用。现今世界各国主要采用温度应力式无缝线路。

根据我国无缝线路的发展历程,按我国规定无缝线路可以分以下三类:

(1)普通无缝线路($L=1\ 000 \sim 2\ 000$ m);

(2)区间无缝线路($L\leqslant$区间长度);

(3)跨区间无缝线路($L>$区间长度并焊连无缝道岔)。

4.5.2　无缝线路要求

无缝线路在养护维修中需要重点解决几个问题:如何解决冬防折、夏防胀;如何保持原锁定轨温和钢轨爬行记录准确;如何延长曲线钢轨使用寿命,防止侧磨、偏磨、磨耗加快,以及防止钢轨锈蚀;如发生线路胀轨和断轨后如何尽快恢复线路,减少运输干扰等。

1. 基本要求

(1)允许速度为120(不含)~160 km/h的线路应铺设跨区间或全区间无缝线路,允许速度大于 160 km/h 的线路应铺设跨区间无缝线路。

（2）温度应力式无缝线路，一般由固定区、伸缩区、缓冲区三部分构成。固定区长度不得短于 50 m。伸缩区长度应根据年轨温差幅值、道床纵向阻力、钢轨接头阻力等参数计算确定，一般为 50~100 m。缓冲区一般由 2~4 节标准轨（含厂制缩短轨）组成，普通绝缘接头为 4 节，采用胶接绝缘接头时，可将胶接绝缘钢轨插在 2 节或 4 节标准轨中间。缓冲区钢轨接头必须使用不低于 10.9 级的螺栓，螺栓扭矩应保持在 700~1 100 N·m。绝缘接头轨缝不得小于 6 mm。

（3）无缝线路必须有足够的强度和稳定性。铺设无缝线路应采用标准轨道结构，根据各地轨温幅度计算中和轨温，确定设计锁定轨温。特殊情况需加强轨道结构时，应根据行车条件和线路平纵断面情况进行强度、稳定性及缓冲区轨缝检算。

（4）无缝线路轨道结构应具备的条件。

①路基：路基稳定，无翻浆冒泥、冻害及下沉挤出等路基病害。

②道床：一级碎石道砟，碎石材质、粒径级配应符合标准，道床清洁、密实、均匀。跨区间无缝线路道岔范围内道床肩宽 450 mm。

③轨枕及扣件：混凝土枕、混凝土宽枕或有砟桥面混凝土枕，特殊情况可使用木枕。混凝土枕、混凝土宽枕应使用弹条扣件，木枕应使用分开式扣件。

④钢轨：普通无缝线路应采用 50 kg/m 及以上钢轨，全区间及跨区间无缝线路应采用 60 kg/m 及以上钢轨。

（5）普通无缝线路轨条长度应考虑线路平纵断面条件及道岔、道口、桥梁、隧道所处的位置。总长度度不足 1 km 的桥梁、隧道，轨条应连续布置。但在小半径曲线、列车制动、停车、起动、钢轨顶面擦伤严重等地段，应单独布置轨条。轨条长度不应短于 200 m，特殊地段不应短于 150 m。

（6）缓冲区和伸缩区不应设置在道口或不作单独设计的桥上。有砟桥跨度不大于 16 m 时，伸缩区可设置在桥上，但轨条接头必须在护轨范围以外。

（7）联合接头不得设置在道口、桥台、桥墩或不作单独设计的桥上，距桥台边墙不应小于 2 m。位于中跨度桥上的联合接头应布置在 1/4~1/2 桥跨处，并避开边跨；在大跨度桥上，应远离纵梁断开处。允许速度大于 160 km/h 的线路，铝热焊缝距轨枕边不得小于 100 mm，其他线路不得小于 40 mm。

（8）跨区间及全区间无缝线路的维修管理应以一次锁定的轨条为管理单元，无缝道岔应以单组或相邻多组一次锁定的道岔及其间线路为管理单元。

（9）跨区间无缝线路内铺设的道岔必须设在固定区。跨区间和全区间无缝线路和无缝道岔上的绝缘接头必须采用胶接绝缘。

（10）普通无缝线路每段应设位移观测桩 5~7 对，固定区较长时，可适当增加对数（其中固定区中间点 1 对，伸缩区始、终点各 1 对，其余设置在固定区）。

跨区间和全区间无缝线路，单元轨条长度大于 1 200 m 时，设置 7 对位移观测桩（单元轨条起讫点，距单元轨条起讫点 100 m 及 400 m 和单元轨条中点各设置 1 对）；单元轨条长度不大于 1 200 m 时，设置 6 对位移观测桩（单元轨条起讫点，距单元轨条起讫点 100 m 及 400 m 各设置 1 对）。

无缝道岔设 3 对观测桩，在间隔铁或限位器处设 1 对，在岔头、岔尾处各设 1 对。

位移观测桩必须预先埋设牢固,内侧应距线路中心不小于 3.1 m。在轨条就位或轨条拉伸到位后,应立即进行标记。标记应明显、耐久、可靠。

固定区累计位移量大于 10 mm 时,应及时上报工务段查明原因,采取相应措施。

2. 维修计划安排要求

(1)根据季节特点、锁定轨温和线路状态,合理安排全年维修计划:一般在气温较低的季节,在锁定轨温较低或曲线、薄弱地段进行综合维修;气温较高的季节,安排锁定轨温较高的地段进行综合维修;

(2)高温季节,当日最高轨温超过锁定轨温 30 ℃,一般不得安排综合维修,如果需要安排综合维修作业,须先放散应力后作业;

(3)综合维修以每段无缝线路为单位安排作业,相邻工区要密切配合;

(4)每年春季或秋季要逐段整修扣件及接头螺栓,全面检查和整修不良绝缘接头,在允许作业轨温范围内,每年将接头螺栓及扣件全面除垢涂油一遍,并复紧达到规定扭矩;

(5)高温季节可安排钢轨硬弯矫直、轨头打磨、焊补等作业。

3. 养护维修作业要求

(1)作业前

在维修地段按照需要备好石砟;切实做好线路状态调查,测量无缝线路纵向位移,分析锁定轨温的变化情况,按照变化后实际锁定轨温安排养护维修作业;方向不良地段先拨道或改道。

(2)作业中

无缝线路的基本原理告诉我们,无缝线路在一定温度力作用下,其稳定性主要依靠道床的横向阻力,而养护维修作业势必扰动道床,削弱道床阻力,影响无缝线路稳定。

凡是扰动道床的作业都是影响无缝线路稳定的作业,特别是起道、拨道、扒石砟作业,必须遵守表 4-20 所列作业轨温条件(表 4-20),对于高速铁路则须满足表 4-21 所列条件。

表 4-20　混凝土枕无缝线路维修作业轨温条件

作业项目及作业量 作业轨温范围 线路条件	连续扒开道床不超过 25 m,起道高度不超过 30 mm,拨道量不超过 10 mm	连续扒开道床不超过 50 m,起道高度不超过 40 mm,拨道量不超过 20 mm	扒道床、起道、拨道与普通线路同
直线及 $R \geqslant 2\,000$ m	± 20 ℃	$+15$ ℃ -20 ℃	± 10 ℃
800 m $\leqslant R <2\,000$ m	$+15$ ℃ -20 ℃	$+10$ ℃ -15 ℃	± 5 ℃
400 m $\leqslant R <800$ m	$+10$ ℃ -15 ℃	$+5$ ℃ -10 ℃	

注:作业轨温范围按实际锁定轨温计算。

表 4-21 高速铁路无缝线路作业轨温条件

作业项目	线路平面条件	最多连续松开扣件个数（按实际锁定轨温计算）				
		−10 ℃及以下	−10~0 ℃	0~+10 ℃	+10~+20 ℃	+20 ℃以上
改道、垫板作业	R<2000	9	40	15	9	禁止
	R≥2 000 或直线	15	40	20	9	禁止
更换扣件或涂油	—	隔一松一、流水作业				禁止

由于无缝线路在曲线上受温度力有径向分力作用，径向分力影响无缝线路稳定，曲线半径越小，影响越大。故表中半径越小的曲线，作业轨温限制越严。对于其他作业的作业轨温条件规定见表 4-22。

表 4-22 混凝土枕无缝线路维修作业轨温条件

顺号	作业项目	按实际锁定轨温计算				
		−20 ℃以下	−20~−10 ℃	−10~+10 ℃以内	+10~+20 ℃	+20 ℃以上
1	改道	与普通线路同	与普通线路同	与普通线路同	与普通线路同	禁止
2	松动防爬设备	同时松动不超过 25 m	同左	与普通线路同	同时松动不超过 12.5 m	禁止
3	更换扣件或涂油	隔二松一，流水作业	同左	同左	同左	禁止
4	方正轨枕	当日连续方正不超过 2 根	隔二方一，方正后捣固，恢复道床，逐根进行（配合起道除外）	与普通线路同	隔二方一，方正后捣固，恢复道床，逐根进行（配合起道除外）	禁止
5	更换轨枕	当日不连续更换	当日连续更换不超过 2 根（配合起道除外）	与普通线路同	当日连续更换不超过 2 根（配合起道除外）	禁止
6	更换接头螺栓或涂油	禁止	逐根进行	同左	同左	禁止
7	更换钢轨或夹板	禁止	同左	与普通线路同	禁止	禁止
8	不破底清筛道床	逐孔倒筛夯实	同左	同左	禁止	禁止
9	处理翻浆冒泥（不超过 5 孔）	与普通线路同	同左	同左	禁止	禁止
10	矫直硬弯钢轨	禁止	同左	同左	与普通线路同	同左

注：表中作业轨温范围"＋"为作业轨温比实际锁定轨温高，"−"为作业轨温比实际锁定轨温低。

从以上两表可知，当轨温在实际锁定轨温加减"10 ℃"范围内，无缝线路作业与普通线路基本相同，因此，春秋季是无缝线路作业的黄金季节。当轨温比实际锁定轨温高 20 ℃以上时，不得进行动道作业,以防作业中或作业后引发胀轨跑道。因此,夏季无缝线路养护维修作业要避开高温时段,调整作业时间,以确保符合作业轨温条件。

木枕无缝线路的轨道框架稳定性比混凝土枕无缝线路轨道框架稳定性要差,所以,木枕无缝线路的作业轨温条件较上两表的规定减 5 ℃。

混凝土轨枕无缝线路在实际锁定轨温低 20 ℃以下时,禁止在缓冲区和伸缩区进行综合维修和成段养护作业,以防伸缩区长轨过量收缩,大量降低锁定轨温,而在气温回升季节在伸缩区和固定区附近产生较大的温度应力峰,而后发生胀轨跑道,同时也防止在缓冲区产生大轨缝。

跨区间无缝线路的无缝道岔,当限位器顶死后,尖轨继续伸缩,其温度力将通过限位器传给基本轨,在尖轨前后各 25 m 范围的基本轨承受这个附加温度力,由于后 25 m 范围的基本轨处在道岔内,有四股钢轨,其稳定性相对较强,而前 25 m 范围基本轨在道岔外方,仅二股钢轨,其稳定性相对较弱,所以在无缝道岔尖轨前 25 m 范围进行综合维修,作业轨温条件要求较严,在实际锁定轨温±10 ℃的条件下才能作业。

现场对此有概括性的经验提法,叫做"二清、三测、四不超、五不走"。

二清:一撬作业一撬清(指恢复线路)、半天作业半天清。

三测:作业前、作业中、作业后测量轨温。

四不超:作业不超温、扒砟不超长、起道不超高、拨道不超量。

五不走:扒开道床未回填不走、作业后未夯拍不走、未组织回验不走、线路质量未达标不走、发生异状未处理不走。

(3)作业后

组织全面回检,在炎热天气或作业地段方向不良,要留人看守注意变化,发现异状及时采取措施。

(4)无缝线路缓冲区的养护维修

无缝线路的缓冲区,一方面具有普通线路的特点,另一方面还受无缝线路钢轨伸缩的影响。因而,是无缝线路中的薄弱环节之一。每当温度变化时,伸缩区两端发生位移,缓冲区的钢轨也随之移动。夏天,接头易出现瞎缝,挤压绝缘接头;冬季,易出现大轨缝,接头螺栓可能被拉弯,并有被剪断的危险。由于缓冲区钢轨接头养护不当和出现大轨缝,其钢轨和轨枕的使用寿命缩短,而养护维修的工作量增加。为确保行车安全和延长设备使用寿命,必须加强无缝线路缓冲区的养护工作。

1)定期拧紧接头和轨枕扣件螺栓。为加强线路防爬锁定,控制无缝线路钢轨的不正常伸缩,除每年春秋季两次全面拧紧外。凡进行松动接头和轨枕扣件的作业,不仅作业时要拧紧螺栓,并须在作业后做好复拧工作。春秋两季全面检查缓冲区轨缝,春季防止轨缝总值小于规定值,秋季防止大于轨缝规定值,其轨缝总值的规定数值要按轨温计算求得。必要时须调整轨缝。

2)采用胶接绝缘接头。胶接绝缘接头具有足够的机械强度和可靠的绝缘性能,可以增强线路的稳定性和整体性,降低维修成本,延长使用寿命。

3)综合整治钢轨接头病害。

①打磨或焊补钢轨马鞍形磨耗和淬火层金属剥落、擦伤等;

②用上弯或桥式夹板整治低接头;

③轨下铺设高弹性垫层。接头处轨下采用加厚胶垫可有效地降低震动能量向下传递,这对增强钢轨接头处轨道结构的承载能力,改善其工作条件十分有利;

④加强接头捣固,保持道床清洁、丰满并加以夯实,要防止道床板结和坍塌;

⑤及时更换接头失效轨枕,接头的木枕应成对更换;

⑥调整轨缝,锁定线路,整平钢轨上下错牙。左右错牙超过 1 mm 时,应及时整治或打磨。

(5)桥上无缝线路养护维修要求

①按照设计文件规定,保持扣件布置方式和拧紧程度。

②单根抽换桥枕应在实际锁定轨温＋10～－20 ℃范围内进行,起道量不应超过 60 mm。

③上盖板油漆、更换铆钉或成段更换、方正桥枕等需要起道作业时,应在实际锁定轨温＋5～－15 ℃范围内进行。

④对桥上钢轨焊缝应加强检查,发现伤损应及时处理。

⑤对桥上伸缩调节器的伸缩量应定期检查,发现异常应及时分析原因并整治。伸缩调节器的尖轨与基本轨出现肥边,应及时打磨。

⑥桥上无缝线路应定期测量轨条的位移量,并做好记录。固定区位移量超过 10 mm 时,应分析原因,及时整治。

(6)单项作业要求

1)起道作业

起道机应垂直安放。曲线地段起道机放在上股外侧或下股内侧,要轻起慢放,防止起道后影响线路方向;拨道,先回填道床后拨道,拨道时应避免将轨道抬高,曲线拨道要尽量使上挑下压量相等;夯拍道床:拨道后,及时夯拍枕端及砟肩,全部作业完成后,全面夯拍道床,包括道床边坡;抽换轨枕;更换轨枕不得强行穿入。新轨枕换入后加强捣固,及时拧紧扣件。同一日单根连续抽换轨枕,必须换一根,捣固一根,恢复一根。扣件整正及涂油:采取"隔二松一"流水作业,当日回检拧紧螺母使达到规定拧紧程度,一至四日复紧一遍。整平线路:①垫片:作业时不得连续松开 7 个以上扣件;②垫片累积厚度:使用弹条Ⅰ型扣件不超过 10 mm。使用弹条Ⅰ型调高扣件,50 kg/m 钢轨 20 mm,60 kg/m 钢轨 25 mm。作业后及时拧紧扣件。垫砂宽枕地段,垫砂作业一次垫砂厚度不超过 20 mm,遇到垫砂厚度超过规定时,分次作业。垫砂作业后,及时恢复道床,保持标准肩宽。

2)拨道作业

拨道作业会使钢轨长度增长或缩短。这一效应在普通线路上可由轨缝来调整,而在无缝线路上则只能通过改变钢轨内力来调整。在轨温高于锁定轨温时,拨道时上挑比较容易。上挑可使钢轨伸长,钢轨温度压力释放。在轨温低于锁定轨温时,拨道时下压比较容易。下压可使钢轨缩短,钢轨温度拉力释放。由此可见,拨道方法不当,会使锁定轨温改变。

正确的拨道方法是使上挑量与下压量接近,在轨温接近或等于锁定轨温时进行。拨道量较大时,如有改变锁定轨温的可能,应进行应力放散或调整。

拨道时常使线路抬高,枕端石砟松动,因此,在拨道之前应拧紧扣件,补足道砟。拨道之后,要及时夯实道床,尤其是砟肩更要夯实。维修作业,应先回填后拨道,再整理和夯实道床。

拨道时,拨道器和撬棍要离开焊缝,以免焊缝额外受力。

3)扣件作业

扣件作业的基本要求是,经常保持扣件处于紧、密、靠、正、润的状态。为此,弹条扣件的扭力矩必须达到 80～140 N·m。而拧紧扣件并非一劳永逸。据观测,按 100 N·m 拧紧的扣件,当通过 13 Mt 总重后,扭力矩将损失 10%;在进行垫板作业的第 2 d,扭力矩减少 50%。可见,复紧扣件是十分重要的。一般在垫板作业后的次日要复拧 1 次,在进行维修作业的前后,都要全面拧紧扣件。

局部扣件松弛,将使钢轨沿着轨枕产生局部位移,以致局部锁定轨温发生变化。因此,在扣件涂油时,除按规定轨温作业外,应按隔二松一的方式作业,当日作业完毕后,复紧 1 遍,1～4 日后再复紧 1 遍。

在扣件作业中,应结合作业整正轨距、整正和更换胶垫。整正扣件时,必须清除承轨台及各部件的污物,方正或串正轨枕,调换合适的轨距挡板,必要时垫入铁垫片,对硬弯钢轨要直。在有防爬设备的地段,打紧防爬器时,要注意"热打防胀,冷打防缩"的原则,使防爬设备适应气候特征,充分发挥作用。

4)钢轨接头作业

接头夹板螺栓在列车动力作用下,扭力矩将有所衰减。因此,也应重视复紧工作。夹板涂油工作,应在轨温接近锁定轨温,气温较为稳定的春秋季节进行。

作业时遇有不合标准的轨缝,可利用当天轨温的变化,用先松后紧的方法来调整。

对有轨端绝缘的接头,应会同电务部门同时进行必要的修理,必要时可用更换缓冲区钢轨的办法来调整轨缝。

5)道床作业

要严格按照作业轨温的规定条件进行扒道床、起道和拨道作业,并认真执行维修作业半日一清,临时补修作业一撬一清的制度。

清筛道床时,要逐孔倒筛,筛一根捣好一根。

单根抽换轨枕时,应隔开六根及以上抽换一根,做到换好一根捣实一根,并回填、夯实、整理好道床。

回填道砟时,要认真按道床断面标准整理好道床,并拍拢夯实。

6)钢轨病害整治作业

无缝线路长轨条的钢轨病害主要有焊缝不良、擦伤或剥落掉块、硬弯等。

焊缝不良是长轨条上最常见的病害,有高焊缝、低焊缝、焊缝上下或左右错牙、焊缝处鞍形磨耗或轨头压溃等。这些病害多是焊接过程中质量控制不严造成的,也有是列车反复碾压与冲击造成的。钢轨擦伤则是由于列车紧急制动,或起动时动轮空转造成的。这些不平顺危害极大,当列车通过时会产生很大的附加动力。此外,车轮通过不平顺处,在轮载下的弯应力将超过容许值。如此反复作用,在轨面以下有产生水平疲劳裂纹的可能。当附加动力引起负弯矩,并同时出现较大的横推力时,将降低轨道的稳定性。对不良焊缝和擦伤钢轨,主要采用打磨和焊补的方法整治。

对线路上钢轨波型磨耗、侧面磨耗及肥边、鞍形磨耗、焊道凹凸等病害,应使用打磨列车成段进行打磨。打磨后用 1 m 直尺测量,不平度应小于 0.3 mm。对个别鞍形磨耗、焊道凹凸,应使用小型磨轨机打磨,打磨过程中应多次使用塞尺检查,防止打磨过限。打磨后用 1 m 直尺测量不平度,容许速度大于 120 km/h 的线路应小于 0.3 mm,其他线路应小于 0.5 mm。

钢轨焊补可采用喷粉焊、电弧焊或气焊等方法。在线路上焊补时,无论采用哪种焊补方法,都不得影响行车,焊前必须设好防护,在列车到来前 5 min 停止作业。在施焊前要做好清污等准备工作,喷粉焊和电弧焊可采用砂轮打磨,彻底清除焊补处的油污、铁锈、硬化层及各种裂纹,使基本金属出现光泽表面。打磨时要磨成平顺过渡,不许有棱角出现。打磨后的待焊部位须保持清洁,若焊前有列车通过,过车后必须重新打磨或用丙酮清洗打磨面。在打磨后还要用 4～10 倍放大镜检查,确认无裂纹后方可焊补。

对钢轨硬弯造成轨距、方向不良,用拨道、改道方法不能解决时,则用直轨器进行矫直。该作业应在轨温较高的季节进行,矫直时轨温应高于 25 ℃。矫直钢轨前,应测量确认硬弯的位置、形状和尺寸,确定矫直点和矫直量,避免矫直硬弯后又复原或产生新弯。矫直时,应使钢轨横向变形,防止钢轨扭曲。矫直钢轨后用 1 m 直尺测量,矢度不得大于 0.5 mm。

(7)巡道作业要求

无缝线路地段的巡道工作除按普通线路有关规定外,还须做好以下各项工作。

熟悉无缝线路锁定轨温:夏季注意观测轨向变化,冬季注意检查钢轨,焊缝及缓冲区钢轨接头,发现异状,及时采取防护措施;增补扣件及缓冲区接头螺栓,拧紧松动螺栓;及时整修道口、桥头、非正式人行道口等处溜坍石砟。

4.5.3　应力放散与调整

无缝线路必须是在设计轨温范围内进行铺设锁定。若是不在设计轨温范围内进行铺设锁定。如夏季施工时往往轨温高于设计轨温,冬期施工时往往轨温低于设计轨温,在这种条件下铺设锁定的无缝线路,或者铺设时两股钢轨的锁定轨温大于 5 ℃,或者在相邻的两单元无缝线路的锁定轨温超过 5 ℃,或在运营过程中锁定轨温发生变化,或钢轨的纵向力分布不均匀,或在线路大修作业前,则必须进行温度力放散或调整,重新准确的在设计轨温范围内进行锁定。

1. 应力放散或调整的条件

无缝线路的锁定轨温必须准确、均匀,有下列情况之一者,必须做好放散或调整工作:

(1)实际锁定轨温不在设计锁定轨温范围以内,或左右股轨条的实际锁定轨温相差超过 5 ℃;

(2)锁定轨温不清楚或不准确;

(3)跨区间和全区间无缝线路的两相邻单元轨条的锁定轨温差超过 5 ℃,同一区间内单元轨条的最低、最高锁定轨温相差超过 10 ℃;

(4)铺设或维修作业方法不当,使轨条产生不正常的伸缩;

(5)固定区或无缝道岔出现严重的不均匀位移;

(6)夏季线路轨向严重不良,碎弯多;

(7)通过测试,发现温度力分布严重不匀;

(8)因处理线路故障或施工改变了原锁定轨温;

(9)低温铺设轨条时,拉伸不到位或拉伸不均匀。

2. 锁定轨温的检查

检查长钢轨锁定轨温的变化情况,简单易行的方法是设置位移观测桩,通过观测钢轨长度的变化,可以计算出锁定轨温变化的大小,从而确定应力放散或调整区段。

应力放散时,每隔 50～100 m 设一位移观测点观测钢轨位移量,及时排除影响放散的障碍,总放散量应达到计算数值,钢轨全长放散均匀,锁定轨温应准确。

无缝线路应力放散或调整后,应按实际锁定轨温及时修改有关技术资料和位移观测标记。

3. 放散量的计算

长钢轨自由伸缩放散量计算式为

$$\Delta l = \alpha L(T_h - T_y)$$

式中　Δl——长钢轨放散量(mm);

　　　α——钢轨钢线膨胀系数:$\alpha = 0.011\,8$,mm/m·℃;

　　　L——需放散的长轨长度(m);

　　　T_h——应力放散后的锁定轨温,应在设计锁定轨温范围内;

　　　T_y——原锁定轨温。

根据放散量确定锯轨量。在普通无缝线路中,缓冲区钢轨应锯短(有条件时可换为标准缩短轨)。如果放散前后缓冲区预留轨缝之和不变,则锯轨量使用伸长放散量。如果放散前缓冲区轨缝之和小于放散后缓冲区预留轨缝之和,则锯轨量应在伸长放散量的基础上加上二者之差,加长的锯轨量用以加大轨缝;反之,锯轨量应在伸长放散量的基础上减去二者之差,减少的锯轨量用以减小(填充)轨缝。在超长无缝线路中,伸长放散时,锯轨量应在伸长放散量的基础上加上焊缝宽长。缩短放散时情况相反。

4. 应力放散的方法

无缝线路应力放散主要是通过温度控制或长度控制来实现。具体地说温度控制就是在合适的轨温范围内使钢轨伸缩,抵消钢轨内部的温度力,然后再重新锁定线路;长度控制是靠外力强迫钢轨伸缩,当伸缩量达到预定数值时,立刻锁定线路。可根据具体条件采用滚筒配合撞轨法,或滚筒结合拉伸配合撞轨法。无缝线路应力调整,宜采用列车碾压法。

(1)滚筒放散是把钢轨扣件松开,把滚筒放在轨枕上,滚筒作为支点支撑钢轨,使轨底与垫板之间的滑动摩擦变为轨底与滚筒间的滚动摩擦,以减小放散阻力,待轨温达到预定锁定轨温时,取下滚筒,锁定线路。

滚筒有两种:一种是带支架的滚筒;另一种是用钢管或圆钢直接锯成的圆棍。使用时,可把圆棍放在轨底与轨枕之间,以达到放散的目的。该放散方法需要中断行车,施工时间长,额外配备滚筒,但应力放散均匀,锁定轨温准确。

(2)碾压放散是松开接头扣件及螺栓,松开全部防爬器及适当的中间扣件,利用列车运行碾压钢轨,靠列车的碾压和振动迫使钢轨伸缩,待伸缩量达到预计量时锁定线路。

碾压放散法分顺列车运行方向和逆列车运行方向两种。顺向碾压法首先松开沿列车运行终端的缓冲区接头螺栓、正向防爬器和适当中间扣件,而始端伸缩区扣件不动,利用列车的震动和温度力迫使钢轨向一端伸缩,达到放散的目的。

逆向碾压法松开沿列车运行方向始端的缓冲区接头螺栓,松开全部的反向防爬器和适当的中间扣件,而终端的伸缩区的扣件不动,并且反复打紧所有正向防爬器,靠列车的震动迫使钢轨向列车运行的反方向伸缩,达到放散的目的。这种方法可以把向列车运行方向爬行了的钢轨拉回原位,适用于爬行量较大的线路。

除顺、逆向碾压放散法之外,还可采用两端放散法,即在固定区中间,一端采用逆向碾压法放散,待达到放散量后锁定线路,另一端采用顺向碾压法放散。这种方法适应于两端缓冲区轨缝较大,而轨缝之和又大于计划放散量,在单线无缝线路上可采用此法进行放散施工。

碾压放散的优点是不需中断行车,但放散时间长,放散量不均匀,达到预计放散量时其锁定轨温往往比预计的高,放散效果差。

(3)撞轨放散是在封锁线路时,松开所有扣件和缓冲区接头螺栓,朝放散方向撞击钢轨,在外力的作用下,克服轨底与胶垫间的摩擦力,迫使钢轨伸缩。

这种方法需要劳力多,另外需配备撞轨器,放散量集中在撞轨器附近,而其他地方放散量不均匀,容易使钢轨内部产生新的不均匀的温度力。

无缝线路应力放散可根据具体条件采用滚筒配合撞轨法,或滚筒结合拉伸配合撞轨法。无缝线路应力调整,宜采用列车碾压法。

5. 应力放散质量控制

(1)应力放散应做到放散均匀、锁定准确,相邻两段单元轨节的锁定轨温之差不得大于50 ℃,左右两股钢轨的锁定轨温之差不得大于 3 ℃,同一设计锁定轨温的最高与最低锁定轨温之差不得大于 100 ℃。

(2)应力放散时观测,应力放散时,每隔 150 mm 或 100 m 设一个位移观测点,观测放散时的钢轨位移量,应力放散应均匀。

(3)锁定后无缝线路的位移观测,锁定后无缝线路的位移观测桩处换算 200 m 范围内相对位移量不得大于 10 mm,任何一个位移观测桩处位移量不得超过 20 mm。

(4)单元轨节应在道床达到初期稳定阶段方可进行线路应力放散工作。

(5)线路应力放散前应掌握当地轨温变化情况,根据轨温变化规律,合理选定施工时间及计划锁定轨温。

(6)单元轨节锁定前按设计要求设置好位移观测桩。

(7)测量轨温必须准确,轨温表必须经过校验,在有效期内使用。

6. 放散后锁定轨温的确定

由于无缝线路的原锁定轨温已发生变化,不能作为放散时的原始依据,所以锁定轨温的计算应根据施工实际确定。

(1)当轨温在设计锁定轨温以内时,将钢轨撞到"零应力状态",然后拧紧扣件和接头螺栓,此时的钢轨温度为锁定轨温,即 $t_锁 = t_{当时轨温}$。

(2)当轨温低于设计锁定轨温时,将钢轨撞到"零应力状态",测得此时的轨温为 t_0,利用拉伸器拉伸钢轨,拉伸长度折算轨温为 t_0',最后得锁定轨温为 t_s,则

$$t_s = t_0 + t_0' = t_0 + \Delta l / (0.011\ 8 \times l)$$

式中 Δl——钢轨拉伸长度;

  l——钢轨长度。

4.5.4 故障处理

1. 钢轨伤损

探伤检查发现钢轨重伤时,应及时切除重伤部分,实施焊复。探伤检查发现钢轨焊缝重伤时,应及时组织加固处理或实施焊复。

2. 折断处理

钢轨折断或裂纹较大时,按线路故障防护办法设置停车信号防护,及时通知车站,并根据具体情况采取以下措施。

(1)紧急处理

当钢轨断缝不大于 50 mm 时,应立即进行紧急处理。在断缝处上好夹板或臌包夹板,用

急救器固定,在断缝前后各 50 m 拧紧扣件,并派人看守,限速 5 km/h 放行列车。如断缝小于 30 mm 时,放行列车速度为 15～25 km/h。有条件时应在原位焊复,否则应在轨端钻孔,上好夹板或臌包夹板,拧紧接头螺栓,然后可适当提高行车速度。

高速铁路要求,当断缝不大于 30 mm 时,可在断缝处上夹板或臌包夹板,用急救器加固,拧紧断缝前后各 50 m 范围内的扣件,并派专人看守,按不超过 45 km/h 速度放行列车,且邻线限速不超过 160 km/h。紧急处理后,应在断缝两侧轨头非工作边做出标记(标记间距一般为 26 m),并准确丈量两标记间距离和轨头非工作边一侧断缝值,做好记录。

(2)临时处理

钢轨折损严重或断缝大于 50(高速铁路 30)mm,以及紧急处理后,不能立即焊接修复时,应封锁线路,切除伤损部分,两锯口间插入长度不短于 6 m 的同型钢轨,轨端钻孔,上接头夹板,用 10.9 级螺栓拧紧。在短轨前后各 50 m 范围内,拧紧扣件后,按正常速度放行列车,但不得大于 160 km/h。

临时处理或紧急处理时,应先在断缝两侧轨头非工作边做出标记,标记间距离约为 8 m (高速铁路 26 m),并准确丈量两标记间的距离和轨头非工作边一侧的断缝值,做好记录。

(3)永久处理

对紧急处理或临时处理处所,宜于当日天窗内采用原位焊复或插入短轨焊复处理。进行焊复处理时,应保持无缝线路锁定轨温不变。作业轨温宜低于实际锁定轨温 0～20 ℃。当采用插入短轨焊复时,短轨长度不得小于 20 m。并满足下列要求:

①焊接宜采用具有拉伸、保压功能的焊接设备。

②焊接作业轨温应不低于 5 ℃,且应避免大风和雨雪等不良天气。必须在不良天气进行焊轨作业时,应采取相应措施,并使环境温度高于 5 ℃;推凸后应采用石棉或其他材料覆盖直至轨温降至 300 ℃以下。

③钢轨焊接后应对焊缝进行探伤检查。

④焊接作业结束后,应测量原标记间距离,计算焊接作业范围内锁定轨温。

4.5.5 无缝线路胀轨跑道分析及处理

1.胀轨跑道的概念

胀轨:无缝线路轨道在温度压力作用下,钢轨有原始弯曲处(即钢轨硬弯和在机车车辆横向力作用下形成的方向不良,逐渐出现横向鼓曲变形并随温度压力增大而逐渐增大,这种横向鼓曲渐变的过程叫胀轨。

跑道:无缝线路发生胀轨过程中,温度压力继续升高到一定值(此值称临界值)时,轨温再稍微升高或受稍小的外力干扰,轨道横向变形就会突然加大,轨道方向跑动,这种横向变形突变的现象叫跑道。

2.影响胀轨跑道的因素

发生胀轨跑道是无缝线路轨道失去稳定造成的。其影响因素有两种:温度压力和轨道原始弯曲是促使线路失稳的因素;而道床横向阻力和轨道框架刚度则是保证线路稳定的因素。

3.胀轨跑道的原因

无缝线路发生胀轨跑道的原因是由以上两方面因素综合作用的结果,即促使线路失稳的因素未控制好,保证线路稳定的因素受到削弱。

(1)无缝线路严重不均匀爬行,降低了锁定轨温,增大了温度压力

无缝线路的设计锁定轨温在正常轨道条件下,是能够足以保证在最高轨温产生最大的温度压力时的线路稳定的。但是,在运营过程中由于线路养护作业不当(如冬季违章坡底清筛)等原因造成线路严重不均匀爬行。致使原锁定轨温降低(100 m 钢轨长度压缩 1.2 mm,锁定轨温下降 1 ℃),以致在最大轨温时出现过大的温度压力,影响线路稳定。

(2)作业不当

低温拆、卸无缝线路伸缩区端部接头,低温时在伸缩区成段起道等造成长轨条不正常收缩致使锁定轨温降低,高温时在伸缩区与固定交界处附近产生温度压力峰,增大了温度压力。低温焊复断轨或重伤部位,未采取拉伸措施,导致该段锁定轨温偏低,高温时该段线路温度压力偏大。

(3)线路方向不良

胀轨跑道往往发生在线路原始弯曲处。同样条件下,原始弯曲越大,胀轨跑道所需的温度压力越小,钢轨硬弯、线路方向不良削弱了线路的稳定性。

(4)道床状态不良

道床的横向阻力是保证无缝线路稳定的最重要因素,道床断面尺寸不达标,道床翻浆,道床不夯拍都将削弱道床应有的横向和纵向阻力,严重影响无缝线路的稳定性。

(5)养护维修作业违章

养护维修作业违章是导致无缝线路发生胀轨跑道的致命因素。纵观发生的胀轨跑道事件,几乎无一不是在作业中和作业后发生的,超温进行起道、拨道、扒砟等影响线路稳定的作业,降低了道床横向阻力,导致在温度压力作用下,在线路的薄弱处发生胀轨跑道。冬季超低温成段养修作业,降低了道床纵向阻力,在巨大的温度拉力作用下,局部地段发生大量收缩,降低了锁定轨温,待高温季节,该地段产生过大的温度压力,可能失稳,特别是半径较小的曲线地段。

(6)轨道框架刚度

钢轨通过扣件(道钉)与轨枕联结而形成的构架,称为轨道框架。轨道框架刚度是指轨道框架本身抵抗弯曲变形的能力。轨道框架刚度大小主要决定于钢轨类型,钢轨愈重,刚度愈大;其次与轨枕类型和扣件类型及拧紧程度有关,扣件扭矩不达标,削弱轨道框架刚度,对线路稳定不利。

4.胀轨的征兆

胀轨是跑道的先兆。跑道一旦发生,人为的力量是不能、也来不及制止的;但是跑道之前的胀轨,能够发现并加以制止,从而制止了跑道。无缝线路的失稳——胀轨的表现如下。

(1)碎弯增多,矢度增大。在温度压力作用下,轨道的横向不平顺地段越来越多;已有的更加显著地腃曲;腃曲范围扩大,相邻的会连接起来。此时的直观反映是方向反常,并呈现出一种无规律的混乱现象。

(2)空吊板连续增多。温度压力的作用是竖、横向并举的。有的地段轨道方向较好,但前后高低不良,钢轨顶面呈波状起伏,同样给温度压力造成局部轨道向上腃曲。轨道向上腃曲,自然要带起轨枕或使轨底与轨枕间产生离缝,从而形成成段的空吊板。不成段的空吊板,多半是捣固不良所致;成段的空吊板,则多半是温度压力作用于高低不良地段所致。

（3）起道省力，捣固不易捣实。如果确认成段空吊板是胀轨造成的，就应在该段停止起道、捣固作业。如果此时起道，温度压力会成为起道机的附加力，起道自然过分轻松。如果此时捣固，轨道框架会乘势抬高，在温度压力没有释放完之前，是不可能捣实的。在有胀轨迹象的地段起道、捣固，将使无缝线路的稳定性迅速丧失，甚至有可能导致跑道，所以应绝对禁止。

（4）顺向拨道省力，逆向拨道吃力。温度压力的径向力始终是指向弯曲方向的，所以顺向拨道省力而逆向拨道会倍感吃力。即使勉强拨出，拨力取消后，径向力依然会使轨道向弯曲方向弹回，回弹量超乎常规，接近、等于甚至超出拨出量。之所以说可能超出拨出量，是因为拨道时降低了道床的横向阻力。

（5）轨枕头胀轨一侧道砟散落，另一侧离缝。这是钢轨带动轨枕横移造成的。

5. 预防胀轨跑道的措施

（1）胀轨跑道预防

①在无缝线路的铺设和养护过程中要正确掌握锁定轨温，严格按章作业。

②防胀工作是一项系统工程，贯穿与无缝线路的设计、施工、养护全过程，应做到设计优化、施工优质、养护精心。

③横向道床阻力是保持无缝线路稳定最重要的有效因素，所以要提高横向道床阻力，作业后必须立即回填石砟，夯实道床，或在道床肩上堆高石砟。

④高温季节加强对轨道的巡视及检查，尽量不要动道，要及时消除线路的不良方向，冬季作业要注意钢轨长度变化引起的锁定轨温下降。

⑤当线路连续出现碎弯并有胀轨迹象时，必须加强巡查或派专人监视，观测轨温和线路方向的变化。若碎弯继续扩大，应设置慢行信号防护，进行紧急处理。线路稳定后，恢复正常行车。

⑥作业中如出现轨向、高低不良，起道、拨道省力，枕端道砟离缝等胀轨迹象时，必须停止作业，并及时采取防胀措施。无论作业中或作业后，发现线路轨向不良，用 10 m 弦测量两股钢轨的轨向偏差。当平均值达到 10 mm 时，必须设置慢行信号，并采取夯拍道床、填满枕盒道砟和堆高砟肩等措施；当两股钢轨的轨向偏差平均值达到 12 mm，在轨温不变的情况下，过车后线路弯曲变形突然扩大时，必须立即设置停车信号防护，及时通知车站，并采取钢轨降温等紧急措施，消除故障后放行列车。

（2）胀轨跑道处理措施

一旦发现胀轨跑道，应立即采取下列措施。

①按线路故障防护办法设置停车信号防护，迅速采取降温、拨道等紧急措施加强线路锁定，消除故障；

②通过浇水（或喷洒液态二氧化碳）降温。浇水长度为跑道范围 50～100 m，并应从胀轨跑道两端向中间浇水；

③如果浇水降温不奏效，或当地水源不足，可将轨道顺胀轨跑道大波形拨成半径不小于 200 m 的曲线。拨成反向曲线时，两曲线间应有不小于 10 m 的夹直线段。拨道时，以先拨跑道中部，后拨两端为宜。拨道后，立即回填道砟，加强夯实，容许以 5 km/h 的速度放行列车。双线铁路拨道时，应考虑复线线间距离的要求；

④困难条件下处理跑道，可切断钢轨，松开扣件放散应力，再用夹板和急救器加固，限速 5 km/h 开通线路。在 24 h 内进行临时性或永久性处理。

⑤无缝线路发生胀轨跑道时，应对胀轨跑道情况按规定内容做好登记。

4.5.6　季节性作业

1.春秋季节作业重点

(1)在春秋季节要抓紧进行有计划的预防性综合维修。

(2)对需要进行应力放散或调整的单元轨条,要做好计划安排,组织实施。

(3)要做好缓冲区的养护工作。重点做好接头轨缝的调整、绝缘接头的综合整治、一般接头的综合整治、拧紧扣件和夹板螺栓、更换失效轨枕和胶垫、扣件和夹板螺栓涂油,必要时更换调节轨。

(4)春末、夏初,要做好胀轨跑道的预防工作;秋末、冬初,要做好钢轨折断的预防工作。在此期间,要逐段整修防爬设备,全面拧紧扣件及夹板螺栓,检查和整修不良的绝缘接头,全面进行扣件涂油,整修好道床断面,矫直硬弯钢轨,拨正不良轨向,消灭三角坑、暗坑和吊板,综合整修焊缝。

(5)在北方寒冷地区,春初要做好春融乱道的预防工作。春融解冻,道床松软,线路质量容易变化,因此要勤检查,勤整修,及时消灭超限处所。

(6)要抓紧做好断轨的焊接修复工作。

2.夏季作业重点

夏季要着重做好防止胀轨跑道工作。

(1)要加强巡道,在高温时间内必要时应加班巡道。发现胀轨预兆,要及时采取措施进行处理,并及时向上级报告。

(2)根据当地气候,调整工作时间。严格掌握作业轨温条件及允许进行的作业项目。作业时应密切注意线路状态、行车情况,如发现起道省力、线路方向不良、碎弯增多、拨道拨不动或拨好一处邻近又臌出、高低水平不好、连续空吊板、轨枕一端石砟离缝等胀轨的先兆,应立即停止作业,设置防护,采取降温措施,防止线路发生胀轨跑道。

高温期,如无特别需要,应停止维修作业。尤其是缓冲区、伸缩区及其附近200 m的线路,一般以不动为好;可以做些有利于巩固无缝线路稳定性的工作,如均匀补充道砟,夯实道床,拧紧扣件及夹板螺栓,打紧防胀一侧的防爬器,整修路基及其排水设备等。

(3)焊补擦伤、揭顶钢轨以及低凹焊缝,打磨接头及焊缝,在合适轨温条件下进行断轨焊接修复工作。

(4)在允许的作业轨温下,捏直死弯钢轨。作业后要拧紧扣件,并按规定做好复拧工作。

(5)加强线路检查和位移观测分析工作,发现有危及线路稳定性的处所,要及时消除。

(6)对一些锁定轨温较低,而尚未进行应力放散的单元轨条,要尽快完成放散工作。

3.冬季作业重点

冬季轨温急剧下降,重点是防止钢轨折断。

(1)要加强夜间,尤其是黎明前后的巡道工作。在一天之中,夜间轨温最低,容易发生钢轨折断。在寒流来临期间,应加班巡道。巡道人员要熟悉断轨急救的处理方法。

(2)加强线路检查,重点检查轨缝、焊缝及有伤钢轨。对大轨缝,可在当天的高温时刻,利用轨缝的缩小,及时拧紧扣件及夹板螺栓进行调整。

(3)综合整治接头及焊缝病害,消除不平顺接头及焊缝。

(4)加强钢轨探伤工作,发现伤损钢轨,根据情况及时进行处理。

(5)打紧防缩一侧的防爬器,全面拧紧扣件及接头螺栓。

(6)及时消灭三角坑、暗坑、吊板等超限处所。

4.6 无砟道床维修作业

高速铁路无砟道床维修作业包括无砟道床伤损修补作业和道床结构损坏修复作业。

无砟道床维修作业所用修补材料应经认定的检验机构检验合格,并经现场同条件检验,各项性能指标均满足相关要求后方可使用。

无砟道床伤损等级分为Ⅰ、Ⅱ、Ⅲ级。对Ⅰ级伤损应做好记录,对Ⅱ级伤损应列入维修计划并适时进行修补,对Ⅲ级伤损应及时修补。

4.6.1 无砟道床混凝土裂缝修补方法

根据无砟轨道结构特点、无砟道床混凝土裂缝性质和裂缝伤损等级,混凝土裂缝修补方法可分为表面封闭法、无压注浆法和低压注浆法。

1. 表面封闭法

(1)修补材料

用于表面封闭的涂层材料宜采用聚合物水泥基材料,底涂材料可采用高聚合物乳液含量的聚合物水泥基材料。

(2)主要修补工机具

钢丝刷、真空吸尘器、计量工具、搅拌工具、盛料容器、涂刷工具等。

(3)修补工艺

①使用钢丝刷将裂缝表面两侧刷毛,用真空吸尘器清除灰尘等杂物。当裂缝内有明水时,应采用热风机等将裂缝处吹干。

②称量并配制表面封闭用修补材料,采用手持式搅拌机或专用搅拌器将修补材料搅拌均匀。

③沿裂缝表面涂刷一层底涂材料。

④待底涂材料表干后,涂刷表面封闭用涂层材料,涂刷 3 遍以上,以涂层厚度达到300 μm 以上为宜。每遍涂刷都要等到上遍涂层材料表干后再涂,且两次涂刷方向相互垂直。

⑤在大风干燥等条件下适当采取薄膜覆盖等方法养护,防止涂层材料失水过快导致涂层开裂。

(4)环境要求

施工适宜温度 5~30 ℃,雨雪天不得施工。

2. 无压注浆法

(1)修补材料

修补混凝土裂缝宜采用低黏度树脂材料。

(2)主要修补机具

手动双组分注浆器、电热吹风机、真空吸尘器、角磨机等。

(3)修补工艺

①用真空吸尘器清除裂缝内杂物。

②采用电热吹风机去除裂缝内水分。

③沿裂缝两侧制作注浆围挡,防止浆体污染混凝土表面。

④采用手动双组分注浆器向裂缝内注入低黏度树脂材料。灌注过程中应随时观察树脂渗透情况,并及时补注修补材料直至注满。

⑤修补材料固化后,去除裂缝围挡,将裂缝表面多余树脂材料打磨平整。

⑥在裂缝表面涂刷裂缝封闭材料,其修补材料及工艺与上述表面封闭法相同。

(4)环境要求

施工适宜温度 5～30 ℃,雨雪天不得施工。

3.低压注浆法

(1)修补材料

修补混凝土裂缝宜采用树脂材料。封缝材料可采用聚合物快硬水泥浆、专用封缝材料或专用封缝带等。

(2)主要修补机具

注浆器、注浆嘴、钢丝刷、真空吸尘器、打磨器等。

(3)修补工艺

①使用钢丝刷清洁裂缝区域表面,用真空吸尘器清除周围杂物。

②采用封缝材料封闭裂缝,封闭过程中留出注浆孔和排气孔。

③通过注浆器向裂缝内注入修补材料,直至注满为止。

④当修补材料固化后,去除封缝材料,并将裂缝表面打磨平整。

⑤在裂缝表面涂刷裂缝封闭材料,其修补材料及工艺与上述"表面封闭法"相同。

(4)环境要求:施工适宜温度 5～30 ℃,雨雪天不得施工。

4.6.2 CRTS Ⅰ型板式无砟道床伤损

1.技术要求

(1)道床结构由轨道板、水泥乳化沥青砂浆充填层、混凝土底座、凸形挡台及其周围填充树脂等部分组成。曲线超高在底座上设置。

(2)水泥乳化沥青砂浆充填层厚 50 mm,不应小于 40 mm。减振型板式轨道水泥乳化沥青砂浆充填层厚 40 mm,不应小于 35 mm。

(3)水泥乳化沥青砂浆应灌注饱满,与轨道板底部密贴,轨道板边角悬空深度应小于 30 mm。

(4)凸形挡台分为圆形和半圆形,半径 260 mm,其周围填充树脂厚 40 mm,不应小于 30 mm。

(5)预应力混凝土轨道板不允许开裂,普通混凝土框架板混凝土裂缝宽度不得大于 0.2 mm。

(6)底座混凝土裂缝宽度不得大于 0.2 mm,路基和隧道地段混凝土底座间伸缩缝宽 20 mm,状态应良好。

(7)排水通道,特别是框架式轨道板内排水、底座内预埋横向排水管道,应保持通畅。

2.伤损形式

(1)轨道板伤损:裂缝、锚穴封端离缝、混凝土缺损、锚穴封端脱落;

(2)水泥乳化沥青:砂浆层伤损、砂浆与轨道板间离缝、砂浆层缺损、掉块及剥落、砂浆层裂缝;

（3）凸形挡台伤损：裂缝、混凝土缺损；

（4）挡台周围树脂伤损：离缝或裂缝；

（5）底座伤损：裂缝、混凝土缺损、缩缝与底座混凝土离缝。

3. 修补方式

对于裂缝、离缝，根据伤损等级分别采用表面封闭法、无压注浆法和低压注浆法进行修补；大跨连续梁梁端、路基地段底座伸缩缝附近的凸形挡台周围树脂出现的离缝，应根据高、低温季节离缝大小的变化情况，在适当时机采用弹性材料进行修补。

4. 修复作业

（1）轨道板损坏更换作业

轨道板损坏严重，采取其他措施无法保证无砟轨道稳定性和平顺性时，必须更换。

①松开受损轨道部位附近一定范围的扣件，切断钢轨。

②清除凸形挡台周围树脂。

③在轨道板侧面吊装孔（8个）位置安装起吊装置，利用起吊设备将失效轨道板清除。

④清除水泥乳化沥青砂浆，清理凸形挡台侧面，保证底座表面及凸形挡台侧面清洁。

⑤运输、铺设新轨道板，按无砟轨道施工相关技术要求，精调轨道板状态，并固定。

⑥采用模筑法灌注固化速度较快、力学性能与充填层材料性能相当的砂浆材料。

⑦安装树脂灌注袋，灌注凸形挡台周围树脂。

⑧根据设计锁定轨温要求，锁定线路。

⑨轨道状态精调，恢复线路。

（2）水泥乳化沥青砂浆层失效更换作业

水泥乳化沥青砂浆层损坏严重，必须重新灌注充填层。

①清除受损部位凸形挡台周围树脂。

②松开受损部位一定范围的扣件。

③利用轨道板侧面吊装孔（8个），安装起吊装置，将钢轨和轨道板抬升至适当高度，分离轨道板与水泥乳化沥青砂浆层。

④清除水泥乳化沥青砂浆及凸形挡台侧面，并保证底座表面及凸形挡台侧面清洁。

⑤精调轨道板状态，并固定。

⑥采用模筑法灌注固化速度较快、力学性能与充填层材料性能相当的砂浆材料。

⑦安装树脂灌注袋，灌注凸形挡台周围树脂。

⑧钢轨就位，安装扣件，轨道状态精调，恢复线路。

4.6.3 CRTS Ⅱ型板式无砟道床伤损

1. 技术要求

（1）路基地段道床结构由轨道板、水泥乳化沥青砂浆充填层、支承层等部分组成。曲线超高在路基基床表层上设置。

（2）桥梁地段道床结构由轨道板、水泥乳化沥青砂浆充填层、底座板、滑动层、高强度挤塑板、侧向挡块及弹性限位板等部分组成。桥台后路基设置锚固结构（包括摩擦板、土工布、端刺）及过渡板。曲线超高在底座板上设置。长大桥区段底座板设有钢板连接器后浇带。

（3）隧道地段道床结构由轨道板、水泥乳化沥青砂浆充填层、支承层等部分组成。曲线超高一般在仰拱回填层(有仰拱隧道)或底板(无仰拱隧道)上设置。

(4)水泥乳化沥青砂浆充填层应与轨道板底部和支承层或底座板密贴,厚度为 30 mm,不应小于 20 mm,不宜大于 40 mm。

(5)轨道板除预裂缝处以外,其他部位不得有裂缝。

(6)轨道板间接缝处混凝土裂缝不得大于 0.2 mm,接缝现浇混凝土与轨道板间离缝不得大于 0.3 mm。

(7)桥梁地段连续底座板(含后浇带部位)混凝土裂缝不得大于 0.3 mm,侧向挡块与底座板不得黏连。

(8)路基和隧道地段支承层不得有竖向贯通裂缝。

(9)排水通道应保持通畅。

2. 伤损形式

(1)轨道板伤损:预裂缝处裂缝、非预裂缝处裂缝、混凝土缺损;

(2)轨道板间连接部位伤损:裂缝、混凝土缺损、离缝;

(3)水泥乳化沥青砂浆充填层伤损:砂浆裂缝、砂浆与轨道板间离缝、砂浆层缺损或剥落;

(4)支承层伤损:裂缝、支承层缺损;

(5)桥上底座板(含后浇带)伤损:裂缝、混凝土缺损;

(6)侧向挡块伤损:裂缝、与底座板粘连,引起侧向挡块混凝土伤损、弹性限位板失效;

(7)高强度挤塑板伤损:离缝。

3. 修补方式

对于轨道板预裂缝处裂缝、支承层裂缝、桥梁地段底座板(含后浇带)混凝土裂缝、轨道板间连接部位离缝等伤损,严禁在冬季进行注浆修补作业。如在夏季裂缝或离缝值仍达到Ⅲ级,可在底座板或轨道板设计锁定温度范围内,采用弹性聚氨酯材料进行伤损修补作业。

对由于温度力引起的水泥乳化沥青砂浆充填层与轨道板或底座板(支承层)间的离缝(离缝贯通、值较大且随温度发生变化),应在轨道板设计纵连锁定温度范围内对轨道板进行应力放散、重新锁定,并采用低黏度树脂材料对离缝进行注浆修补。

4. 修复作业

(1)无砟道床损坏修复作业

轨道板或砂浆充填层损坏严重,经论证后,可实施道床修理作业。道床修理作业应选择在接近轨道板施工铺设时温度条件下进行。

①利用锚固筋将受损轨道结构两端一定数量的轨道板与支承层或底座板进行锚固,锚固筋的数量和布置根据轨道板施工时的纵连锁定温度、维修作业期间的温度计算确定。

②松开受损部位一定范围的扣件,切断钢轨。

③使用混凝土切割机,在轨道板宽接缝的接缝处进行切割,采用凿子、风镐等工机具清除板间接缝混凝土,拆除张拉锁件。

④采用专用索锯,沿线路纵向,水平切割轨道板与砂浆结合面,分离轨道板与砂浆层。

⑤将受损轨道板、砂浆层清运出现场,并将支承层或底座板表面清理干净。

⑥运输、铺设新轨道板,精调并固定。

⑦采用模筑法灌注固化速度较快、力学性能与充填层材料相当的修补材料。

⑧用快凝混凝土浇注窄接缝。

⑨安装张拉锁件,按规定扭矩纵向连接轨道板;

⑩接缝两侧支立模板,并用夹具固定,防止漏浆。

⑪采用 C55 微膨胀早强混凝土封闭宽接缝,洒水覆盖养护或喷洒养护剂。

⑫按设计锁定轨温要求锁定线路。

⑬轨道状态精调,恢复线路。

(2)梁端高强度挤塑板损坏更换作业

①材料准备:新挤塑板、薄膜、黏结剂、树脂等。

②机具准备:除尘器、注浆机等。

③采取措施从轨道两侧将挤塑板取出,并用高压风将内部清理干净。

④梁面滚刷黏结剂,将新挤塑板表面覆盖一层薄膜,并放入。

⑤密闭底座板与挤塑板周边,压注树脂材料,充填空隙。

⑥作业环境要求:5~30 ℃。

4.6.4 双块式无砟道床伤损

1.技术要求

(1)路基地段道床结构由双块式轨枕、道床板、支承层等部分组成,道床板一般为纵向连续的钢筋混凝土结构。曲线超高在基床表层上设置。

(2)桥梁地段道床结构由双块式轨枕、道床板、隔离层、底座(或钢筋混凝土保护层)、凹槽(或凸台)周围弹性垫层等部分组成。道床板或底座沿线路纵向分块设置,间隔缝为 100 mm。道床板与底座(或保护层)间设置隔离层,底座凹槽(凸台)侧立面粘贴弹性垫层。曲线超高在底座或道床板上设置。

(3)隧道地段道床结构由双块式轨枕、道床板等部分组成,道床板为纵向连续的钢筋混凝土结构。曲线超高在道床板上设置。

(4)双块式轨枕不得有裂缝,道床板混凝土不得有横向或竖向贯通裂缝。

(5)路基地段支承层不应有竖向贯通裂缝,支承层与道床板、路基基床表层间应密贴,不得有离缝。

(6)排水通道应保持通畅,道床板表面不得积水。

2.伤损形式

(1)双块式轨枕伤损:裂缝、混凝土缺损;

(2)道床板伤损:裂缝、混凝土缺损;

(3)底座伤损:裂缝、混凝土缺损;

(4)支承层伤损:裂缝、支承层缺损。

3.修补方式

(1)道床板混凝土与双块式轨枕界面裂缝按双块式轨枕裂缝修补作业要求进行修补。

(2)对于纵向连续的道床板和支承层混凝土裂缝伤损,一般采用表面封闭法进行修补,严禁在冬季进行注浆修补作业。如夏季裂缝值仍达到Ⅲ级,可在道床板设计允许施工温度范围内,采用弹性聚氨酯材料进行伤损修补作业。

(3)对于双块式轨枕松动,应及时维修,视严重程度,可采用裂缝注浆、更换轨枕或在轨枕间安装特殊扣件等方法进行处理。

（4）如双块式轨枕两螺栓孔间纵裂引起的纵向裂缝、承轨面和挡肩交界处横向裂缝宽度大于 1.0 mm、或挡肩面破损长度超过挡肩长度的 1/2,则判定为挡肩失效,应及时维修,可采用更换轨枕或在轨枕间安装特殊扣件等方法进行处理。

4. 修复作业

（1）双块式轨枕损坏更换作业

①松开扣件,提升钢轨至一定高度。

②采用混凝土切割锯或其他措施,将损坏的轨枕从混凝土道床板中取出,轨枕底部应凿出不小于 25 mm 深的空间。

③对于纵向钢筋穿过双块式轨枕钢筋桁架的无砟轨道结构,切断钢筋并使伸至相邻轨枕盒的连接钢筋裸露出来。

④对裸露混凝土表面进行凿毛,对连接钢筋表面除锈处理后,清理轨枕盒内松散颗粒及灰尘。

⑤放入新双块式轨枕,选择合适长度、直径的钢筋,将其焊接到裸露道床板纵向连接钢筋上。

⑥用螺杆调节器支撑双块式轨枕,钢轨就位,安装扣件。

⑦精细调整轨排标高和左右位置,并固定。

⑧对裸露混凝土面进行润湿处理,注入低收缩性、早强、黏结性能和流动性较好的砂浆材料。砂浆从轨枕一侧注入,直至填满整个开凿面。

⑨将砂浆面刮平,与相邻道床板表面平齐,并打扫干净。

⑩灌注砂浆养护,强度达到 30 MPa 及以上后,恢复线路。

（2）路基和隧道地段道床板损坏修理作业

道床板结构损坏严重或连续 3 个及以上双块式轨枕伤损失效,应成段更换道床板。作业选择在接近道床板施工时温度条件下进行。

①利用锚固筋,将受损道床板两端的相邻道床板与支承层进行锚固。锚固筋的数量和布置根据伤损情况、维修作业期间温度等确定,锚固筋直径一般为 25 mm（道床板上钻孔直径 40 mm）,长 400～500 mm,保证伸入支承层的锚固深度不得小于 250 mm。

②松开受损道床板部位扣件,切割钢轨。

③利用混凝土切割锯对受损道床板进行切割,从更换部分最后一根轨枕旁切割开,切割深度为道床板厚度。

④分离道床板与支承层,将受损道床板起吊运走。

⑤凿开相邻道床板混凝土,露出纵向钢筋长度不得小于 700 mm,并进行除锈处理。

⑥对裸露支承层表面和道床板混凝土进行凿毛,清理松散颗粒及灰尘。

⑦根据设计要求布设钢筋,纵向钢筋与两端露出的钢筋焊连,搭接长度不得小于 700 mm,焊接长度不得小于 200 mm,并做好钢筋绝缘处理。

⑧利用螺杆调节器支撑双块式轨枕,铺设钢轨,安装扣件,精细调整轨排几何状态后固定。

⑨支立模板,对支承层及四周混凝土表面进行润湿处理,在新旧混凝土接触面涂刷一层界面剂。

⑩根据施工时间要求,浇筑低收缩性、早强和抗裂性好的 C40 混凝土。

⑪将混凝土振捣密实后,刮平新浇筑的道床板表面,与相邻道床板表面平齐,并清理干净施工现场。

⑫混凝土养护,初凝后拆除支承螺杆。

⑬混凝土强度达到 30 MPa 以上后,根据设计锁定轨温,与相邻钢轨焊连,精调轨道状态,拆除模板,恢复线路。

4.6.5 道岔区轨枕埋入式无砟道床伤损

1.技术要求

(1)路基和隧道地段道床结构由桁架式预应力岔枕、道床板、底座或支承层等部分组成。

(2)桥梁地段道床结构由桁架式预应力岔枕、道床板、隔离层、底座及凹槽周围弹性垫层等部分组成。

(3)岔枕不应出现裂缝,道床板混凝土裂缝不得有横向或竖向贯通裂缝。

(4)底座混凝土裂缝不得大于 0.2 mm,底座或支承层不得有竖向贯通裂缝。

(5)排水通道应保持通畅,道床板表面不得积水。

2.伤损形式

(1)岔枕伤损:裂缝、混凝土缺损。

(2)道床板伤损:裂缝、混凝土缺损。

(3)底座伤损:裂缝、混凝土缺损、伸缩缝与底座混凝土离缝。

(4)支承层伤损:裂缝、支承层缺损。

4.6.6 道岔区板式无砟道床伤损

1.技术要求

(1)路基地段道床结构由道岔板、底座(自密实混凝土层)及找平层等部分组成。

(2)桥梁地段道床结构由道岔板、水泥乳化沥青砂浆充填层、底座板、滑动层、高强度挤塑板、侧向挡块及弹性限位板等部分组成。

(3)道岔板(或预设裂缝处)混凝土裂缝宽度应小于 0.2 mm,扣件周围不得有裂缝。

(4)路基地段底座、桥梁地段水泥乳化沥青砂浆充填层应与道岔板底部密贴。水泥乳化沥青砂浆充填层厚度为 30 mm,不应小于 20 mm,不宜大于 40 mm。

(5)桥梁地段连续底座板混凝土裂缝不得大于 0.3 mm,侧向挡块不得有裂缝。

(6)排水通道应保持通畅,道岔板表面不得积水。

2.伤损形式

(1)道岔板伤损:裂缝、混凝土缺损。

(2)底座(自密实混凝土)伤损:裂缝、混凝土缺损、离缝。

(3)找平层伤损:裂缝。

(4)水泥乳化沥青砂浆层伤损:砂浆裂缝、砂浆与板间离缝、砂浆层缺损、掉块或剥落。

(5)底座板伤损:裂缝、混凝土缺损。

(6)侧向挡块伤损:裂缝、与底座板黏连,引起侧向挡块混凝土拉裂、弹性限位板失效。

(7)高强度挤塑板伤损:离缝。

3.修补方式

对于桥梁地段道岔区板式无砟道床混凝土底座板裂缝、水泥乳化沥青砂浆充填层与轨道板间的离缝等伤损,参照桥上 CRTSⅡ板式无砟道床相关修补作业要求进行修补。

4.7　精密测量控制网

由于高速铁路行车速度高(250~350 km/h),为达到在高速行驶条件下,旅客列车的安全和舒适性,高速铁路轨道必须具有非常高的平顺性和精确的几何线性参数,精度要保持在毫米级的范围内。要求高速铁路测量精度达到毫米级,传统的铁路测量技术已经不能满足高速铁路建设的要求。高速铁路的测量方法、测量精度与传统的铁路工程测量安全不同。我们把适合高速铁路工程测量的技术称为高速铁路精密工程测量。

4.7.1　精测网构成及主要技术标准

高速铁路工程测量的平面、高程控制网,按施测阶段、施测目的及功能可分为勘测控制网、施工控制网、运营维护控制网。为保证勘测、施工、运营维护各阶段平面和高程测量成果的一致性,应该做到三网合一。也就是各阶段平面控制测量应以基础框架平面控制网(CP0)为起算基准,高程控制测量应以线路水准基点控制网为起算基准。

精测网包括平面和高程控制网。平面控制网在框架平面控制网(CP0)的基础上分三级布设。第一级为基础平面控制网(CPⅠ),主要为勘测、施工和运营维护提供坐标基准;第二级为线路平面控制网(CPⅡ),主要为勘测和施工提供控制基准;第三级为轨道控制网(CPⅢ),主要为轨道铺设和运营维护提供控制基准。各级平面控制网的主要技术要求见表4-23。

表 4-23　各级平面控制网主要技术要求

控制网级别	测量方法	测量等级	点间距	相邻点相对中误差(mm)	备　注
CP0	GPS		50 km	20	
CPⅠ	GPS	二等	≤4 km 一对点	10	点间距≥800 m
CPⅡ	GPS	三等	600~800 m	8	
	导线	三等	400~800 m	8	附合导线网
CPⅢ	自由设站边角交会		50~70 m 一对点	1	

CPⅠ、CPⅡ及水准基点埋深至最大冻土深度以下0.3 m。标心钉采用不锈钢制作,标石表面采用统一的模具标识点号等信息,并统一制作混凝土盖对标志进行保护。CPⅢ点应沿线路埋设在路基两侧接触网杆或其基础、桥梁防护墙、隧道边墙上,元器件由预埋件、棱镜连接件、水准测量杆等三部分组成,为数控机床精加工的强制对中标志,全线应采用统一的CPⅢ标志和棱镜组件。

CP0、CPⅠ、CPⅡ控制网GPS测量精度指标见表4-24,CPⅡ控制网导线测量精度指标见表4-25,CPⅢ平面控制网的主要技术要求见表4-26。

表 4-24　CP0、CPⅠ、CPⅡ控制网 GPS 测量精度指标

控制网级别	基线边方向中误差	最弱边相对中误差
CP0	—	1/2 000 000
CPⅠ	≤1.3″	1/180 000
CPⅡ	≤1.7″	1/100 000

表 4-25　CPⅡ控制网导线测量精度指标

控制网	附合长度（km）	边长	测距中误差(mm)	测角中误差(″)	相邻点相对中误差(mm)	导线全长相对闭合差限值	方位角闭合差限值(″)	导线等级
CPⅡ	≤5	400～800	5	1.8	8	1/55 000	$\pm3.6\sqrt{n}$	三等

表 4-26　CPⅢ平面控制网主要技术要求

控制网名称	测量方法	方向观测中误差	距离测量中误差	相邻点相对中误差
CPⅢ平面控制网	自由测站边角交会	1.8″	1.0 mm	1.0 mm

高程控制网分两级布设,第一级为线路水准基点控制网(基岩点、深埋水准点和普通水准点),第二级为轨道控制网(CPⅢ)。全线高程基准应采用国家 85 高程基准。高程控制网测量等级及布点要求见表 4-27,高程控制网的测量精度指标见表 4-28。

表 4-27　高程控制网测量等级及布点要求

控制网级别	测量方法	测量等级	点间距
基岩点	水准	一、二等	50 km
深埋点	水准	二等	10 km
普通水准点	水准	二等	2 km
CPⅢ	水准	精密水准	50～70 m

表 4-28　高程控制网的测量精度指标

水准测量等级	每千米高差偶然中误差 M_Δ	每千米高差全中误差 M_w	限　差			
			检测已测段高差之差	往返测高差不符值	附合路线或环线闭合差	左右路线高差不符值
二等水准	≤1.0	≤2.0	$\pm6\sqrt{L}$	$\pm4\sqrt{L}$	$\pm4\sqrt{L}$	—
精密水准	≤2.0	≤4.0	$\pm8\sqrt{L}$	$\pm8\sqrt{L}$	$\pm8\sqrt{L}$	$\pm6\sqrt{L}$

注:L 为水准路线长度或检测的测段长度(km)。

4.7.2　精测网维护和应用

高速铁路需要利用精测网做好轨道几何状态检测、基础沉降和构筑物变形监测等工作。承担精测网复测的单位应具备相应的工程测量资质,使用的仪器设备应符合《高速铁路工程测量规范》(TB 10601)相关要求。

精测网日常检查和维护由使用单位负责,并设专人建立管理台账。桩点缺失或桩位变化不能满足测量精度需要时,应结合复测进行补桩和测设。

1. 精测网复测周期

为保证精测网稳定和精度,应对精测网进行复测。CP0、CPⅠ、CPⅡ、CPⅢ平面控制网复测周期不宜超过 3 年,沉降区段的平面控制网复测周期应适当缩短。

高程控制网复测周期:在地质条件较好、建设期沉降不大的地段,与平面控制网相同;在区域地面沉降地段、软土路基等特殊地段，不宜超过一年；在差异沉降较大的地段，复测周期应适当缩短。

2.精测网复测要求

精测网复测宜在原网基础上进行。复测网精度等级应与原网相同，复测方法及技术要求应与原测保持一致。平面复测后应按表 4-29 要求对成果进行评定。

表 4-29　平面控制网复测限差要求

控制点	同精度复测坐标较差限差(mm)	相邻点间坐标差之差的相对精度限差
CP0	20	—
CPⅠ	20	1/130 000
CPⅡ	15	1/80 000
CPⅢ	3	—

注：表中相邻点间坐标差之差的相对精度按下式计算：

$$\frac{d_s}{s}=\frac{\sqrt{(\Delta x_{ij}^2+\Delta y_{ij}^2+\Delta z_{ij}^2)}}{s}$$

式中　　　s——相邻点间二维平面距离或三维空间距离；

Δx_{ij},Δy_{ij}——相邻点 i 与 j 间二维坐标差之差(m)，$\Delta x_{ij}=(x_j-x_i)_复-(x_j-x_i)_原$，$\Delta y_{ij}=(y_j-y_i)_复-(y_j-y_i)_原$；

Δz_{ij}——相邻点 i 与 j 间 z 方向坐标差之差。当只统计二维坐标差之差的相对精度时，该值为零(m)。$\Delta z_{ij}=(z_j-z_i)_复-(z_j-z_i)_原$。

复习思考题

1.伤损钢轨的轻伤标准是什么？

2.铁路接头联结零件的内容及作用是什么？

3.捣固作业应该注意哪些事项？

4.胀轨跑道前有哪些预兆？

5.曲线轨距加宽递减有什么规定？

6.线路发生故障的防护办法是什么？

7.无缝线路中的"一准、二清、三测、四不超、五不走"制度的内容是什么？

8.50 kg/m-9 号、60kg/m-12 号单开道岔全长各是多少？60AT-12 号单开道岔直、侧向通过速度是多少？

9.单开道岔转辙部分由什么组成？其作用是什么？

10.设置轨缝的要求是什么？

11.钢轨折断的标准是什么？

12.线路设备维修的基本任务是什么？

13.高速铁路隧道与普通铁路隧道的区别是什么？

14.铁道线路主要由哪些构筑物组成？各有何特点？

15.我国铁路划分轨道类型和制定轨道标准的主要依据是什么？

16. 线路上哪些部位铺设钢轨时不得设置接头,若不可避免当如何办理?

17. 何谓温度应力式无缝线路?

18. 运营中哪些情况下会导致锁定轨温发生变化?

19. 曲线整正的基本原则是什么?

20. 线路上为什么要设竖曲线?

21. 简述铁路线路设备大修的目标与分类。

22. 简述铺设无缝线路前期工程主要工作内容。

23. 无缝线路的应力调整是什么意思? 与应力放散有什么不同?

24. 线路爬行是哪些主要原因造成的?

25. 尖轨跳动、尖轨不密贴及"两道缝"、尖轨磨耗及轧伤是什么原因造成的?

26. 铺设无缝线路时,对锁定轨温有哪些规定?

27. 在什么样的情况下,木枕每千米增加 160 根,钢筋混凝土枕增加 80 根?

28. 简述无砟道床维修作业特点与方法。

29. 简述精密测量控制网的构成及主要技术标准,如何对精测网维护和应用。

第 5 章　桥隧养护维修

桥隧建筑物是铁路线路的重要组成部分,结构复杂,修建困难,造价较高。桥隧养护的基本任务是根据桥隧运营中的状态变化,适时维修养护,预防或延缓设备状态的劣化,经常保持状态均衡完好,确保正常运营。同时,有计划地对其加固和改善,提高承载能力,增强抗洪、抗震能力,充分发挥使用效能。

5.1　概　　述

5.1.1　养护分类

桥隧建筑物的修理工作分为检查、维修和大修,维修工作分为保养和综合维修,检查、维修工作实行检养修分开体制。

1. 检查与监控

全面掌握设备状态变化,由专业检查队伍,执行各项检查制度,采取有效的防治措施,并正确规定桥隧建筑物的运用条件。

2. 维修

按照"预防为主,预防与整治相结合"的原则进行,采取综合维修和经常保养相结合的方式,整治既有病害,及时消除危及行车安全处所,经常保持桥隧建筑物状态均衡完好,使列车能以规定的速度安全、平稳和不间断地运行。

3. 大修

根据设备技术状态和运输需要,有计划地对设备进行整治、加固,恢复或提高设备运营能力,以充分发挥桥隧建筑物的使用效能。

5.1.2　养护原则

桥隧修理工作要满足铁路运输发展和行车安全的需要,而大部分施工作业又是在行车条件下进行既有设备的拆除、恢复或修理更换。因此,需遵循以下原则。

(1)认真执行检查、计划、作业、验收等基本工作制度,依靠科技进步,全面实行科学化管理,强化基础建设,大力发展机械化作业,不断提高工作效率和经济效益。

(2)严格执行《铁路桥隧建筑物修理规则》规定的技术条件、技术标准、设备检查和管理制度等要求,同时还应遵照《铁路技术管理规程》、《铁路工务安全规则》等其他有关规章、规范、标准的规定,并将它们作为桥隧养护维修的基本法则。

(3)"预防为主,预防与整治相结合",采取综合维修和经常保养相结合的方式,整治既有病害,及时消除危及行车安全处所,经常保持桥隧建筑物状态均衡完好,使列车能以规定的速度安全、平稳和不间断地运行。

（4）施工作业过程中，注意行车和人身安全，遵守营业线施工作业相关规定，影响行车安全的作业项目必须在天窗内进行，正确处理施工与运输的关系，在保证安全和质量的前提下，尽量减少中断行车和限制行车速度的时间。

（5）积极依靠科技进步，全面实行现代化管理，大力发展机械化，不断提高工作效率和经济效益，逐步实现结构现代化、管理科学化。

5.1.3 养护管理

桥隧维修工作管理主要包括两个方面，即对管辖桥隧设备的管理和维修工作生产全过程的管理。若按照业务分工，还有技术、计划、劳力、料具、成本、质量、安全、教育等管理。各项管理工作是由特定的管理体制的运作来实施的，并通过相应的工作制度加以保证。为使桥隧修理工作管理逐步走上标准化、规范化的轨道，为实现管理科学化创造条件，还应建立起行之有效的管理工作体系。

桥隧设备的检查维修管理工作由工务段负责，实行检养修分开的管理体制。工务段应根据管辖桥隧建筑物的数量，设立桥隧车间，在桥隧车间下设桥隧检查工区和保养工区，或将检查工区和保养工区合并成立检查保养工区，同时设置机械化维修工区（或工队），设置桥隧车间的管辖换算长度一般为 12 000 m，不得超过 20 000 m；对新线不应超过 50 000 m，且营业长度不不应超过 400 m。有长大隧道或隧道较多的工务段，还应视情况设置专门工区负责隧道通风、照明及消防工作。在工务段的统一安排下，负责桥隧设备的检查维修工作。

桥隧检查工区负责桥隧设备及附属安全检查设施的日常检查和观测；保养工区负责经常保养工作；机械化维修工区（或工队）负责桥隧设备及附属安全检查设施的综合维修工作。

桥隧车间、工区按照专业化管理的需要应配备相应的交通运输工具、动力机械、专用检测设备及作业机具。

桥隧检查维修费用和人员应按管辖设备的桥隧换算长度核定。长大桥隧应按规定设巡守工，负责经常检查监视工作。

维修长度指维修的桥隧建筑物长度。单线桥为全长，双线及多线桥为各线相加；单孔涵洞为全长，双孔及多孔涵洞为各孔相加；单线隧道为全长，双线及多线隧道为全长的 1.2 倍。

由于钢桥、圬工桥、涵渠等每年需要花费的维修工作量不一样，而且相差很大，为便于统计计算和合理配备维修人员，须把各类建筑物按其维修长度换算成统一的桥隧换算长度。桥隧换算长度是以跨度 40 m 以下的钢板梁桥的维修长度为标准，把其他桥隧都换算成钢板梁桥的维修长度，然后根据桥隧建筑物的总换算米的多少来设置车间、工区和配备生产人员。《铁路桥隧建筑物修理规则》规定各类桥隧建筑物的换算标准（表 5-1）。

随着铁路运输载重增加，列车密度加大，行车速度提高，势必造成设备状态损耗加剧，养修作业时间减少。由于运输组织的调整，小站慢车的关停，给桥隧维修工作带来更大的难度。因此，桥隧施工维修的管理，在组织体制、修程修制、养修方式、作业手段等方面进行相应的改革，也是势在必行的。根据国外对桥隧维修工作的管理经验，结合我国的具体实际，将管理基层的工务段作为设备管理部门，注重对桥隧设备的检查、管理和日常维修，实行养修成本控制。桥隧的大修和维修由专业部门负责进行，从而将粗放性的管理机制转变为经营性的管理机制，以保证桥隧维修工作管理水平的提高。

表 5-1　桥隧建筑物换算长度计算系数

建筑物名称		系数	说　明
钢板梁结合梁箱形梁	跨度＜40 m	1.0	(1)混合桥按类分别计算——公路、铁路两用桥的公路部分及站内灰坑、渡槽比照圬工桥,天桥比照桥梁,地道比照隧道,倒虹吸管比照涵渠。 (2)维修长度指需要维修的桥隧建筑物长度。单线桥梁等于全长,双线或多线桥梁等于各线相加;单孔涵洞等于全长,双孔及以上涵洞等于各孔相加;单线隧道等于全长,双线及以上等于单线乘以1.2 系数。 (3)桥梁全长指两桥台边墙外端(包括托盘及基础)间的距离,两边墙不相等时以短计,曲线桥为中心线上墩台之间各段折合之和;涵洞全长指两端墙外端间的中心轴线长度。隧道全长指隧道长度
	跨度≥40 m	1.5	
钢桁梁	跨度＜64 m	1.5	
	跨度 64～80 m	2.0	
	跨度＞80 m	3.0	
圬工桥		0.3	
框架桥		0.3	
涵渠		0.2	
调节河流建筑物及桥隧上下游防护设备每立方米体积折合		0.025	
隧道	全长＜1 500 m	0.4	
	全长≥1 500 m	0.5	
设有整体道床的隧道每米增加		0.1	
明洞和棚洞		0.4	
设有通风及照明的隧道每米增加 0.005 换算米。铁公立交桥涵限高防护架:钢管或型钢防护架每吨钢材折合 1.0 换算米;钢轨防护架每吨钢材折合 0.5 换算米;混凝土防护架每米(按跨度)折合 0.2 换算米			

5.1.4　综合维修

按照"预防为主,防治结合,有病治病,治病除根"的原则,以整座设备为单元(混合桥可分类、特大桥可分孔或分段),开展综合维修,以恢复或部分恢复各部件的功能,保持整座设备质量均衡完好。

按照不同设备类型确定综合维修周期。钢梁桥(含混合桥钢梁)综合维修周期 2～3 年;圬工桥(含混合桥圬工梁)4～5 年;隧道、涵洞、框构桥等设备的综合维修周期视技术状态而定。

1. 综合维修周期

宏观上按照不同设备类型进行控制,即钢梁桥(含混合桥钢梁)2～3 年,圬工桥(含混合桥圬工梁)4～5 年,隧道、涵渠、框构桥等设备的维修周期视技术状态而定。

2. 工作范围

明桥面线路钢轨和配件的检查修理、桥隧全长范围和涵洞翼墙或护锥以外的路基护坡等检查修理,均由线路工区或路基工区负责。桥隧全长范围以外或涵洞两旁的护坡长度在 10 m以内时,可一并由桥隧工区负责维修。有混凝土整体道床的隧道,桥隧工区负责整体道床的混凝土修理,支承垫块及隧道内其他形式的道床均由线路工区负责维修。

桥上或隧道内进行起、拨、改道及拉轨,圬工梁桥上换枕、清筛、捣固及稳定等影响桥梁、隧道的工作,应由桥隧工区配合;桥隧工区进行更换木桥枕和整平桥面等工作,需拆动钢轨影响线路的工作,应由线路工区配合。

综合维修具体范围如下：

(1)明桥面上线路整平,增设或更换防磨胶垫,冻结钢轨接头。

(2)单根抽换桥枕及桥涵其他木质部分的防腐、修理和个别更换。

(3)桥梁各种螺栓、联结铁件的涂油、修理、补充和更换。

(4)钢结构维护性涂装(包括钢梁上盖板),少量铆钉、螺栓或联结系杆件的更换,杆件裂纹、损伤和弯曲等就地修理,结构不良的小型改善,增设防爬角钢。

(5)圬工梁拱裂纹整治、圬工勾缝、抹面、小量喷浆和压浆,局部翻修和加固修理及局部增设防水层,排水设备的修理和部分增设。

(6)支座整平、修正、涂油和捣垫砂浆,小跨度梁(20 m及以下)支座更换和增设座板,更换和补充锚螺栓。支座防尘罩以及各种标志的修理、更换和零小增设。

(7)混凝土梁横隔板开焊脱落、裂缝整治、掉块和露筋修补。

(8)桥上无砟轨道混凝土底座和凸形挡台外露部分裂缝修补,有砟轨道挡砟块零小更换、整修。

(9)梁缝止水装置修理或更换。

(10)梁端横向位移的限位装置的修理。

(11)桥面护轨、防火设备、安全检查设备、抗震设施、水标尺、支座防尘罩以及各种标志的修理、零小更换和增设。

(12)桥涵的调节河流建筑物和防护设备的局部修理。

(13)桥涵上下游30 m范围内河床的小量清理,隧道内结冰和洞口危石处理。

(14)隧道漏水的小量整治,排水沟清理,衬砌小量圬工修补,隧道内整体道床混凝土修理,隧道通风、照明设施修理。

(15)立交桥涵限高防护架的修理,框构桥涵渗漏水整治。

(16)涵洞局部改善,管节修理和个别更换。

(17)其他不属于大修范围的小量工作。

3.计划编制与实施

(1)桥隧综合维修年度计划由工务段编制,经铁路局批准后实施。其完成情况由工务段、铁路局按月统计,逐级上报。

(2)每座设备的月度维修计划,按照工务段下达的任务,根据全项目维修的要求,以工作量调查结果编制,经工务段批准后执行。

(3)桥隧机械化维修工区(或工队)按照批准后的维修计划,制订完成计划的措施,并根据计划进度的要求,编制日计划组织实施。

4.质量验收

(1)执行工务段、领工区、工区三级验收制,分级把关,异体监督,控制质量。

(2)作业过程中,每天在作业中及收工前进行质量自检、互检和回检,发现不符合标准的项目应及时返修达标。领工区、工务段应对钢梁涂装、圬工整修等隐蔽工程项目认真检查把关,做到每项作业勤检细修一次达标。每次检查的情况都应填记在日计划完成表或施工记录上。

(3)每座设备综合维修作业全部完工后,进行质量验收评定。根据三级验收制度的要求,先由工区工长组织工人进行全面检查,初检合格后,报请领工区复验,领工员组织复验合格后,报请工务段验收。如发现不合格处所,由工区继续整修,整修合格后再报请工务段复验。长大桥隧或混合桥可分孔或分段进行验收。

（4）每次进行维修验收时，工区、领工区、工务段根据验收记录填写验收质量评定结果。

（5）综合维修作业质量评定分为优良、合格、不合格三个等级。全部项目一次验收达到合格及以上，主要项目均达优良即评为"优良"；全部项目达到合格及以上，可评为"合格"，否则为"不合格"。若出现不合格处所，经返修复验合格，只能评为"合格"。

（6）工务段每月应对车间、工区综合维修的质量和作业量进行现场抽查核实，根据抽查结果进行考核。车间对工区也应进行相应的考核。

5.1.5　经常保养

通过对桥隧建筑物的经常检查保养，及时发现和消灭超限处所和临近超限处所，保持桥隧设备状态经常均衡完好，确保行车安全平稳。保养工作一般以整座设备进行，也可分区段进行。

1. 保养周期

按不同设备类型的状态变化加以控制，原则上钢梁桥（含混合桥钢梁）3～6 个月，其他设备 6～12 个月。在做好适时保养的同时，还应加强预防性的周期保养，使设备质量经常控制在保养合格状态。

2. 工作范围

（1）明桥面整平；

（2）更换连二及钢轨接头四根中的腐朽桥枕和桥涵其他木质部分的防腐、修理；

（3）各种连接铁件、螺栓涂油或更换；

（4）护轨整修；

（5）钢梁清扫和补充、拧紧少量高强度螺栓，局部涂层修补；

（6）支座清扫、涂油，整修排水坡，整平支座；

（7）隧道清除烟灰、煤渣、结冰，清理危石及衬砌掉块疏通排水沟、补充水沟盖板等；

（8）涵洞少量清淤，修补管节勾缝；

（9）添补防火设备内的水、砂；

（10）各种标志的刷新和补充；

（11）补充人行道、吊篮等步板，整修危及人身安全的安全检查设备；

（12）修补圬工染及墩台勾缝，清除梁端石砟，疏通排水管；

（13）清除桥下小量淤积，修理砌体圬工；

（14）梁端横向位移的限位装置复位；

（15）整修桥涵限高防护架；

（16）及时消除可能危及行车安全的病害。

3. 保养计划的编制与实施

通过设备的经常检查，除将发现的超限处所及时整修消除外，对临近超限处所和预防性周期保养，每季度由车间编制季度保养计划，经工务段批准后实施。工区编制保养月计划，经车间批准后实施，并将实施情况、班前安全质量预想防控项点及措施记录在保养日计划及完成表内。

4. 质量评定

（1）通过工区自评、车间定期评定和工务段抽查评定的方式进行。定期评定工作，可由车间主任、副主任或主管技术人员组织有关人员，结合春检和秋检，每季度对钢梁桥、每 6～12 个月对其他设备,进行一次保养质量评定。工务段派主管工程师会同车间进行抽查评定。

(2)每座设备的保养质量评定是根据该设备各部分存在的问题,根据扣分的情况来评定保养质量的优劣。每座设备扣分的总和,除以该设备的维修长度(取整数)即为该设备的保养质量平均分(取小数点后一位)。保养质量每米维修长度平均分在 5 分及以下且无单项质量扣 10 分者为合格,否则为失格。

(3)每次评定的情况,均应填写相应评定记录表,以备抽查。

(4)工务段每月应对车间、工区经常保养的质量和数量进行现场抽查核实,根据抽查结果进行考核。车间对工区也应进行相应的考核。

5.1.6 桥隧巡守

1.设置原则

(1)桥梁巡守

①全长在 500 m 以上至 1 000 m 的钢桥,实行昼夜巡守;

②全长在 1 000 m 以上的钢桥,分两个巡回区,实行昼夜巡守;

③混合桥根据钢梁长度,按上述规定设置巡守;

④明桥面提速 200 km/h 及以上均应实行昼夜巡守;

⑤圬工桥和新线钢梁桥、混合桥一般不设巡守;

⑥新线钢梁桥、混合桥一般不设巡守。

(2)隧道巡守

①全长在 3 000 m 以上的隧道,分两个巡回区,实行昼夜巡守;

②全长在 3 000 m 及以下的隧道,一般不设巡守;

③新线隧道一般不设巡守。

2.班次安排

根据桥隧设备的长度分别设置一个或两个巡回区,巡守人数及班制可根据沿线自然条件、设备状态、列车密度和速度由铁路局自行确定。

3.巡守制度

(1)交接班制度

巡守人员交接班时,交接班人应共同检查建筑物一遍,并填写《桥隧巡守工交接班记录簿》。接班者未按时到位,值班巡守工不能离开工作岗位。

(2)汇报制度

发现有危及行车安全的故障(钢轨折断、护锥滑移、钢梁裂纹、基础冲空、洞口塌方落石、衬砌掉块等)时,应立即采取防护措施,并报告车站、工长和工务段调度。每月定期向工长汇报行车及人身安全、桥隧设备病害变化等情况。

(3)水位、流冰观测制度

汛期或水库放水时期,要求每日上午 8:00 观测水位一次,在主汛期水位上涨时增加观测次数,其余时间每旬首日上午观测水位一次,同时观测漂浮物等通过桥孔情况,冬季每日上午观测流冰通过桥孔情况,并按《水位观测记录簿》要求做好观测记录。

(4)病害观测制度

按照规定,对桥隧的病害、河道变化、墩台基础冲刷情况,填写相应观测记录。

5.2　桥隧的检查与状态评定

从桥隧维修的基本任务出发,为确保铁路运输安全畅通,适应列车提速、重载运输需要,桥隧维修工作应重点做好设备检查、状态分析评估和预防整治病害等工作。

5.2.1　桥隧设备检查

桥隧设备检查是做好桥隧大修、维修工作的重要依据。对桥隧建筑物进行周密检查的目的是详细了解桥隧建筑物在运营中发生的变化,及时发现病害和分析病害原因,并据以采取有效防治措施,合理安排大维修工作;积累技术资料,系统地掌握桥隧设备状态,准确规定建筑物的使用条件;使设备经常保持完好状态,保证列车安全和不间断地运行。对桥隧建筑物的检查是桥隧维修工作中极其重要的组成部分。

检查制度包括:水文观测、经常检查、定期检查、临时检查、专项检查、检定试验等。

1. 水文观测

水文观测包括河床断面测量、洪水通过观测、结冰及流冰观测。

凡有洪水通过的桥涵,应在上游设置稳固而垂直的水标尺或在墩台侧面的上游处或涵洞的进口端用油漆画出水标尺。水标尺的起点须与国家水准基点高程相对应,标出历史最高洪水位和发生年月日。

凡跨越江河水库的特大、大桥及其他需要了解墩台基础冲刷、河床变化、河道变化、水流量、冰凌等情况的桥梁,均应进行河床断面、水位、洪水通过时的流速、流向、结冰及流冰情况的观测。其他有洪水通过的桥梁和涵洞,只需观测最高洪水位。

(1)河床断面测量

①测量时间——至少每年洪水后测量一次。对季节性河流上的桥梁,洪水冲刷河床断面发生变化时,汛后测量一次。

②测量地点——一般在桥下及桥梁上下游各 25 m 的三个断面上进行,每次测量的断面应固定。

③测量范围——应在桥梁全长范围内进行。

④测点位置——应能明确表示出河床断面,每隔 10 m 左右一个测点,必要时应增加测点;每次测量应在固定的测点上进行。

⑤在必须了解墩周冲淤变化时,应以桥墩中心为圆心,一定距离为半径,测量该范围内的水下地形。必要时在墩台周边进行潜水摸测。

⑥每次测量结果,应绘在图纸上,用不同色笔绘制历年冲刷总图,每五年更换一次。图上应绘有各种水位、轨底、墩台顶、基底、河床的标高以及水深、墩台中心线及河床断面。

(2)洪水通过的观测

①洪水通过时,应观测水流流向、流速,以及有无旋流、斜流、流木、漂浮物等情况,同时应监视墩台、调节河流建筑物、防护设备和桥头路基是否正常。对排洪能力不足和墩台稳定有疑问的桥涵,应特别加强观测。

②对冲刷严重的墩台,可在该处设置自动记录的洪峰测深装置或在洪水通过时使用铅鱼进行测深,必要时使用仪器测深。

③洪水过后,须立即检查河道、河床、墩台、防护设备、调节河流建筑物和桥头路基的状态。

④位于泥石流区的桥涵,应注意检查泥石流动态,谷坊内储量和冲积扇的变化。

⑤设有巡守工的桥梁,应在汛期或水库放水时期每日上午八时观测水位一次,其余时间每旬首日上午八时观测水位一次,并填写水位观测记录。在主汛期水位上涨时,应增加观测次数,找出当年最高水位及其发生日期。其他排洪桥涵应设洪峰观测水尺,指派专人记录当年最高洪水位。设备管理单位应根据水位观测记录,定期绘制水位曲线图。

(3)结冰及流冰观测

①结冰初期,须观测结冰时间、封冰情况和气温、水温、风力及风向。

②结冰期,须经常观测冰层厚度、河面及河岸处是否结冰、有无冰槽(亮子)及水温、气温。

③解冻期,须观测水位、冰层厚度、冰色及冰槽(亮子)的变化;冰层初期移动时间,流冰密度等;并测水温、风向,以判断流冰的可能及流向。

2.经常检查

对桥隧设备状态变化较快和直接影响行车安全的部位需要经常检查,由桥隧检查工区根据检查计划,每月应对钢梁桥、混合桥(钢梁部分)和其他重要桥隧设备(由工务段规定)检查一遍;每半年至少对管内设备全面检查一遍;在每座桥隧综合维修时,应进行一次全面检查。对使用年久、结构特殊及有严重病害的桥隧建筑物,应按工务段规定由指定人员进行定期检查,并做好记录,建立观测台账。

桥隧车间主任(副主任)每半年有计划地对管内桥隧设备全面检查一遍,至少每季度对重要和病害桥隧设备检查一遍。对超过保养标准处所,桥隧检查工区应及时上报桥隧车间,由桥隧车间及时向桥隧保养工区下达紧急保养通知,并由桥隧检查工区检查其完成情况。

发现重要病害或病害发展较快时,应立即逐级上报,绘制病害示意图,记入桥隧登记簿或桥隧卷宗内。

检查计划由桥隧车间编制,经工务段批准后,由车间、桥隧检查工区或检查保养工区执行。工务段段长应有计划地检查技术复杂及有严重病害的桥隧设备,主管副段长对长大和病害桥隧设备每年至少全面检查一遍,工务段桥隧科每年对管内设备全面检查一遍。

工务段对车间、工区填写的检查数据和状态描述进行不定期现场抽查核对,对检查质量进行考核。车间对工区也应进行相应的考核。

3.定期检查

春融及讯前,应对桥隧涵的排水、泄洪及度汛防护的设施进行一次检查。秋季(三季度),应对桥隧涵设备进行全面检查,据以拟定病害整治措施、安排设备改善计划,确保行车安全。

检查工作由工务段根据铁路局的要求组织进行。长大桥隧及重要设备,工务段段长必须亲自检查,铁路局应有重点地进行检查。

对设备各部分的技术状态进行全面细致的检查,必要时用仪器检测或试验,以查明各种病害情况及发生原因。

工务段根据秋季检查结果,对每座设备填写相关资料,提出病害发生原因、增减情况等状态分析报告,铁路局审查汇总后于10月底上报。

4.临时检查

当设备遭受地震、洪水、台风、火灾及车船撞击等紧急情况或发生突发性严重病害时,为及时得到结构物状态的信息而进行的检查。临时检查由工务段组织进行,必要时由铁路局组织进行。

5. 专项检查

对于特别长大的、构造复杂、高墩、有严重病害或新型结构的桥梁应进行专项检查或检定试验。通常的检查内容包括:河床断面及平面测绘、限界、挠度、拱度、墩台变形和基础病害检查等。

6. 检查重点

(1) 钢结构:杆件及其联结铆钉、螺栓、焊缝的伤损状态及其发展情况;大跨度下承钢桁梁支座;水位升降部位;钢梁角落隐蔽部位。

(2) 栓焊梁、铆焊梁、全焊梁:纵梁与横梁及主梁与横梁联结处的母材、各种焊缝强度、螺栓及铆钉。

(3) 高强度螺栓、焊缝、铆钉:钢梁联结系的联结铆钉;纵梁与横梁及主梁与横梁联结角钢上;承受反复应力杆件(如桁梁斜杆)的节点上;纵梁或上承扳梁上冀缘角钢的垂直肢上;钢梁和支座联结铆钉。

(4) 圬工梁拱:钢筋锈蚀、混凝土溃碎、脱落情况;各种裂纹的变化和发展;斜拉桥缆索、锚、索塔等情况;螺栓锚固、扣件及轨下弹性垫层情况;渗水、拱度变化、桥面道砟厚度、梁体与桥台胸墙、相邻梁端、相邻跨人行道等。

(5) 圬工墩台:裂缝、腐蚀、倾斜、滑动、下沉、冻融、空洞等;墩顶位移;各种裂纹;支座变位、墩身位移;桥台护锥和背后盲沟;水位变化部位对墩台基础的冻害、腐蚀程度、冲刷及冲淤情况。

(6) 铸钢支座:位移值和梁温、上下锚栓(特别是弧形支座)、上下座板、支座、支承垫石、固定支座、活动支座等。

(7) 橡胶支座:平板橡胶支座的裂纹、不均匀外膨、钢板外露、剪切变形超限、位置串动、限位装置等情况;盆式橡胶支座的钢件裂纹、脱焊、锈蚀、聚四氟乙烯板磨损、位移转角超限等情况;支座与梁身、支承垫石间的密贴情况等。

(8) 圆柱面钢支座:聚四氟乙烯板有无窜出、是否变形,固定、限位螺栓是否松动,支座与梁身、支承垫石是否密贴,限位挡块是否开裂。

(9) 双曲面钢支座:上、下座板,聚四氟乙烯板,非活动方向的滑动间隙偏差;限位挡块等。

(10) 铰轴滑板钢支座:平面滑板,固定、限位螺栓,支座与梁身、支承垫石,聚四氟乙烯板、铰轴、底座板挡块等。

(11) 涵洞:涵身是否变形、裂损、露筋,接头是否错位、漏水、漏土,涵内淤、基底冒水、掏空等,进出口铺砌、河床导流建筑物和路堤边坡防护设施等。

(12) 隧道:衬砌的衬砌腐蚀、裂纹或变形,漏水涌水,整体道床的支承块,道床基底沉陷,各部位的裂纹、变形,排水设施、有害气体等情况,并测定自然风和活塞风情况。

(13) 桥涵限高防护架:是否与实际相符、结构是否完整、状态是否良好,标志是否齐全完好、标志是否准确。

(14) 河调及附属建筑物:河流冲刷、淤积影响、下沉变形、铁丝石笼、浆砌片石、干砌片石等缺失、变形、脱落等情况。

(15) 周边环境:附近是否有易燃、易爆物品。上下游采砂、围垦造田、抽取地下水、拦河筑坝、架设浮桥,周边采石、开矿及隧道上方修建建筑物,周边危及铁路桥隧设备安全的其他内容。

5.2.2 桥梁检定与试验

1. 主要任务

(1)确定桥梁的承载能力,规定其运用条件。

(2)进行孔径和冲刷调查、检算,确定桥梁的抗洪能力。

(3)调查、分析桥梁病害,提出养护措施和整治意见。

(4)对提报加固、换梁、扩孔、改建的桥梁进行技术状态检定,提出是否需要加固、换梁、扩孔或改建的意见。

(5)参与新建特大桥、新型结构及加固后重要桥梁的竣工检定。

(6)选择提速区段具有代表性的桥梁,对提速条件下的长期运营性能进行试验评估。

(7)积累桥梁的技术资料,为加强科学管理和提高桥梁检定技术水平创造条件。

2. 检定报告内容

桥梁经检定后,应提出检定报告,主要内容包括:桥梁的历史与特征;桥梁及养护中存在的问题;桥梁各部分的承载能力;桥梁的抗洪能力;桥梁的抗震能力;结构的实际工作状态;桥梁运用条件。

检定报告应分送路局档案室及有关单位,特大桥、技术复杂及病害严重桥梁的检定报告应报铁路总公司存查;新建的特大,技术复杂桥梁.必须进行全面的检定试验。在竣工移交时,其检定试验报告应作为交接验收资料的一部分。

3. 检定周期与计划

运营中的大跨度桥梁及新型结构的桥梁,铁路局每隔 10 年进行一次检定,桥梁出现严重病害,可能危及行车安全的,应进行检定。

桥梁检定工作计划由铁路局工务处负责编制,并纳入路局年度工作计划。

对病害桥梁的检定,分局应于上年度 10 月末前提出书面申请,经铁路局批准后纳入第二年检定计划。

5.2.3 状态评定

桥隧设备通过各项检查,掌握其实际工作状态后,还需进一步进行科学的分析判断,以能采取有针对性的整修加固。目前,对运营桥隧状态的评估方法,主要有以下几种。

1. 状态劣化评定

桥隧在运营过程中,承受荷载的作用和环境的侵害,必然会引起结构功能的变化,构成对行车安全的影响,也即桥隧状态的劣化。由于荷载作用和环境侵害的程度不同,影响结构功能和行车安全的程度也不相同,因此,桥隧的劣化程度也是不同的。

工务段每年结合秋季设备大检查,对每座桥隧建筑物按项目进行一次状态评定。

状态评定按劣化程度分为 A、B、C 三级,A 级又分为 AA、A1 两等。评定项目及标准可参见《铁路桥隧建筑物修理规则》中的"铁路桥隧建筑物状态评定标准"。

(1)凡结构物或主要构件功能严重劣化,危及行车安全,评定为 A 级 AA 等;

(2)凡结构物或主要构件功能严重劣化,进一步发展会危及行车安全,评定为 A 级 A1 等;

(3)凡结构物或构件功能劣化,进一步发展将会升为 A 级,评定为 B 级;

(4)凡结构物或构件劣化,对其使用功能和行车安全影响较小,评定为 C 级。

结构物或构件状态评定为 A 级者,其病害一般需要通过大修或更新改造进行整治。当结构物存在影响行车安全的病害,应采取相应的限速或限载措施。遇紧急情况,应立即采取临时加固措施,并视具体情况,尽快安排彻底整治或列入下一年度的桥隧大修或更新改造计划及时进行整治。

结构物或构件状态评定为 B 级者,其病害一般需要通过维修进行整治(个别病害需要通过大修进行整治)。

结构物或构件状态评定为 C 级者,其病害可通过维修进行整治,个别病害只需加强观测并根据其变化情况采取相应的措施。

2.病害诊断及剩余寿命评估

桥隧在运营检修的寿命周期内,根据状态变化和健全衰退的程度,进行适时的修理,使其最大限度地恢复原有的功能。但随着时间的推移,其健全度(注:指结构物完成其特定功能的健康安全度或损伤度)必将逐步丧失,以至失去应有功能而报废。因此,对桥隧在运营过程中,科学地诊断病害,有效地整治病害,在确保行车安全和适应运输发展前提下,充分发挥桥隧功能的潜力,最大限度地延长使用寿命,取得最佳的技术经济效益,具有十分重要的意义。

3.状态评估专家系统

随着计算机技术的普及应用,运用专家知识和模拟专家行为进行计算机编程,解决较为复杂的疑难问题,这就是专家系统。如桥梁损伤评估专家系统、隧道病害(变异)诊断专家系统(简称 TDD 专家系统)和隧道整治专家系统等。这项技术已在部分路局使用,效果良好。若进一步完善后推广应用,将使桥隧状态评估更为简捷、准确。

5.3　桥涵病害与维修

5.3.1　桥梁墩台病害与整治

运营梁跨结构的支座类型通常有钢支座、橡胶支座两类(表 5-2),支座病害比较多,而且比较复杂,不仅影响支座本身,而且影响梁和墩台。产生病害的原因很多,例如:钢梁的两片主梁受热不均衡,会产生水平挠曲而造成支座横向位移;由于养护不良,支座滚动面不洁、不平或锈蚀,当主梁端由于温度和受荷重作用而纵向移动时,辊轴因滚动不灵,不能恢复原来位置;轴承座传来的压力不均,一端受力而另一端围绕着压住的一端滚动,产生辊轴的歪斜;由于桥上线路养护不良,如钢轨爬行,也会造成支座不正。原因是多方面的,单纯用一种方法往往不能解决问题,必须找出原因进行综合整治,才能见效。

表 5-2　桥跨结构支座类型

支座类型　　　　梁跨分类	钢支座						橡胶支座	
	平板	弧形	摇轴	辊轴	圆柱面	双曲面	板式	盆式
钢梁	$L<10$	$10{\leqslant}L{<}24$	$24{\leqslant}L{<}48$	$L{\geqslant}56$	$16{\leqslant}L{<}32$	$16{\leqslant}L{<}32$	—	—
混凝土梁	$L{\leqslant}8$	$8{<}L{<}20$	$20{\leqslant}L{<}48$	$L{\geqslant}56$	$16{\leqslant}L{<}32$	$16{\leqslant}L{<}32$	$L{\leqslant}20$	$L{>}20$

注:①L 为梁的跨度(m);

　　②跨度小于或等于 6 m 的简支梁支座,可采用高强石棉板等弹性垫板代替,并在两侧设支撑,防止横向移动。

1. 支座的位移

（1）活动支座的正常位移

当温度为 t 时，活动支座上座板（或梁端）的正常位移可按下式求得

$$\delta=(t-t_0)\alpha L$$

式中　δ——上座板（或梁端）的正常位移（mm），"＋"表示伸向跨度以外，"－"表示缩向跨度以内；

α——钢的膨胀系数，取 0.000 011 8 mm/m·℃，钢筋混凝土和混凝土为 0.000 01 mm/m·℃；

L——梁跨，由活动支座至固定支座的距离（mm）；

t——测量时钢梁的温度（℃），可用半导体温度计放在下弦杆上测量，或用温度计放在下弦杆上，上面用砂或锡箔纸盖住然后测定；

t_0——设计安装时的支座温度，即活动支座上摆中心线与底板中心线相重合时的温度，可从下式求得

$$t_0=\frac{t_{高}+t_{低}}{2}+\frac{\Delta_{伸}-\Delta_{缩}}{2\alpha L}=t_{平均}+\frac{\Delta_{伸}-\Delta_{缩}}{2\alpha L}$$

式中　$t_{高}$——当地最高气温（℃）；

$t_{低}$——当地最低气温（℃）；

$\Delta_{伸}$——活载造成梁在活动支座处的伸长量（mm）；

$\Delta_{缩}$——活载造成梁在活动支座处的缩短量（mm）。

各种梁跨的 $\Delta_{伸}$、$\Delta_{缩}$ 值可从设计文件中查得，如为简支梁 $\Delta_{缩}$ 为零。一般情况下 $\Delta_{伸}/2\alpha L$ 的近似值，对于简支板梁为 20 ℃，简支桁梁为 16 ℃，混凝土梁为 10 ℃。

当温度为 t 时，支座辊轴的正常位移为 δ_0。

$$\delta_0=\frac{1}{2}(t-t_0)\alpha L$$

在辊轴滚动使桁梁产生位移 δ 时，辊轴中心的位移量为 $\delta/2$，如图 5-1 所示，CD 为 AB 的 1/2。

（2）辊轴实际纵向位移的测量

辊轴的实际纵向位移量，可用钢尺和垂球测量活动支座的底板、轴承座和辊轴（或摇轴）中心线的相互位置，也可以测量支座在支承垫石上的位置或测量同一墩上与相邻固定支座的距离，以求得位移量。测得的结果与该温度时正常计算偏移相比较，即可判定实际位置是否正常。如果测出的距离和正常偏移不符时，说明辊轴有爬行，或摇轴有倾斜或安装不正确。若辊轴两端距底板边缘量出的距离不相等时，说明辊轴有歪斜，见图 5-2 所示。

为观测方便，可在支座上安装各种带有毫米刻度的标尺，直接读出其位移数字，图 5-3 所示为其中的一种，指针与轴相接触点的高度与辊轴顶点为同一水平。当辊轴垂直时（即下摆、底板中心线相吻合时）指针垂直，读数为 0；辊轴偏斜时，指针所指即为下摆位移数，辊轴位移为其读数的二分之一。

削扁辊轴及摇轴也可以直接用量角器测其倾斜角。

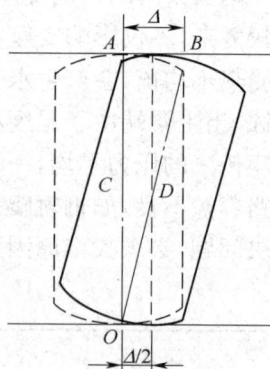

图 5-1　辊轴中心的位移

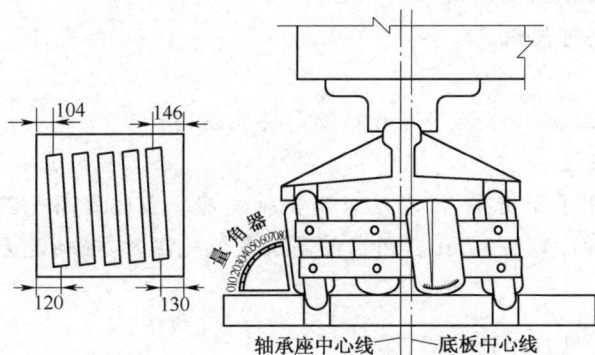

图 5-2 支座两侧丈量距离不同(单位:mm)

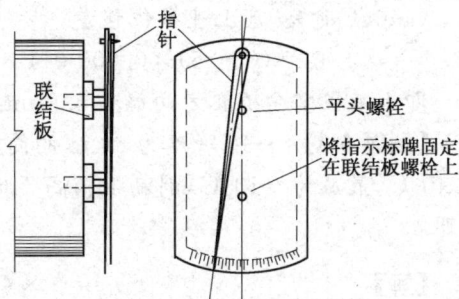

图 5-3 支座位移带示标

辊(摇)轴支座实测纵向位移大于容许值或有横向移动时,应予整正。纵向位移容许值(δ_1)可按下式求得

$$\delta_1 = \delta_2 - \delta_3$$

式中,δ_2 为辊(摇)轴支座按构造要求的最大容许纵向位移。对于圆辊轴,其边缘超出底板边缘的距离不得超过其直径的四分之一(特大桥、连续梁等除外),对于削扁辊轴(一般指单线简支梁),其最大倾斜角为14°(即辊轴与下摆、底板的接触线至辊轴的边缘不得少于25 mm,如为摇轴,其最大倾斜角为7°。

δ_3 为由于活载及温度差(即当地最高气温与测量时气温之差或测量气温与最低气温之差)可能产生的最大纵向位移。

【例题 5-1】 一孔 20 m 简支上承板梁,活动支座采用弧形支座,上座板椭圆孔长 99 mm,支座销钉直径为 55 mm,该地区最高气温 40 ℃,最低气温为 −30 ℃。在气温为 10 ℃时,实测上座板中心与下座板中心向桥孔方向偏移 5 mm,试计算:

(1)上下座板中心线重合时的温度 t_0;

(2)10 ℃时上座板的正常位移量,并与实测相比较;

(3)求偏移容许值,检验是否超限;

(4)如果实测与计算值完全相符,则在 0 ℃时架梁,支座的上下座板相对位置如何?

【解】 (1)求 t_0: $t_0 = t_{平均} + \dfrac{\Delta_伸}{2\alpha L} = \dfrac{40+(-30)}{2} + 20 = 25(℃)$

(2)10 ℃时上座板正常位移量:

$\delta = (t-t_0)\alpha L = (10-25)\times 0.000\,011\,8 \times 20\,000 = -3.54(mm)$(缩向桥孔以内)

实测数值为 5 mm,大了 1.46 mm。

(3)支座偏移容许值:$\dfrac{(99-55)}{2} = 22(mm)$。

可能发生的伸缩量为

$\delta_伸 = (40-10)\times 0.000\,011\,8 \times 20\,000 + \Delta_伸 = 7.08 + 9.44 = 16.52(mm)$(伸向桥孔以外)。

($\Delta_伸/2\alpha L = 20\Delta_伸 = 2 \times 0.000\,011\,8 \times 20\,000 \times 20 = 9.44$ mm)

$\delta_缩 = (-30-10)\times 0.000\,011\,8 \times 20\,000 = -9.44(mm)$(缩向桥孔以内)。

40 ℃时,16.52 − 5 = 11.52 mm < 22 mm(伸向桥孔以外)。

—30 ℃时，9.44＋5＝14.44 mm＜22 mm（缩向桥孔以内）。

不超限，虽然实测与正常偏移量不符，仍可使用。

(4)0 ℃时，支座上座板位移量

$$\delta_0 = (0-25) \times 0.000\ 011\ 8 \times 20\ 000 = -5.9(\text{mm})（缩向桥孔以内）$$

即上座板需向桥孔方向偏移 5.9 mm 架梁。

【例题 5-2】 一孔跨度为 64 m 的简支下承钢桁梁，活动端采用辊轴支座。当地最高气温为 40 ℃，最底为—10 ℃，削扁辊轴高 240 mm，宽 120 mm。问在最高及最低气温时，辊轴是否超限？

【解】
$$t_0 = \frac{1}{2} \times (40-10) + 16 = 31(℃)$$

最高气温 40 ℃时：

$$\delta_{\text{伸}} = (40-31) \times 0.000\ 011\ 8 \times 64\ 000 + \Delta_{\text{伸}} = 6.8 + 24.2 = 31(\text{mm})（伸向桥孔以外）$$
$$(\Delta_{\text{伸}} = 2 \times 0.000\ 011\ 8 \times 64\ 000 \times 16 = 24.2\ \text{mm})$$

最低气温—10 ℃时：

$$\delta_{\text{缩}} = (-10-31) \times 0.000\ 011\ 8 \times 64\ 000 = -31(\text{mm})（缩向桥孔以内）$$

极限位置为辊轴边缘至接触线不少于 25 mm，接触线是辊轴中心的投影线，见图 5-1。辊轴中心移动极限距离为 ±35 mm，现梁跨移动 ±31 mm，即辊轴中心移动 ±15.5 mm，小于±35 mm，不超限，如图 5-4 所示。

2.支座的养护

支座是桥梁的关键部位，须经常保持支座的良好状态，主要注意以下方面：

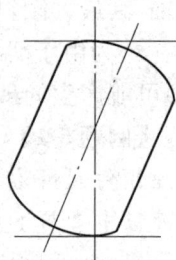

图 5-4 辊轴转动示意

(1)梁跨与上摆、上摆与下摆、下摆与滚轴、滚轴与底板、底板与支承垫石间都应密贴紧靠，不应有缝隙。

(2)支座的滚动面必须经常保持清洁不积水，不积灰尘，冬季应清除积雪防止结冰。

(3)支座四周的排水应良好。一般在支座周围做有半圆形排水槽，有内高外低的坡度使水流走。或支座底板底面略高出墩台面 2~3 mm，并凿成流水坡。墩台的支承面与底板接触面也可以略小于底板边缘 2~3 mm，以防止雨水进入支座底板内。

(4)为防止生锈，上下摆应涂油漆。禁止在辊轴和滚动面上涂油漆，要使活动支座能自由活动，绝不容许其他杂物存在。

(5)为防止煤渣、灰尘、雨雪进入支座滚动面，应有有效的防尘设施，这对大跨度桥梁来说尤为重要。

(6)辊轴滚动时，辊轴的防爬齿应能沿着支座下摆的下部和支座底板上的槽缘内自由滚动，如未到最大位移量，防爬齿的端部紧紧卡在槽缘中而阻碍辊轴滚动时，必须加以修理。

(7)若支承的滚动面不平整，底板或轴承座发生裂纹或个别辊轴发生支承不均匀等现象时，应更换有缺陷的部位或直径不合适的辊轴。

(8)轴承座中心线和正常位置有偏差，除可能由于安装时未按计算设置外，也可能是由于墩台的移动所造成的,发现这种情况时,应仔细测量支座位置及墩台间的距离,检查墩台状态有无异状并进行分析。如发现梁端紧靠桥台挡砟墙或邻孔梁端,或者其空隙过小,以及上下锚栓有剪断等情况时,可将挡砟墙凿除一些,也可以将梁身顶起进行纵向移动改正,重新锚定支座。如钢梁间空隙过大,可在梁端增加牛腿予以接长,或在两孔梁间的桥墩上筑钢筋混凝土小墩。

(9)小桥上线路有爬行或桥头线路爬行力量传到桥上时,有时能使全部钢梁和支座一起沿着支承垫石移动,所以桥头线路必须注意彻底锁定。

(10)较大跨度的板梁,由于日照关系,受太阳直接照射一侧的钢梁温度高,而另一侧钢梁温度低,所以一侧主梁会比另一侧伸长得较多,使钢梁在平面上有挠曲,这也有可能使支座发生歪斜及移动。

(11)一孔梁的四个支座必须在同一平面上,如有受力不均,例如有三条腿等现象时应加以整正。支座各部分间不密贴时禁止用木片填塞。锚固螺栓孔灌浆要饱满,孔内不允许有木屑以防进水。要经常保持锚固螺栓不松动,不锈死,并涂以机油,最好加盖。支座有翻浆时必须进行处理。

3. 支座病害的整治

支座病害是养护工作中整治的重点之一。由于原因复杂,一定要认真分析进行针对性的综合整治才能收到较好的效果。以下所述为几种病害的整治方法。

(1)小跨度钢筋混凝土板梁横向移动的整治

跨度小于 6 m 的钢筋混凝土板梁,由于梁体重量轻,支座又均系用沥青麻布或石棉垫,因受列车的冲击和震动多发生横向移动。对该种梁,除顶起移正梁身外,均应在墩台顶上靠板梁两侧埋设角钢或加筑挡墙(图 5-5)。

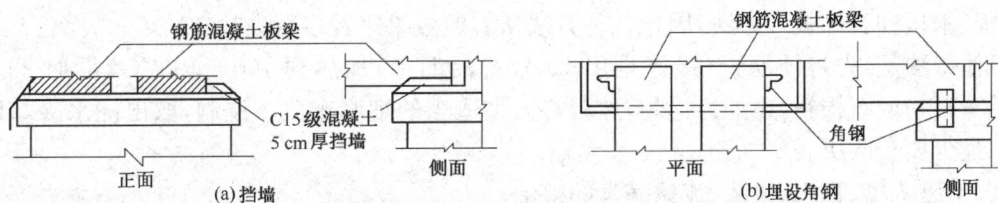

图 5-5　防止板梁横移办法

(2)支座上下锚栓剪断弯曲的整治

墩台上支座锚栓折断或弯折,较彻底的整治办法是在支座旁斜向凿去一部分混凝土,取出旧锚栓,重新安装新锚栓。如锚栓在支承垫石面剪断而剩余部分仍牢固,而现场又有电焊条件时,也可采用凿除一小部分混凝土,清除出被剪断螺栓杆的上部,采用电焊接上一段新螺栓杆的方法进行整治。

圬工梁上锚栓剪断时,可将支座上座板与梁底镶角板焊起来(采用这一办法必须保证镶角板与梁体联成整体,如发现镶角板与梁体里面支座螺栓外端脱开,则必须将其焊牢)。具体办法:采用 60 mm×40 mm×8 mm 的不等肢角钢,200 mm 长,每个支座用 2 根,沿梁长方向将角钢短肢焊于梁底的镶角板上,长肢焊于支座的座板上(如没有此种角钢也可用 10 mm 厚的钢板弯制),如图 5-6 所示。

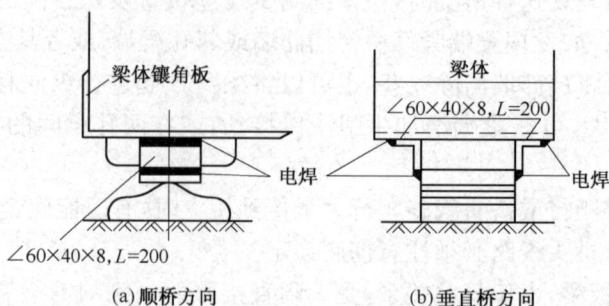

图 5-6　上锚栓折断后加固(上下锚栓未示)(单位:mm)

(3)支座位置不正、滑行或歪斜超过容许限度的整治

应用千斤顶顶起梁身并进行适当的修理或矫正,或移正梁身后重新安装支座。

利用拉紧框架或弹簧整正支座辊轴的方法可以免除起顶梁身的麻烦。框架由两个角钢和两端带丝扣及螺帽的拉杆组成。整正时,把一个角钢支承在支座底板上,另一角钢紧贴住辊轴的联结角钢,上紧拉杆螺栓,利用列车通过时辊轴的滚动及时拧紧拉杆,使列车通过后辊轴不能返回原位,经数次整正,就能把辊轴调整过来。

弹簧整正支座辊轴是用千斤顶横向顶住辊轴来移正位置,千斤顶一端支承在固定支座或挡砟墙上,在千斤顶和辊轴间垫上弹簧,把弹簧顶紧,利用列车通过时辊轴的滚动,辊轴会被顶动,再适当上紧千斤顶,经过多次整正也可以把辊轴顶回原来位置。

(4)支承垫石不平的整治

对钢梁或圬工梁平板支座,底板下支承垫石有少量麻坑或少量不平时,可用垫沥青麻布的办法进行整治。该方法的优点是经过行车挤压,能自行弥补填平,效果较好。不宜采用垫铅板、铁板、木板和石棉板等办法,因这几种方法从实践效果来看多数失效。

具体做法是:先将硬沥青(最好是用 10 号石油沥青)加热到 100~190 ℃,再加 20%～30%的滑石粉或石棉粉,边加边搅匀,然后将大小适当的细麻布放入浸制,取出浇水冷却即可使用。最少要垫两层。

(5)支座陷槽、积水、翻浆、流锈病害的整治

一般可用细凿垫石排水坡的办法,结合支座下垫沥青麻布或胶皮板进行处理,能取得一定效果。流水坡约为 3%,使水能很快排走。

具体细凿方法是:先在离石外缘 20 mm 处开始向中心推进(防止损坏边缘),最后将周边的窄条敲下来,稍加修凿即成。细凿完成后用废砂轮打磨光滑。另一种做法是先在垫石四边(桥台为三边)的外侧打上要凿去的线条,用扁凿对准线条朝里敲打,其余同前法。在细凿过程中,如发现有局部麻坑不平或边缘缺损等,可用环氧树脂砂浆腻补,凝固后一并用旧砂轮打磨平整。

要防止挡砟墙上的水流到桥台,必要时挡砟墙与支座垫石间要凿小槽排水,防止支座底板下面进水。

(6)由于支座、支承垫石的原因导致梁体不平的整治

支承垫石裂损,支座不平(四角支点不在同一平面上),或当梁体有"三条腿"(个别支座出现明显的悬空)现象以及因线路大修需整孔抬高梁体时,可选用下述办法整治或处理。

①支座下捣填半干硬水泥砂浆(水灰比 0.2~0.25),适用于抬高量在 30~100 mm;

②垫入铸钢板,适用于抬高量在 50~300 mm;

③就地浇筑钢筋混凝土垫块或更换钢筋混凝土顶帽,适用于抬高量在 200 mm 以上;

④其他压力灌注灰浆等。

实践经验证明在支座下捣填半干硬砂浆(也可用环氧树脂配制的砂浆)的办法效果好,并且有使用工具简单,封锁时间短就能恢复正常速度行车的优点。

120~160 km/h 繁忙干线的桥隧设备行车条件规定:钢梁桥不得采用橡胶支座,设置板式橡胶支座的圬工梁,必须加设可靠的横向限位装置,梁体横向位移不得大于 2 mm,横向限位装置应按统一的设计图加工。

橡胶支座使用一定时间后,由于受力及老化的作用发生剪切变形,其容许值应小于或等于 $0.7h_0$(目前使用的橡胶支座 $h_0=27~62$ mm),远远大于 2 mm,故根据橡胶支座设计使用条件及准高速容许位移的要求,必须设置可靠的限位装置,并且必须检查梁底支承面有无限位钢板条,如没有,必须补上。

5.3.2　墩台养护及病害整治

1. 养护与整治内容

墩台的养护包括:清除桥上及墩台顶面的污秽,防止顶面积水,疏通和改善排水设备,修补或添设防水层(对砌缝砂浆脱落进行勾缝,修整镶面,修整有蜂窝或剥落的混凝土保护层,处理风化表面,修补局部表面破损,处理裂纹及因砂浆流失或施工不良而造成的内部空洞蜂窝),修整损坏的支承垫石,加固梁拱、墩台及基础,重新翻砌或更换圬工墩台或梁拱等。现列举部分项目进行简述。

(1)排水和防水层

在养护工作中,必须经常保护墩台顶面的清洁。经常注意和保持圬工梁拱及墩台的排水畅通,以免水流入圬工内造成病害。所以圬工梁拱及墩台的顶面上都要有足够的纵向和横向流水坡,使雨水能随时流出墩台以外或流至较低地点经由泄水管(槽)排出。旧有墩台顶面没有流水坡时应凿成流水坡(注意有钢筋的墩台面不要露出钢筋),用 1∶2 水泥砂浆抹面。原有流水坡面上有破裂处所或表面脱落、凹凸不平等,须清除后将不平及凹坑处用砂浆抹平。如流水坡坡度过小,可用增加流水坡表层厚度的方法来改正,必要时另行加铺一层一定厚度的混凝土并进行表面抹光,做成 3% 的坡度。

圬工梁拱道砟槽内的排水方式有两种:一种是利用两片梁的中间空隙排水,一种是在两侧安设排水管。排水管直径不小于 10 cm,在严寒地区不小于 15 cm。每平方米汇水面积应有 4 cm² 以上的管孔面积。上面盖铁丝网或铁罩,并用较大的石块覆盖。排水管可用铸铁管或混凝土管。汇水口至出水口必须顺直,防止管内堵塞。根据养护上的方便和实践以采用两侧排水的方式为好。拱桥上道砟槽内排水可在拱圈中埋设排水管或将水流引到两相邻拱圈中间由排水管排出,单孔拱桥可引至桥头路基盲沟内排出,对于高边墙的实体拱桥,为便于检查和清理,必要时可在拱圈排水管上设置检查孔。

所有排水管道出水口必须伸出建筑物外,不够长的要接长或进行更换,以免排出的水弄脏梁拱及墩台表面。要及时清除桥上及墩台上的污秽,疏通排水管,堵塞严重的要更换,冬季要除冰。桥上道砟不洁或拱桥中填筑材料风化不良要及时清筛或更换,以求经常保持排水畅通。

桥台后路堤或道砟槽内积水常使桥台显示潮湿现象或从镶面石砌缝内流水,可将台后填土换为砂夹卵石或碎石等透水性土壤。或把翼墙内的路堤面盖一层黏土夯实,并做成顺路堤方向的下坡,在桥台翼墙后再做一道或二道盲沟使路堤内的水由盲沟排出路堤以外。开挖盲沟时,应先吊上轨,然后挖除石砟开挖土方,边挖边支撑。盲沟用片石、碎石、河砂或炉渣等做成。

(2)伸缩缝、梁与梁(或挡砟墙)间的缝隙

墩台上相邻钢筋混凝土梁间和梁端与桥台挡砟墙间,应有供梁自由伸缩的缝隙,缝隙上盖以铁板。养护工作人员应经常检查其状态是否正常。如缝隙内有道砟、泥土等应及时予以清除。盖板不严造成漏砟的要予修整。如因墩台有位移、倾斜造成桥台上梁端顶住挡砟墙时,应凿除部分挡砟墙混凝土,使之保持一定缝隙,如桥墩上两梁端顶死时,应视情况采取措施,顶起梁身进行纵向调整,使保持一定缝隙,对钢筋混凝土梁及预应力混凝土梁,当跨度≤16 m时,一般为 6 cm,跨度≥20 m时,一般为 10 cm。

石拱桥或混凝土、钢筋混凝土拱桥因原来没有伸缩缝运营中发生裂缝时,应在裂缝处补做伸缩缝。

(3)圬工局部破损的整治

①勾缝

砌体圬工由于气候的影响,雨水的侵蚀,砌缝材料质量欠佳或施工不良,最易造成砌缝砂浆的松散脱落,就需要重新勾缝。勾缝时,可用手凿或风动凿子凿去已破损的灰缝,深 3～5 cm,用压力水彻底冲洗干净,然后用 M10 水泥砂浆重新勾缝。勾缝前先刷一层纯水泥浆使砂浆与砌石能很好地结合。勾缝时用抹子把砂浆填入缝内后再用勾缝器压紧切去肥边使其密实。这种凹形缝抵抗风化较为耐久,片石砌筑物则可用平缝。

桥台和护锥接触处一般常有离缝。如用砂浆勾缝不久又会裂开,可用浸过沥青的麻筋填紧,防止雨水浸入。

②表面局部修补

当圬工表面局部损伤,脱落不太严重时,可以将破损部分清除,凿毛洗净,然后用 M10 水泥砂浆分层填补至需要厚度,并将表面抹平。当损坏深度和范围较大时可在新旧混凝土结合处设置牵钉,必要时挂钢筋网,立好模板浇灌混凝土。当损坏深度和范围较大时,可在新旧混凝土结合处设置牵钉,其直径为 16～25 mm,参看图 5-7。牵钉间距在纵横方向均不大于50 cm。埋设的方法为打眼,冲洗孔眼,孔内注满水泥砂浆,插入牵钉。待砂浆凝固后,牵钉上挂钢筋网。钢筋网一般用直径 12 mm 钢筋制成。网孔为 20 cm×20 cm,按墩台轮廓线立模,并进行支撑,然后浇筑或喷射混凝土。

③镶面石修理

镶面石破损时,可以个别更换或换以预制混凝土块。如镶面石松动而没有破碎,可先将其周围的灰缝凿去,然后取下镶面石,将内部失效灰浆全部铲除并用水冲洗干净,再用 M10 级砂浆填实,安上镶面石,并在其周围捣垫半干硬性砂浆。如镶面石更换的面积很大,为使其能与原圬工结合牢固,可在原圬工上安装带倒刺的套扣,用锚钉或爪钉与套扣相联来承托新的镶面石。

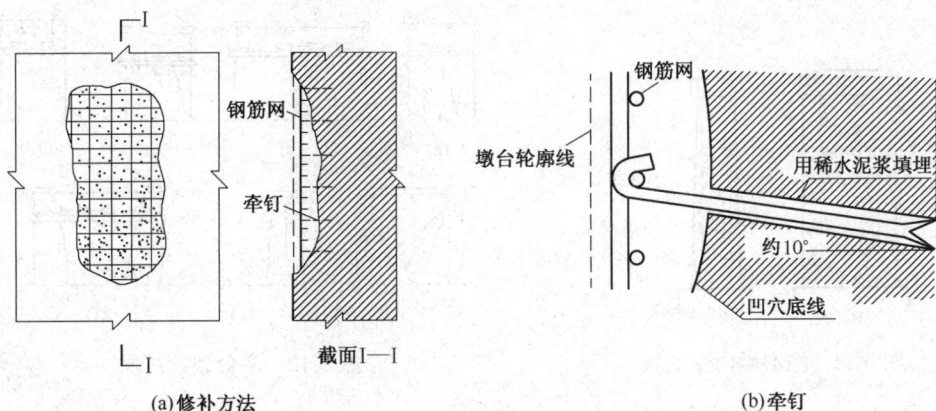

(a)修补方法　　　　　　　　　　　　　(b)牵钉

图 5-7　圬工表面局部修补

2.墩台裂纹整治

(1)墩台裂纹原因分析

①由于内外温差(日照影响和气温变化)产生温度拉应力,如图 5-8 中的向阳部分。图 5-9 中支承垫石边放射状裂纹。

②因混凝土收缩所引起的裂纹,如图 5-8、图 5-9 所示。

③由于局部应力在受拉区引起裂纹。图 5-9 所示为桥墩上顺桥轴线横贯墩帽的水平裂纹与支承垫石边的放射形裂纹。图 5-10 所示为裂纹发生于雉墙棱角部分及中线附近。图 5-11 所示为空心墩内壁四角的垂直裂纹,有的上下贯通,有的断断续续。图 5-12(f)为 U 形桥台由于翼墙与台身连接处为折角引起的裂纹。

④墩台上线路养护不良,桥台挡砟墙上或附近有钢轨接头,车轮冲击过大,如图 5-12(c)所示支承垫石从上向下发展的裂纹,图 5-12(d)所示挡砟墙自上而下发展的裂纹。

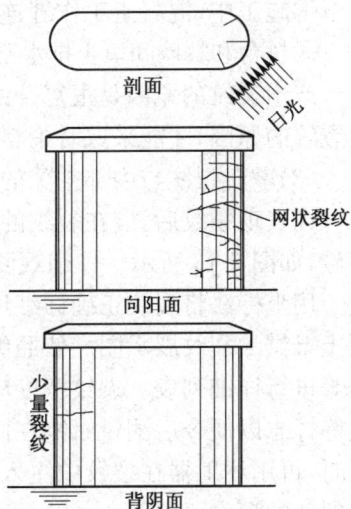

图 5-8　墩身网状裂纹

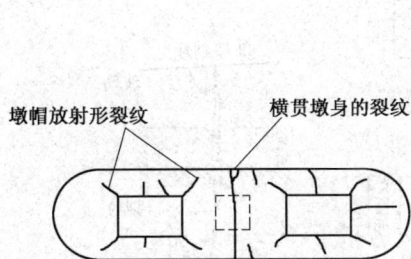

图 5-9　不等跨梁桥墩裂纹

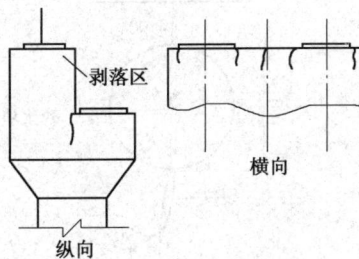

图 5-10　不等跨梁桥墩裂纹

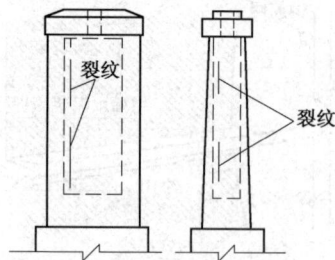

图 5-11 空心墩内壁裂纹

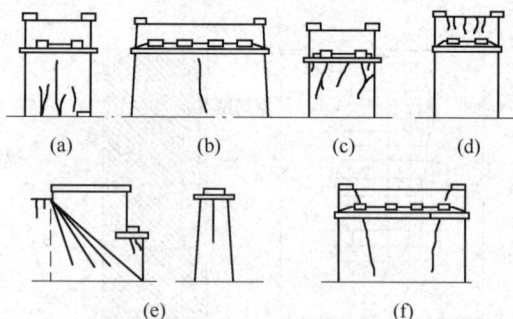

图 5-12 墩台裂纹情况

⑤基础松软。增设第二线墩台后,基础沉陷不均匀,如图 5-12(a)、(b)所示。翼墙下基础承载力不足,产生下沉或倾斜,如图 5-12(f)所示。

⑥养护不良,活动支座不能发挥作用时,如图 5-12(e)所示,墩台身侧面自上而下的垂直裂纹。

⑦施工中,混凝土工作缝连接不良,如 T 形桥台人行道悬臂与台身连接处的纵向裂纹。

⑧桥台和翼墙间填土排水不良发生冻胀,使翼墙和桥台连接处发生裂纹,如图 5-12(f)所示。

产生裂纹的原因是很复杂的,还可能是几个因素综合作用的结果,必须仔细观测并找出产生裂纹的原因,才能采取对策整治。

(2)墩台裂纹与内部空隙的观测与监视

在发现裂纹后,应在裂纹的起点和终点画上与裂纹走向相垂直的红油漆记号,并进行裂纹编号,如图 5-13 所示。仔细观测裂纹的部位、走向、宽度、分布状况、大小和长度等。

用坐标法将裂纹正确详细地记录下来。根据每条裂纹的部位、裂纹的宽度和长度给出混凝土梁拱的裂纹展示图。依照编号顺序对每一孔梁和每个墩台的第一条裂纹的长度、宽度、特征等进行详细列表。裂纹宽度应用放大镜测量,精确度应达到 0.1 mm。测量地点应用油漆做好标志以便今后测量时能在同一地点进行对比,观测其宽度有无变化。有必要检查裂纹深度时,可用注射器在裂纹中注入 0.1% 的酚酞溶液,然后开凿至不显红色为止,其开凿深度即为裂纹的深度。

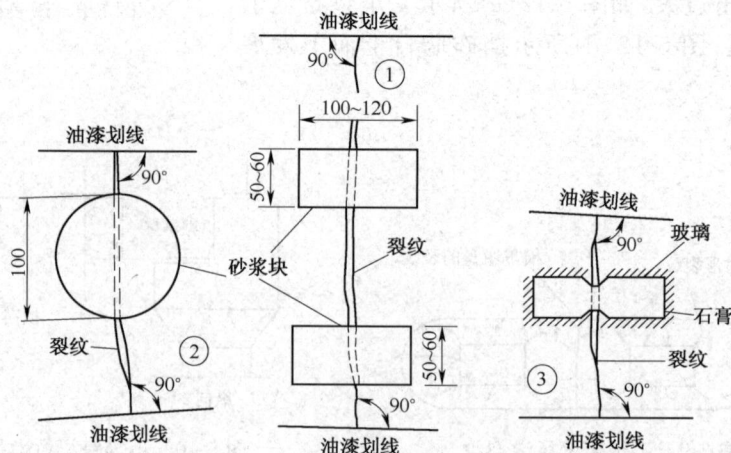

图 5-13 裂纹测标(单位 mm)

观测裂纹的变化情况,除长度可观测裂纹两端是否超出前一次油漆划线外,对裂纹是否沿宽度方向继续扩展,可做灰块或玻璃测标进行宽度观测,如图 5-13 所示。即先将安设测标部位的圬工表面凿毛,然后用 1∶2 水泥砂浆或石膏在裂纹上抹成厚 100～150 mm 的方形或圆形灰块,也可用石膏将细条状玻璃固定在裂纹两侧圬工表面上,对测标编号并注明安设日期,当裂纹继续扩展时,测标就断裂,一般裂纹宽度都较小,应尽可能采用带刻度的放大镜测量。

圬工墩台内部如有空洞或空隙,可用非金属超声波探测仪进行检查,或用小锤轻敲圬工表面听声。

在观测裂纹时,要记录气温的情况。因为气温降低时,圬工的外层比内层冷却的要快一些,外表收缩较快,这时裂纹宽度较大,当气温增高时,则情况相反。

裂纹一经出现,就有扩展的趋势。因为水渗进裂缝中,在冬季冻冰,可将其胀裂得更长更宽。另外,由于活载的作用,引起裂纹一开一合,同样会促使裂纹扩展。

裂纹一经查明并确知其不再扩展时,即应进行处理。

(3)裂纹的整治

1)对于微细而数量较多的裂纹,可用喷浆或抹浆的方法来处理,也可涂一层环氧树脂浆封闭。其配方为:6101(或 634)环氧树脂(胶凝剂)100 g,邻苯二甲酸二丁酯(增塑剂)20 g,乙二胺(硬化剂)8 g;配制方法:将定量的环氧树脂用水浴法(将物品装入器皿置于水中加温)加温至 40 ℃,加入二丁酯搅拌均匀,然后将硬化剂加入迅速搅匀即成环氧树脂浆。如果要求其颜色与普通混凝土相似,可另加细填充料:325 号普通水泥 30 g,立德粉(锌钡白)10 g,拌和均匀后将树脂浆倒入,拌均匀即可使用。涂刷前应用钢丝刷去除裂纹附近圬工表面上的污秽、油漆和灰尘,并用丙酮擦洗(如用水冲洗,则须待干燥后才能涂环氧树脂浆)。

2)对于一般的表面裂纹,可采用环氧树脂砂浆或环氧腻子腻补。环氧树脂砂浆配方:照前述配成的环氧树脂浆再加细砂(粗填充料)450 g,如要求与普通混凝土颜色近似,则需另加细填充料(普通水泥 100 g,立德粉 50 g),配制方法:粗细填充料拌和均匀后将配制好的树脂浆倒入,拌均匀即成。

环氧腻子配方:6101(或 634)环氧树脂 100 g,二丁酯 25 g,乙二胺 8 g,石膏粉 150～250 g。配制方法:配制成树脂浆后,根据当时气温,适当加入石膏粉拌匀成膏状物。

腻补裂纹做法:对宽 0.15～0.3 mm 的裂纹,沿裂纹凿一条外宽 20 mm、深约 3～7 mm 的 V 形槽,用压缩空气吹除灰尘并清刷干净后,涂一层厚约 0.2 mm 的树脂浆,再用树脂砂浆(或腻子)腻补平整,裂纹宽大于 0.3 mm 时,可沿裂纹凿一条外口宽 20 mm、内口宽 6 mm、深约 7～15 mm 的梯形槽,修补办法同上。

3)对裂纹多且深入圬工内部,或内部有空隙时,可用压注环氧树脂或水泥浆的方法进行处理。一般梁部压注环氧树脂,墩台因压注数量大,宜用水泥浆或水泥砂浆。压注前,先在圬工建筑物表面钻好孔眼,利用风压把环氧树脂浆、纯水泥浆或水泥砂浆压入圬工内部填满裂纹及空隙,以增强建筑物整体性,增加圬工强度和延长其使用寿命。

①压注环氧树脂浆

环氧树脂对混凝土有高度的黏合性能,不但黏结力强,且有不透水和耐酸、碱、盐等特性,故多年来已被广泛用来修补圬工裂纹及梁内部空隙,实践表明效果良好。压注时可采用前述环氧树脂浆,但为了压注工作的顺利进行要适当降低其稠度,也可另行配制环氧浆液。其配方为:6101(或 634)环氧树脂 100 g,二甲苯(稀释剂)20～40 g,630 号活性稀释剂(多缩水甘油醚的代号)20 g,乙二胺 10 g。裂纹宽时可适当减少稀释剂用量。配制方法:将定量的环氧树脂用水浴法加温到 40 ℃溶开,加入二甲苯和 630 活性稀释剂搅拌均匀,冷却至 25 ℃后再加入乙二胺拌匀即可使用。要求在 2 h 内用完,使用时的适宜温度为 15 ℃~25 ℃,避免在低于+5 ℃的温度施工。

②压注水泥浆或水泥砂浆

压注灰浆根据采用动力的不同有风压灌浆和电动压浆两种。

风压灌浆原理与压注环氧树脂浆相同。即以压缩空气将水泥浆或水泥砂浆从预埋灌注孔内注入。电动压浆为泵式压浆机压浆,即用电动机带动活塞往复运动,将拌和好的灰浆不断压入结构物内。

4)墩台有贯通的裂纹时,仅用压浆方法不易达到理想的效果,可设钢筋混凝土套箍来加固。也可使用锚固包,锚固包系临时将特种水泥混合料装入特制筒形纸袋内,放入水中至不再发生气泡时,即可将其从纸袋中取出,塞进孔内捣实,即可牢固地将牵钉锚固,效果较好。

5)墩台支承垫石在压力分布范围内发生裂纹或损坏时,必须予以更换。

3. 桥梁墩台和基础的加固

桥梁墩台可采用增大截面、钢套管内灌混凝土、粘贴纤维复合材料或钢板、外包钢筋混凝土套箍、更换台后填土、增设辅助挡土墙、框架梁加注浆锚杆等方法加固。基础可采用增大基础底面积、增大桩头面积增加基桩、增设支撑梁等方法加固。地基可采用高压旋喷注浆、土体注浆等方法加固,基础冲刷可用抛石、砌石防护、石笼、板桩防护、上游设导流坝、下游设拦砂坝等方法加固。现对部分方法进行简要介绍。

(1)钢筋混凝土套箍或护套加固墩台

为防止墩台身裂缝的继续发展,可采用钢筋混凝土套箍进行加固,如图 5-14 所示。套箍的数量、宽度根据裂缝情况决定。为加强套箍与墩台的连接,应先在墩台身内埋置锚杆(或拉杆、钢钎等),将围带内钢筋网与其相连,然后浇筑套箍混凝土,最后填塞裂缝。

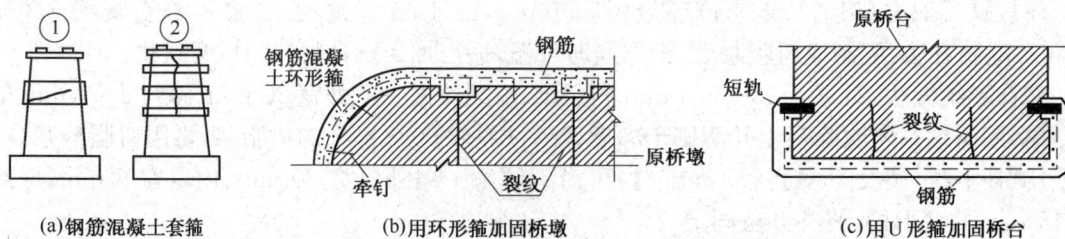

(a)钢筋混凝土套箍　(b)用环形箍加固桥墩　(c)用U形箍加固桥台

图 5-14　用钢筋混凝土套箍加固墩台

墩台身存在影响整体强度的裂缝或表面破损和风化十分严重时,可采用钢筋混凝土护套对墩台进行加固,如图 5-15 所示。护套的尺寸应能满足承受所有或大部分活载的要求。同时,也要对墩台顶部加以改造,用支承于护套上的钢筋混凝土板替代原支承垫石,以便护套参与工作。护套内需配置钢筋网,原墩台与护套的联结仍靠锚杆等与钢筋网相连。在包箍开始至浇筑的混凝土达到一定强度前,最好不使被加固的墩台受力,如采取临时墩架空措施时,列车至少也应慢行,以保证混凝土的浇筑质量。桥梁墩台的加箍加固,也可采用喷射钢纤维混凝土,其总厚度为 300 mm。在经凿毛(或喷砂)后的旧墩台混凝土表面,先喷上约 30 mm 厚的水泥砂浆,待其凝固后,喷约 100 mm 厚的早强混凝土,再喷约 140 mm 厚的钢纤维混凝土,然后喷厚约 30 mm 的水泥砂浆保护层,这种加固方法对防止新加混凝土箍产生裂纹有良好效果。喷射所用水泥可采用强度等级为 32.5 的硫铝酸盐水泥,石砟粒径 5 ~ 15mm,钢纤维规格 0.5 mm×0.5 mm×18 mm,略呈弯形。砂子为普通中粗砂。钢纤维用量约为水泥重量的3℅~5℅,混凝土配合比由试验决定。

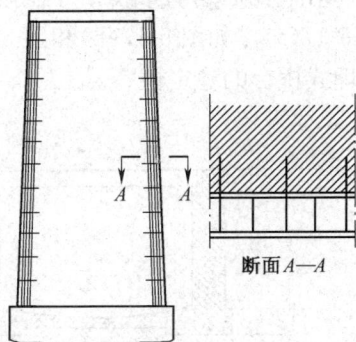

图 5-15 用钢筋混凝土护套加固桥墩

(2)翻砌墩台

墩台有较大破裂体、裂纹时,可根据损坏情况,翻砌全部墩台或只翻砌有病害的上部墩台。在重新砌筑或浇筑混凝土前,为使新旧部分圬工联结良好,保留部分的顶面应为水平面或成台阶式,每一台阶面积不小于连接处截面的1/4,宽度应为墩台的全宽。台阶的高度不宜小于0.5 m,也不宜大于墩台的全宽,并应凿毛清洗干净安装牵钉后再行砌筑或浇筑混凝土。牵钉直径大于 16 mm,里端带有倒刺或开岔,外端应带标准弯钩。安装牵钉的孔径宜较牵钉直径大 8~10 mm,孔的间距不宜大于 50 cm。

在施工之前,应设置临时支撑或轨束梁以解除原有墩台承受从桥跨结构和路堤填土传来的压力,并维持临时通车。

(3)桥台滑移和倾斜的处理

如墩台倾斜程度较小且已稳定,经计算墩身、基础仍能满足荷载要求,可将台顶包箍加大,墩身基础不作其他处理。

对于某些状态好但尺寸不足,不能承受过多土压力的桥台,也可采用减去路基一侧土压力的方法,即将台后填土换以分层干砌片石或再增设一个新的桥跨。

桥台滑移在多数情况下是由于台后土压力、滑坡等产生的或由倾斜引起的。为减少路基对桥台的水平压力,可采用具有较大内摩擦角的干砌片石等更换台后填土。对筑于软土地基上的桥台,可用透水性较好的材料更换台后填土,如图5-16所示。

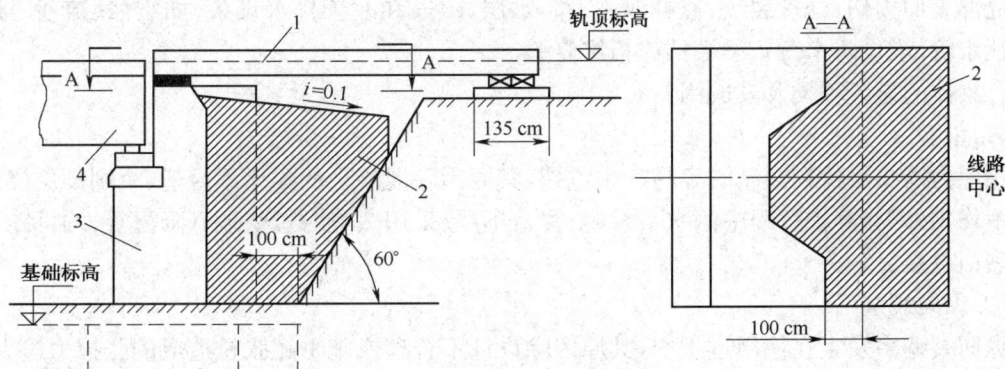

图 5-16 更换台后填土加固
1—常备式便梁;2—干砌石;3—桥台;4—桥跨结构

对单孔小跨径桥梁,可在两桥台基础之间设置支撑过梁,以预防桥台向跨中滑移,见图 5-17(a)。如图 5-17(b)和图 5-17(c)所示,在桥跨方向建造挡墙或设置支撑杆及挡块,可提高埋式桥台的稳定性。

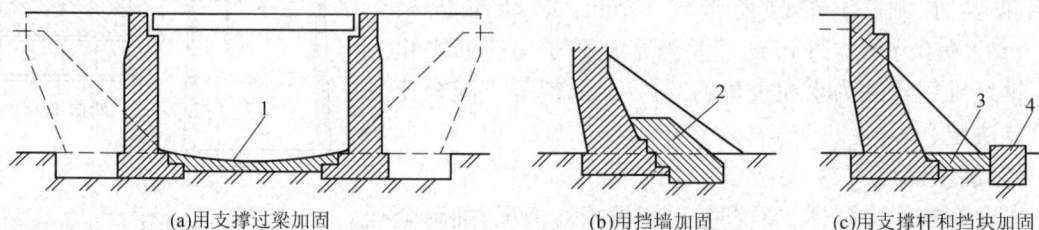

(a)用支撑过梁加固   (b)用挡墙加固   (c)用支撑杆和挡块加固

图 5-17　用支撑过梁或挡块等加固桥台

1—两桥台基础间的支撑过梁;2—挡墙;3—支撑杆;4—挡块

(4)基础加固

①扩大基础加固法。指扩大基础的底面积以减轻基底压力的加固方法。该法适用于圬工墩台的明挖基础,且其承载力不足或埋置较浅的情况。方法是在原基础周围加打基桩或下沉井、浇筑钢筋混凝土承台,并与原墩台基础混凝土相联结(通过埋设牵钉实现),但基础开挖施工中应特别注意墩台的变位,以免影响行车安全。

②压注水泥浆或矽化基底土壤。在基础之下斜向钻孔(均向墩台中心)或打入钻管至需要深度,通过孔眼及管孔在压力下压进水泥砂浆(砾石或粗砂粒土壤)、水泥浆(中砂土壤)或沸腾的沥青浆(地下水流速较大时)。最好在墩台周围作一圈旋喷桩,然后再在圈内进行静压灌浆。对大孔隙土壤,采用矽化土壤(灌水玻璃和氯化钙)效果比较显著。在进行浅基防护时可在墩周一定范围内,自一般冲刷线至一定深度的土壤中进行压注水泥浆、水泥砂浆或矽化土壤,也可打一整圈旋喷桩。

5.3.3　圬工梁的养护及病害整治

圬工梁拱的养护主要工作内容包括:清除桥上污秽;修整有蜂窝或剥落的混凝土保护层;修补局部表面损伤;处理裂纹;修补或添设防水层,疏通和改善排水设备(如维修、疏通、接长、增设泄水管、增设防水帘),梁端挡砟板维修等。

1. 梁体的裂缝种类及其成因

(1)龟裂

预应力简支梁桥在预制时容易产生龟裂,其原因除混凝土的配比不合适、个别部位浇筑混凝土不均匀外,在养护过程中洒水不及时、覆盖不严、采用蒸养时过快地升降温等,均可能造成梁体表面龟裂。

(2)纵向裂缝

纵向裂缝多发生在使用过程中,其原因除设计不合理或施工超张拉造成的张拉力过大外,还与混凝土的质量有关如有一些铁路运营线上的预应力混凝土简支梁,在运营 10 多年甚至 20 多年后出现沿纵向筋的裂缝,经调查是由碱骨料反应导致混凝土的承载力下降造成的。由于这种裂缝处于主要的受力约束部位,极易引起纵向钢筋的锈蚀,因而对结构的影响非常大。

（3）横向裂缝

横向裂缝多发生在运营使用期间，超载等各种原因造成的预应力损失超过设计预想，都可能导致横向裂缝的发生。此外，由于徐变上拱的发生和发展，在梁的上翼缘也会产生横向裂缝，特别是对活荷载比重较大的铁路桥梁更是如此，而且随着徐变的发展，裂缝也会发展，而当桥上荷载较大时，这种裂缝又会暂时闭合。

（4）主拉应力方向斜裂缝

这种裂缝一般发生在运营期间，且多出现在跨度的 1/4 附近区域的腹板上，可认为是主拉应力方向的抗裂安全储备不足而造成的。

2. 梁体的裂缝预防与处理对策

（1）龟裂的预防和处理对策

①为预防收缩裂缝的产生，应注意合理配置构造钢筋，尽可能降低水灰比，浇筑混凝土后应及时覆盖、适时浇水养护，尤其是在干燥的环境下更应注意加强养生。

②对于因温度变化过大造成的裂缝，首先应选择低水化热的水泥，合理配置构造钢筋；其次是对采用蒸汽养生的梁，应严格控制开始时的升温和结束时的降温时间，按规定使梁体混凝土缓慢升降温；在寒冷地区浇筑梁体混凝土时，要采取切实可行的保温隔热措施等。

有时在新旧混凝土接缝处沿接缝面中部的垂直方向，由于新混凝土结硬的水化热与已经结硬、冷却的旧混凝土之间存在温差，易出现温差裂缝；同时由于旧混凝土的龄期较长，收缩已大部分完成，而新浇混凝土因结硬时收缩受阻等原因，也会引起混凝土的开裂。这种情况应尽量避免，若必须如此时，则应采取适当增加构造布筋或其他的减小温差的措施。由于混凝土龟裂的深度一般不大，裂缝宽度一般也比较小，除对结构的耐久性和美观可能有影响外，不会对结构当前的受力造成影响，故可用外部涂刷或其他的封闭方法处理，以保持钢筋的保护层厚度，避免钢筋遭受腐蚀。

（2）梁底纵向裂缝

梁底纵向裂缝一般为受力裂缝，因而在设计时应合理拟定截面，确定适宜的预应力度；对于较长的跨度及桥面较宽的情况，应尽量设横向预应力。此外，对锚下局部应力应给予足够的重视，对超常规设计必要时应配合锚下局部应力试验，以免混凝土受力过大，混凝土结构的质量与所用骨料、砂的质量及水泥品种有直接关系，严把原材料质量关是保证混凝土质量的关键环节。有些运营 10 多年或更长时段的梁，因发生了较为严重的碱骨料反应，致使其承载力大幅度下降而不得不换梁，这种现象必须引起高度重视。为避免碱骨料反应的发生，应重视骨料的选用及施工用水的化验，限制水泥中的碱组分，剔除易发生碱骨料反应的材料，在配制混凝土时添加粉煤灰或硅灰等材料，细骨料的级配应尽量偏大些。

对于因截面或预应力度设计不合理导致的裂缝，应对应力的超出幅度进行具体分析。若应力超出不多，可用改性环氧混凝土将裂缝浇捣封闭；若应力超出较多，应采取加固截面或加体外预应力等措施处理；当开裂非常严重时，应废掉重做。

（3）梁顶底面的横向裂缝

对于铁路简支梁在运营期间因徐变产生的横向裂缝，一般应权衡活载上桥后的下翼缘的受力和徐变基本结束后的上翼缘在恒载单独作用下的受力情况，以及梁的竖向刚度要求，在可能的情况下减小预应力度。对于在运营中发现的横向裂缝，一般应采用改性环氧树脂封闭或在梁顶、底面用碳纤维布粘贴加固的方法处理。

（4）主拉应力方向的斜裂缝

近年来，一些在运营中出现的主拉应力方向的斜裂缝应引起特别注意。一般来讲，此类裂缝在施工过程中的影响因素非常多，裂缝一旦出现后要准确找出原因比较困难。所以，在设计时应合理地确定中、边跨比，注重跨度 1/4 处的剪应力和主拉应力的检算，适当增加箍筋配置，并充分考虑施工控制精度和工艺水平以及各项预应力损失。

梁体一旦出现开裂，多数情况下其裂缝宽度已超出规范的限定，即使当前对结构受力不会产生影响，但单从保证结构耐久性来讲也必须对其进行处理，特别是对潮湿多雨和空气中有害气体含量较高地区的桥梁以及冬季必须在桥上撒盐消冰的地区的桥梁更是如此。而近年来，有些设计和咨询部门在对结构进行优化时，往往仅从理论上出发，对一些结构截面尺寸和布筋进行了不适当的削减，而没有综合考虑施工误差、工艺水平以及运营和养护的实际情况，致使结构的实际安全度和耐久性降低，在一些其他因素的综合影响下，极有可能导致混凝土开裂甚至造成事故。总之，预应力混凝土梁桥的开裂是一个复杂的问题，涉及设计、施工、气候、运营期的荷载及运营养护等诸多方面。所以，要从根本上减少以至基本消除梁体开裂现象，还需要设计、施工、运营等各个方面的共同努力和配合。

5.3.4　梁体加固与补强

1.基本原则

根据不同桥梁的结构和材料特点，在成本可控的前提下，采用不同的加固维修方法，更换或修复损坏的桥梁构件，使桥梁整体恢复到原有的设计承载能力，保证桥梁的设计使用寿命。

对一些通过加固维修不能恢复原有设计承载能力但又必须继续使用的桥梁，要确定好加固后桥梁的实际荷载等级和桥梁的剩余使用寿命。

一般情况，不宜通过桥梁加固提高原有桥梁的设计承载能力；也不宜通过桥梁加固改变桥梁的结构受力体系。

用于桥梁加固维修的材料必须通过国家权威检测机构检测认证、各项性能指标满足现行规范和设计要求。

2.加固方法

（1）按桥梁主体结构分

①基本构件加固方法：就是通过对基本构件的加固来提高构件承载力、刚度。直接通过对构件相关部位进行加固，如增大构件截面法、粘贴钢板法、粘贴纤维复合材料法、体外预应力加固法等。

②整体加固方法：如改变结构受力体系法、新增受力构件加固法（包括拓宽法，增加横向联系法、横向预应力加固法等）。

③综合加固方法：在一座桥梁加固方案中，应根据结构受力，施工条件、病害及缺陷，各种加固方法配合综合使用。

（2）按加固受力状态分

①主动加固技术：通过施加预应力、改变结构体系等，改变结构原有的受力行为。改善桥梁恒载的内力分配，增加全桥刚度，闭合裂缝，并调整变形。该法涉及因素包括结构原有内力

的状况、原桥的施工工艺、混凝土的强度、预应力的损失、支座形式、加固的工艺等,方法得当可有效的改变结构损伤状况;方法失误可加重损伤,甚至垮塌。

②被动加固法:主要是裂缝修补、粘贴碳纤维、钢板、补强普通钢筋等。多适用于在恒载作用下承载力满足要求但活载作用下承载力不满足的情况,在中小桥和大桥进行加固时常采用。优点是不改变结构的恒载内力状况,方法灵活,可根据裂缝的位置方向随意设置,作用是控制裂缝进一步开展,提高桥梁承载能力;缺点是对已存在的裂缝需压浆封闭后再进行被动加固。

(3)按部位或梁体形式分

①梁式桥

梁体的加固方法是根据具体病害原因情况经综合分析后选用的,梁式桥主要有增大截面加固法、粘贴钢板加固法、粘贴纤维复合材料加固法、体外预应力加固法、改变结构体系加固法、空心板上部结构整体化加固法、更换主梁、增强横向整体性、混凝土裂缝处理等。具体选用可参看表 5-3。

表 5-3　梁式桥加固

简支梁、板桥		连续梁、连续刚构	
病害情况	加固方法	病害情况	加固方法
抗弯能力不足,挠度过大	施加体外预应力法;增大截面法;简支变连续法	箱梁刚度不足,严重下挠	施加体外预应力法;改变结构体系法
当承载力提高幅度不大时	粘贴钢板;粘贴纤维复合材料	箱梁抗剪承载力不足	增大截面、增设竖向预应力;粘贴钢板、粘贴纤维复合材料
个别主梁病害严重,其他主梁良好	更换主梁法	箱梁抗弯承载力不足	施加体外预应力法;粘贴钢板或纤维复合材料、增大截面
梁、板横向联系不足	增强横梁;加强桥面横向联系;增设横向预应力	箱梁顶、底板因承载力不足产生纵向开裂	粘贴钢板;粘贴纤维复合材料;增设横肋
斜截面抗剪不足	增大截面;施加体外预应力　粘贴钢板;粘贴纤维复合材料	齿板局部成压不足引起齿板破坏或锚固区箱梁局部开裂	增大截面;粘贴钢板
沿预应力钢束位置纵向开裂	封闭裂缝;耐久性处理	牛腿开裂	粘贴钢板、粘贴碳纤维板材;施加体外预应力

②拱式桥

a. 圬工拱桥:增大主拱截面、调整拱上建筑恒载、增强横向整体性等;

b. 双曲拱桥:增大截面或改变截面形式、粘贴钢板及纤维复合材料增强横向整体性;

c. 桁架、刚架拱桥:增强横向整体性、粘贴钢板及纤维复合材料、施加体外预应力以及增大构件截面;

d. 钢筋混凝土箱板(肋)拱桥:增大截面、调整拱上建筑恒载、增加拱肋、增强横向整体性以及粘贴纤维复合材料;

e. 钢管混凝土拱桥：外套钢管混凝土增大截面、粘贴纤维复合材料、更换吊杆或系杆、改善桥面系结构及增强横向整体性。

3. 体外预应力加固

(1)体外预应力的概念

钢筋混凝土梁式桥通常包括简支梁(T形梁、少筋微弯板组合梁、箱形梁及板梁等)、悬臂梁和连续梁等。当其存在结构缺陷，尤其是承载力不足或需要提高荷载等级，即需要对桥梁主要受力构件进行加固时，可在梁体外部受拉区(梁底与梁两侧)设置钢筋或钢丝束，并施加顶应力，以抵消部分永久作用应力，起到卸载作用，改善桥梁的受力状况，达到提高桥梁承载能力的目的。

(2)加固方法

对于需要加固的钢筋混凝土梁式桥，常在梁底或梁侧下部增设预应力加劲钢丝索或预应力粗钢筋，并分别锚固在梁的两端，通过设置一定的连接构件使预应力拉杆(钢丝索或粗钢筋)与梁体构成一个桁架体系，成为一次超静定结构，从而抵消部分永久作用应力，起到卸载作用，因此较大幅度地提高桥梁承载能力。

体外预应力加固法与梁底增焊(或粘贴)钢筋(或钢板)的加固方法相比，不需清凿混凝土保护层，且损伤梁体程度小，加固时不影响或少影响交通，能恢复或提高桥梁的荷载等级，经济效果较明显。但对于梁体外的预应力筋和有关构件应采取切实有效的防护措施，否则在温度、腐蚀等外界条件作用下，容易造成预应力筋断裂而使加固工作失败。

(3)加固类型与特性

体外预应力加固梁式桥，实际上亦是改变了梁体原有受力体系的加固方法。所以，根据加固对象的不同，该加固法又可分为预应力拉杆加固和预应力撑杆加固。其中，预应力拉杆加固主要用于受弯构件，而预应力撑杆加固法适用于提高轴心受压以及偏心受压钢筋混凝土柱的承载能力，例如，排架桩式桥墩、桥台以及拱桥的柱式腹拱墩等。

(4)加固法机理

通过在梁体外布设钢材的拉杆或撑杆，并与被加固的梁体锚固连接，然后施加预应力，强迫后加的拉杆或撑杆受力，从而改变原结构的内力分布，并降低原结构应力数值，使结构总承载力显著提高，且可减少结构的变形、使裂缝宽度缩小甚至完全闭合。这就是体外预应力加固梁式桥梁，并能提高其承载能力的机理。

(5)设计与施工技术

采用体外预应力拉杆补强加固梁式桥梁，由于加固后预应力拉杆与旧桥的钢筋混凝土梁或板等构件将组成一个整体并共同受力工作。补强拉杆与被补强的梁板组成一个新复合体系，改变了结构原来的静力图形。因此，应事先进行必要的设计与计算。

1)设计步骤与方法

①计算求出被补强构件提高荷载等级前所受荷载及其引起的内力，包括永久作用和可变作用内力。方法与通常桥梁设计时内力计算相同。

②计算提高荷载标准后的可变作用内力，并由永久作用与可变作用的组合来验算加固的必要性。

③由上面两项之差得出内力的提高值(即需补强加固的抵抗力矩及剪力等)，估算出补强拉杆应有的横截面面积。

④计算和确定拉杆所必需的张拉力与伸长量。由于张拉预应力拉杆达到一定应力后,外荷载有所增大,在由拉杆和被加固梁组成的超静定结构体系中,拉杆产生的作用效应增量,可按结构力学的方法进行分析,几种荷载的综合效应等于各种荷载分别作用时的效应迭加。

⑤承载力验算。按设计规范验算被加固梁在跨中和支座截面的偏心受压承载力,以及支座至拉杆弯折处或支座附近的斜截面承载力。验算中将拉杆的作用效应作为外力,并在全部荷载作用下作偏心受压分析。若验算结果不能满足规范规定时,可加大拉杆截面或改用其他加固方案。

⑥计算确定施工中控制张拉时需要的控制量。

2)施工步骤和工艺要点

以 T 梁为例说明。

①主梁锚固孔定位凿洞

②套管、垫圈、销轴应根据设计进行金属加工,但由于是旧桥加固提载,很自然各片 T 梁在制作时会有不同程度的尺寸误差,故此,应及时对套管和锚固轴的长度进行相应调整。

③用环氧砂浆埋设套管,锚固孔凿好后应进行表面处理,使孔壁清洁干燥,浮松部分应清除,配制环氧树脂砂浆,用斜面压降法或灌浆法埋设套管。

④根据设计图要求,加工斜向受拉槽钢时,对各部件分别进行切割下料,焊接前应事先进行放样。

⑤用砂轮切割机进行钢筋切割下料,并将割口毛边用锉刀锉圆,连接器和螺帽严格按设计要求的材料尺寸和工艺制作。

⑥安装预应力构件时,把斜向槽钢套入锚固销,另一端用绳子拉起或支架撑住箱形部位。

⑦张拉前设备准确就位,油泵接电、电机就位。由于张拉工作在桥下空中操作,须事先搭好操作脚手支架,如在船上搭架,须注意船只锚定稳固,油泵油管要有足够的长度。

⑧张拉预应力筋前,应事先在试验机上标定油压表与拉力的关系,以便准确控制张拉力。

⑨材料防护。

⑩在船只繁忙和桥下净空较低的河道,宜在桥梁边梁外的腹板上用红漆标志"严禁碰撞"等安全标志。

4.贴钢法

贴钢法加固桥梁一般采用环氧树脂或建筑结构胶将钢板、钢筋或玻璃钢等抗拉强度高的材料粘贴在钢筋混凝土受弯构件表面,使之与结构物形成整体,从而取得提高构件的抗弯、抗剪能力,以及减少裂缝扩展的效果。该加固方法特点:施工简便,粘钢所占空间小,不减小桥梁净空,加固施工周期短,消耗材料少;粘钢加固部位、范围与强度可视设计构造需要灵活设置,并可在不影响或少影响交通的情况下施工。贴钢法是常用的旧桥加固技术。

(1)加固机理

采用环氧树脂系列黏结剂将钢板粘贴在钢筋混凝土结构物的受拉缘或薄弱部位,使之与原结构物形成整体共同受力,以提高其刚度,改善原结构的钢筋及混凝土的应力状态,限制裂缝的进一步发展,从而达到加固补强、提高桥梁承载能力的目的。

(2)加固设计

首先,应对桥梁存在的病害与产生缺陷的原因进行分析,当确定采用粘贴钢板进行加固后,根据病害与缺陷的所在部位,确定钢板的规格和粘贴部位及形式。一般将钢板粘贴在被加固的桥梁结构受力部位的外边缘,以便充分发挥粘贴的钢板强度,同时封闭粘贴部位的裂缝和缺陷,约束混凝土变形,从而有效地提高被加固构件的刚度和抗裂性。设计时,可根据需要与可能在不同的部位粘贴钢板,有效地发挥粘钢构件的抗弯、抗剪、抗压性能。

（3）材料与构造要求

①加固所用的黏结剂,必须是黏结强度高、耐久性好并具有一定弹性。

②加固使用的钢板、连接螺栓及焊缝的强度设计值,应按现行国家标准规定采用。

③粘钢加固结合面的黏结强度,除黏结剂本身强度应确保外,主要取决于被加固构件混凝土强度,因此,粘钢加固基层的混凝土强度等级不应低于C15。

④对于受压区粘钢加固,当采用梁侧粘钢时,钢板宽度不宜大于梁高的1/3。

⑤黏结钢板在加固点外的锚固长度,除满足计算值外,尚应保证一定的构造要求:对于受拉区,不得小于200 t(t为钢板厚度),亦不得小于600 mm;对于受压区,不得小于160 t,亦不得小于480 mm;同时,锚固区尚宜增设U形箍板或螺栓等附加锚固措施。

⑥为防止钢板锈蚀,延缓黏结剂的老化,钢板表面应做密封防水防腐处理。

（4）施工工艺

钢板粘贴依据采用黏结剂的不同,其施工工艺也有所不同。若黏结剂为液状时,用注人工法;若黏结剂为胶状时,用压贴施工法。

（5）工程质量及验收

①拆除临时固定设备后,应用小锤轻轻敲击黏结钢板,从音响判断粘接效果或用超声波法探测黏结密实度。如锚固区黏结面积少于90%,非锚固区黏结面积少于70%,则此黏结件无效,应剥下重新黏结。

②对于重大工程,为真实检验其加固效果,尚需抽样进行荷载试验,一般仅做标准使用荷载试验,即将卸去的荷载重新全部加上,其结构的变形和裂缝开展应满足设计使用要求。

5. 贴碳纤维布法

工程材料的进步及新材料的出现历来是土木结构工程发展的先驱和动力。碳纤维材料的出现和成功应用于土木工程的加固与补强,使土木工程加固技术研究更上一个台阶。碳纤维是一种新型建材,因其质轻、耐腐蚀、片材很薄、抗拉强度高而被广泛应用。碳纤维布(片)加固法亦被视为梁式桥进行加固补强、提高承载能力,尤其是当高度受限制时的首选加固方法。

（1）碳纤维复合材料

碳纤维复合材料通常由纤维和基体组成。加固混凝土结构用的纤维材料目前主要有三种:玻璃纤维(GFRP)、碳纤维(CFRP)和芳纶纤维(AFPR)。纤维复合材料的力学特点是其应力应变量完全线弹性,不存在屈服点或塑性区。由于碳纤维材料具有高强、轻质、耐腐蚀、耐疲劳等优异物理力学性能,且现场施工便捷,所以是旧桥加固补强的理想材料。

普通碳纤维是以聚丙烯腈(PAN)或中间相沥青(MPP)纤维为原料经高温碳化制成,碳化程度决定着诸如弹性模量、密度与导电性等性能。碳纤维长丝直径通常为5～8 μm之间,并合成含3 000～18 000根的长丝束。为改善碳纤维与基体的亲和性,纤维本身要经表面处理,形成能与基体反应的活性基团.

（2）黏结材料

黏结材料的性能是保证碳纤维布与混凝土共同工作的关键,也是两者之间传力途径中的薄弱环节。因此,黏结材料应有足够的刚度与强度保证碳纤维与混凝土间剪力的传递,同时应有足够的韧性,不会因混凝土开裂导致脆性黏结破坏。此外,由于旧桥加固均在野外,所以黏结材料还应能在一般气候条件下固化,且固化时间(一般保证有 3 h 左右)合适,具有适宜的流动性和黏度,固化收缩率小。

(3)加固受力特点分析

①与传统的其他加固方法相比,采用碳纤维布加固旧桥能最低程度地改变原有结构的应力分布,保证在设计荷载范围内与原结构共同受力。

②将抗拉性能优良的碳纤维布用黏结材料粘贴到梁体底面或箱梁内壁上,使其与原结构一起参与受力,即碳纤维布可以与原结构内布置的钢筋一道共同承受拉力,以提高旧桥的承载能力。

③沿桥梁的主拉应力方向(或与裂缝正交方向)粘贴碳纤维布,两端分别设置锚固端,据此可约束混凝土表面裂缝、防止裂缝再扩展,从而达到提高构件抗弯刚度、减少构件挠度、改善梁体受力状态的目的。

④碳纤维布加固混凝土构件,在提高其受弯承载力的同时还可能影响受弯构件的破坏形态。当碳纤维布用量过多时,构件的破坏形态将由碳纤维被拉断引起的破坏转变为混凝土突然被压碎的破坏。与此同时,由于碳纤维为完全弹性的材料,它与钢筋的共同工作会减弱钢筋塑性性能对构件延性的影响。碳纤维布用量过多,构件延性将有所降低,因此,碳纤维布用于钢筋混凝土梁式桥的加固补强时,应根据实际情况合理使用。

⑤试验研究证实,碳纤维布能够提高混凝土梁抗剪承载力,其作用机理与箍筋类似,同时还能明显改善构件的变形性能,增强构件的变形能力。

(4)旧桥加固的特点

①不增加永久作用及断面尺寸。

②可适应不同构件形状,成型很方便。

③施工简便。

④采用碳纤维布加固补强,对原结构不产生新的损伤。

⑤能有效地封闭混凝土的裂缝。

⑥碳纤维布(片)具有优良的耐化学腐蚀性。

⑦不影响结构的外观。

(5)加固设计注意事项

①由于碳纤维布加固后在最后破坏时的突然性(拉断或剥离等脆性破坏),其承载力极限状态不能按普通钢筋混凝土的定义,一般应按碳纤维抗拉强度的 2/3 进行抗弯承载力计算。

②采用碳纤维布加固旧桥,目前一般的计算方法是将碳纤维布按照一定的标准(例如强度或允许应力)近似换算成一定用量的钢筋,然后按照传统的钢筋混凝土受力分析模型进行理论分析。虽然是近似计算方法,但理论分析结果与实验数据吻合得很好,因此在一般情况下是适用的。

(6)施工要点

①施工前的准备作业

②基面处理:混凝土表面的劣化层(如浮浆、风化层等)要用砂轮机进行清除和打磨;基面的错位与凸出部分要磨平,转角部位要进行倒角处理;裂缝部分要注入环氧树脂浆进行修补。

③基面的清洗:先用钢丝刷将表面松散浮渣刷去,然后用压缩空气除去粉尘;用丙酮或无水酒精擦拭表面,也可用清水冲洗,但必须保证其充分干燥后才能进行下一道工序的施工。

④涂刷底胶。

⑤粘贴面的修补。

⑥粘贴碳纤维布。

⑦罩面防护处理。

6.锚喷混凝土加固拱桥

（1）锚喷混凝土定义

锚喷混凝土实际上由两部分组成,首先是将锚杆锚入拟补强部位结构内,挂设补强钢筋网,然后再喷射一定厚度的混凝土,形成与原结构共同承受外载作用的组合结构。所以,锚喷混凝土是借助喷射机械,利用压缩空气将新混凝土混合料,通过管道高速喷射到已锚固好钢筋网的受喷面上,待其凝结硬化形成一种钢筋混凝土。锚喷混凝土不需振捣,而是在高速喷射时,由水泥与集料的反复连续撞击而使混凝土压密,同时又可采用较小的水灰比(常为0.4～0.45),使其与混凝土、砖石、钢材产生较高的黏结强度,所以新旧混凝土结合面上能够传递拉应力和剪应力。

（2）加固机理

锚喷混凝土加固旧桥的方法是隧道施工中的新奥法在桥梁加固中的应用,其加固桥梁的原理就是通过新增加混凝土与受力钢筋和原结构紧密结合,组成"喷射混凝土(内含补强钢筋网)——锚杆——原结构"的整体组合结构。通过锚喷加固层与原结构紧密黏结在一起,既阻止了原结构继续变形位移和开裂,又充分发挥原结构的作用,共同承受外荷载作用。

（3）锚喷混凝土的特点

锚喷混凝土在施工工艺、材料及结构等方面与普通现浇混凝土相比有许多特点,例如:不用或只用单面模板,混凝土混合料的运输、浇灌和捣固结合为一道工序;可通过输料软管在高空、深坑或狭小的工作区间向任意方位施作薄壁的或复杂造型的结构;设备与工序简单、占地面积小、机动灵活、节省劳动力,具有广泛的适应性。用于旧桥加固补强时,还具有施工快速简便、经济可靠、不中断交通等特点。

（4）锚喷混凝土旧桥加固施工工艺

喷射混凝土一般有干式和湿式两种方式。其中,干式喷射混凝土在以往的旧桥加固中采用较多。但后来应用发展起来的湿式喷射混凝土,由于明显优于干式喷射混凝土,因此已成为世界各国喷射混凝土技术的发展趋向。

1)干式喷射混凝土特点

①喷射混凝土混合料是在干燥的情况下充分拌和,然后通过送料软管靠压缩空气送到专用的喷嘴处,喷嘴内装有多孔集流腔,水在压力下通过多孔集流腔与混合料拌和。

②喷射混凝土的运输、加水拌和、振捣三个工艺程序,均是利用空压机产生的压缩空气通过喷射机使混凝土以连续高速喷向受喷面,并和受喷面形成整体一次完成。

③由于混凝土的混合料是在干燥状态下拌和的,水则是在喷射过程中加入,所以,水灰比的掌握完全凭喷射机操作人员(称喷射手)的经验。因此,喷射手的操作技艺是干式喷射混凝土加固旧桥施工成败的关键。

2)湿式喷射混凝土特点

湿式喷射混凝土的明显特点是,所采用的喷射机允许混凝土混合料在进入喷射机前或在喷射机中加入足够的拌和水,拌和均匀,然后再通过运料软管送至喷嘴喷射到受喷面上。所以,混凝土的水灰比控制准确,有利于水泥的水化,因而粉尘较小,回弹较少,混凝土均质性好,强度易于保证。但设备较干喷机复杂,速凝剂加入也较为困难。

3)施工工艺

①打毛并清洗被加固构件的表面。

②按设计要求在构件表面安设锚固钢筋。

③安设补强钢筋网。钢筋周围应有足够的间隙,以便喷射混凝土能完全包裹钢筋。注意将钢筋网牢固地绑扎或点焊在锚固筋上,以免喷射混凝土混合料时其位置产生移动

④喷射混凝土。

⑤表面修整。

⑥喷射混凝土的养生。

5.4　隧道病害与维修

隧道病害的类型主要有水害、冻害、衬砌裂损、衬砌侵蚀等。隧道病害发生较多的地段,从地质情况看,一般是断层破碎带,风化变质岩地带、裂隙发育的岩体、岩溶地层、软弱围岩地层等;从地形情况看,多发生在斜坡、滑坡构造地带、岩堆崩坍地带等。隧道内各种病害一般不是单独存在的,而是互相影响、互相作用的。其中,最常见的病害形式是水害。隧道水害不仅增加隧道内湿度,造成电路短路等事故,危及运输安全,而且还引发其他病害。隧道由于渗漏水、积水,将会造成衬砌开裂或使原有裂缝发展扩大,加重衬砌裂损。当地下水有侵蚀性时,会使衬砌混凝土产生侵蚀,并随着渗漏水的不断发展,使混凝土侵蚀日益严重。在寒冷地区,水是影响隧道围岩冻胀和导致衬砌开裂的重要因素。隧道衬砌裂损病害主要表现为衬砌的变形、开裂和错台。而衬砌一旦开裂,将会给地下水打开一条外渗的通道,引起隧道严重水害,进而就会产生衬砌混凝土的侵蚀,冬季产生冻害等。冻害循环发生,进而使衬砌混凝土再产生开裂变形,导致衬砌承载力下降。春夏季衬砌产生冻害部位解冻,被冻结的冰融化成水,致使衬砌产生渗漏水。在含有侵蚀性地下水的围岩中,地下水的侵蚀将造成衬砌混凝土的疏松、剥落,致使衬砌裂损,承载力降低。总之,隧道内各种病害并不是单独作用的,而是几种情况共同作用,对衬砌结构产生连锁破坏,致使衬砌混凝土开裂变形,产生剥落掉块等,有效厚度减薄,承载力降低,安全可靠性减小。随着病害的持续发展,最终导致衬砌结构失稳破坏。

隧道维修养护管理工作的基本原则是确保隧道的功能和运营环境的质量,而对影响隧道结构物安全性、耐久性进行检查及调查,并采取适当的对策和措施。因此,从设计阶段、施工阶段就开始必须考虑维修管理问题,为运营阶段的维修管理工作创造良好的条件。

5.4.1　外部环境防护

1. 对危及隧道安全的山体滑动治理

如遇山体滑动,可能引起隧道破坏时,可采取下列保护措施:

(1)修建挡土墙,进行保护性填土,使山体受力平衡;

(2)保护性开挖洞顶部分山体,减轻下滑重力;

(3)在滑动面以上的土体不厚的情况下,可在滑动面下端设置锚固桩抗滑。

2. 对危及隧道安全的山坡岩石破损的治理

隧道处山坡岩石如节理发育、风化严重或有坑穴、溶洞、裂缝现象时,应对地表做下列防护性封闭:

(1)用浆砌片石、石灰土、黏土等填补洞穴、封闭裂缝,稳固山坡;

(2)地表岩石松散破碎时,可喷水泥砂浆固结。

3. 危及洞口安全的山坡坍塌的治理

洞口处的边、仰坡一般较高,如坡率与岩(土)质不相适应导致坍塌时,可采取下列措施:

(1)根据实际的边、仰坡岩(土)质及高度整修坡率。如坡率无法修整,可局部加筑护面墙或挡土墙;

(2)根据具体条件,边、仰坡用绿色植物进行防护;

(3)增建或疏通过、仰坡的排水系统。

5.4.2 明洞与半山洞养护

1. 明洞

(1)明洞上的山体边坡存在危石或崩坍可能时,应及时清除或作加固处理。易坍塌处,还可进行保护性开挖;

(2)明洞上的填土厚度和地表线,应经常保持设计要求。当通过坡坍方形成局部堆积或遇暴雨洪水原填土大量流失时,均应及时调整到设计状态,以免产生严重偏压导致明洞结构变形损坏;

(3)明洞的防水层已失效或损坏的,应及时修理。其顶部覆盖填土与边坡交接处,应加修截水沟。有必要时,其他部位也可加建完善的防水、排水系统;

(4)明洞所在位置,通常地形、地质条件比较复杂,对地基要求比较高,容易产生各种病害。其处理措施如下:

①当地基强度不足,引起两边墙下沉时,可在两边墙间的路面下加建仰拱,以减小地基应力;

②在半路堑地段,特别是深埋基础的明洞外边墙可能向外侧位移时,宜在路面下设置钢筋混凝土横向水平拉杆,锚固于内边墙基础或岩体中,或用锚杆锚固于稳定的岩体中。当地形条件容许时,也可在外边墙外侧加建支撑垛墙;

③如因边墙后回填不实导致边墙侧向位移,应将回填不实部分用片石混凝土、浆砌片石回填密实,或喷注水泥砂浆。

(5)当明洞顶设置过水、泥石流等渡槽设施时,应特别注意检查这类设施是否漏水。如有漏水,应及时修补。

2. 半山洞

(1)半山洞的日常养护工作包括下列内容:

①半山洞因部分外露,对飘落的雨雪及泥草杂物,以及洞顶掉下的碎石块,应及时清除,并保持边沟畅通。及时修理、添补缺损的护栏、护墙;

②检查半山洞周围山体,洞顶危石及外侧挡墙、边坡的稳定。

(2)半山洞围岩破碎和危石的处治,可按本书前述处治围岩破碎和危石的措施办理。

5.4.3　衬砌的劣化与维修

1. 劣化原因与措施

隧道衬砌基本是由混凝土或钢筋混凝土材料构成的,混凝土结构物的劣化原因是多方面的,其表现也是多种多样的。隧道衬砌常见病害主要有:衬砌变形、开裂、渗漏水(挂冰);衬砌表面腐蚀、剥落及灰缝脱落;端墙、侧墙、翼墙位移、开裂;仰拱(铺底)拱起、沉陷、错台、开裂。研究结构物的耐久性必须对其劣化现象、劣化原因进行适宜的分类和规准化,寻找其间的相互因果关系,才能使问题得到较好的解决。既有隧道发生的劣化现象,根据劣化发生的地点,其分类如图 5-18 所示。

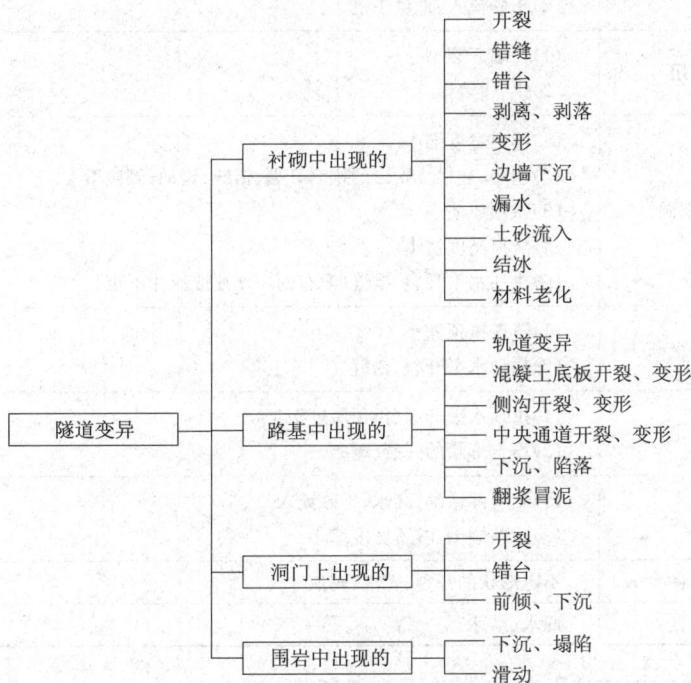

图 5-18　隧道劣化的分类

隧道的劣化多是由多种因素产生的,应根据内因和外因的组合来推定劣化原因。外因一般来自外力与环境,内因一般源自材料、设计与施工。在正确地推定劣化原因时,要有隧道工程学的知识和经验,系统地理解各种现象的特征,来推定劣化原因。产生劣化的因素见表 5-4,可作为推定劣化原因的参考。

山岭隧道是修筑在自然的地层中的一种地下结构物,对土压等外力来说,是由围岩和支护结构双方共同支持的,并维护其功能。同时采用与漏水、涌水量相匹配的排水系统来维护隧道不受水压的作用。这两点是很重要的,是地下结构的重要特征。

在隧道施工过程中,很难更精确地预测长期的围岩动态,且使用阶段也会产生预料不到的外力产生。如被动区域的衬砌背后有空洞时,易于产生变形的结构。同时,排水系统不充分时,地下水位会上升,产生水压并使围岩劣化。因此,要保持隧道内良好的排水条件,同时对衬砌背后的空洞进行回填,以防止外力作用而引起劣化。

表 5-4 主要劣化原因(内因)和现象特征

	劣化原因(内因)	劣化现象的特征
设计	直边墙	边墙上部倾倒、边墙间隔缩小、边墙水平开裂、错动
	基脚混凝土不足、填土不足	偏压、坡面蠕动造成的劣化在发展
	无仰拱	(1)轨道劣化:水平、高低等 (2)轨道劣化:土砂流入、地层下沉 (3)边墙下部挤出、水沟开裂
	排水不良	(1)边墙下部挤出、水沟开裂 (2)土砂流入、地层下沉
	无隔热层	(1)边墙开裂 (2)拱、边墙错缝
施工	拱背后空洞	(1)隧道宽度缩小 (2)边墙、起拱线附近的拱肩开裂、错缝、错动(侧压增大) (3)拱顶压溃 (4)隧道高度缩小 (5)拱顶水平开裂、错缝(没有回填压注或压注不足)
	边墙背后空洞	(1)隧道拱顶缩小 (2)拱顶水平开裂、错缝
	厚度不足	(1)拱顶水平开裂(拱顶厚度不足) (2)不定形状的开裂、剥离
	刹肩不良	(1)刹肩部错动、漏水、土砂流入 (2)边墙倾倒、隧道宽度缩小
其他	材质不良	不定形状的开裂、剥离、剥落
	防水不良	漏水、结冰

造成隧道衬砌劣化的基本原因和类型主要是:

(1)设计方面

设计前由于勘测资料不够全面,判断围岩分级的正确性差,对地质地貌考虑不周,如隧道位于地质构造偏压地段,对偏压应力考虑不足,后期出现的拱部斜裂纹与地质构造有关。设计时对隧道衬砌厚度计算不足,对地下水丰富地段未作防排水处理。

(2)施工方面

①隧道拱部开裂,特别是施工时就出现的拱部裂纹,其主要原因就是施工采用先拱后墙的施工方法。拱部完工后在拉中槽开挖马口时放炮对拱圈混凝土的影响和拱脚刹尖缝不饱满导致拱圈下沉。

②另一个原因是施工支护不及时或根本不作施工支护。

③边墙基础底虚渣未清除干净就灌筑边墙混凝土,破碎泥岩遇水软化导致边墙承载力不足,边墙下沉将边墙混凝土拉裂。这是隧道边墙出现纵向水平裂纹的主要原因。

④拱部衬砌背后不密贴围岩或回填不密实,因围岩与衬砌间有空洞,泥岩在空气和水中很

快风化,导致围岩松动脱落,加大拱部应力。严重时,导致拱部混凝土开裂,甚至掉顶。

⑤地质变化地段围岩未采取特殊预加固处理措施,发生大的塌方地段衬砌结构未加强,回填厚度不够,遇泉水时未作防排水处理。

（3）营运方面

由于施工中遗留的病害未及时整治,随着地下水的变化,使山体的压力逐渐增加;加上列车运行频繁的振动,衬砌自身抵抗外荷载能力降低,出现变形移动,开裂破损,隧道病害加剧。

通常隧道破损的形式、程度与上述因素之间没有对应的因果关系,这是由于一方面上面提到的两类引起破损的因素在很多情况下相互影响,另一方面相同的破损形式可能在不同的情况下由不同的原因而引起,或相同的破损原因又可能导致不同的破坏形式及程度。另外,还存在很多其他的引起破损的因素。例如,没有及时发现引起破损的迹象或出现破损的痕迹,由错误的判断而发生新的破损,维修及修复措施不当等。

2.隧道衬砌的维修

隧道劣化是各式各样的,对策也是各式各样的。很难有一个统一的设计方法进行设计。通常情况下都是根据经验判定进行设计。但随着设计技术的发展和加以对积累,还是可以提出设计的一般原则和方法,也有可能把设计方法标准化。这是劣化设计方法发展的总趋势。为此日本编制了《隧道劣化对策设计手册》,把设计方法予以标准化。这是一个有益的进展,应予以关注。

（1）方案设计

隧道劣化整治,一般都是利用列车天窗时间进行施工的,因此确保列车安全运行是个前提条件。应满足以下的要求。

①不侵入建筑限界(确保对策施工后的限界富裕);

②确保轨道走行的安全性(轨道不能产生超过轨道整备基准的位移);

③保持衬砌的稳定(不产生对策和衬砌的剥落、落下等)。

（2）施工组织

①确保施工与运营安全:在施工中,一边要确保列车安全运行,一边要设置临时设备,通常是很困难的,需要仔细调查设置的条件进行设计。

②方案具有良好操作性:利用天窗时间进行对策施工中,因隧道断面小,不能全部有足够的作业空间,而且照明条件也不好,架空线也需要保护等,施工条件上限制很多,需要有良好的方案对策。

③维修结构经济且耐久:隧道不能频繁地进行维修作业,因此要求结构经济上合理,具有长期的耐久性。

④针对具体原因采用相应对策:除地压产生的劣化现象外,要充分掌握隧道衬砌、排水、路基构造等,同时也要掌握衬砌的构造缺陷和劣化、漏水等状态,选用适宜的补强方法。

（3）补强等级的分类

在进行对策设计时,按 4 级进行补强等级的分级。此补强等级按劣化原因,分别示于表 5-5。

表 5-5　补强等级分级

地压情况	补强等级	I	II	III	IV
塑性地压	劣化的发展性(净空位移速度基准)	有(<3 mm/年)	稍大（3～9 mm/年）	大(>9 mm/年)	极大(>2 mm/月)
偏压坡面蠕动	拱部的劣化现象	山侧肩部发生轴向开裂	山侧肩部以外部分发生轴向开裂	压溃或剪切开裂	拱部变形、断面轴回转·移动
	劣化的发展性(净空位移速度基准)	有(<3 mm/年)		稍大(3～9 mm/年)	大(>9 mm/年)
垂直地压	拱部的劣化现象	拱部发生轴向拉伸开裂	发生交差拉伸开裂(轴向、纵向)	发生以下的开裂:(1)放射状开裂(2)块体开裂(3)压溃或剪切开裂	拱部劣化显著(有崩落的可能)
	劣化的发展性(净空位移速度基准)	有(<3 mm/年)		稍大(3～9 mm/年)	大(>9 mm/年)

①塑性地压场合的补强等级。因塑性地压发生劣化的场合,首先根据劣化的发展性进行补强等级的分级。再根据衬砌结构和劣化现象预计的地压规模修正等级,最后决定补强等级。

②偏压坡面蠕动的场合的补强等级。其产生的劣化多集中在拱部为中心的部位,对拱部的稳定性评价很重要。根据拱部的劣化程度(开裂的发展、变形、回转、移动)和发展性,进行补强等级的分级,再考虑衬砌结构(特别是拱部的缺陷)坡面状况等进行修正。

③围岩松弛垂直地压场合的补强等级。拱部的混凝土剥落是主要的,需要根据拱部的劣化程度(特别是开裂的发展、崩落的可能性)和发展性进行补强等级的分级,并根据衬砌结构、上部围岩状况等进行修正。

(4)方案的选择

在进行方案设计时,不仅要考虑作用地压、隧道衬砌构造,还要充分理解各种方案的特性,加以应用;从补强效果、施工性、经济性等观点出发,下面以回填压注、锚杆补强、内衬及内表面补强作为标准的对策。各种方案的特征如下。

①回填压注

衬砌背后有空洞,因地压产生的衬砌变形,不能期待被动地压,衬砌易于变形,劣化的程度也比较大。不管地压的状态如何,向衬砌背后回填压注是有效的方法。

②锚杆补强

锚杆补强对隧道壁面向净空侧的变形具有内压效果。同时与新建隧道的锚杆不同,为积极地发挥锚杆的作用,应加入预应力。

③内衬

内衬是在衬砌显著劣化、劣化损伤显著,而全面改建难以实现的场合,来代替、加强混凝土衬砌而采用的。

④内表面补强

采用碳纤维、玻璃纤维等板材，张贴在衬砌内表面或张贴钢板，作为抗拉材料控制开裂的开口和衬砌的变形，防止衬砌掉块、剥落、剥离。净空断面没有富裕的场合也能够采用是其特长。

5.4.4　常见衬砌病害及整治

1. 衬砌腐蚀防治

（1）腐蚀类型

1）水蚀

地下水对隧道衬砌的侵蚀是极为严重的。由于地下水的化学成分的不同，对隧道衬砌的侵蚀程度和形式也不相同。一般有溶出型侵蚀、碳酸型侵蚀、硫酸盐侵蚀和镁侵蚀等。隧道的拱部、边墙、仰拱、排水沟和电缆槽等部位都可能出现水侵蚀病害。尤其是高度在 1 m 以下的墙脚部位最为严重。排水沟、整体道床表面次之，漏水的拱顶、衬砌接缝、各种施工缺陷和裂纹周围也较普遍。

2）烟蚀

①化学性腐蚀

蒸汽机车排出的废气中含有大量的有害气体，如一氧化碳、二氧化碳和二氧化硫等。这些有害气体都溶于水，与水作用形成腐蚀性强酸，对混凝土衬砌腐蚀很大。在蒸汽机车牵引区段上的隧道，常常在拱部宽 1～2 m 范围内有条带状的腐蚀剥落，尤其是渗水或漏水部位腐蚀剥落更为严重。

在内燃机车牵引区段，因内燃机车排放的废气中含有大量的氮氧化物，尤其是二氧化氮极易溶于水，与水结合成硝酸，是一种腐蚀很强的有害物质，对衬砌产生酸性和碱性侵蚀。这些化学侵蚀是无孔不入的，在旧隧道的衬砌翻修中，经常发现衬砌内部及衬砌背后围岩处都有化学侵蚀的迹象。

②机械性磨蚀

机械性磨蚀主要指蒸汽机车烟筒喷出的高压高温烟气中含有煤颗粒，对隧道衬砌起到喷砂作用。尤其是净高较低的旧隧道，这种高温高压喷砂作用，对衬砌侵蚀很严重，不仅是机械磨蚀作用，长期在循环高温高压作用下，混凝土强度降低，甚至粉化。

3）冻蚀

严寒地区的隧道，由于衬砌混凝土中存在孔隙，冬季孔隙中含水结冰冻胀，使混凝土破坏开裂，导致衬砌损坏。尤其地下水丰富、排水不良的隧道，衬砌内含水，一旦结冰，破坏更为严重。

4）骨料溶胀

混凝土中使用遇水能发生溶解和体积膨胀岩石作为骨料。由于遇水膨胀软化，便发生混凝土腐蚀。所以在衬砌灌筑混凝土时，对粗细骨料要按规定进行严格筛选，不合格者坚决不用。

当衬砌采用石料砌筑时，也存在以上的腐蚀现象。多表现在灰缝腐蚀，黏结力和抗压强度的降低，直至完全丧失，灰缝脱落，砌块松动，导致衬砌变形。如采用抗风化腐蚀能力甚差的砂岩做衬砌的石料，就会发生灰缝完好但砂岩很快一层层剥落，使得衬砌厚度日渐变薄，导致衬砌失去承载能力而损坏。

（2）防治办法

1）局部腐蚀整治

①抹补法

当衬砌总腐蚀厚度在 10 cm 以下时，可以采用抹补法进行修补，即在腐蚀处将腐蚀层凿除，清理好基面，抹防水防蚀砂浆，厚度一般不小于 3 cm。防水防蚀砂浆的选用，要根据衬砌腐蚀的原因，有针对性地选择防蚀剂和水泥配料等。例如，沥青对于浓度 50％的硫酸、20％的盐酸，浓度小于 20％的氢氧化钠、硫酸氢钠以及任何浓度硫酸钠溶液均有抗侵蚀性。因此，沥青砂浆对酸性腐蚀处所的修补是最合适的材料。但施工时需要热拌热铺工艺，故宜用于作仰拱底或铺底和整体道床的防蚀层。沥青砂浆层下用 M10 强度等级的水泥砂浆找平。

②浇补法

当衬砌总腐蚀厚度大于 10 cm 时，宜采用浇补混凝土的修补方法。即将腐蚀层凿除，露出无腐蚀混凝土新茬，清理表面后立模浇灌抗渗标号 $B \geqslant 8$ 的防水混凝土，并在防水混凝土上设防蚀层。也可采用特种水泥砂浆或混凝土做防蚀层。

③喷补法

当隧道拱部衬砌腐蚀严重时，不宜采用抹补和浇补，而宜采用喷补。喷补即直接在被清理的基面上喷射防蚀砂浆或混凝土，一般拱部都采用挂钢筋网，用锚钉嵌固在旧衬砌上，然后喷射防蚀混凝土。为提高喷射混凝土的防蚀能力，在其上还可以喷射一层防蚀涂料。如乳化沥青涂料、偏氯乙烯共聚乳液和苯乙烯涂料等。其中，乳化沥青涂料施工简便，无臭无毒，适用冷喷涂作业，成本低，防酸、碱侵蚀均好，一般喷 2～3 次即可。苯乙烯涂料，附着力较强，长期浸水不会脱落。成本低，是由生产苯乙烯的残渣（苯乙烯焦油加入填充料、溶剂等）配制而成。

④镶补法

用耐腐蚀的块材将被腐蚀的断面砌筑镶补，形成衬砌结构补强层即为防蚀层。并以镶补层作为模型，在其内已清理的基面间灌入防蚀混凝土，施工时随砌镶补层随灌混凝土。此法适用于腐蚀层总厚度大于 25 cm 的严重腐蚀部位。块材有耐蚀强的天然石材、铸石、耐酸陶板、聚氯乙烯塑料板等。除天然石材外，其他成本都较高，使用也较少。天然石材中含二氧化硅愈高则耐酸性越好，如花岗岩、石英石、玄武岩、安山岩、文石等石材。含氧化钙、氧化镁高的石材，只能用于单纯为碱性侵蚀的部位。

⑤勾补法

当石块砌筑的衬砌在灰缝处发生严重腐蚀时，可将失效灰缝剔出来，用耐蚀胶泥重新勾缝效果较好。常用耐蚀胶泥有沥青胶泥、水玻璃胶泥、环氧胶泥和树脂胶泥以及各种有机黏结剂等。

2）大面积腐蚀整治

①衬砌腐蚀总深度超过原衬砌实有厚度的 2/3，其面积超过该段边墙或拱部表面积的60％以上时，宜将该段边墙或拱部进行翻修。如所占面积不足 60％时，可以考虑采取局部镶补或翻修。翻修时应优先采用结构层、防水层及防蚀层合一的做法。即用防蚀材料作衬砌，使防水、防蚀与结构合一。除做好翻修部分的防水外，还要注意对新旧衬砌接茬边界附近的一定范围内的防水、防蚀处理，以扩大防蚀范围和效果。实践证明，施工缝处理不好会使防水、防蚀工作前功尽弃。

②当总腐蚀厚度超过衬砌实有厚度的 1/2 且面积较大时，必须先查明衬砌的实际受力状态。根据不同情况，采取必要的临时加固措施，然后研制整治施工方案，以确保行车和施工安全。

③对于有严重冻融、骨料膨胀和有分解性侵蚀病害时,除有明显可见的衬砌内表面向外的腐蚀外,还要查明有无从外面向内腐蚀的情况。当发现衬砌内外均有腐蚀时,宜首先采取治水防蚀措施。当经过治水已能消除或大为减缓腐蚀的发展时,可以仅作内表的挖补加固。如经治水仍不能有效控制冻融和骨料溶胀时,应采取套拱加固整治措施。即将旧衬砌普遍铲除一定深度,固定钢筋网,用喷射混凝土的方法制成套拱。喷射混凝土的厚度不宜大于 15 cm,混凝土应是防蚀的并有足够抗渗性。

当原衬砌腐蚀极为严重时,可以考虑预制套拱更换旧衬砌。

2. 衬砌裂损整治

(1)衬砌裂损的描述

对于衬砌裂损应做好观测和记录工作,明确表示发生裂损的部位和裂损程度。通常用下列要素来描述:

①裂损部位

将衬砌划分为左右拱圈、左右边墙及仰拱 5 个部分,再将每个部分依其内缘周长划分 4 个等份,即把衬砌断面分为 20 个部位,如图 5-19 所示。

②裂缝宽度

δ 值是在缝口处沿垂直裂面方向量取的,如图 5-20 所示。按裂缝宽度的大小可分为四个等级:$\delta \leqslant 0.3$ mm 为毛裂缝;$0.3 < \delta \leqslant 2.0$ mm 为小裂缝;$2.0 < \delta \leqslant 20$ mm 中裂缝;$\delta > 20$ mm 大裂缝。

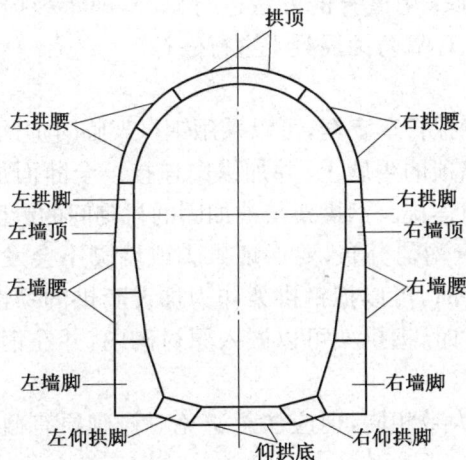

图 5-19　衬砌各部位的划分　　　　图 5-20　衬砌裂缝的描述

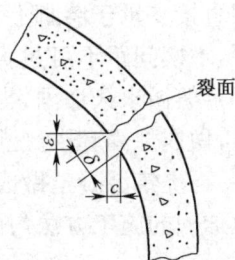

③裂缝错距

当衬砌出现错牙状裂缝时用裂缝错距表示。沿裂缝垂直方向量取的 ε 值称垂直错距;沿裂缝水平方向量取的 c 值称水平错距。根据错距的大小分为三个级别,见表 5-6。

表 5-6　裂缝错距分类

错距分类	垂直错距	水平错距	错距分类	垂直错距	水平错距
大错距	$\varepsilon \leqslant 2$ mm	$c \leqslant 2$ mm	小错距	$\varepsilon \geqslant 20$ mm	$c \geqslant 20$ mm
中错距	2 mm$ < \varepsilon < 20$ mm	2 mm$ < c < 20$ mm			

④裂缝间距

走向大致相同的两条相邻裂缝之间的距离称为裂缝间距。它被用来描述衬砌的破损程度。一般采取每一节段或每一节段中的某一部位(如左半拱、右边墙、仰拱等)为单位来分析。有时会出现某一节段同时有若干组(走向大致平行者为一组)裂缝。此时应说明裂缝的组数及各组裂缝的平均间距值。

⑤裂缝密度

裂缝密度即裂缝总面积(各裂缝长度与裂缝宽度乘积的综合)与所分析的节段或节段某一部分衬砌表面积之比值。用此比值的百分数来表示衬砌裂损的程度。

(2)整治措施

1)压浆加固

①圬工体内压浆加固

衬砌裂损发展非常缓慢或者已呈稳定状态时,可向圬工体内压浆。一般以压环氧树脂浆为多。

②衬砌背后压浆加固

衬砌背后压浆的目的是增加拱或边墙的约束提高衬砌刚度和稳定性,所以,一般可以在外臌部位局部应用。如果衬砌同时存在外臌和内臌部位,应首先采取临时措施控制内臌继续发展,然后在外臌变形部位压浆加固之后再对内臌采取加锚措施。最后达到对全断面进行整体加固的目的。

2)嵌补

对已呈稳定暂不发展的局部裂损,可以采用嵌补的方法进行修补,即将裂损部分凿除剔净,再用水泥防蚀砂浆、环氧树脂防蚀砂浆、环氧防蚀混凝土进行嵌补。

3)钢拱架加固及嵌轨加固

当衬砌裂损严重而且发展很快时,为确保行车安全,可以采用钢拱架临时加固。加固拱部时,拱架脚可以嵌入墙顶或支承于埋设在墙顶的牛腿上,并加纵向连接。全断面加固时,可以用长腿钢拱架直接支承于墙脚上,做好纵向连接。钢拱架与被加固的衬砌间的缝隙,应用密排木楔楔紧顶严,木楔间距不可过大并要注意均匀分布,要保证拱脚或墙脚不会发生下沉和移动。如需变钢拱架做永久加固,当限界允许时,可以把钢拱架作为加设套拱的劲性构架,在其外浇筑混凝土,做成加固套拱。当净空不足时,钢拱架可以嵌入原衬砌内,并在钢拱架之间加纵向连接,然后再浇筑混凝土做成套拱。

采用嵌轨加固的施工方法与嵌钢拱架大致相同,但应注意避免对衬砌原有截面的过大削弱(图 5-21)。

4)锚杆加固

衬砌内臌变形和向内位移,当背后围岩坚固良好时,采用锚杆加固是有效的。有条件时,最好采用预加应力锚杆加固,效果更好。

5)喷射混凝土加固

喷射混凝土作裂损衬砌的加固措施,其作用大致有:

①高压喷射的混凝土在裂损衬砌上形成极密实的喷层,与衬砌圬工体在高压下紧密黏合,大大提高了黏结强度,可以有效地阻止破损衬砌的松动。

②喷射混凝土可使水泥浆在喷射压力下嵌入裂缝内一定的深度,使碎裂的衬砌重新黏合起来,恢复原来的整体性。

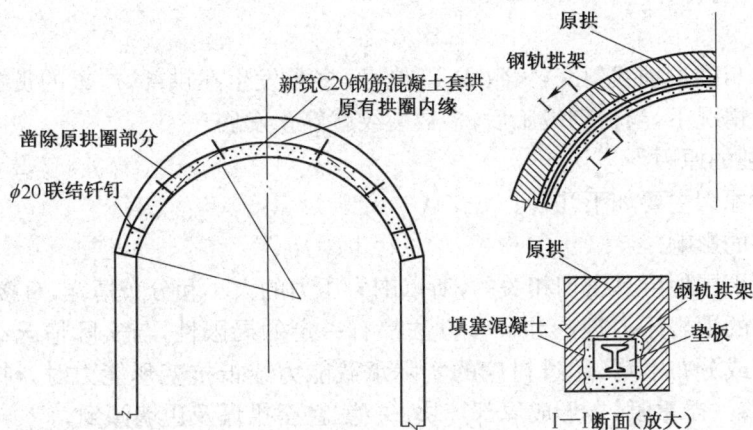

图 5-21　套拱加固

③新旧混凝土间黏结力强,加之水泥浆的渗入,提高了碎裂的衬砌整体性。新旧混凝土共同承力,提高了裂损衬砌的承载力,达到加固的目的。

为减少和防止喷层的收缩裂纹,一般常采用挂钢筋网喷射混凝土。这种钢筋混凝土喷层,增加了结构的整体性和抗震、抗冲击的能力,在运营线上多被采用。

6)喷锚结合加固

把锚杆加固与喷混凝土加固并用,可以使锚杆、高压喷层和钢筋网互相发挥其优点,弥补其缺点,对提高裂损衬砌的刚度、稳定性、承载能力效果更好,故被广泛采用。衬砌裂损加固方法还有很多,如增加套拱、成段更换新衬砌、增设混凝土支撑、更换仰拱等方法。一般的施工都比较复杂,尤其在运营线上施工对运输影响较大,故较少采用。只有在不得已情况下,才考虑停运施工,故在此不作详细介绍。

3.衬砌裂纹整治

(1)隧道分格检查法

为详细了解衬砌各部分的病害和便于比较分析,可采用分格检查办法,把隧道分成纵向(顺线路方向)和横向的节段,分段进行检查。检查时,以边墙上的洞身标为记,每 25～45 m 为一段,并按顺序编号,然后在每段中逐一进行检查,将检查出的病害用各种符号详细记录在隧道内壁的展开平面图上,展视图可以从两侧展开,也可以从线路中心线向边墙两侧展开,有仰拱的隧道,可将仰拱全部绘在右边墙下边。

(2)裂纹的类型

按衬砌裂纹方向与隧道轴线的关系,衬砌裂纹可分为纵向裂纹、环向裂纹和斜向裂纹三种。

①纵向裂纹

裂纹的方向大致与隧道轴线相平行,是裂纹中最常见的一种。多发生在拱腰部位,拱脚次之,边墙也时有发生。纵向裂纹的危害性最大,易造成衬砌剥落、掉块,边墙折断等。

②环向裂纹

裂纹方向与隧道轴线大体垂直,多数发生在洞口不良的地质地段、洞内不同围岩(主要是较差围岩)的分界地段以及施工缝等处,环向裂纹一般沿整个断面贯通。对于施工缝处的环向裂纹,多数无需作特殊处理。

③斜向裂纹

裂纹的方向与隧道轴线斜交,大致成 45°交角,多数发生在拱部,严重的贯通整个衬砌,将衬砌切断。一般情况下,当衬砌竣工后,多数裂纹就停止发展。

(3)衬砌开裂的原因

衬砌开裂的原因主要如下几种。

①地质条件的影响

衬砌裂纹与周围地层是密切相关的,所以围岩压力的大小和分布情况,直接关系到衬砌受力状态。而现在的围岩压力理论和计算方法都有一定的局限性,与实际情况有一定的出入。当围岩压力过大或分布不均,超过衬砌的实际承载能力或抵抗变形能力时,衬砌就会产生裂纹、变形或者位移。严重时,会形成局部掉块、失稳,甚至拱塌及边墙倾倒。

②地形条件的影响

隧道穿过傍山沿河地形时,多产生偏压,一般在Ⅳ级及以下围岩,地面斜坡较陡(大于1∶2.5),洞顶覆盖层又较薄时,往往由于偏压而造成衬砌开裂。

③地下水的影响

地下水的动、静水压力及严寒地区的冻胀力也是衬砌产生裂纹的重要原因之一。另外,地下水使软质围岩泥化、软化,从而导致围岩失稳,承载力降低,增加对衬砌的压力,致使衬砌出现裂纹。

据有关实测资料表明,雨季比旱季围岩压力有时要增加一倍。

④衬砌结构形式的影响

平拱(单心圆平拱)和尖拱(三心圆尖拱)衬砌,拱腰裂损较多,而尖拱衬砌比平拱衬砌拱腰裂损又多 23%～28%。

曲墙衬砌比直墙衬砌开裂要少。Ⅴ级及以下围岩采用直边墙者,墙腰内臌开裂较多;Ⅳ级及以上围岩采用直边墙者,墙腰内臌开裂较少。从结构形式来看,土质围岩中的隧道衬砌结构多为曲墙仰拱,其承受围岩压力要比直墙无仰拱有利得多,因而,其裂纹相对来说要少一些。

⑤施工的影响

隧道衬砌裂纹的产生,绝大多数是由于施工方法和施工质量不良所致。在开挖导坑以前,围岩处于应力平衡状态。导坑开挖后,破坏了这种平衡,致使应力重分布,引起围岩松弛变形。施工中,如能及时支护好,则可约束导坑的松弛变形。如坑道开挖后,岩层暴露面大且暴露时间长,则会致使围岩风化,松弛变形,增大围岩压力,引起衬砌开裂。另外,支顶不紧,混凝土质量不好,拆模过早,衬砌背后回填不密实等各种因素,都可能造成衬砌裂损。

(4)衬砌裂纹的观测

隧道、明洞应经常保持完好状态,如发现裂纹变形,应建立观测标,掌握裂纹的变化情况,必要时,应测量衬砌断面,检查衬砌变形情况。下面介绍两种裂纹观测方法。

①设置水泥砂浆块法(见前圬工裂纹观测)

②设置钎钉法

在裂纹两侧衬砌中埋入两个钎钉,两个钎钉的尖端交于一点,如图 5-22 所示。通过二钎尖端位置的相对变化,判断裂纹的变化情况。

（5）整治方法

衬砌裂纹的产生，削弱了衬砌结构抵抗围岩压力的能力，严重者还会使衬砌掉块、塌拱、边墙倒塌，危及行车安全。因此，对衬砌裂纹必须认真分析，如裂纹继续发展，有可能使衬砌产生较大变化，危及行车安全时，应及时加以整治。一些稳定了的裂纹，对衬砌无多大影响时，只需稍加凿补处理即可，下面是几种常用的衬砌加固方法。

图 5-22　钎钉测标

1）压浆加固

衬砌裂损发展非常缓慢或者已呈稳定，可以向圬工体内压浆（一般为环氧树脂浆）。

向衬砌背后压注水泥砂浆，充填衬砌与围岩的空隙，使围岩衬砌共同受力，从而达到改善衬砌结构受力状态，防止和减少衬砌开裂的目的。这种方法适用于衬砌开裂不严重，隧道无显著变形者。如衬砌开裂比较严重，可用嵌轨、套拱等方法加固后，再向衬砌背后压浆，起补强作用。

2）嵌补裂纹

对衬砌局部开裂，破坏虽较为严重，但裂缝已停止发展，衬砌尚未丧失承载力时，一般采用将裂缝凿成 V 形或 T 形槽口，在缝口处用水泥砂浆或环氧树脂砂浆嵌补的办法加固。

环氧树脂具有良好的性能：其浆液的黏度小，可灌性好；固化后的收缩性、抗渗性好，不易造成气泡、不饱满等不良现象；其浆液固化后的抗压、抗拉强度都能满足设计要求，有较高的黏结强度；并且浆液的固化时间可以调节，灌浆工艺简便，属低毒材料。

①裂缝处理

用钢钎或风镐沿裂缝方向凿 V 形槽，外口宽约 40 mm，深约 30 mm；凿槽时先沿裂缝打开，再向两侧加宽；用冲击钻打孔，孔径为 8 mm，孔距为 400 mm；用钢丝刷及压缩空气把 V 形槽和钻孔内的碎屑石粉清除干净，并清除松块；然后再用毛刷蘸酒精有机溶液，沿裂缝两侧擦洗干净并保持干燥。

②埋设灌浆嘴

埋设时，先在灌浆嘴的底盘上抹一层厚约 1 mm 的环氧胶泥，将灌浆嘴的进浆孔粘贴在预定的位置上。环氧胶泥配合比：环氧树脂：二丁酯：乙二胺：水泥＝100：30：14：365。

③封缝

配制环氧树脂砂浆。环氧树脂砂浆参考配合比为：环氧树脂：丙酮：乙二胺：水泥：砂＝100：15：10：150：300。

配制：环氧树脂 —加入丙酮→ 水浴上加热搅拌均匀 —加入二丁酯→ 搅拌均匀 —加水泥加砂→ 搅拌均匀 —→ 环氧树脂浆液。

在抹环氧树脂砂浆前，用丙酮将 V 形槽再清洗一次，然后用抹刀将树脂砂浆填入槽内，边抹边压，在砂浆收缩前再抹压密贴，刮平整以防止产生小孔和气泡。树脂砂浆填入槽内约 20 mm 厚，预留部分便于抹调色砂浆。

④密封检查

裂缝封闭后待树脂砂浆有一定强度时，进行密封检查。在裂缝表面先涂上一层肥皂水，然后从灌浆嘴通入压缩空气，如有漏气，及时进行密封。

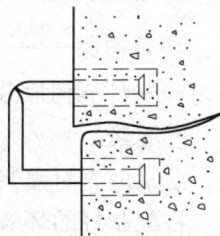

⑤配制浆液

环氧树脂 $\xrightarrow{\text{加入丙酮}}$ 水浴上加热搅拌均匀 $\xrightarrow{\text{加入二丁脂}}$ 搅拌均匀 $\xrightarrow{\text{加入乙二胺}}$ 搅拌均匀 —→ 环氧树脂浆液。

⑥灌浆

灌浆前先对灌浆机具、器具及管子进行检查,运行正常后开始灌浆。

将配制好的环氧树脂浆液放入搪瓷桶,把标尺插进桶中,并作灌浆记录;压浆时,保持在 0.2 MPa 以上的压力,并且逐渐升高。注意观察灌浆嘴的排气情况,待有纯浆排出,即可堵住灌浆嘴。待最后一个灌浆嘴流出浆液时,堵住浆嘴,再继续压注 5 min 左右,关上进浆嘴上的转芯阀门,即结束灌浆。

灌浆结束后,立即拆除管道,并用丙酮把管道、设备清洗干净。

⑦封孔结束

灌浆后经 2~4 d,待浆液凝结后,再用水泥砂浆抹平浆嘴进行封孔。

3)钢拱架及嵌轨加固

当衬砌裂缝发展较快时,为确保安全,可采用拱架临时加固,并加纵向连接。若需全断面加固,则可用长腿钢拱架加固。

拱部开裂较严重,但边墙基本完好时,可考虑采用嵌轨方法进行加固。

4)锚杆加固

通过加设锚杆将岩体与衬砌结合在一起,使衬砌与围岩共同受力,这对防止衬砌变形和错动比较有效。采用锚杆可以进行局部加固,也可进行全断面加固。锚杆的类型、长度、直径、布置方式应根据具体情况选择,一般来说,直径不宜过大。

5)喷射混凝土加固

喷射混凝土也可作为裂损衬砌的加固措施。通过喷射混凝土加固,增加了裂损衬砌的整体性并提高衬砌的承载能力。

其他加固方法还有喷锚结合加固和混凝土整拱加固以及墙基加深加固等等。

5.4.5　防排水运营维护及渗漏水整治

1.隧道排水系统维护

(1)隧道排水系统的沉淀堵塞

地下水常常比泉水含有更多的矿物质。泉水的流经路线一般较短而且就地下水的天然净化、沉降以及沉积流程而言,泉水多是一个接一个的进行。如果地下水来自于碳酸岩和岩层(例如,白垩、白云岩或大理石)或碳酸盐岩(硬石膏、石膏)甚至含盐类岩层的话,所含矿物质的百分率是很高的。当水流进隧道中,水温会超过岩石的水温,会使矿物质沿着水的流经途径沉降和沉积。举例来说,用矿物液体罐装来自碳酸岩的地下水,好进行更多的收集,由于随着高温的升降变化,地下水搅动(搅动侵蚀)结果是新白垩沉积物沉降的地方有所减少。这个过程与洞室中的滴水石构造的情况一样,在此处,只有薄薄一层的白色沉积物,因此,沉积物指的就是结块结构(结块)。整个排水系统都有碳酸盐岩沉积物,在几年之中这种沉积物结壳会达到几厘米厚。由于排水通常是循环进行的,因此会很快出现断面收缩的情况。结壳沉积物的强度很高,因此,清除它们的机械费用较高。在一些碳酸盐地区,沉淀速度几年中超过 10 cm 是可能的。

隧道底部排水系统中出现的沉积物会在隧道断面中形成瓶颈,甚至造成堵塞,这种情况特别在灰岩地区是屡见不鲜的。

(2)用水平定向钻孔技术(HDD)方法清理排水系统

清除结壳沉积物和结垢的常规方法是利用刮刀和切割工具进行机械清除。通过排水管既可以拉动滑块,如果有出入口和竖井,也可以通过检查利用机械和液压机械进行切割作业,很少用酸溶解结块沉积物。用刮和切割工具进行机械清除时常常要求相当大的组合设备,换句话说,至少有一部分设备需要靠近隧道,在一个固定的基地上,要花大量的时间和费用循环进行作业。

利用水平定向钻孔技术(HDD)清理隧道底部排水系统的方法是一种非常经济和快捷的新方法,而且,该方法几乎不会对隧道交通造成干扰。

水平定向钻孔(HDD)为改建底部排水系统提供了两种方法。第一种可行的方法是当结壳沉积物厚度不是很大的时候,使用一种指形的刀盘(在刀盘的前方本身有锐利的切削刀),利用钻杆穿过底部排水管进行掘进。指形刀盘就位,通过机械和液压机械的方式松动排水管的瓶颈,小断面可以用圆形的螺旋刀以较慢速度的进行作业。在刀盘前方和可能在刀盘侧的高压水喷嘴有助于液压机械松动、破碎和局部清除结壳沉积物。在第二个作业阶段,装有刀头的扩孔器和高压水喷嘴通过已经过刀盘处理过的断面收回。扩孔器以及高压水喷嘴一旦再次作用在结壳沉积物上时,其刀头就主要清除残余的沉积物,接着进入最后的作业阶段,在这个阶段还要用一系列的盘型扩孔器恢复作业,以便可以松动和清除仍然留在底部排水管中的剩余物(图 5-23)。

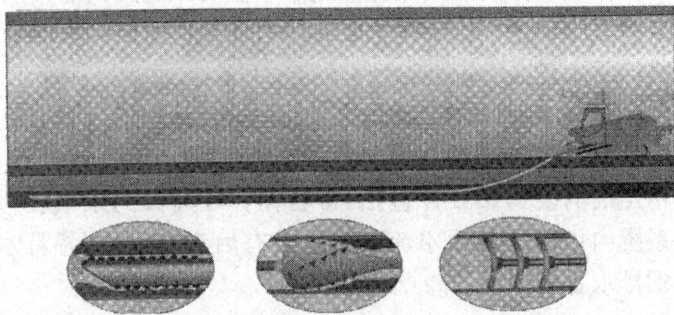

图 5-23　底部排水系统 HDD 钻孔

在结垢更多和因结壳沉积物导致断面被严重堵塞的情况下,用 HDD 法清理底部排水系统的第二种方法是合理的。在底部排水管中用钻杆推动刀盘的情况下,用泥浆马达代替刀盘。这种泥浆马达配备有刀头和转子/定子驱动器,在地下水理想的情况下,用湿钻直接在刀头后进行掘进。采用这种方式,穿过结垢严重的底部排水管快速进行水平钻孔。在对确定的作业面进行钻孔后,用称之为开孔器的工具更换泥浆马达,用这种工具反复地处理整个底部排水管剖面——从底部排水管疏松所有的结垢,钻杆的尖锥以及开孔器的几何形状为扩大钻孔中心定向作业提供了必要的条件。这种开孔器能够完全恢复排水管断面(图 5-24、图 5-25)。

水平定向钻孔技术(HDD)技术的主要优点是隧道交通可以畅通无阻,改建排水管的时间很短,能彻底恢复原来的排水管断面,且经济、有效。

图 5-24　底部排水系统—用 HDD 钻孔

图 5-25　钻杆与钻头

（3）用硬度稳定剂进行排水系统维护

通常用拱形虹吸排水管来减少沉淀产生。在石灰饱和的地下水中，并且石灰—碳酸平衡很好，水压也较低（最高 30 m 水头压力），这种做法是可行的。但是如果水压较高，建筑材料导致碳酸波动和 pH 值升高，这种做法是不够的。否则，由于虹吸管内的流速降低，沉淀物会变得不太硬。

瑞士公路和铁路隧道的试验表明：硬度稳定剂能够防止水中沉淀，或者说至少可以用传统冲洗方法简单地去除水中沉淀。分散在水中的硬度稳定剂不是水的软化剂。实际上，在处理之前与之后对钙的硬度测定显示了硬度值的提高：使用此稳定剂，溶解的钙不能再次沉淀析出；水的钙的硬度持续稳定（因此得名），直到隧道洞口，水的硬度都可以保持稳定。

硬度稳定剂可以固体或液体的形式被分散到水中。可以通过定点投药站把液体硬度稳定剂投入排出的水中。所需的稳定剂投放速率取决于被处理排水区间末端的平均水流量。稳定剂与持续进入隧道的渗漏水相混合，足够达到预定的目标。通常投药速率不依赖于实际的水流。经验表明：由于降雨形成的水流峰值对沉淀的影响不很明显。

①液体硬度稳定剂的投放

投放液体硬度稳定剂的投药站设计包括：带有储存罐的投药泵，重新投药和测量的可能性，电力供给，排水系统内恒定的最小水流。如果没有后者，可以用稀释水。通常 1～3 ppm 的硬度稳定剂投放到排水系统中的最高点。

②固体硬度药粒

对于周期性水流或流速低的水流，或是在干燥的管壳中，固体硬度稳定剂，即所谓的药粒或药块被投放到排水系统中。

固体硬度药粒包含与一种几乎不溶的载体物质相混合的硬度稳定剂。渐渐地，稳定剂被周围的水所溶解，并通过溶解，调节排出水。药粒可以被带到排水系统中的任何一个地方（例如竖井中，钻孔中，排水空洞中，干燥的管壳中和排水管中）。药粒也能被带到过滤管上部和周围的渗漏层中。通过这种途径，水在到达排水系统之前就得到处理，这可防止进水通道的沉淀（排水管的孔槽）。

硬度稳定会长久的防止深基础及铁路公路隧道排水系统的沉淀。水质调节是基于物理过程，即使是使用 1～2 ppm 如此低浓度的外加剂，也会阻止排水管道中的石灰沉淀。维护费用相对于传统维护和清洗的排水系统通常会节省 60% 或更多。

2. 隧道渗漏水整治

(1)隧道渗漏水现状

渗漏水是隧道常见的病害,1991 年、1995 年、1997 年我国铁路工务部门 3 次对铁路隧道技术状态统计,渗漏水隧道占隧道总数的 30% 左右,实际上我国 20 世纪五六十年代修建的隧道,其渗漏水所占比例远远高于这一数字,有的隧道雨季就像水帘洞一样,严重影响行车安全。在我国铁路隧道的诸多病害中,数量较多,整治困难,投资较大,影响行车最严重的是基床翻浆冒泥,铁路工务部门 1997 年对襄渝、贵昆、成昆等 13 条线路隧道病害不完全统计,有 185 座隧道发生严重的基床翻浆冒泥,总延长达 173.411 km。另外,还有很多严寒地区的隧道有冻胀病害现象。

(2)隧道渗漏水表现形式及其对隧道的影响

1)表现形式

隧道衬砌的漏水现象一般表现为渗、滴、淌、涌几种:

渗是指地下水从衬砌外向内润湿,使衬砌内出现面积大小不等的润湿,但水仍附着在衬砌的内表面;

滴是指水滴间断的脱离衬砌落入隧底,有时连续出水,也称为滴水成线;

淌是指漏水现象在边墙的反映,水连续顺边墙内侧流淌而下;

涌是指有一定压头的水外冒。

关于滴水和不滴水,尚无定量标准,根据我国铁路隧道运营的经验,对一般隧道要求起拱线以上部位不滴水成线;对电化隧道、寒冷和严寒地区隧道、含有侵蚀性地下水的地段以及设计对防水有严格要求的地段或部位,则要求做到基本不渗水。所谓滴水,英国的隧道防水标准定义为流率至少为 3~4 滴/min,可作为参考。

2)对隧道的影响

隧道内混凝土结构的渗漏水形式可分为三种:点漏、线漏和面漏。

点漏的表现形式主要为衬砌混凝土蜂窝、孔洞渗漏水,其产生原因有:混凝土施工不当造成的孔洞,模板对穿螺栓孔及对成品保护不当,尤其是二次衬砌施工或装修施工不慎破坏原防水层等,以及孔眼未及时蜂毒、钢筋锈蚀、穿墙管等细部构造处理不当而引起的渗漏。

线漏指连续的或有一定规律的,并以线状渗漏为主要表现形式的渗漏现象。包括施工循环缝,变形缝(沉降缝和伸缩缝)和裂缝等。线漏产生的原因有:施工缝、变形缝防水设计施工不当;混凝土配合比不当,或结构变形、温度应力等使混凝土产生裂缝而渗漏,不同材质间接缝处理不当所产生的裂缝渗漏等。面漏指混凝土大面积潮湿或渗水。

面漏的主要原因有:混凝土带水浇筑,在水压力作用下,形成渗水通道;混凝土浇筑过程中,混凝土拌和不均匀,振捣不密实,出现蜂窝麻面等引起渗漏;混凝土养护不当造成早期失水严重,形成毛细管空隙,引起渗漏。

隧道渗漏水会对隧道造成以下影响:

①由于隧道内渗漏水使洞内空气潮湿,加上机车排烟的共同作用,隧道内金属设备及钢轨锈蚀严重。

②在电力牵引区段的隧道,隧道渗漏水往往造成器材绝缘性能降低,特别是严寒地区,常由于滴水挂冰造成牵引接触网短路、放电跳闸等事故。

③当隧道围岩中地下水具有侵蚀性时,由于混凝土衬砌经常受到侵蚀介质作用,使混凝土

出现起毛、酥松、麻面蜂窝、起鼓剥落、孔洞露石、骨料分离等材质破坏,严重者成豆腐渣状,腐蚀病害将导致衬砌失去对围岩的支护作用。如成昆线的百家岭隧道,隧道水质具有硫酸型侵蚀,1973年病害整治前,在边墙下部和两侧衬砌混凝土遭侵蚀,有的呈豆腐渣状,衬砌已失去支承作用,后更换衬砌,情况才有所好转。

④由于隧底积水,特别是隧底涌水,往往造成道床基底软化或淘空,破坏道床,或使道床下沉或开裂。如襄渝线的中梁山隧道,曾出现整体道床成段下沉、开裂现象,威胁行车安全。

⑤有冻害地段的隧道是指寒冷和严寒地区有可能产生冻胀危害的隧道地段,隧道拱部、边墙衬砌,不仅不允许产生滴、淌等漏水现象,而且渗水现象也不允许产生,以防衬砌挂冰侵限和出现冻融破坏。寒冷和严寒地区,由于冬季衬砌漏水,引起衬砌挂冰,侵入净空;冬季衬砌背后积水会引起衬砌冻胀开裂;隧底涌水冬季会产生隧道结冰的病害;冻胀性围岩若隧底排水不畅,加之隧底未设仰拱,底部产生不均匀冻胀而造成线路不均匀隆起,如不及时处理会威胁行车安全。

(3)渗漏水原因分析

1)混凝土施工工艺不过关,未能达到设计的抗渗性能指标。由于隧道开挖爆破施工,围岩受到不同程度振动,除影响整体性和稳定性外,还可能引起原地下水系的变化,同时衬砌背后回填施工又不可避免地存在空隙,岩石中的水必然积聚在衬砌背后,一旦混凝土浇筑出现振捣不密实、厚度不够等施工弊病,就会造成衬砌混凝土抗渗能力的降低,从而造成隧道渗漏水病害。

2)隧道防水板在铺设过程中可能出现破损严重、焊缝接头不密实、铺设过紧或过松等,将极大影响防水功能。造成防水板破损的原因很多,如:

①喷混凝土表面或围岩表面凹凸不平,防水板铺设过紧或过松;

②锚杆突出喷混凝土表面,防水板直接与之接触;

③浇筑混凝土时的摩擦力,使防水板过度紧绷,结合部位拉开;

④钢筋混凝土绑扎钢筋时将防水板刺穿等。

3)施工缝、变形缝未处理好,造成地下水从接缝处渗漏出来。大量工程实践表明,防水层在施工期间和服务期间会受到各种损伤,当地下水压较大时,渗水会穿过防水层。在这种情况下,混凝土衬砌施工缝和变形缝作为结构防水中最薄弱的环节,地下水易从此处渗出。

4)排水盲管、盲沟堵塞,地下水不能顺畅的从盲管(沟)中排出,造成衬砌背后的水压积累升高,从衬砌薄弱环节处发生渗漏。

5)防水材料性能指标要求不明确,甚至性能指标过低。如作为山岭隧道防水核心的防水层,由于隧道设计规范中对防水层的性能指标缺乏具体的规定,设计人员往往不知如何从众多材料中选出合适的材料,并且防水层材料指标很多,其中很多对隧道工程的意义不是很大。

6)隧道防排水检测技术落后,没有系统的防排水检测指标,导致防水施工质量控制尺度可松可紧,在发生渗漏水隐患后又无法及时发现,导致隧道在投入运营甚至没有投入运营即发生严重的渗漏水病害。

（4）隧道渗漏水整治

1）隧道渗漏水调查

既有线隧道渗漏水整治资料，应通过向运营单位收集竣工文件、历年病害整治及大修记录图表等资料，向养护部门调查访问和现场测绘三方面进行。

①隧道渗漏水现状内容包括既有隧道的线路条件、围岩级别、衬砌类型、道床形式、防水和排水设施现状（地表截、排水系统，隧道及辅助坑道内防水和排水设施，漏水或与其有关的病害，历年整治情况等）。

②对渗漏水病害严重的地段，应进一步了解工程地质和水文地址特征，如岩性、岩层节理裂隙发育程度、渗透系数、含水层分布、地下水流向及补给情况等。

③渗漏水病害地段衬砌裂损、轨道道床等病害现状及历年整治效果。

④隧道内现场渗漏水测绘包括。

a. 洞内渗漏水范围（里程）、部位、出水形式、水量、水压及水质等；

b. 渗漏水地段应根据收集的资料绘制洞身渗漏水病害展示图，渗漏水地段的衬砌裂损严重或尚有其他病害需要整治者可一并填绘；

c. 根据调查及测绘资料，对渗漏水病害状况做分段详细描述（漏水病害形式、漏水病害发生原因分析），进行劣化评定，提出整治措施意见。

渗漏水现象描述用的术语、定义和标示符号见表 5-7。

表 5-7　渗漏水现象描述所用术语、定义及标识符号

术　语	定　义	标识符号
湿渍	地下混凝土结构背水面，呈现明显色泽变化的潮湿斑	号
渗水	水从地下混凝土结构衬砌内表面渗出，在背水的墙壁上可观察到明显的流挂水膜范围	○
水珠	悬垂在地下混凝土结构衬砌背水顶板（拱顶）的水珠，其滴落间隔时间超过 1 min 称水珠现象	◇
滴漏	地下混凝土结构衬砌背水顶板（拱顶）渗漏水的滴落速度，每分钟至少 1 滴，称为滴漏现象	▽
线漏	指渗漏成线或喷水状态	↓

2）关于隧道渗漏水劣化评定

①渗漏水类型

隧道围岩的地下水，或洞顶地表水直接地（无衬砌）和间接地（通过衬砌的薄弱环节）以渗、滴、漏、淌、涌等形式进入隧道内所造成的危害，叫漏水或涌水，是隧道中最常见的一种病害。隧道建成后，地表水或地下水向隧道周围渗流汇集，若不能及时排走将引起隧道出现病害称为积水；由于地下水渗流或流动对隧道衬砌或围岩产生的冲刷和溶蚀作用而引起的隧道病害就叫潜流冲刷；围岩中地下水因含有盐类、酸类和碱类等化学成分，对混凝土衬砌起腐蚀作用而形成的病害，叫侵蚀性水对衬砌的侵蚀，也称水蚀病害。

②渗漏水对隧道功能影响程度的等级评定

渗漏水对隧道功能影响程度的等级可分为 A、B、C、D 四个等级，A 级又分为 AA 和 A1 两等（表 5-8、表 5-9）。

表 5-8　PH 值与隧道衬砌腐蚀程度等级

等　　　级		pH 值	对混凝土的作用
A	AA(极严重)		
	A₁(严重)	<4.0	水泥被溶解,混凝土可能会出现崩裂
B(较重)		4.1~5.0	在短时间内混凝土表面凹凸不平
C(中等)		5.~6.0	混凝土表面容易变酥、起毛
D(轻微)		6.1~7.9	视混凝土表面有轻微腐蚀现象

表 5-9　渗漏水对隧道功能影响程度的评定

漏水或涌水的危害等级		隧道状态
A	AA(极严重)	水突然涌入隧道,淹没轨道,危及行车安全。电力牵引区段,拱部漏水直接传至接触网
	A₁(严重)	隧底冒水,拱部滴水成线,严寒地区边墙淌水,造成严重翻浆冒泥,道床下沉,不能不能保持正常轨道的几何尺寸,危害正常运行
B(较重)		隧道滴水、淌水、渗水等引起洞内局部道床翻浆冒泥
C(中等)		漏水使基床状态恶化,钢轨腐蚀,养护周期缩短,继续发展将来会升至 B 级
D(轻微)		有漏水,但对列车运行及旅客安全无大威胁,并且不影响隧道的使用功能

3)隧道渗漏水整治原则

依据《地下工程防水技术规范》(GB 50108),隧道渗漏水治理应符合以下规定:

①地下工程渗漏水治理应遵循"堵排结合、因地制宜、刚柔相济、综合治理"的原则;

②渗漏水治理时应掌握工程原防、排水系统的设计、施工、验收资料。

③治理施工时应按先顶(拱)后墙后底板的顺序进行,应尽量少破坏原有完好的防水层;

④有降水和排水条件下的地下工程,治理前应做好降水和排水工作。

⑤治理过程中应选用无毒、低污染的材料。

⑥治理过程中的安全措施、劳动保护必须符合有关安全施工技术规定。

⑦地下工程渗漏水治理,必须由防水专业设计人员和有防水资质的专业施工队伍完成。

4)隧道渗漏水整治的措施

①大面积严重渗漏水:可采用衬砌后和衬砌内注浆止水或引水,待基面干燥后用掺外加剂防水砂浆、聚合物水泥砂浆、挂网水泥砂浆或防水涂层等措施处理;引水孔最后封闭;必要时采用贴壁混凝土衬砌加强。

②大面积一般渗漏水和漏水点,可先用速凝材料堵水,再做防水砂浆抹面或防水涂层加强处理。

③渗漏水较大的裂缝,可用速凝浆液进行衬砌内注浆堵水,渗水量不大,可进行嵌缝或衬砌内注浆处理,表面用防水砂浆或防水涂层加强。

④结构仍在变形、未稳定的裂缝,应待结构稳定后再进行处理,处理方法按前面第 3 条的措施进行处理。

⑤有自流排水条件的工程,除做好防水措施外,还应采用排水措施。

⑥需要补强的渗漏水部位,应选用强度较高的注浆材料,如水泥浆、超细水泥浆、环氧树

脂、聚氨酯等浆液处理,必要时可在止水后再做混凝土衬砌。

⑦锚喷支护工程,可采用引水带、导管排水,喷涂快凝材料及化学注浆堵水。

⑧特殊部位渗漏水处理可采用以下处理措施:

a. 变形缝和新旧结构接头,应先注浆堵水,再采用嵌填膨润土止水条、遇水膨胀止水条、密封材料或设置可卸式止水带等方法处理;

b. 穿墙管和预埋件可先用快速堵漏材料止水后,再采用嵌填密封材料、涂抹防水涂层、水泥砂浆等措施处理;

c. 施工缝可根据渗水情况采用注浆、嵌填密封防水涂料及设置排水暗槽的功能方法处理,表面增设水泥砂浆,涂层防水层等加强措施。

5)隧道渗漏水整治的材料选用

①速凝型防水材料

速凝型防水材料主要适用于点渗漏或较大的涌漏,该类型材料品种繁多,性能差异也很大,在使用前必须进行材料检测,并做好配合比设计。表 5-10 是常用的几种速凝型防水材料。

表 5-10　几种常用速凝型防水材料

种 类	产品名称	特 性	适用范围
硅酸钠防水剂	五矾胶泥、水泥速凝浆材、水玻璃浆材	易操作,可调性好,固化强度高,水中作业效果较差	孔洞漏水封堵
有机硅防水剂	HG301 防水剂	无毒无味	孔洞漏水封堵一般用于防水层
无机铝盐防水剂	BS3 型	酸性无毒,速凝耐压,能水中作业,抗老化性能好	孔洞和表面渗漏,砂浆性能好
无机高效防水材料	堵漏灵、堵漏停、防水灵	粉状,无毒,不易老化,施工简便,耐高温,黏结强度高,固化强度一般	单点渗漏

②膨胀性防水材料

膨胀性防水材料主要适用于底下结构施工缝的防水,同时也能在混凝土结构裂缝、变形缝、冷缩缝等慢渗水和渗漏水压较小的情况下使用,效果仅次于化学浆液,但成本更低。表 5-11 是常用的几种膨胀性防水材料。

表 5-11　几种常用的膨胀型防水材料

名 称	特 性	适用范围
BF 防水橡胶	膨胀率为 40%～250%,强度、延伸性优、耐水、耐化学介质,易成形	水压较小,时漏时不漏的混凝土缝
TS 型防水板材	重量轻,延伸率大,柔性好,强度高,耐老化	地下防水层的修补,施工缝漏水的处理
膨胀水泥(胶凝)浆材	膨胀率较小,强度高,操作方便,黏结性强,快凝。	微细裂缝慢渗的凿槽封堵
塑料止水材料	成本低,耐久性好	

③渗透型防水材料

渗透型防水材料一般都有很强的渗透性能,与混凝土表面的碱性物质起化学反应而生成凝胶体填塞孔隙形成永久性防水体,该种材料主要适用于结构表面的大面积慢渗。表 5-12 是常用的几种渗透型防水材料。

表 5-12　几种常用的渗透型防水材料

名　称	特　性	适用范围
M1500 水泥密封防水剂	无毒,渗透型较好,提高强度,吸水性一般	主要适用于防慢渗,治理成效差
TG-A 型防水剂	无毒无味,渗透型较慢,吸水性强	适用于表面渗漏较大的工程
XYPEX-PS 型防水剂	无毒,易操作,渗透性强,吸水性强,反应快,成本高	治理表面渗漏成效好,但结构表面泛白

④灌浆型防水材料

化学灌浆法适用于任何一种类型的渗漏形式,灌浆型防水材料同样也适用于各种渗漏的治理。该类型的防水材料属于柔性体,一般都和水快速聚合反应,对水有亲和性是其共同的特点,反应产生的聚合体堵塞结构内部裂缝或孔洞,从而达到堵漏止水的目的。表 5-13 是常用的几种灌浆型防水材料。

表 5-13　几种常用的灌浆型防水材料

名　称	特　性	适用范围
丙凝	压注性能好,黏度低,与水相似,能压入极细裂缝;浆液凝胶时间可调。但固结体强度低,成本较高	适用于表面渗漏较大的工程
水溶性聚氨酯	良好的亲水性,膨胀且胶凝时间可调性好,凝固体强度较高,无毒,单液压注施工简单,但凝结时间不易控制	适用于表面渗漏较大的工程
改性环氧树脂	良好的亲水性,凝胶时间可调性强,韧性高,黏结性强,固化体强度高,有补强的功能,但配制较复杂	治理裂缝渗漏较好,同时可对结构有补强作用

⑤防水堵漏材料的选用原则

a. 衬砌后注浆宜选用特种水泥浆、掺有膨润土、粉煤灰等掺和料的水泥浆、水泥砂浆;

b. 衬砌内注浆宜选用超细水泥浆、环氧树脂和聚氨酯等化学浆液;

c. 防水抹面材料宜选用掺各种外加剂、防水剂、聚合物乳液的水泥净浆、水泥砂浆、特种水泥砂浆等;

d. 涂料防水材料宜选用水泥基渗透结晶型防水涂料、聚氨酯类、硅橡胶类、水泥基类、聚合物水泥类、改性环氧树脂类、丙烯酸酯类、乙烯-醋酸乙烯共聚物类(EVA)等涂料;

e. 导水、排水材料宜选用塑料排水板,铝合金、不锈钢金属排水槽,土工织物与塑料复合排水板、渗水盲管等。

f. 嵌缝材料宜选用聚硫橡胶类、聚酚酯类等柔性密封材料或遇水膨胀止水条。

6)渗漏整治施工工艺

①凿槽引排治理

凿槽引排适用于隧道有明显渗漏,且渗漏量较大的部位,多用于施工缝、变形缝的处理,如图 5-26 所示。其施工工艺流程为:定槽位→开槽→埋管→槽身封堵→养护。

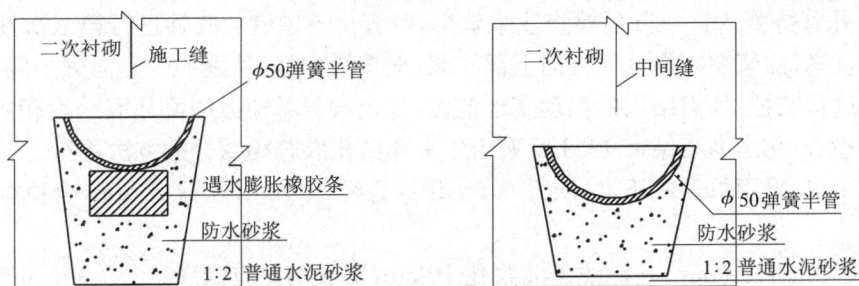

图 5-26 凿槽埋管引排示意图

②钻孔引排法

在拱部、拱脚、边墙施工缝渗漏及边墙、起拱线等部位查找漏水较严重部位或底下水丰富地段,从渗水点向下沿衬砌表面凿成楔型槽,钻引水孔,钻孔长度一般为 2 m,孔径 50 mm,孔中塞 φ30PVC 花管,管外以无纺布包紧,外缠细铁丝固定。管两头以麻筋、破布塞紧。埋设排水管,排水管为半圆形 φ100PVC 管,凹槽向内,钢卡固定,用 M20 防水砂浆填充,2 d 后在砂浆面上刷涂防水材料。如图 5-27 所示,最终将围岩和衬砌背面的水通过排水槽引至隧道边沟。

③衬砌内部化学注浆工艺

衬砌内部注浆适用于点漏、缝漏和面漏等各种形式的渗漏,通过埋设注浆嘴,将浆液浇筑到混凝土的缺陷部位填充空隙,浆液遇水膨胀,达到堵漏止水目的。

注浆化学浆材选择应掌握的原则:一是浆材的可灌性,所选化学浆材必须能够灌入裂缝,充填饱满,灌入后能凝结固化,以达到补强和防渗加固的目的;二是浆材的耐久性,所选用材料在使用环境条件下性能稳定,不易起化学变化。化学注浆可分为骑缝埋嘴注浆和斜缝埋嘴注浆。骑缝埋嘴注浆主要适用于与衬砌表面垂直的裂缝。

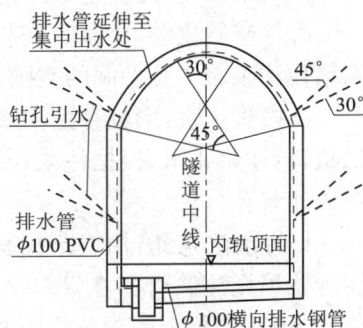

图 5-27 钻孔引排

衬砌内部化学注浆的工艺流程为:缝清洗→钻孔→清孔、埋管→表面封缝→通风检查→浆液配制→注浆→封孔处理→待凝检查→表面处理。其工艺技术要求为:

a. 缝清洗:对缝面用高压水进行清洗,直至清晰地露出裂缝为止。

b. 钻孔:在缝中心线 10～15 cm 两侧钻斜孔,孔径 18 mm,孔距 40 cm,深浅孔交替布置,浅孔深 25～30 cm,倾角约 45°,深孔深 40～45 cm,倾角约 70°。

c. 清孔、埋管:用高压水将孔清洗干净,每孔分上下两层埋设两根注浆管,一进一出,下层管径为 8 mm,埋至距孔底 5 cm,为主注浆管;上层管径为 8 mm,埋入孔内 10 cm 左右,为排水排气回浆管,埋管材料用速凝水泥。

d. 表面封缝:用玻璃丝布或堵漏灵剂进行封堵,应保证封闭密闭可靠。

e. 通风检查:待埋管材料有一定的强度后,在裂缝和管口处涂少量肥皂水,采用 0.2 MPa 的风压进行通风检查,对于盲孔应在附近重新打孔埋管。

f. 注浆方法:先灌深孔,从下层进浆管开始注浆,待上层回浆管排出孔内水、气后,封闭回浆管。根据吸浆量情况逐步升至设计压力,当吸浆率小于 1 mL/min 时,应保持压力延续灌注

30 min 即可扎管待凝。4~5 h 后检查注浆效果,对管口不饱满的胶管进行第二次注浆直至饱满。对于垂直缝,注浆顺序为从底部向上部注浆,对于纵向缝,从缝的一侧向另一侧注浆。

g. 注浆过程监控:加强结构的抬动变形监测,如出现异常应及时降压并采取相应措施。

h. 质量检查:化学灌浆结束 14 d 后采用压水和钻孔取芯相结合的方法进行。

检查孔压水:采用单点法压水,压力 0.5 MPa,孔径 28 mm,孔深 30 cm,合格标准透水率 $q \leqslant 0.1$ Lu。

钻孔取芯:孔径 89 mm,孔深浅于灌浆孔 10 cm,浆液填充应饱满。

④ 衬砌背后注浆

衬砌背后注浆主要适用于面渗漏。隧道衬砌出现大面积渗漏的原因为:衬砌背后水压大,渗水量大,混凝土防渗等级不能满足要求;混凝土本身存在质量缺陷,衬砌背后有空洞、衬砌内部有裂隙或蜂窝麻面等。隧道衬砌的大面积长期渗漏可能导致衬背与围岩间出现空洞,恶化衬砌的受力状态。衬砌背后注浆的工艺:

a. 施工准备:包括动力系统准备,搭脚手架和人员培训等。

b. 放线定位在注浆段按注浆孔布置平面图和剖面图,确定钻孔位置,钻孔深度和密度应根据隧道渗漏水情况决定,一般按梅花形布置。

c. 风钻钻孔:在确定好的孔位上,用电动凿岩机钻孔,方向与衬砌表面垂直。

d. 注浆管安装:注浆管安装如图 5-28 所示埋设。注浆管前端为花管,插入钻孔后用止浆塞堵住注浆管与孔壁间的空隙,外接注浆设备。

e. 接管注浆:用胶管把注浆管与注浆泵相连,先注水试机,再注浆止水,根据注浆压力或已注浆量确定是否结束该注浆孔。

f. 封堵注浆孔:用气割枪割除注浆管尾部,用快硬水泥砂浆填充注浆管。在管口 2 cm 处,封堵快凝砂浆,最后用 SWF 混凝土密封胶涂刷两遍。

g. 注浆注意事项:注浆压力不宜过高,只要能克服管道阻力即可,压力控制在 0.2~0.3 MPa,最高不得超过 0.5 MPa。注浆过程中要注意观察结构的抬动变形,如衬砌发生变形,马上降低压力或停注;注浆顺序:由低处向高处,由无水向有水处依次压注,以利于充填密实,避免浆液被水稀释离析。当漏水较大时,应分段留排水孔,以免水压抵消注浆压力。最后排水孔可进行封堵或引排到

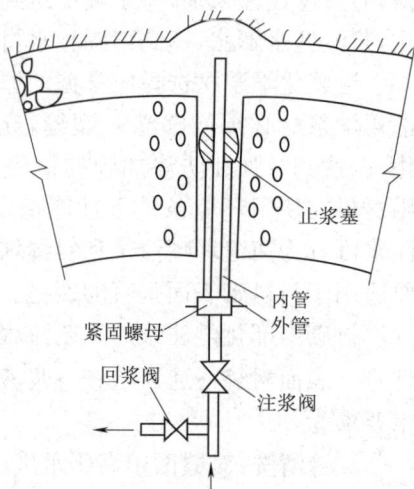

图 5-28 注浆管埋设

边沟;注浆需连续作业,不得任意停泵,以防砂浆沉淀,堵塞管路,影响注浆效果;注浆过程如发生施工缝、变形缝、裂缝漏浆,可用快凝砂浆堵漏后继续注浆;若冒浆或跑浆严重,需关泵停压,待 2~3 d 后进行 2 次压注。

5.4.6 限界改善

当原衬砌限界过小,其净空尺寸不能满足现行标准时,要扩挖施工,以改善限界,使之满足要求。对于衬砌局部变形引起的小范围衬砌超限,可以采取凿除侵限部分衬砌解决。而对于净高、净宽严重不足的隧道,要改善其限界,施工复杂,困难较大。下面介绍一些常用的施工办

法及注意事项。

1. 落底改善净高

如果旧隧道衬砌还可使用，仅净高不够，则可降低线路标高，以满足净空要求。

采用落底改善净高要注意以下几个问题：

(1) 降落线路标高后，应满足线路纵断面的有关要求。

(2) 降坡对隧道前后建筑物的影响。如牵涉到前后的桥梁、隧道及车站等建筑物随之变动时，则不宜采用此方法。

(3) 落底对边墙的影响。如边墙有可能被推移时，应采取加深展宽墙基或铺设抑拱解决，亦可加设混凝土支撑以抵御水平推力。

(4) 施工对运营的影响。对于双线隧道可先封锁一线，施工完毕再进行另一线的施工。对于单线隧道，可采用扣轨、吊轨或扣吊结合的方法施工。如果施工给运营带来的影响较大时，可考虑采用临时便线维持行车。

2. 升拱改善净高

如采用落底改善净高受到限制，难以实施时，可考虑升拱改善净高。

采用升拱改善净高，应根据顶部围岩的好坏，及覆盖层的厚度采用顶进小导坑开挖法或内部及外部挑顶开挖法。

在运营隧道中升拱，应利用封锁时间破除旧拱，及时清理或支护未破除的危险衬砌，确保行车安全。

3. 改善净宽的方法

对于隧道净宽不足的改善，首先应对洞内线路进行分析，看看是否通过拨移线路或改变线路的曲线半径来使净宽满足限界要求，这是极为经济而又简便的办法。否则，要对隧道进行扩建。

改善净宽常采用一侧扩建的方法来完成，这种方法施工速度快，造价低，但对运营影响大。其具体做法是：当顶部围岩较好时，采用先墙后拱法改善净宽，其施工步骤如下：

(1) 用钢拱架加固旧衬砌，防止坍拱和边墙内移。

(2) 跳槽拆除旧边墙，并开挖马口（新边墙位置）。

(3) 浇筑新边墙混凝土。

(4) 处理旧拱，改换新拱。

(5) 拆除拱架支撑。

4. 跨拱法

为减少施工给运营带来的影响，可采用跨拱法改善净宽及净高。跨拱法是利用一侧边墙，在旧拱上新做一大跨度拱，跨越另一侧边墙，然后拆除旧边墙浇筑新边墙，如图 5-29 所示。

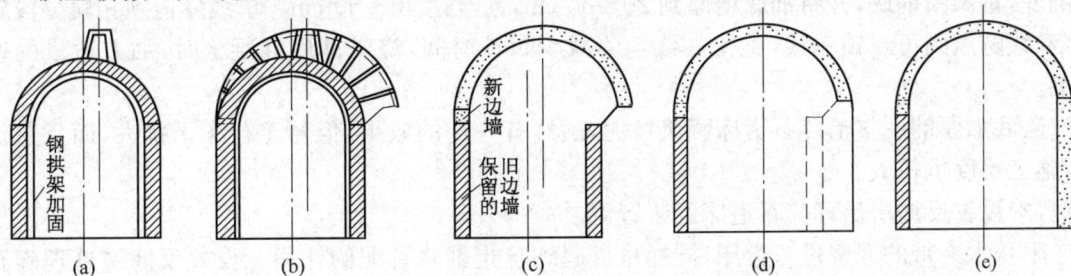

图 5-29　跨拱法施工

5.全断面加宽、升高,改善净空

有些需改建的隧道由于受到各种条件的严格限制,无法采用上述方法进行改建,因而需将全部衬砌拆除,进行全断面扩挖,重建新衬砌。

全断面扩建的工程量大,施工复杂困难,对行车干扰大,故仅在确实无法采用其他改善方法的情况下使用。

全断面扩建即是将旧拱、墙衬砌全部拆除重做衬砌。其具体施工方法主要有如下几种:

(1)全断面一次扩挖法。此法适用于岩质坚实完整,节理较少,净空过小而原来未设衬砌的隧道。当岩石很好,可采用先墙后拱法扩挖;当岩石稍差,开挖时可能有少量坍落,宜用先拱后墙法扩挖。但衬砌均为先墙后拱。

(2)顶部小导坑引进法。依次扩大落底,衬砌多用先墙后拱法,有时也采用先拱后墙,适用于围岩较为破碎的隧道扩空。

(3)压浆加固一次扩挖衬砌法。适用于围岩松软破碎的情况。此法是在隧道拟扩挖地段的顶部围岩内先压注水泥砂浆,以胶结围岩然后扩挖,衬砌先墙后拱。压浆加固对于石质以及砂夹卵石地层效果较好。同时,经验证明,压浆加固在扩挖后的保留厚度,必须达到1m左右才能发挥作用。但西北黄土地层不宜压浆,否则扩挖时反而坍塌严重。西北黄土属砂黏土,是一种大孔隙土壤,水在高压情况下很容易渗入土层内,而砂浆则因过滤作用留存在土层表面,水侵入黄土内后使原有黏结力大大降低而变成稀泥状,以致扩挖对此压浆前坍塌更为严重。宝兰铁路隧道改建时曾用过压浆加固法。

5.4.7　隧道内的基床病害及整治

1.隧道内的基床常见病害

隧道内基床常见病害有道床裂损下沉、翻浆冒泥以及流水冲空道床。这些病害如不及时整治,严重时会危及行车安全,一旦发生脱轨事故,则救援就十分困难。所以,必须根治这些病害。

上述病害产生的原因是多方面的,有水的影响,有设计和施工存在的问题,也有由于种种原因而使养护不及时等情况造成的病害继续发展。如铺底的弃砟粉末被水浸泡后呈粉糊状,经列车"拍打",泥浆透过破碎铺底便被挤入道床,列车通过后,泥浆又回大铺底,如此循环往复,使基床病害日趋严重,造成道床板结。

2.隧道基床病害的常见整治方法

(1)破底加厚铺底,整治碎石道床翻浆冒泥

从前面的病害原因分析,隧道铺底过薄,容易破裂,产生翻浆冒泥。为此,常常采用破除旧的铺底,重做新铺底,并将铺底增厚到20~30 cm,甚至达40~50 cm。单线隧道须扣轨分段施工,双线隧道则可封锁一线,施工一线。为减少封锁时间,浇筑铺底混凝土时,加入适量的速凝剂。

破底加厚铺底整治碎石道床翻浆冒泥,虽然有一定的效果,但对于行车干扰大,而且造价高,施工难度也较大。

(2)设置反滤层治理碎石道床翻浆冒泥

阻止水夹带的泥浆进入道床,同样也可起到防止翻浆冒泥的作用。设置反滤层处理碎石道床翻浆冒泥,就是基于这一原理。其施工方法是:在底上铺5~10 cm的砂垫层,再铺一层土

工纤维布,土工布上再铺 5～10 cm 的砂垫层,形成三层过滤层,阻止泥浆进入道床达到治理翻浆冒泥的目的,其短期效果尚可,造价较低。但病害容易复发,施工干扰大,应与其他治理方法比较后选用。

(3)增设双侧水沟,改整体道床为碎石道床

中心水沟式整体道床的隧道,洞内水的排除都要经过中心水沟,两侧边墙的地下水潜入隧底后无法排除,积聚在整体道床之下,泡软围岩,从而引起整体道床下沉、裂纹及翻浆冒泥。对此,可增设侧水沟和改整体道床为碎石道床方法治理,但采用这种方法治理施工复杂。

复习思考题

1. 简述桥隧养护的分类及养护原则。

2. 为何要对桥隧建筑物进行长度换算? 如何换算?

3. 简述桥隧建筑物综合维修的原则、周期及工作范围。

4. 简述桥隧建筑物经常保养的原则、周期及工作范围。

5. 如何对桥隧建筑物进行巡守,有何要求?

6. 如何对桥隧建筑物进行检查与状态评定?

7. 桥梁墩台病害主要有哪些? 简要说明相关整治措施。

8. 劣化程度如何分级?

9. 涵洞和桥梁最基本的区别是什么?

10. 桥梁按其长度可分为几种?

11. 简答钢桥的主要优缺点。

12. 支座的主要作用是什么?

13. 简述钢支座的缺点及种类。

14. 简述隧道衬砌劣化基本原因(内因)和劣化特征。

15. 如何对隧道裂缝进行嵌补处理?

第6章　路基养护

路基病害的产生和发展与路基填料的工程性质、地表水与地下水、列车振动荷载、土的动力强度特性和温度及其变化有关。主要是路基填料、水、列车荷载和温度变化等各项因素综合作用的结果，各种因素之间又相互关联，铁路路基病害发生的原因非常复杂，并且每一种病害都有自己特殊的病理。但归纳起来主要有两个方面，一是特定的地质环境，二是气候变化和列车振动荷载息息相关。对路基病害应尽量防患于未然，以"预防为主、治养并重、排水防水、安全第一"为出发点，治早治小，多做预防性工程。

6.1　概　　述

路基设备修理分为路基大修和路基维修，其基本任务是：经常保持路基本体及其排水、防护、加固等设备的完好状态，延长设备使用寿命；及时整治路基病害，预防病害的发生和发展；有计划地改善路基设备状态，不断提高路基整体强度。

路基大修、维修工作应采用信息化管理技术，积极应用新技术、新材料、新工艺及先进的检测手段，努力发展机械化，提高作业效率和工作质量。

1. 路基维修

路基维修包括路基设备的综合维修、小型病害整治、经常保养和巡守工作。贯彻"预防为主，检修并重，综合整治，排水第一"的原则，做到综合维修、小型病害整治与经常保养相结合，重视检查和巡守工作，对路基病害应治早、治小，防患于未然。

2. 路基大修

根据路基设备的技术状态和病害情况，按轻重缓急合理安排修理和病害整治。

6.1.1　工作范围

路基维修工作包括路基设备的综合维修、小型病害整治、经常保养和巡守工作。

1. 综合维修

综合维修包括整修各种排水设备；修补边坡植被；整修各种防护、加固设备；修理路基范围内的河岸防护、河流调节等建筑物；整修路基安全设备(栏杆、检查梯、检查台阶等)；清除或固定危石；修补坡面岩石裂缝；修补防护栅栏。

2. 小型病害整治

小型病害是指技术不太复杂、整治工程量较小(圬工 100 m³、土石方 500 m³ 以下)的路基病害。其范围包括：堑坡、山坡上的危岩处理；岩(土)体裂缝处理；边坡溜坍、风化剥落病害整治；基床下沉外挤、基床翻浆冒泥病害整治；河岸冲刷病害整治；排水不良病害整治等。

3.经常保养

经常保养包括少量修补边坡植被;清除零星坍体及设备上的土石堆积;清除坡面的零星活石、松动孤石,清除危树(林务管理的树及影响电力线、通信线的危树及非路产树除外),清除防护加固设备坡面的杂草,疏通各种路基建筑物的泄水孔,夯填砌体与土体间离缝,勾补脱落损坏的灰缝;夯填(填塞)影响坡面稳定的土质坡面裂缝(岩石裂缝);整平土质路肩,清除路堤肩缘下的弃砟弃土,处理路肩低洼处的积水;清除排水设备内的淤积物及杂草,勾补脱落损坏的灰缝,修补沟内及沟帮外缘的漏水部位,保持水沟出入口畅通;经常保持路基防护栏杆、检查梯(井)等检查设备及线路防护栅栏的完整牢固,按期涂漆防锈及加固修补;负责路基范围内的崩塌、落石、滑坡、泥石流等病害处所的报警装置中土建设施的检修保养;做好路基禁耕范围内的水土保持工作,提出路基坡面、坡脚及堑顶植被防护计划,由林务部门安排绿化;修筑、整修上山下河检查小道;其他临时修补工作。

6.1.2 组织机构

1.机构设置

铁路局应根据路基设备的数量合理设置路基维修组织机构。工务段应下设路基车间、路基工区(包括危岩工区)、路基重点维修工区。平原地区工务段可不设路基车间。路基车间负责管内路基维修及设备管理工作。其管辖范围,山区铁路正线延长一般为 80~150 km,下设路基工区 2~3 个为宜;平原地区或管辖范围内有编组站或一等及以上车站时,管辖长度可适当调整。车间(工区)应配备必要的路基维修机械设备、工具材料及防护用品。路基工区负责路基设备检查、综合维修、经常保养及重点病害的观测和危险地段的巡守工作。路基重点维修工区:负责小型病害整治及单项重点工作。不设路基车间的工务段,路基维修及设备管理工作由线路(桥梁)车间负责,路基综合维修和小型病害整治工作由路基工区(重点维修工区)负责;路基设备检查、经常保养和巡守工作可由线路(桥梁)工区负责,应根据路基设备的数量配给工区足够定员。风沙地区的工务段应设置治沙车间和治沙工区。

2.工作量换算

路基维修工作量换算标准(表 6-1),可作为计算维修工作定员的依据。

表 6-1 路基维修工作量换算标准

建筑物名称		系数	说 明
正线路基本体	单线铁路	1.0	
	非单线铁路	0.6	并行地段每条线
		1.0	非并行地段每条线(线间距>单线路基面宽度时)
站线路基本体	站线路基	0.1	按每条站线长度计
各种路基附属设备	浆砌片石或混凝土	0.25	支、护、挡(包括路基河调建筑物)设备圬工 1 000 m³ 折合
	干砌片石	0.3	1 000 m³ 折合
	各种排水设备	0.1	
	边坡抹面、捶面、喷锚、锚索等	0.3	1 000 m² 折合

续上表

建筑物名称		系数	说　明
各种路基附属设备	砌石或硬化路肩	0.05	
	其他		地区性病害(沙害、冻害、岩溶等)防护建筑物的换算标准由铁路局制定
路基巡守			由铁路局制定,并上报备案

注:表中数据为路基换算 km,路基换算 km 与线路换算 km 的关系规定如下:

平原:1 路基换算 km＝0.1 线路换算 km(平原系指地面相对高差在 50 m 以内,起伏不大的广阔地区)。

丘陵:1 路基换算 km＝0.3 线路换算 km(丘陵系指地面相对高差在 200 m 以内,起伏较大的地区)。

山区:1 路基换算 km＝0.5 线路换算 km(山区系指地面相对高差在 200 m 以上的地区)。

6.1.3　计划编制

1. 编制分工

工务段根据路基设备状态和病害情况编制路基维修年度建议计划报送铁路局,由铁路局结合预算安排情况下达年度计划,工务段结合预算安排情况编制月度计划下达车间。工区编制日班作业计划和巡守人员小修补计划。工务段应于每月 25 日(统计至 20 日)和每季度末前,将维修计划完成情况报铁路局。

2. 编制原则

(1)以秋检结果结合工作量调查为依据。

(2)确保排水设备按维修周期得到维修,并统筹考虑其他路基设备维修需要。

(3)安排小型病害整治应分轻重缓急,尽量做到治早治小。

(4)结合路基大修计划合理安排,提高设备修理效果。

(5)有利于维修项目实施的科学组织,提高劳动生产率。

6.1.4　路基设备检查

1. 检查制度

为及时全面掌握路基设备状态和病害情况,应对管内的路基本体及其排水、防护和加固等设备进行定期检查、经常检查、汛期检查和特殊检查,各种检查均应做好完整的检查记录。

(1)定期检查

即每年防洪(春季)检查和设备(秋季)检查。

①防洪(春季)检查

工务段长应于每年春融、汛期以前组织路基设备的全面检查工作,并参加对管内重点路基设备和重点路基病害、汛期危险地点的检查。工务段根据检查结果提出当年防洪预抢(紧急处理)工程件名计划,确定汛期重点危险地段,修订防洪预案,落实度汛措施,填写路基重点病害登记簿。铁路局应对重点病害地段进行复查。

②设备(秋季)检查

工务段长应于每年秋季组织路基设备的全面检查工作。工务段应通过检查全面掌握管内路基病害情况,对路基设备状态进行评定,对路基病害进行分级,分析重点路基病害产生的原因和发展的趋势,研究制订病害整治方案;根据检查结果编制年度路基大修、防洪预安排工程和路基维修的建议计划,填报路基秋检资料报表。铁路局应派员重点参加检查。

（2）经常检查

由工务段长或主管副段长、路基主管技术人员、车间主任、工长和巡守工负责执行。工务段长或主管副段长、路基主管技术人员应对重点路基病害地段进行检查,每季度不得少于一次;车间主任每季度对管内路基设备应全面检查一次,重点地段不得少于两次,雨季应酌情增加检查次数;工长每月应全面检查一次,重点地段不得少于两次,雨季应增加检查次数,严密监视病害的发展;巡守人员应按照工务段规定的检查区段按巡回图进行检查。经常检查后应做好有关检查资料登记、路基病害数据库修订等工作,研究提出病害整治方案或方案优化意见。

（3）汛期检查

应建立汛期检查制度,明确划分责任区段,组成检查小组,全面检查所有路基设备及各种病害。汛期检查可分为雨中、雨后及月度检查,遇大雨、暴雨和连续降雨时,应加强检查,并及时上报检查中发现的问题,情况紧急时应果断采取安全措施。

（4）特殊检查

对高堤深堑路基防护加固设备质量欠佳、水文地质条件复杂存在地质灾害隐患、病害程度严重且技术复杂规模较大等地段的路基,铁路局可采用路基检定、邀请有资质的第三方进行检测或邀请有关专家召开咨询会等形式进行特殊检查。

对规模较大的路基病害,工务段应建立观测制度,设置观测网进行观测,做好观测记录,根据观测结果,分析病害发展趋势,制订安全措施,为研究制订整治方案提供技术资料。

2.检查重点

（1）路基的连续及完好,路肩是否有裂纹,路堤及路堑边坡是否有垦荒及破坏行为。

（2）路基边坡上的防护设施是否存在破损、变形、开裂等情况,支挡结构是否存在外倾、开裂或不均匀沉降等情况。

（3）易滑坡、崩坍落石、发生泥石流等重点处所。

（4）山区半堤半堑易滑坡地段,软土路基、过渡段等易发生沉降地段。

（5）路肩上电缆沟槽和 PVC 排水管排水是否畅通,是否存在淤堵情况,出口是否顺畅,路基边坡有无被冲刷影响稳定。

（6）路基排水设备是否畅通、开裂、渗漏等情况。

（7）在影响路基稳定的范围内是否有挖沟、引水、储水、抽取地下水、耕种、取土、修路、开矿和开采砂石等活动。

（8）路基安全检查设备是否状态完好。

（9）应加强新老路基拨接、涵洞接长等地段的观测。

（10）对软土地基、高路堤、路桥（隧、涵）结合部及其他存在不均匀沉降大、变化快造成轨道状态不良地段的,进行路基沉降观测,情况严重时应及时进行处理。

6.1.5　路基巡守

1.巡守分类

路基巡守分为:常年巡守、临时巡守和巡山巡河。

（1）常年巡守

在严重危及行车安全的崩坍落石、滑坡、路基下沉、陷穴等病害地段,工务段应设常年巡守组,负责监视病害动态,及时做好应急处置,确保行车安全,并做好巡守地段路基的小修补工作。为使巡守工对灾害的发生能看得见、听得到,每组巡守长度不宜超过 300 m。

(2)临时巡守

在突然发生的危及行车安全的严重路基病害及汛期可能发生严重水害的处所,工务段应设置临时巡守组,密切监视病害动态,做好应急处置。临时巡守组的配置标准与常年巡守组相同,巡守时间由各铁路局自定。

(3)巡山巡河

山区铁路工务段应根据路基病害情况设置巡山巡河小组,对路基病害地段进行登山沿河检查,要求做到山有检查道、危石有编号、重点检查有记录、河岸设有水位标。巡山巡河小组发现影响路基设备稳固和完整的行为时,应及时进行劝阻和制止。

2.巡守制度

巡山巡河小组应将一般检查和重点检查相结合,对管内每个山头、河岸有计划地进行全面检查。在汛期要加强对重点路基病害、危岩孤石、危树和排水系统的检查,检查记录定期交工长审查签认。相关人员在发现江河水位高涨、线路路基发生异常或状况不明等可能危及行车安全时,应立即采取安全防护措施,及时通知车站,必要时拦停列车,同时迅速通知工区及工务段进行处理。具体遵守以下制度。

(1)按图巡守制度

巡守人员应严格按照工务段制定的巡回图进行巡守工作,执行规定的检查观测制度。做到坚守岗位、勤检细查,不得擅离职守。

(2)迎送列车制度

巡守人员值班时要佩戴臂章,当列车通过巡守地段时,应按有关规定站在安全地点手持规定信号迎送列车(上山、下河检查时除外),并将列车通过时间记入登记簿内备查。

(3)交接班制度

交接班时应将值班时的检查情况、存在问题和处理措施交接清楚,清点信号、工具备品,正确填写交接班记录。

(4)联合检查制度

巡守人员除岗内检查外,还应配合工长、车间主任作定期联合检查,参与研究处理巡守地段内的路基设备变化情况,并将检查结果记入病害观测记录簿内。

(5)小补修制度

按规定完成路基小补修任务。

6.1.6　状态评定及病害分级

为全面反映路基及附属设备质量,并为考核路基设备管理水平和养护质量、安排路基大修和维修计划等提供主要依据,应定期对管内所有的路基设备进行状态评定和病害分级。

结合路基设备秋检和状态评定,工务段应每年对所有路基病害进行一次等级评定,其评分标准可参看相关规范,按其严重程度分为 A、B、C 三级。

A 级病害:危及行车安全的病害。必须在评定后的第一个汛期前进行整治,整治完毕前应采取安全防范措施,并制订应急预案。

B 级病害:进一步发展可能危及行车安全的病害。

C 级病害:一般病害,应及时安排大修或维修处理。

6.1.7　路基病害检测

为对路基病害进行合理整治,必须准确检测病害状况,分析病害成因。根据铁路既有线的特点,路基检测应不干扰行车或少干扰行车,为此需采用的检测手段应力求准确、可靠、快速,从而为将来的整治工作提供准确可靠的信息。可采用轻型动力触探、地质雷达、瞬态面波法和取土试验等多种手段对线路进行试验检测,具体步骤和方法如下。

(1)典型地段开挖横沟,了解路基的几何特性。

(2)采用探地雷达法和瞬态面波法对试验区段内的路基进行大面积的扫描检测。

探地雷达法具有直观反映道床几何形态、表层分辨率高的优点,可以探明路基结构的分层;探测路基病害类型、程度和具体位置,用于分析道床、路基各个土层的地质情况;探地雷达测出的结果是基床的电性参数,而无法给出路基的力学特性。而瞬态面波法表层状况由于石砟的散射和高频信号的限制不能精确的反映,探地雷达方法可弥补瞬态面波法的不足。瞬态面波方法对在土中频散曲线比较平滑,能够准确反映路基土的力学参数随深度的变化,测试的深度也比较深,也正好弥补了探地雷达方法不能反映路基土的力学参数和测试深度浅的不足。在路基病害测试中,最关心的是路基表层和其下路基土的承载能力,所以两种方法结合,优势互补,正好能够达到路基的测试目的。

(3)对路基强度、刚度等参数方面的分析。

重型动力触探主要反映路基土的力学性能,是以击数来反映路基各个位置的力学性能指标,击数越高说明土质性能越好,强度也越高,可以从不同深度位置来测试出不同深度下土的力学性能以分析路基状况。轻型动力触探与重型动力触探原理相似。

针对既有线路的特点,对既有路基测试应遵循原位(动力触探)和区段测试(地质雷达、瞬态面波法)相结合的测试方法,这样可对既有路基的状况做出一个综合的评价,为路基病害的处理提供基础资料。

6.2　路基养护

6.2.1　排水设备养护

1. 地面排水设备的养护

排水设备应加强养护,经常保持顺畅,无积水、无阻塞、无渗漏。原有设备不完善的应有计划地增建、改建或加固。当流水纵坡过缓发生大量淤积或纵坡过大造成冲刷,或有渗漏现象影响路基稳定时,应及时加以改建或加固。

(1)经常清除杂草、积土等杂物。清出的杂物应弃置到路堑范围以外,严禁将其垫铺在路肩或堆弃于边坡、坡顶及水沟平台上。铺砌的沟槽,更应注意做好与其出入口相接的土质水沟的除草、清淤、防冲刷等工作。

(2)对铺砌的沟体,如发现有裂缝、小块损坏、灰浆脱落、石块松动时,应及时修补。雨季前后尤其应重视对天沟和截水沟的检查,特别注意沟底与沟侧边坡交接处有无裂缝。若有裂缝应及时嵌补。如因山体滑动而切断天沟,应立即将天沟改移到裂缝上方并将原天沟夯实填平。

(3)当天沟上方来水较大以致发生漫溢时,应在原天沟上方增设一道或多道天沟。在陡坡下增设天沟时,平面转弯应尽量缓和,曲线半径不小于 5~10 m,并适当加高水沟外墙。两条天沟汇合时夹角应成锐角。

（4）天沟附近，特别是天沟与堑顶之间须经常平整夯实，不容许有坑洼和积水现象。

（5）吊沟（急流槽）的养护应注意以下三方面。

①严防吊沟水流冲刷路肩。在吊沟和侧沟衔接处，除可设置消力池与路肩挡水墙外，还可采用石榫等消能措施。吊沟进水口处视必要可设栅栏。若吊沟因流速过大或坡度过陡发生射水现象时，可增设混凝土挡水板。

②吊沟进出口与土质水沟衔接的地方如因冲淘产生坑洼洞穴，务必及时填平夯实，防止铺底淘空和设备损坏。必要时可加深裙墙和将进出口外的铺砌延长至坡度较缓的地段。

③急流槽形式的吊沟必要时改为跌水形式。

2. 地下排水设备养护

绝大多数的地下排水设备均为隐蔽工程，因此应在地面上适当地点设置标志，并按竣工实际状况做好详细的技术资料（包括设备示意图、起讫里程、埋置深度、设备类型等）登记，作为养护维修工作的参考。

日常维修工作包括：

（1）在雨季前后、上冻以前及春融以后定期进行排水量、出水、侵蚀程度的观察，做好观测资料的记录与对比研究。

（2）与地下排水设备有联系的各种地面设备及地表，如发生下沉、断裂、破损等变形现象，可能影响到地下排水设备的状态和作用时，应予以紧急处理，挖开检查并适当翻修。工作量大者应列入大修。

（3）对各种地下排水设备的出水口应特别注意除草、清淤、填平坑洼等工作；对泄水孔应经常清理，保持其泄水通畅；寒冷地区应保证地下排水设备的保温设施的良好状态。

（4）各种显示地下排水设备的标志应保持完整、正确，已损坏或丢失的要及时修理补齐。

3. 站场排水设备养护

（1）加强盖板沟两侧线路道床的清筛工作，保持盖板沟上部及两侧线路的道床清洁，使其排水性能良好；

（2）由于站场内沟底纵坡一般较小（＞1‰，一般为 2‰），容易淤积，维修时应定期（结合清筛道床）揭开盖板清除淤泥及其其他杂物。若有抹面剥落、盖板损坏，石块松动脱离等应及时修补；

（3）站场内如设有枕间排水槽等设备，应经常检查。如发现有接缝脱开、个别管节下沉变形时应及时整修。横向设备的坡度不应小于 5‰，有条件时适当加大坡度；

（4）站场排水设备的排水出口如为站内路堑侧沟时，应特别加强对侧沟的清理、养护维修工作，使其排水通畅。

6.2.2　坡面防护设备养护

1. 植物护坡的养护

种草、铺草皮、植树均属植物护坡。养护时应做到：

（1）及时浇水、加强管理，以利成活。需剪枝的应有计划剪枝，紫穗槐一般 1～3 年秋末剪1 次，夹竹桃一般每 3 年剪 1 次。每年的夏季和秋季应将草皮护坡上长得过高的草割去。

（2）应在雨季中或暴雨后观察边坡上有无地下水露头，如有，应及时增设排水设备，否则会造成草皮的坍塌，甚至更大灾害。

（3）禁止放牧，防止人畜践踏。必要时，设置栏栅保护。

2.轻型坡面防护的养护

抹面、捶面、喷浆（喷混凝土）、灌浆和勾缝等属轻型坡面防护。养护中应做到：

（1）对坡面保护层应经常检查，特别是每年的雨季前后及春融前后。春秋季大检查时应仔细检查保护层的状态，发现损坏应及时修补，并分析其原因，采取必要的整治措施。

（2）坡面保护层（包括封顶和坡脚的护裙）若有臌包、裂缝、剥蚀、脱落以及机械破坏时应及时修补，防止地表水渗入内部，造成后患。修补时要彻底清除损坏了的部位，直至露出坚固完整的新面为止，并用水清洗，原则上采用与原保护层相同的材料修补。

（3）必须十分重视排水工作，排水孔须经常检查清理，不使其堵塞。发现保护层表面有浸湿或泉水露头时，应及时开凿新的排水孔或槽。

（4）及早拔除坡面上的杂草、小树，并对保护层进行修补。

3.砌石护坡、护墙的养护

（1）护坡、护墙的泄水孔因淤积、长草而影响排水时应及时清理疏通；坡面上的小树、杂草、青苔应及早拔除或铲除。

（2）圬工灰缝失效、脱落，坡面开裂、变形以及伸缩缝、沉降缝损坏时，要查明原因，在计划维修中及时补修或采取加固措施。

6.2.3 冲刷防护

1.路基冲刷防护的重要性

河流在其演变过程中产生对河床及沿岸的冲刷作用。当路基本体或部分边坡伸入河床范围，对水流产生约束，改变水流特性，将导致更严重的冲刷。河滩路堤、滨河路堤及水库路基都必须妥善解决路基的冲刷防护问题，从而提高铁路路基的抗洪能力，确保路基安全、稳定。寒冷地区冬季还存在着河流或水库冰封、流冰产生冰压力的作用。

汛期洪水是路基的严重威胁，水流对路基的冲刷乃至冲毁，会造成对列车安全运行的威胁和铁路设施的严重破坏，对于汛期水害曾付出过昂贵的代价。因此必须采取正确的路基冲刷防护措施。

2.路基冲刷防护的类型及其适用条件

按冲刷防护应用范围分，路基冲刷防护可分为直接防护与间接防护。

（1）直接防护

直接冲刷防护的措施和相应的适用条件列于表6-2。

表6-2 直接冲刷防护的措施与相应的适用条件

类 型	结构形式	适用条件	
		容许流速（m/s）	条 件
植被防护	铺草皮	1.2~1.8	水流方向与线路方向近乎平行；不受洪水主流冲刷的季节性浸水路堤边坡防护
	种植防水、挂柳		有浅滩地段的河岸冲刷防护

类 型	结构形式	适用条件	
		容许流速 （m/s）	条 件
干砌片石	单层干砌厚 0.25～0.35 m，双层干砌上层厚 0.25～0.35 m，下层厚 0.25 m	2～3	水流较平顺的河岸滩地边缘，不受主流冲刷的路堤边坡
浆砌片石	厚 0.3～0.6 m	4～8	受主流冲刷及波浪作用强烈的路堤边坡
抛石	石块尺寸依流速及波浪大小计算，一般 0.3～0.5 m	4～5	水流方向平顺，无严重局部冲刷地段
石笼	镀锌铁丝、竹编笼箱或土工格栅笼箱	5～8	受洪水冲刷无滚石地段及大石料缺乏地段
浸水挡墙			峡谷急流地段及水流冲刷严重地段

（2）间接防护

为防止路基冲刷常需采取改河或修建导流建筑物等间接防护措施。改移河道是一项技术复杂、工程浩大的措施。河流在其形成发展过程中有其特殊的规律，改移河道应因势利导慎重从事。修建导流建筑物包括丁坝和顺坝，统称路基冲刷间接防护。

丁坝如图 6-1 所示，又称挑水坝，坝体伸向河心，横向约束水流迫使水流改变方向，从而防护河流岸坡不受或减少冲刷的危害。按与河水流向所成角度的大小，丁坝分为垂直、下挑和上挑三种布置形式。

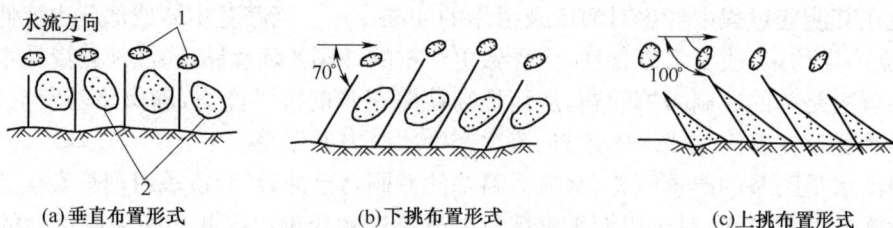

(a)垂直布置形式　　　　(b)下挑布置形式　　　　(c)上挑布置形式

图 6-1　挑水坝的布置形式示意图

1—冲刷；2—淤积

丁坝应成群布置，单个丁坝可使水流发生环曲，造成新的冲刷。按照坝身长短，丁坝可分为长丁坝、短丁坝。长、短丁坝按对水流干扰区分，长丁坝干扰整个水流使水流冲向对岸；短丁坝只影响局部水流，使水流趋向河心。

顺坝（图 6-2）沿河岸纵向布置，坝身和水流流向交角很小或近于平行，使水流和缓地顺坝流动，逐渐改变流向，离开防护区域。

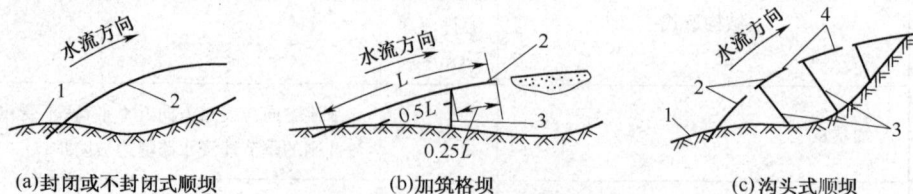

(a)封闭或不封闭式顺坝　　　(b)加筑格坝　　　(c)沟头式顺坝

图 6-2　顺坝及格坝平面布置图

1—护岸；2—顺坝；3—格坝；4—缺口

按照水位区分,丁坝和顺坝又可分为低水位坝、中水位坝和高水位坝。低水位坝用以导治低水位水流,高于低水位时,水流漫溢坝顶,故亦称漫溢坝。中水位坝用于导治中水位水流。高水位坝用于导治最高洪水位水流,又称不漫溢坝。

不漫溢坝对导引水流、防护河岸冲刷均较前两者强。

间接防护设备设置成败的关键是导流建筑物的正确布置,因此应切实依据天然河道的特性确定导治线、导治水位和选择导流建筑物的类型。

3.路基冲刷防护设备养护

冲刷防护设备稍有破坏,在水流及波浪的冲击下即会迅速扩大而损坏。因而必须加强检查,精心养护,治早治小,防患于未然。

(1)直接防护建筑物的养护

①加强检查。除日常检查和定期检查外,特别要加强洪水期间和洪水后的检查。发现问题应立即查清原因、状况,并按轻重缓急列入计划进行整治,必要时进行抢修和加固。

②当建筑物的基础或基底有淘刷迹象时,应立即采取抛石、投石笼、浆砌片石基础或护基墙等加固措施,亦可压灌水泥砂浆使原有的松散石块凝成一个整体。

③当有坡面沉落、变形,石块松动、冲空,勾缝脱落,灰缝开裂等现象时,要及时填补空洞,整修坡面,修补灰缝。干砌片石护坡受水流或波浪的冲击而松动或冲空的部分,可用水泥砂浆重新砌筑。浆砌片石护坡上小范围的断裂沉陷,可拆除重砌,并于裂缝修补处打上观测标记进行观测。

④对于防冲刷的垒砌式石笼,可在枯水期压灌水泥砂浆将其露出水面的部分加固成整体。对于防淘刷的平铺式石笼,当淘刷已达到冲刷线以下,石笼已覆盖在冲刷坑壁上时,也可压灌水泥砂浆将其露出水面的部分加固成整体,并抛填片石或石笼填充冲刷坑,将石笼逐步改造成为永久性的建筑物。

⑤枯死、脱落的草皮,应在洪水期前进行更换、修整,边坡上的裂缝要及时填补夯实,并注意观察其发展情况,采取对策。

(2)间接防护建筑物的养护

导流建筑物的设置,一般都经过较细致的调查、分析和计算,大体上能符合自然条件。但由于可能出现意料不到的特殊情况,如特大洪水、上游坍岸、上下游兴建建筑物等,加上建筑物难免会存在的薄弱环节,因而在养护中仍应经常检查、观测,及时发现问题,采取整治措施。

6.2.4　挡土墙养护

挡土墙是否坚固、稳定和完整,对行车安全影响甚大。因此,必须加强检查和养护。

1.挡土墙的检查

(1)墙身:有无开裂、凸出和倾斜,有无勾缝风化脱落、石块松动变形;(2)墙顶:有无积水、开裂和下沉;(3)趾前地面:有无冲刷、挤出;(4)排水系统:有无堵塞、失效;(5)墙后地面:有无开裂、沉陷。

检查出的较小病害均应在维修中加以处理。较大病害则应联系地形、地质、排水、施工质量等分析原因,制订措施,列入计划,予以整治。对墙身裂缝尚应登记,并做标志进行监视。

2.挡土墙的养护

挡土墙的日常维修主要包括:疏通泄水孔,除草,修补墙身,勾缝,抹面,加固基础及防冲刷,夯填地面裂缝及坑洼,保持地面排水畅通,改善与两端铁路建筑物的衔接等。计划维修约两年应进行一次。有必要对原挡土墙进行加高、接长或加固,其具体办法如下:

（1）加高（图 6-3）

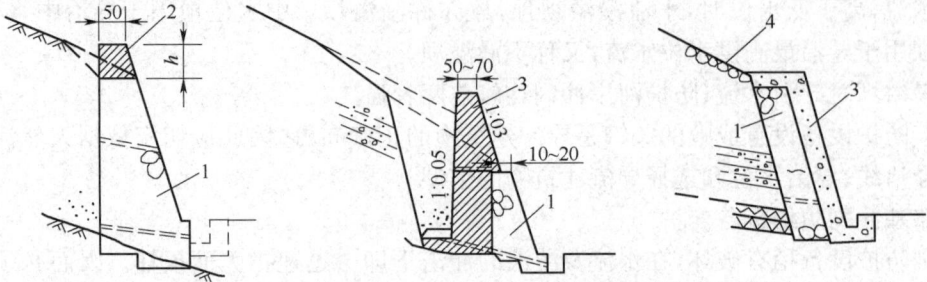

图 6-3 老挡墙加高加厚断面图（单位：cm）
1—老墙；2—加高；3—加高加厚；4—坡脚码石；h—挡墙加高度

①当老墙墙顶较宽、加高高度在 1.5 m 以下，加高后挡土墙的强度和稳定性满足要求时，可直接在老墙顶上加高。施工时应清除墙顶灰砂松石，保证接缝处的质量。

②挖除墙背土在墙后加厚加高。此法可从基底做起，并可加做墙后排水，部分改变墙后回填料性质，不占用侧沟路肩，外观亦较整齐，工作较为彻底。

③在墙胸外加厚加高。此法仅当限界较宽、挖墙背土不安全时方予考虑。

（2）加长

当挡土墙长度不足时，应根据需要向两端或一端延长。接长部分的形式应尽可能与老墙相同，高度按具体情况可适当降低。如新、老墙胸坡不一致时，应尽量做到顺接。

（3）加固

应根据病害产生原因，选择采用压力灌浆、增加支挡墙、部分拆除重建、墙背加厚加高并改善墙后排水等办法加固之。

增加支挡墙是常用的一种加固方法（图 6-4）。在墙身开裂、变形凸出处，或每隔一适当距离，增设支挡墙一处，以加强破损处断面并增强全墙的稳定性。施工时，老墙要洗刷干净，除掉不良灰缝，必要时加设连接钢筋，并在变形裂缝处压注砂浆。支挡墙用于加固路肩墙时，其宽度约 2～3 m，用于路堑墙时宽约 1～2 m。

路肩墙及路堤墙基础埋置深度不足受到冲刷时，可在墙趾前增设浆砌片石基础墙，并抛填和码砌片石，如图 6-5。护基施工时应注意与前后河岸、建筑物等平顺衔接，基础墙应有适当坡度，不要阻流太多，以免增加局部冲刷。

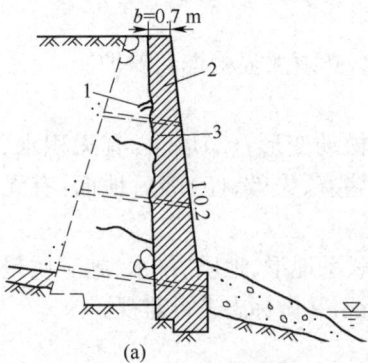

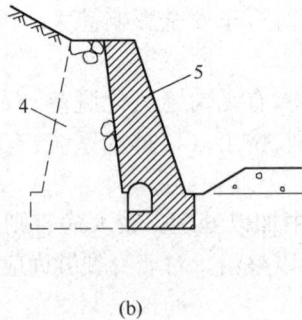

图 6-4 支挡墙加固
1—压力注浆眼；2,5—支挡墙；
3—老墙断裂变形；4—老墙

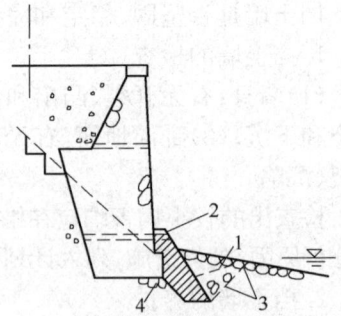

图 6-5 基础加固
1—冲刷线；2—浆砌基墙；
3—抛填及干码片石；4—填实受冲刷部位

6.3 路基病害类型与整治

6.3.1 病害类型及成因

1. 滑坡

在一定的地形地质条件下,由于多年自然和人为因素的影响,引起力平衡的破坏,局部不稳定土体或岩体沿着内部某一面或软弱带作整体、缓慢或急速活动的变形现象。

2. 边坡溜坍

土质边坡受地表水下渗或地下水影响,使表层饱和,失去稳定,造成表土或覆盖层下滑或错落的现象。

3. 崩塌落石

在地势陡峻、地质条件复杂的山坡上,因长期受风化侵蚀或其他外力的影响,岩体或土体突然脱离母体,在自重的作用下,发生急剧地向下倾倒、崩落、翻滚和跳跃等现象,称为崩塌;落石指个别岩块从悬崖陡坡上突然坠落的现象。

4. 风化剥落

整个边坡基本稳定,坡面受风化作用,碎屑向下滚落的现象。土质边坡由于地表径流冲蚀作用,形成鸡爪沟的现象也列入本类。

5. 陷穴

陷穴指路基或附近地面突然塌陷成洞穴或凹陷的现象,如岩溶塌陷、黄土塌陷,矿区采空、古墓、古窖、窖洞、蚁穴以及由大气降水、过量抽取地下水诱发的路基突然塌陷、沉落。

6. 基床下沉外挤

基床土被水侵湿软化,基床面下沉,形成道砟囊并越来越深,或软弱层发生剪切滑动,致使道床下沉,路肩隆起、边坡或侧沟外挤等现象。

7. 基床翻浆冒泥

基床土体或风化岩被水浸蚀软化,在列车动力作用下液化成泥浆挤压冒出(道床翻浆不列此类)。

8. 河岸冲刷

由于河流流向的演变,河岸和河床经常地或周期性地受到水流的冲刷作用。在河滩或岸边的铁路路基,由于水流的冲刷作用,影响路基稳定。

9. 水浸路基

滨河、河滩、海滩和水库(塘)等地区的路基,一侧或两侧边坡常年或季节性浸水,当路堤缺乏足够的防护和加固设备时,由于受水的浸润、水位变化(浮力、渗透动水压力)或水流及波浪的冲击作用,影响路基稳定。

10. 排水不良

地表或地下排水系统的设备状态不能满足过水需要,如排水设备不足、损坏、堵塞等,而引起路基其他病害或危及路基稳定的现象称排水不良。

11. 沙害

风沙流的堆积、吹蚀(掏蚀)作用对铁路线路设备的破坏或流沙上道影响行车的现象。

12. 冻害

路基内的水在冻结或融化时造成路基不均衡的冻胀或承载力不足的现象。

13. 雪害

降雪或积雪被风吹移至路基上堆积、埋没线路。

14. 泥石流

由于降雨、融雪、冰川运动而形成的含有大量泥、砂、石块等固体物质的破坏性大的特殊洪流(山坡型泥石流属路基范畴)。

6.3.2 整治流程与步骤

1. 病害整治流程

路基病害的整治应从路基填料改变其填料类型、改变填料的成分防止水侵入改善路基结构设计、提高路基强度和刚度,改善路基结构设计入手。路基的整治流程如下:

前期准备→总体方案→检测路基→细化方案→治理施工→效果评价

2. 病害整治步骤

(1)需要检测路基病害判断路基病害的类型、发生的部位及规模大小、严重程度。

(2)对产生病害的主要原因进行分析一般为填料、水分侵入、强度不足等方面的问题。

(3)拟采取的控制病害产生的措施应技术上可行、经济上合理的治理方法。

6.3.3 常见病害整治方法

1. 路基滑坡的防治

(1)滑坡的概念与分类

滑坡是一种最为常见的路基病害。我国铁路有些滑坡病害较为密集区段平均每百公里分布高达 20~30 处,多为山区铁路,发生滑坡常中断行车甚至使列车颠覆,给运输安全带来严重危害。常用的防治对策有排水、减重、支挡、改善土体物理力学性质等。

斜坡上的岩土沿坡内的软弱带或软弱面向前和向下发生整体移动的现象称为滑坡。发生滑坡的软弱带又称滑动带。滑动带在重力作用下或在其他外力作用下使其剪切应力大于强度,或因震动液化、溶蚀潜蚀、自燃、人为开采等因素的作用下,使其结构破坏和岩土性质改变而丧失强度,就会引起滑动带上覆岩体或土体发生滑动。滑坡一般从地表上呈现的裂缝等迹象的变化可大致划分出蠕动、挤压、微动、滑动、大动和滑带固结六个阶段。在发生滑坡的地方常出现环状后缘、月牙形凹地、滑坡台阶和垅状前垣等独特的地貌景观。但岩体滑坡由于其界面的生成多依附于岩体内既有的构造裂面,因此,其后缘和分块裂缝一般呈直线或折线状。

滑坡按其特点可进行各种不同的分类。中国铁路按滑体的物质组成及其成因把滑坡分为黏性土滑坡、黄土滑坡、堆填土滑坡、堆积土滑坡、破碎岩石滑坡和岩体滑坡等六类。产生滑坡的原因有内在因素也有外在因素。内在因素是形成滑坡的先决条件它包括岩土性质、地质构造、地形地貌等。外因通过内因对滑坡起着促进作用它包括水的作用、地震和人为因素等。所以滑坡是内外各因素综合作用的结果。

(2)防治滑坡的原则与防治对策

①对有可能新生滑坡的地段或可能复活的古滑坡应采取必要的工程措施以防止产生新的滑坡或古滑坡的复活。

②滑坡的发生与发展是有一个过程的,早期整治能收到事半功倍的效果。

③一次根治与分期整治相结合。滑坡一般应一次彻底根治不留后患。但对规模较大、性质复杂、变形缓慢一时尚不致造成重大灾害的滑坡也可在全面规划下分期整治。同时注意观测每期工程效果为确定下期工程提供依据。

(3)防治滑坡的措施

应在弄清滑坡成因的基础上对诱发滑坡的各种因素分清主次采取相应的工程措施。

1)排水措施滑坡的发生和发展都与水的作用有关排水是防治各类滑坡之本。但应根据具体情况采用切合实际的排水方式。对滑坡体以外的地表水应加以拦截和引出在滑坡可能发展的边界5 m以外修建一条或多条环形截水沟;对滑坡体以外的地下水,应修建截水盲沟;对滑坡体内的地下水,应疏干和引出,浅层地下水采用支撑盲沟,深层地下水采用泄水隧洞,亦可采用垂直孔群或仰斜孔群排水;对滑体范围内的地表水,应尽快汇集引出以防下渗,在充分利用天然沟谷的基础上修建排水系统。

2)减重措施。当滑动面不深,且滑体呈上陡下缓状,滑坡范围外有稳定的山坡,滑坡不可能向上发展时,在滑坡上部减重,以减小滑坡的下滑力,是一种操作简单、经济实惠的防治措施。将减重的土体堆在坡脚反压以增加抗滑力效果更好。

3)支挡措施。根据滑体推力的大小可以选用适当的支挡结构防滑。

①抗滑挡墙。抗滑挡墙是广泛应用的一种防治滑坡措施。它施工方便稳定滑坡收效快。抗滑挡墙多为重力式石砌也有用混凝土或钢筋混凝土的。

②抗滑桩。抗滑桩是利用桩在稳定岩土中的嵌固力支挡滑体的建筑物。它具有对滑体扰动少操作简便工期短收效快对行车干扰小安全可靠等优点。抗滑桩多为挖孔或钻孔放入钢筋骨架灌筑混凝土而成。抗滑桩在滑动面以下的锚固深度,应根据滑体作用在桩上的主动土压力、桩前的被动土压力、岩土性质等来确定。

③锚杆挡墙。锚杆挡墙是一种新型支挡结构,由锚杆、肋柱和挡板三部分组成,用于薄层块状滑坡或基岩埋深较浅、滑体横长滑面较陡的滑坡。具结构轻盈,节约材料,适宜机械化施工,提高生产效率等优点。

④抗滑明洞。若滑动面的下缘处在边坡上的较高位置,可视地基情况设置坑滑明洞,洞顶回填土石支撑滑体,或滑体越过洞顶落在线路之外。但这一措施对行车干扰大,施工困难,造价昂贵,只有在其他措施难以奏效时采用。

4)改善滑坡土体的物理力学性质用物理化学方法,加固和稳定滑坡。方法很多,如焙烧、成浆、加灰土桩、硅化、电渗、离子交换等。这些方法,由于工序复杂,成本较高,目前中国铁路仅小规模试用,尚未广泛采用。

5)改线绕避上述整治措施难以奏效时,在经济技术合理情况下,可以考虑改线绕避。

(4)滑坡养护维修要点

①滑坡区的地表排水设备,如截水沟、排水沟、吊沟等应做到无淤积、无漏水、无冲刷、排水畅通、沟涵相通。对失效损坏处所,应及时修补,确保状态良好。

②滑坡区的地下排水设备,如支承渗沟、暗沟、隧洞、渗井、渗管等,山区铁路十分常见的路基病害,对铁路行车安全危害甚大,经常导致中断行车,甚至列车颠覆。

③滑坡区的防护和加固建筑物,应保持完整无损,如有开裂、滑移,必须认真查明原因,采取治理措施,不可麻痹大意,要防患于未然。

④对规模大,情况复杂的大滑坡,虽经整治仍在缓慢变形或间歇变形,应对其认真观测,实行动态监控,掌握变化规律和发展趋势,以便及时采取有效措施。

⑤保护好山坡植被,搞好水土保持,也是滑坡区养护维修的重要任务。

2.路基崩塌落石的防治

崩塌落石是堑坡或其上山坡的岩块土石发生崩塌或坠落造成危害的地质现象。具有突然、快速和较难预测的特点,是地形、地质比较复杂的山区铁路十分常见的路基病害,对铁路行车安全危害甚大,经常导致中断行车,甚至列车颠覆。

(1)形成崩塌的原因:

①陡峭高峻的边坡或山体斜坡,坡度大于45°、高度大于30 m,特别是坡度在55°~75°的斜坡,是崩塌多发地段。

②由风化的坚硬岩层组成的又高又陡的斜坡,如互层砂岩,稳定性更差,容易形成崩塌。

③受地质构造影响严重,有很多结构面将岩体切割成不连续体的斜坡,特别是有两组结构面倾向线路,其中一组倾角较缓时,容易向线路崩塌。

④水的作用是产生崩塌的重要因素。绝大多数的崩塌发生在雨季或暴雨之后,因为水的渗入,对岩石产生软化、润滑和动水压力作用,使岩体强度降低,内摩擦力减小,促使崩塌发生。

⑤其他如地震、爆破、人工开挖斜坡等,都是诱发崩塌的因素。

(2)防治原则以预防为主,制早治小,一次根治,不留后患为原则。

①新建铁路应加强工程地质工作,对崩塌落石地段,严重者应予以绕避,不能绕避时,应修建必要的预防性工程,防患于未然。

②养护维修应对可能发生崩塌落石地段,加强检查巡视,发现变形失稳征兆,应及时采取措施,治早治小,防止因病害扩大而导致灾害的发生。

③病害发生后,整治工作要坚持一次根治、不留后患。否则,往往会招致大的灾害。

(3)防治措施应根据病害性质、规模及所处地形、地质情况,因地制宜地选择。常用的防治措施有如下类型。

①拦截类适用于小规模、小块体的崩塌落石。拦截构造有落石平台、落石坑、落石沟、拦石墙、钢轨栅栏及柔性拦石网等。

②遮拦类应用于规模较大的崩塌落石,遮拦建筑有各种明洞和棚洞。

修建明洞、棚洞,既可遮挡崩塌落石,又可对边坡下部起稳定和支撑作用。

③支挡加固类适用于不宜或难于消除的大危岩或不稳定的大孤石。支挡建筑有支顶墙、支护墙、明洞式支墙、支柱、支撑等。

④护坡、护墙适用于易风化剥落的边坡。边坡陡者用护墙,边坡缓者用护坡。

⑤改线绕避上述措施不能奏效时,应考虑改线绕避。

(4)养护维修要点。

①崩塌落石地段应进行定期检查、经常检查和雨季汛期检查。定期检查是指春检和秋检,对崩塌落石地段及其防护建筑物进行全面检查。春检时发现隐患,采取防范措施安全度汛;秋检时是检查汛期过后崩塌落石处所的变化情况及防护建筑物的破损情况,分轻重缓急,安排路基大、维修计划。巡山工和重点病害看守工对所管责任地段或处所,应经常巡视检查,监视危岩落石的发展动向,防患于未然。雨季汛期应加强检查力度,执行雨前、雨中、雨后检查制度,是防止崩塌落石事故的有效措施。

②及时清理被拦截的崩塌坠落土石,修理被破坏的建筑物及排水设备。

③对范围大、数最多、危石分散、清除整治困难的崩塌落石地段,应设置报警装置,以防发生事故。

3. 基床翻浆冒泥、下沉外挤的防治

基床翻浆冒泥、下沉外挤是路基本体变形而引起的病害。一般发生在基床为黏土类的路基地段,排水不良的路堑和站场比较多见。翻浆冒泥和基床下沉外挤病害,是基床变形不同阶段的表征,翻浆冒泥导致陷槽或砟囊基床下沉,陷槽或砟囊的发展使基床抗剪强度下降,导致路肩隆起或边坡外挤。基床翻浆冒泥引起的轨道不平顺,恶化列车运行条件,但变形发展缓慢,对行车安全影响不大。而基床下沉外挤,则可能造成行车中断甚至列车颠覆,严重危及行车安全。

病害成因基床排水不良承载力不足或受水浸承载力进一步下降的土质基床在列车荷载反复作用下,将逐渐形成基床翻浆冒泥下沉外挤的病害。水若源于降雨,翻浆冒泥表现为季节性,即雨季发生,旱季不发生;水若源于地下水,则翻浆冒泥表现为常年性,但雨季比较严重。基床土遇水承载力下降,原因比较复杂,如基床土为膨胀土未更换或改良;排水系统不完善;基床未作砂垫层或厚度不足;填土密实度未按规定控制;轨道状态不良;速度、轴重增加而轨道与之不相匹配等,都将使基床强度与行车条件不相匹配,以致产生基床病害。防治原则"预防为主,治早治小"。应在基床变形的初始阶段及早整治,不要到砟囊形成甚至下沉外挤再整治,这样做可事半功倍。

防治措施应视病害性质,产生原因,地段长短及施工条件等情况,合理选择施工工艺,综合整治以求实效。

(1)排水。适用于排水不良而导致的基床病害,如路堑和站场。疏通或修建防渗侧沟、天沟、排水沟等地表排水系统;修建堵截、导引、降低地下水位的盲沟、截水沟、侧沟下渗沟等排除地下水或降低地下水位系统。以消除或减小地表水和地下水对路基基床的侵害,使基床土经常保持疏干状态。

(2)提高基床表层强度。适用于基床表层土承载力不足导致的基床病害,如裂土病害。防治措施一般采用换渗料土(二合土或三合土)及换砂。换填深度应以满足承载力要求为原则。

(3)使基面应力降低或均匀分布。

(4)土工膜(板)封闭层或无纺土工纤维渗滤层。这是近年广泛应用的防治基床病害的新工艺,有隔离地表水、过滤基面水和均布基面应力等多种效用,常与换砂、砂垫层配合使用。作为隔断排水层的材料,它能渗水,又能隔断黏土细粒,具有足够的强度,又有延伸性,是整治基床病害的好材料,但这种材料造价较高,使用寿命尚有待测试。

4. 路基陷穴的防治

路基陷穴是路基下面隐伏的洞穴顶部塌陷引起的一种路基病害。塌陷有时能使轨道悬空,给行车安全带来严重后果,这些洞穴有三类,一是石灰岩地区的岩溶洞穴;二是黄土地区的黄土陷穴;三是人工遗留的洞穴,如古墓、古窑、古井、遗弃的坑道等。有些洞穴,修建铁路时未发现,或发现未作处理,有些黄土陷穴是在铁路建成后,因路基排水不良,水流集中潜蚀而成。石灰岩溶洞主要分布在中国南方广西、贵州和云南东部,湖南、湖北西部及广东的西部和北部也很发育,北方主要分布在山西与河北的太行山、太岳山、吕梁山和燕山一带。黄土陷穴主要分布在西北和华北地区,尤其是黄河中游地区。

（1）形成原因

造成洞穴顶部塌陷的主要因素是水的作用和列车荷载作用。洞穴在水的侵蚀、潜蚀作用下和列车动荷载的反复作用下,洞顶的岩土结构逐渐遭到破坏,承载力也逐渐丧失,最终突然塌陷。

（2）预防措施

预防洞顶塌陷,必须预先弄清楚影响路基稳定范围内,隐伏洞穴的分布情况、形状大小、埋藏深度、顶部厚度、洞穴处工程地质和水文地质情况,以及洞穴的发展趋势等,而后采取工程措施,预防洞穴塌陷。但要做到这一点,只有在新线勘测设计或施工阶段才有可能。通车后在运营条件下,很难做到。黄土路基,只要做好路基排水,就能预防新生陷穴的发生。

（3）整治措施

陷穴发生后,首先,应根据陷穴发生的部位、规模、对路基稳定性或行车安全的危害程度,进行评估,确定是否紧急处理。发生在轨道下面的陷穴,对行车安全危害较大,应采取紧急措施,如填实陷坑,整修线路,扣轨慢行,派人看守,情况危急时,应封锁线路。其次,应做细致调查,查清塌陷洞穴的成因,形状大小,平面位置,埋藏深度,工程地质和水文地质特征及可能的发展趋势,为彻底整治提供依据。常用措施有:

①开挖回填。如暂不危及行车安全,此措施能确保质量应作为首选,不留后患;

②塌陷洞穴在轨道下方,无法开挖,可钻孔灌砂、灌注泥浆、砂浆或混凝土浆;

③规模较大或与暗河相通的溶洞塌陷,可采用网格梁、地基梁、框架梁跨越,或其他类梁跨越等。

无论采用何种措施,都要做好排水,尤其是黄土陷穴,排水设施有效、完善与否是整治成败的关键。

5. 路基冲刷的防治

位于河流岸边、河滩或水库岸边的路基,因常年或季节性水流冲刷、波浪和渗流的作用,往往造成路基冲空、边坡滑坍等病害。防治这类病害,必须掌握水流性质、变化规律及可能对岸边或路基造成危害的性质和严重程度,使防治措施准确到位。为此,应细致地调查勘测、精心分析,提出符合实际的科学结论。

防护工程分直接防护和间接防护两类。直接防护是对路基本体加固,以抵御水流的冲刷;间接防护是借导流或挑流工程,改变水流性质,间接达到避免或减轻水流对路基冲刷的目的。

（1）直接防护方式

①干砌石护坡。适用于不受主流冲刷的路堤边坡。

②浆砌片护坡。适用于主流冲刷及波浪作用强烈的路堤边坡。

③抛石。适用于水流方向平顺,无严重局部冲刷,已被水浸的路堤边坡。

④石笼。适用于既受洪水冲刷又缺少大石料的区段。

⑤挡水墙。适用于峡谷急流和水流冲刷严重地段。

直接防护有铺草皮护坡、抛石护坡、片石护坡、石笼护坡等方式。但每一种方式都有自己的局限性,有的造价太高,有的年限较短,采用直接防护要因地制宜,对经济和质量优化。

（2）间接防护方式

①挑水坝。适用于河床较宽,冲刷和淤积大致平衡。水流性质较易改变的河段,有的地方可以顺河势布置向导流建筑物。防护地段较长,更宜采用。

②顺坝。适用于横向导流建筑物。防护地段较长,更宜采用。

③潜坝。适用于河不太宽,洪水时流速较大河水深较的河段,侵占河槽较少又能减轻对路堤的冲刷,但宜和加固路堤边坡配合使用。

④防水林带。适用于路基外侧河滩季节性洪水冲刷地段。但导流建筑物的修建是一项技术复杂、工程浩大的措施。

间接防护成败的关键是导流建筑物的正确选择和布置,因此应切实依据天然河道的特性确定导治线、导治水位和选择导流建筑物的类型。

上述防护工程措施,既可单独使用,也可综合使用,应根据河流形态,地质情况和水流特性合理选用。如山区河流,由于河道窄、纵坡陡,防护工程应尽量顺乎自然,宜选用直接防护措施,若以挑水坝等导流措施防护,往往失败的多,收获的少。

(3)防护设施养护要点

①经常检查,特别是洪水期间和洪水过后,应进行全面检查,范围不大的损毁,应及时修补;范围较大的损毁,应充分调查,分析原因,而后制订整治措施。

②调查重点应放在水下部位。特别是直接防护工程的水下部位,基础冲空往往是导致路堤突然坍滑的主要原因。

③水毁设施的修复,应充分考虑原设计意图,以防新增设施造成新的不良后果。

④损毁情况危及行车安全时,应采取紧急措施,护住坡脚,通常抛石或抛石笼紧急防护。

所以,在新建线路时,线路选线时应尽可能避免与河流争地。为防止河岸路基遭受冲刷,可修各种路基挡土墙和圬工护坡,并将基础埋置于淘刷线以下。基础埋深不足时应按不同河床堆积物的情况在脚墙外修较宽的沉排、石笼,或堆垒大量漂砾或混凝土块体,或砌筑圬工护墙;也可用改河和导流的办法避免路基直接受激流冲刷。

6. 路基冻害的防治

中国东北地区及西北高原地区,多为季节性冻土地区,地表土层一般冬季冻结,春季开始融化,夏季除永冻层外将全部融化。这类地区的路基,在土、水、温度的共同影响下,路基面将发生不同程度的冻胀,春夏又发生融化下沉,使轨面高低、水平产生不均匀变形,严重地段往往伴生翻浆冒泥,道砟陷槽,基床外挤等病害。

冻害发生在寒冷地区,如路基土为透水性较差的细粒土,当含水量较高或路基面积水,在冻结过程中。土中水重新分布和聚集形成冰块,又引起不均匀的冻胀现象。冻胀是由于路基下部的水向上集聚并冻结成冰所致,过大的冻胀可使柔性路面臌包,开裂,使刚性路面错缝、折断,冻胀是翻浆过程的一个阶段同时也是一种单独的路基病害。

冻胀原因及影响因素由于土中的水在冻结过程中有向冻结锋面迁移的特征,并不断析出冰层,且体积增大 9% 造成。所以,冻结过程中土中水的迁移机理,是产生路基冻害的基本原因。

(1)影响因素

①温度的影响。当土层温度处于负温相转换区,且冻结速率较低时,土水中迁移最活跃,以致形成较大的冻胀。

②土质的影响。由粒径大于 0.1 mm 的粗颗粒组成的土质,无冻胀或冻胀较小,如砂、砾石、碎石等;由粒径小于 0.1 mm 细颗粒组成的土质,如砂黏土、黏土等,有较大冻胀性,尤其是黏粒含量大于 15%,密度较小的粉粒土冻胀最强烈。

③水分的影响。土的天然含水率越大,冻胀性也越大,特别是有地下水补给时,会发生强烈的冻胀。

(2)冻害的表现形态

①从轨面前后高低变形看,分为冻峰(臌包)、冻谷(凹槽)、冻阶(台阶)。

②从轨面水平变形看,分为单股冻起、双股冻起、交错冻起。

③从冻胀部位看,分为道床冻胀、基床表层冻胀、基床深层冻胀。

④从冻起高度看,冻起高度小于 25 mm,为一般冻害,冻起高度 25~50 mm,为较大冻害,冻起高度大于 50 mm,称为大冻害。

(3)预防措施

①保持道床清洁,防止泥土混入,及时清除土坽,以利排水。

②路肩和边坡保持平整,无坑洼、裂缝、防止积水下渗。

③侧沟、天沟等地表排水设施及渗沟、暗沟等地下排水设施应保持工况完好,畅通无阻,防止或减少水对路基的补给。

(4)整治措施

冻害发生后,首先应认真进行调查,弄清冻胀发生部位、形状、高度、起落及发展过程,弄清冻胀土层的性质、结构及水文地质条件,以便分析冻胀产生的原因和变化规律,然后提出相应的整治措施。常用的整治措施有:

①修建减少路基基床含水量的排水设施。如修建具有抗冻防渗能力的地表排水设施,以防治因地表水而引起的冻胀;修建渗沟、暗沟、截水沟等,截断、疏导地下水或降低地下水位,以防治因地下水补给而引起冻胀。

②挖除冻害地段的基床土,换填无冻胀或冻胀很小的碎石、河沙、砂类土等。换土深度应在冻结层之下,换土宽度应包括路肩在内的整断面更换。

③在基床表层铺设保温层,改善基床温度环境,使表层下的基床土不冻结或减小冻结深度。保温材料一般用炉渣,其导热系数小,成本低廉,也可用石棉、泡沫聚苯乙烯板等保温材料。国外经验表明,用泥炭或冷压泥炭砖作保温材料,效果良好,使用时间长。湿度大的泥炭在水分冻结时,会释放大量潜热,能防止泥炭进一步冻结。

④人工盐化基床土。用氯盐(NaCl)整治路基冻害,费工较多。效果虽明显,但有效时间短,一般只用于基床表层冻胀地段。

选择上述措施时,应注意总体效果,考虑相互配合,以期达到根除冻害的目的。

7. 路基雪害的防治

中国黑龙江、吉林、内蒙古等省区,属寒温带大陆性季风气候,全年降雪天数 190~200 d,积雪天数 160~180 d,最大积雪深度 200~1 000 mm。年平均风速 4.4 m/s,最大风速 40 m/s。这些地区的铁路线路,冬季常被雪埋,严重影响行车安全。

易于积雪地段由于铁路线路的地形、地貌及其与主风向的夹角各不相同,线路积雪的程度也不一样。经验表明,下列地段易于积雪:

(1)车站站场;

(2)路堑与路堤交界处;

(3)深 2 m 以下的浅路堑;

(4)高 1.2 m 以下的矮路堤;

(5)复线并行不等高的高差大于 0.3 m 地段。

对于积雪地段最经济有效,且一劳永逸的防治措施是营造防护林带。在无营造防雪林条件或防雪林尚未发挥作用之前,也可修建一些临时防雪设备,如防雪栅、防雪堤垣、导风挡板等。此外,为预防不设,应在适当区段,还佯储备一些除雪机。

8.路基沙害的防治

沙害形态风沙对线路的危害主要表现在流沙在线路上的堆积,以及流沙对路堤边坡的吹蚀和对道床的掏空。线路上堆积的沙,掩埋枕面以上,称一级沙害;掩埋面以上至轨面以下,称二级沙害;掩埋枕面以下,称三级沙害。

(1)防治原则:因害设防,因地制宜和就地取材。

(2)防治措施:分为植物固沙和工程固沙两类。植物固沙是治本良策,既可阻截沙流,防止风蚀,又可调节小气候,改善生态环境和改良土壤。

植物固沙以营造林带为本。林带采用植物混种、均匀透风类型。迎风林带先矮后高,即先灌木,后乔木;背风侧则先高后矮,有效防护宽度一般为树高的 15～25 倍。沙害严重地段,迎风侧可营造多条林带。防沙林应根据沙漠性质、水文地质条件、气候特征力求所选树种生长快、固沙、防风能力强、不怕沙埋。常被选用的植物有沙枣、胡杨、小叶杨、文冠果、花棒、沙蒿、胡枝子、杨柴等十几种。

工程固沙一般用在没有植物生长条件的地段,或作为植物固沙初期的辅助措施。常用以下几种形式:

(1)路基本体护。对路基或路堑本体用不同的材料进行覆盖,如干砌片石、栽砌或散铺卵砾石。

(2)路基两侧防护。在路基两侧一定范围内修筑一些阻沙、固沙及导沙设施,保护线路不被流沙掩埋。阻沙设施包括防沙栅栏、防沙沟堤、防沙挡墙等;固沙措施包括麦草沙障、土埂沙障、化学乳剂固沙、铺设卵石或黏土覆盖沙面等。导沙设施包括用卵石铺砌而成表面光滑的输沙平台、在路基迎风侧修建导沙堤等。

复习思考题

1.简述路基养护的工作范围。

2.如何编制路基养护计划?

3.如何对路基维修工作量换算?

4.如何对路基设备进行检查?

5.简述路基巡守分类及相关制度。

6.路基病害分为几级? 相应处理对策有哪些?

7.简述路基排水设备病害类型及养护方法。

8.简述路基坡面防护设备病害类型及养护方法。

9.简述路基挡土墙病害及养护方法。

10.简述路基病害类型及成因。

11.常见路基病害整治方法有哪些?

第7章　大修设计与施工

铁路设备大修的目的在于消灭铁路相关设备（路基、桥涵、隧道、线路等）长久积累下来的一切永久变形，使大修后的相关设备质量完全恢复到原有标准或达到更高的标准。

7.1　概　　述

7.1.1　大修的基本任务

铁路大修涉及的范围较广，包括线路设备大修、桥隧大修、路基大修等。其基本任务如下：

（1）线路设备大修：根据运输需要及线路设备损耗规律，有计划、按周期地对线路设备进行更新和修理，恢复和提高线路设备强度，增强轨道承载能力；

（2）桥隧大修则是根据设备技术状态和运输需要，有计划地对设备进行整治、加固，恢复或提高设备运营能力，以充分发挥桥隧建筑物的使用效能；

（3）路基大修根据路基设备的技术状态和病害情况，按轻重缓急合理安排修理和病害整治，有计划地改善路基设备状态，提高路基整体强度。

7.1.2　大修的工作范围

1.线路设备大修

线路大修分为普通线路换轨大修和无缝线路换轨大修。无缝线路换轨大修按施工阶段可分为铺设无缝线路前期工程和铺设无缝线路。主要包括：

（1）线路上的钢轨疲劳伤损，轨型不符合要求，不能满足铁路运输需要时，必须进行线路大修。

（2）成段更换再用轨（整修轨）。

（3）成组更换道岔和岔枕。

（4）成段更换混凝土枕。

（5）道口大修。

（6）隔离栅栏大修。

（7）其他大修（以上未涵盖的线路设备大修项目列其他大修）。

（8）线路中修。在线路大修周期内，道床严重板结或脏污，其弹性不能满足铁路运输需要时，应进行线路中修。石灰岩道砟应结合中修有计划地更换为一级道砟。

值得注意的是在无路基病害、一级道砟、道床污染较轻、使用大型养路机械按周期进行修理的区段，通过有计划地进行边坡清筛，已取消线路中修。

2.桥隧大修

按照设备状态劣化等级、工程性质、复杂程度和工程量大小，可分为周期大修、重点大修和一般大修。整孔更换桥面、整孔钢梁(或钢塔架)重新涂装或罩涂面漆等大修为周期大修；中桥以上更换梁跨、扩孔、移梁、墩台大修、基础加固、复杂的钢梁加固、增设或更换隧道衬砌及需要便线施工的工程等为重点大修；其他病害整治的大修为一般大修。其工作范围主要包括：

(1)桥梁大修

①整孔更换桥面,包括整孔更换桥枕,换铺分开式扣件,更换护轨,钢梁上盖板、上平纵联的保护涂装,更换上盖板松动、烂头铆钉等；

②更换或增设整孔人行道和安全检查设备(包括:避车台,防火设备)；

③整孔钢梁或整个钢塔架的重新涂装或罩涂面漆；

④加固钢梁或钢塔架,包括更换、加固、修理损伤杆件,提高承载能力,扩大建筑限界,改善不良结构,更换大量铆钉和高强度螺栓；

⑤更换支座,包括跨度 80 m 以上钢梁支座的起顶整正；

⑥更换钢梁或圬工梁；

⑦整孔圬工梁裂缝注浆、封闭涂装或钢筋混凝土保护层中性化裂损、钢筋锈蚀整治；

⑧更换或增设整孔圬工梁拱防水层；

⑨圬工梁横隔板加固、横隔板断裂修补、梁体加固；

⑩加固圬工墩台及基础；

⑪更换墩台；

⑫更换或修复支撑垫石、更换折断的支座销钉；

⑬修复或加固防护及河调建筑物；

⑭整治威胁桥梁安全的河道；

⑮调整线间距的移梁施工；

⑯更换整孔人行道步行板；

⑰加固或恢复桥涵限高防护架。

(2)隧道大修

①加固、更换、增设衬砌或扩大限界；

②加固洞门；

③加固明洞；

④成段翻修铺底、仰拱或整体道床；

⑤整治漏水,改善和增设排水设备；

⑥整治洞口边坡、仰坡；

⑦修理或更新隧道照明及机械通风。

(3)涵洞大修

①加固涵洞,更换盖板；

②修复或加固防护及河调建筑物；

③整治危及涵洞安全的河道；

④内机车检查坑,地道、天桥大修。

3.路基大修

(1)治理路基维修工作范围以外的各种路基病害,包括滑坡、边坡溜坍、崩塌落石、风化剥落、陷穴、基床下沉外挤、基床翻浆冒泥、河岸冲刷、水浸路基、排水不良、沙害、冻害、雪害、泥石流等。

（2）恢复及改善路基设备的技术状态，包括加宽路基、改善边坡，增设、接长、翻修路基设备。

7.1.3　管理机构

线路设备大修施工一般由工务大修段或大修机械段承担，采用必要的施工机械和运输车辆，并安排与施工项目相适应的施工天窗。工务段负责提报大修建议计划，对大修施工进行安全质量监督监管，参加工程竣工验收。因线路设备大修引起其他设备变动时，应由铁路局在相应的大修计划中统一安排。

大修施工单位需要具备如下设施：

（1）铁路局应根据近、远期规划，统筹安排，修建必要的大修基地。大修基地应有足够的配线和场地，具备必要的生产和生活设施，交通便利。

（2）配备与大修施工任务相适应的施工机械、交通运输工具、通信设备和相应的检修设施。

（3）配备宿营车辆等必要的流动生活设施。

7.2　线路设备大修

铁路线路设备大修必须贯彻"运营条件匹配，轨道结构等强。修理周期合理，线路质量均衡"的原则，坚持全面规划、适度超前、区段配套的方针，并应采用无缝线路。

7.2.1　概述

1. 施工组织

线路设备大修施工单位在大修施工前，需要依据设计文件进行现场调查和施工测量，研究制定施工方案；按工程件名及批准的施工计划编制施工组织设计。其主要内容如下：

（1）设备现状。

（2）施工技术条件和技术标准。

（3）工程数量及材料供应。

（4）施工方法、劳动组织、机具使用和施工配合。

（5）按工序编制施工进度图表。

（6）保证施工安全、质量和进度的措施。

（7）施工临时设施。

（8）职工生活安排。

2. 相关制度

大修施工过程中，为确保施工质量与安全，必须建立并遵守如下制度：施工三检制、巡查养护制、工序交接制、隐蔽工程分阶段施工制度、岗前培训制度、安全检查分析制度等。

3. 施工机械管理

施工单位应建立健全各种施工、运输和装卸机械的管理制度，加强设备台账和技术档案的管理,实行岗位责任制,严格执行设备检修保养制度,保证配件储备,提高设备完好率。

4. 材料管理

(1)施工单位应建立健全材料管理制度,不得使用质量、规格不符合标准或出厂证件不符合要求的材料。

(2)材料应及时清点入库,堆码整齐,采取必要措施防止丢失或损坏。

(3)下道旧料应及时回收,做到工完料净。

(4)应按规定办理材料的收发、运送、使用和交接手续。

5. 工作内容

(1)普通线路换轨大修

清筛道床,补充道砟,改善道床断面,整治基床翻浆冒泥和超过 15 mm 的冻害,石灰岩道砟应结合大修有计划地更换为一级道砟;校正、改善线路纵断面和平面;更换Ⅰ型混凝土枕、失效轨枕和严重伤损的混凝土枕,补足轨枕配置根数,有计划地将木枕成段更换为混凝土枕(另列件名);全面更换新钢轨、桥上钢轨伸缩调节器、联结零件、绝缘接头及钢轨接续线,更换不符合规定的护轨;成组更换新道岔和新岔枕(另列件名);安装轨道加强设备;整修路肩、路基面排水坡,清理侧沟,清除路堑边坡弃土;整修道口及其排水设备;抬高因线路换轨大修需要抬高的道岔、桥梁,加高挡砟墙;补充、修理并刷新由工务管理的各种线路标志、信号标志、位移观测桩及备用轨架;回收旧料,清理场地,设置常备材料。

(2)无缝线路铺设

①铺设无缝线路前期工程

清筛道床,补充道砟,改善道床断面,整治基床翻浆冒泥和超过 15 mm 的冻害,石灰岩道砟应结合大修有计划地更换为一级道砟;校正、改善线路纵断面和平面;更换Ⅰ型混凝土枕、失效轨枕和严重伤损的混凝土枕,补足轨枕配置根数,有计划地将木枕成段更换为混凝土枕(另列件名);抽换轻伤有发展的钢轨,更换失效的联结零件;均匀轨缝、螺栓涂油,锁定线路;整修路肩、路基面排水坡,清理侧沟,清除路堑边坡弃土;整修道口及其排水设备;抬高因线路换轨大修需要抬高的道岔、桥梁,加高挡砟墙;补充、修理并刷新由工务管理的各种线路标志、信号标志、位移观测桩及备用轨架;回收旧料,清理场地,设置常备材料。

②铺设无缝线路

焊接、铺设新钢轨,更换联结零件、桥上钢轨伸缩调节器及不符合规定的护轨,铺设胶接绝缘钢轨(接头)并按设计锁定轨温锁定线路,埋设位移观测桩;整修线路,安装轨道加强设备;整修道口;回收旧料,清理场地,设置常备材料。

(3)成段更换再用轨(整修轨)

①更换再用轨(整修轨)普通线路

更换再用轨(整修轨)、联结零件、绝缘接头及钢轨接续线,更换不符合规定的护轨;更换失效轨枕、严重伤损混凝土枕;整修线路,安装轨道加强设备;整修道口及其排水设备;回收旧料,清理场地,设置常备材料。

②更换再用轨(整修轨)无缝线路

清筛道床,补充道砟,改善道床断面,整治基床翻浆冒泥,石灰岩道砟应结合大修有计划地更换为一级道砟;校正、改善线路纵断面和平面;更换失效轨枕、严重伤损混凝土枕,补足轨枕配置根数,有计划地将木枕成段更换为混凝土枕(另列件名);焊接、铺设再用轨(整修轨),更换联结零件，更换不符合规定的护轨，铺设胶接绝缘钢轨（接头）并按设计锁定轨温锁定线路，埋设位移观测桩；整修线路，安装轨道加强设备；整修路肩、路基面排水坡，清理侧沟，清除路堑边坡弃土；整修道口及其排水设备；补充、修理并刷新由工务管理的各种线路标志、信号标志及备用轨架；回收旧料，清理场地，设置常备材料。

（4）成组更换道岔和岔枕

铺设新道岔和岔枕；铺设无缝道岔时，含焊接钢轨、铺设胶接绝缘钢轨（接头）并按设计锁定轨温锁定道岔，埋设位移观测桩；更换道砟；整修道岔及其前后线路，做好排水工作；回收旧料，清理场地。

（5）成段更换混凝土枕

全面更换混凝土枕及扣件，螺栓涂油，整修再用枕螺旋道钉；清筛道床，补充道砟，整治基床翻浆冒泥和超过 15 mm 的冻害；整修线路，安装轨道加强设备；整修路肩、道口及其排水设备；封闭宽枕间的缝隙；回收旧料，清理场地，设置常备材料。

（6）道口大修

整修道口平台；更换道口铺面、护轨；改善防护设备；清筛道床，更换失效轨枕、严重伤损混凝土枕，整修线路及排水设备；回收旧料，清理场地。

（7）隔离栅栏大修主要内容：更换隔离栅栏网；更换或整修隔离栅栏立柱；回收旧料，清理场地。

7.2.2　计划编制

线路设备大修施工必须编制年度、季度和月度施工计划。施工必须以正式批准的设计文件和施工计划为依据。封锁线路或限制行车速度的施工、长轨列车和工程列车运行、道砟运输等，均应纳入铁路局的运输方案。大修施工单位应向有关单位提报月度施工计划。经批准的施工计划，各单位均应严格执行。

1. 编制依据

主要是线路设备修理周期，任务类型与工作量，计划费用、现场调查资料、技术经济分析比较资料、既有施工机械情况、施工经验以及相关规范与规程。

2. 大修周期

一般以线路通过总重量来确定，当钢轨累计疲劳重伤平均达到 2～4 根/km 时，应安排线路大修，同时还可根据各线的实际设备状况、线路条件（如小半径曲线、大坡道或隧道等集中地段）、运输条件（如煤、砂、矿建等散装货物运输集中地段）和自然条件（如风沙危害地段）等具体情况调整，使线路大修的管理更加科学化。

3. 任务确定

大修任务就是根据大修周期，线路设备状态，结合运输需要以及大修资金，大修劳力和材料等情况确定的。在确定大修任务量时，按计划期间设备数量和平均线路大修周期进行测算

$$线路大修工作量 = \frac{计划期间设备数量}{平均线均线路大修}$$

4. 编制程序

（1）建议计划。大修段（工务段）应根据铁路局线路大修规划，并结合线路实际状态填报大修工程申请书。申请书的主要内容有工程名称及地点，大修工程项目名称及数量，估算费用，

大修理由等。铁路局要根据线路大修规划,线路设备状况以及大修施工能力,对提报的大修工程进行综合平衡,并对重点工程组织复查,确定大修建议计划,报铁路总公司审批。

(2)下达正式计划。根据铁路总公司批准的线路大修计划,铁路局正式下达次年线路大修任务。大修分管单位再根据铁路局下达的计划和要求,按照分级管理权限,及时下达到各基层单位组织实施。

(3)组织年度实施计划。计划下达后,由工务处大修设计组进行外业勘测和编制设计文件(施工预算)。施工单位根据审批的设计文件、机具装备等编制施工组织设计并组织施工。

(4)年度计划在执行过程中,由于施工因素的变化,势必造成工程变更。当产生变更时应按管理权限的规定,合理调整与变更计划。

7.2.3 线路大修设计

1. 设计文件组成

线路设备大修设计由专业大修设计单位承担。大修设计文件的编制,以铁路局工务处批准的大修设计任务书或大修计划件名表为依据,工作量小、技术较简单的件名可由基层单位设计,报铁路局工务处审批。

(1)任务书

大修设计任务书包括:任务范围;施工单位及施工期限;基本技术要求;投资控制额;提交设计文件的日期等。

(2)文件组成

线路大修设计文件内容应做到资料齐全、数据准确、图表清晰、文字简明。文件由设计说明书、设计图表、和施工预算三部分组成。

1)设计说明书

按照不同的工程性质,分别说明以下内容:

①工程名称及施工地段的起讫里程。

②原有设备状态及主要技术标准,病害情况和原因分析。

③设计依据。

④主要工程内容、数量及采用的技术标准,对施工的技术要求。如因特殊情况有不符合大修技术条件的项目时,应说明原因和解决办法。

⑤有关施工方法、质量要求、安全措施及其他注意事项。

⑥旧轨料使用数量。

⑦ 有关附属工程和施工单位的配合要求。

2)设计图表

主要图表有:纵断面设计图、平面拨量表、曲线表、水准基点表以及各项工程数量表(如轨料数量计算表、补充道砟数量计算表、轨枕抽换补充数量表、路基整修工程数量表、道口及桥梁整修表等)。铺设无缝线路应有无缝线路铺设位置配轨图表、锁定轨温范围、预留轨缝表及有关设计计算书。

3)施工预算书

施工预算应根据设计说明书、设计图表、工程数量、施工方法和有关规定定额进行编制。

主要包括预算说明书、预算汇总表、预算表、材料数量表和单价分析表。

2. 外业勘测与调查

外业勘测与调查分为外业测量和外业调查。其中外业测量的内容主要有里程丈量、平面测量、纵断面测量、横断面测量及道岔测量。外业调查主要内容是对钢轨、轨枕、联结零件、道床、路基、道岔、桥隧、道口、标志和常备轨、车站等单项进行调查。调查结果应分别填写在相应的调查表格中供设计使用。

(1)钢轨调查:正确鉴定损伤钢轨及其数量,调查时严格按规定的标准,正确鉴定伤损钢轨及其数量,并记录其里程、轨型、轨号、左右股、长度及根数。

(2)轨枕调查:调查时,失效的木枕和混凝土枕要分开记录,混凝土枕又需根据枕型、扣件类型分别统计,以免混铺混用,并且同时调查严重伤损的混凝土枕。

(3)联结零件调查:主要调查钢轨扣件的类型、规格、位置及延长,螺旋道钉锚固种类、位置及延长,失效状态及数量等。对大(小)胶垫的失效数,每千米至少调查两处,每处连续查100～200 m,计算失效百分率。

(4)轨道加强设备调查:对防爬器、防爬支撑、轨距杆、轨撑要全面调查,并按规格、现有数、补充数、失效数分别统计。

(5)道床调查:通过横断面测量可以了解道床横断面的现有尺寸。每公里选有代表性的处所1～2处,在轨枕间靠近轨底开挖道床,左右股交错挖至轨枕底下50 cm或路基面,挖取道砟试样不少于0.04 m³。然后对道床进行实际筛分(筛径20 mm),根据筛分重量比确定道床脏污百分率。

(6)标志和常备轨调查:以便抽换、补充、修理和油漆刷新。

(7)其他调查:如站场调查、路基及排水调查、道口调查、桥隧涵调查、其他项目调查等。

3. 平面设计

线路大修平面设计,在直线上主要是根据经纬仪测量的结果,拨正中线,消除漫弯。在曲线上,则应根据曲线测量资料对曲线进行校正。有的线路原设计标准偏低,需要通过大修进行改善与提高线路标准,加设或延长缓和曲线,改变相邻曲线的连接条件或适当增大曲线半径等。因此,需要通过平面计算与设计,将错动的线路拨正到正确位置上。曲线平面计算是以既有线为参照标准,计算出的拨动量就是指相对于既有线路上各测点应拨动的距离。拨正后的曲线是新的线路中心。大修施工时应按新的中线铺轨。

平面设计应以原线路设计标准为依据,并应遵循以下基本技术条件:

(1)设计曲线时应尽量采用单曲线,仅在困难条件下允许保留复曲线,但复曲线的两个圆曲线间,应设缓和曲线连接,其长度按计算决定,但不应短于20 m。如条件困难不能设缓和曲线时,两个连续圆曲线的曲率不应大于1/2 000,每个圆曲线的长度不得短于50 m。

(2)直线与圆曲线间应采用缓和曲线连接,其长度一般应短于9×超高度(m)×容许最高行车速度(km/h),特别困难地段不短于7×超高度(m)×容许最高行车速度(km/h),计算结果取10 m整数倍。如原线路的缓和曲线标准较高时,应采用原线路标准。两缓和曲线间的圆曲线长度一般不得小于20 m,困难条件下可减至14 m。

(3)两圆曲线间的直线长度,原则上应不低于原线路标准。

(4)并行的两线路中心距离在5 m以下的曲线地段,内侧曲线的超高不得小于外侧曲线超高的一半,否则,应根据计算加宽两线的中心距离。

（5）有条件时，应尽可能改善线路对桥梁的偏心及建筑物限界等，使其符合有关规定。

（6）圆曲线外轨超高和顺坡，按工务段提出的数据设置，并应符合《铁路线路修理规则》的规定。

（7）大修平面设计时，应消除直线地段漫弯。如因建筑物限界关系等原因不能减少或消除时，允许保留原状。

4.纵断面设计

线路大修纵断面设计的原理和方法与新线纵断面设计基本相同，但大中修是在原有建筑设备的基础上，和保持原限制坡度的条件下，消除纵断面上不符合技术要求的部分，尽量改善原有坡度。因此，线路大修纵断面设计是在既有建筑物的限制条件下，寻求最经济、合理的线路改善方案。

（1）设计步骤

线路纵断面是线路大中修的综合性文件，一般采用的比例尺，竖向 $1:100$，横向 $1:10\,000$。设计图的下部为各项数据，上部为纵剖线及桥隧建筑物、道口等。设计的主要步骤如下。

1）填写外业勘测资料，绘出既有轨面线和路基面线（包括各种建筑物）

外业勘测资料沿里程填写，包括既有轨面标高、路基面标高、曲线要素及起讫里程，桥梁、隧道等建筑物起讫里程，涵渠、道口中心里程等。既有轨面线用点划线表示，路基面线用虚线表示。

既有路基面标高一般据路肩标高、路拱高度来确定：

$$H_{\mathrm{L}}=H_{\mathrm{j}}+h_{\mathrm{gw}}$$

式中　H_{L}——既有路基面标高；

　　　H_{j}——既有路肩标高；

　　　h_{gw}——路拱高度。

若无路肩标高，则需测出既有道床厚度 h_{cj}，然后根据轨顶标高及轨道结构的建筑高度来推算。轨道的建筑高度 h_{jg}

$$h_{\mathrm{jg}}=h_{\mathrm{gj}}+h_{\mathrm{dj}}+h_{\mathrm{zj}}+h_{\mathrm{cj}}$$

式中　h_{gj}——既有钢轨高度；

　　　h_{dj}——既有垫板厚度；

　　　h_{zj}——既有轨枕高度；

　　　h_{cj}——既有道床厚度。

既有路基面标高 H_{L} 为

$$H_{\mathrm{L}}=H_{\mathrm{j}}-h_{\mathrm{jg}}=H_{\mathrm{j}}-(h_{\mathrm{gj}}+h_{\mathrm{dj}}+h_{\mathrm{zj}}+h_{\mathrm{cj}})$$

式中　H_{j}——轨面标高。

2）拉坡设计

线路大修纵断面拉坡是在现有的条件下，改善和恢复因路基沉降和线路变形造成的纵向不平顺和坡度紊乱。需要确定线路纵断面的设计坡段长度、坡度及坡段连接方式，并用粗实线绘制出设计轨面线。

拉坡设计是在既有轨面线上进行的，全部设计过程始终是设计轨面标高与既有轨面标高相比较的过程，可见拉坡设计实质上是一种试算过程。

①拉坡设计工作中应注意的问题：

a.线路虽有不均匀沉落,但变坡点位置一般仍在原变坡点附近,坡段的划分可参考原设计;

b.起道量受到各种设备的约束,尽量避免落道;

c.拉坡设计应符合基本技术标准规定;

d.拉坡的方法应首先确定控制点的标高与坡度,控制点是指标高不能改变或标高变化有一定限制的地段,如大中桥、道口、站内天桥、地道、咽喉道岔等处的线路。拉坡时宜从控制点开始分别向两侧进行拉坡。

②设计轨面标高

根据大修后采用的轨道各组成部分的标准及既有路基面标高,可初步计算出设计轨面标高。设计轨面与既有轨面间的关系如图7-1所示。

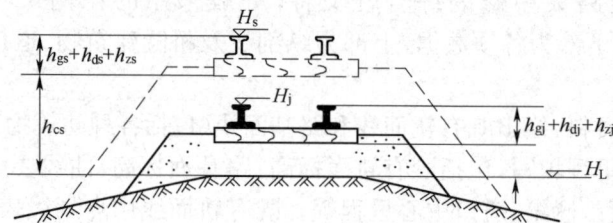

图7-1 设计轨面与既有轨面间的相互关系

$$H_s = H_L + h_{gs} + h_{ds} + h_{zs} + h_{cs}$$

式中　H_s——设计轨面标高;

　　　H_L——既有路基面标高;

　　　h_{gs}——设计钢轨高度;

　　　h_{ds}——设计垫层厚度;

　　　h_{zs}——设计轨枕高度;

　　　h_{cs}——设计道床厚度。

设计轨顶标高亦可根据既有轨顶标高与新旧两种轨道结构部件的高度差来确定:

设计钢轨与既有钢轨的高度差　　　$\Delta h_g = h_{gs} - h_{gj}$

设计垫层与既有垫层的高度差　　　$\Delta h_d = h_{ds} - h_{dj}$

设计轨枕与既有轨枕的高度差　　　$\Delta h_z = h_{zs} - h_{zj}$

设计道床与既有道床的高度差　　　$\Delta h_c = h_{cs} - h_{cj}$

$$H_s = H_j + \Delta h_g + \Delta h_d + \Delta h_z + \Delta h_c$$

③设计坡度与设计轨面线

设计时要按照技术条件的要求,确定变坡点的位置,坡度大小及坡段长度,应使每段内各个点的道床厚度符合设计标准要求。若某段设计坡度为i,则该段内各点轨面设计标高为:

$$H_n = H_{n-1} + di$$

式中　H_{n-1}——计算点前一点的设计标高;

　　　d——两点间的距离;

　　　i——设计坡度。

逐点算出各个点的轨面设计标高,用粗实线画在纵断面上。

3)计算起道高度

计算点的起道高度 h_Q 为

$$h_Q = H_{gs} - H_{gj} - (\Delta h_g + \Delta h_d + \Delta h_z)$$

4)计算设计道床厚

设计道床厚为

$$h_{cs} = h_{cj} + h_Q$$

式中　h_{cj}——既有道床厚;

$\quad\quad h_Q$——起道高度。

算出的道床厚度如比规定的最小道床厚度小或厚得太多,需重新修正设计坡度或坡段长度,反复计算,寻求经济合理的设计方案。

在个别地段,因道床厚度不足而起道又受条件的限制时,允许局部地段落低路基面。落低路基的深度为:

$$\Delta h_L = h_c - h_{cj}$$

式中　h_c——规定的道床最小厚度;

$\quad\quad h_{cj}$——既有道床厚度。

车站内正线的线路大修设计与区间线路相同,并应连续拉坡;与正线相邻的股道应与正线同时设计(按站线标准),其他站线可根据具体情况而定。站内线路设计还应考虑建筑物的位置与净空、站场排水等问题。

配合线路大修进行的其他工程,如更换道岔、道口改造、路基加宽、涵洞延长等,均需根据需要进行单项设计。

(2)复核

为消除设计中的缺点,提高设计质量,应认真进行复核工作。复核工作应从技术与经济两方面进行。技术复核着重检查坡度代数差、长大坡段处的坡度,消除高差及顺坡间的脱节现象,检查并消除不安全因素,检查排水坡度等;经济复核的重点是检查设计的平均道床厚度,控制抬道不致过大,检查路堑及站场落道情况,检查是否可以少做抬高桥梁的工作等。

7.2.4　线路大修预算

线路大修设计文件必须按有关技术标准和规章制度编制,线路大修预算遵循总量控制、专款专用,禁止无预算支出,严禁跨期挤列、虚列大修成本。

1.编制层次

线路大修预算按综合预算和单项预算两个层次编制。

(1)综合预算:用于反映线路设备大修项目修理规模和项目构成,原则上按整个大修项目范围编制。

(2)单项预算:是编制综合预算的基础,用于详细反映各项预算费用构成。单项预算按项目类别分别编制,包括人工费、直接费和间接费,其中,直接费包括材料费、运杂费、机械使用费、夜间施工增加费、施工配合费、施工监理费和勘察设计费;间接费包括施工措施费、特殊施工增加费、施工管理费、劳务工社会保险费和跨局施工综合费。

2.有关规定

大修人员工资纳入运输工资的管理范畴;直接费属铁铁路总公司管理项目,由铁路总公司核定预算;间接费每年由铁路总公司纳入各铁路局财务收支预算,线路大修单位间接费每年由铁路局核定预算。

线路大修预算编制应与修理标准要求、实际作业内容和使用定额的深细度相一致。

线路大修项目设计阶段,原则上采用《铁路线路设备大修定额》规定定额,钢轨按铁路总公司公布的采购单价执行。

对没有定额的项目或由于客观原因造成定额变化时,设计单位应在调查分析的基础上补充单价分析,随设计文件一并送审。

3.费用内容及费用标准

(1)人工费指直接从事线路设备大修项目施工生产工人开支的费用,包括大修人员工资性支出费用和外购劳务费用等,计算公式:人工费=Σ定额人工消耗量×综合工费标准,其中,综合工费包括基本工资、工资性津贴和补贴、生产工人辅助工资等,标准为35元/日。特殊地区津贴、补贴按国务院及其有关部门和省(自治区、直辖市)的规定计算,计入人工费。

(2)材料费指直接用于工程的材料费,按材料名称、规格、数量及消耗定额分项计算,包括按有关规定编列备用和损耗数量。

①换轨大修主要材料包括新钢轨(或再用轨,或整修轨)、扣配件、胶垫、联结零件、轨距杆、胶接轨、异型轨、断轨急救器(含夹板)、温调器、绝缘材料、测爬桩、道口铺面板、桥梁挡砟板、施工燃油、其他材料。

②道床清筛主要材料包括石砟、河沙、施工燃油、线路标志、其他材料。

③成段更换混凝土枕大修主要材料包括轨枕、锚固螺栓、锚固料、扣配件、胶垫、施工燃油、其他材料。

④成组更换道岔和岔枕大修主要材料包括道岔、转辙机、岔枕、锁闭及安装装置、密贴检查器、钢轨、异型轨、胶接轨、鱼尾板及螺栓、道岔塑料胶垫、过渡轨枕及轨枕配件、道砟、测爬桩、施工燃油、其他材料。

主要线上料价格均采用铁路总公司或铁路局每年公布的年度大修主要线上料预算价格,其余可参照铁路总公司发布的《铁路工程建设材料基期价格》。再用轨和整修轨采用冲减内扣方式不计材料费,其中,整修轨按《铁路运输企业废旧轨料管理办法》规定计取整修管理费。

(3)运杂费指各项材料自来源地(生产厂或指定交货地点)运至工地所发生的有关费用,包括运输费、装卸费、采购及保管费和其他有关运输费用。

运输费按《铁路货物运价规则》及其他有关规定计算;装卸费、采购及保管费等按各局有关规定执行。

(4)运输方式和运输距离要经过调查、比选,综合分析确定。原则上以最经济合理的,并且符合工程要求的材料来源地作为计算运杂费的起运点。

(5)分析各单项材料运杂费单价,对不同的材料品类及不同的运输方法分别计算平均运距。

(6)旧轨件的运杂费,其重量应按设计轨型计算。如设计轨型未确定,可按代表性轨型的重量,其运距由调拨地点的车站起算。如未明确调拨地点者,可按以下原则编列:

①已明确调拨的站段,但未明确调拨地点者,则由该站段所在地的车站起算;

②未明确调拨的站段,按项目所在地区的站段所在地的车站起算。

(7)机械使用费在科学计算机械使用实际消耗的基础上,从严、从紧编制,计算公式为:机械使用费=∑定额机械台班消耗量×机械台班单价,其中,机械台班费包括安装拆卸费、燃料动力费和租用费。

安装拆卸费指机械在施工现场进行安装、拆卸与搬运所需的材料费、机具费和试运转费用、辅助设施(基础、底座、固定锚桩、走行轨道、枕木等)的搭拆费等;燃料动力费指机械在运转施工作业中所耗用的液体燃料(汽油、柴油)、固体燃料(煤)、电和水的费用。

(8)夜间施工增加费指在夜间连续施工或在隧道内换轨、换砟及换枕,所发生的工作效率降低以及有关照明设施(包括所需照明设施的拆装、摊销、维修及油燃料、电)等增加的有关费用,按人工费的8%计列。

(9)施工配合费指专业施工队伍在营业线上进行线路大修施工时,需要电务、供电部门在施工期间参加配合工作所发生的费用,除此之外不得发生。

(10)施工监理费指项目执行单位委托具有铁路工程监理资质的单位,在大修项目的施工阶段实施监理的费用(工程决算时应附监理合同),以人工费、材料费、运杂费、夜间施工增加费、机械使用费、间接费之和为计算基数,按表7-1费率采用内插法计列。

(11)勘察设计费以人工费、材料费、运杂费、夜间施工增加费、机械使用费、间接费之和为计算基数,乘以表7-1所列费率计列,由勘察设计单位收取。

(12)施工措施费包括冬(雨)季施工增加费、小型临时设施费、工具用具使用费、检验试验费、工程定位复测费、工程点交费、场地清理费等。

(13)特殊施工增加费包括风沙地区施工增加费、高原地区施工增加费和原始森林地区施工增加费。

(14)施工管理费包括办公费、差旅交通费、固定资产使用费、工具用具使用费、财产保险费、施工单位进退场及工地转移费、福利费、工会经费、职工教育经费、社会保障费、劳动保险费、工程排污费、劳动保护费、财务费用等。

(15)劳务工社会保险费指按政府和有关部门规定必须缴纳的劳务工社会保险费用。

(16)跨局施工综合费指跨局施工所增加的相关费用,按人工费、直接费之和的3.35%计列。

4.相关费率(表7-1)

表7-1 线路大修费率表

施工监理费费率			
基数 M(万元)	费率(%)	算 例(万元)	
		基数	项目执行单位管理费
$M \leqslant 500$	1.0	400	400×1.0%=4.00
$500 < M \leqslant 1\ 000$	$1.0 > b \geqslant 0.8$	560	560×[1.0−(560−500)×0.000 4]%=5.47
$1\ 000 < M \leqslant 5\ 000$	$0.8 > b \geqslant 0.6$	4500	4 500×[0.8−(4 500−1 000)×0.000 05]%=28.13
$5\ 000 < M \leqslant 10\ 000$	$0.6 > b \geqslant 0.4$	8 500	8 500×[0.6−(8 500−5 000)×0.000 04]%=39.10
$M > 10\ 000$	0.4	15 000	15 000×0.4%=60.00

续上表

勘察设计费费率		
项目名称	费率(%)	备 注
道床	1.0	更换整修轨和再用轨时,勘察设计费的基数按新轨料单价计列;勘察设计费含外业测量调查配合、施工放样及设计变更等费用
轨道	0.5	

5.单项预算计算程序表(参见表7-2)

表7-2 单项预算计算程序表

序号	费用名称	计 算 式
(一)	人工费	
(二)	直接费	
1	材料费	按设计工程量和基期价格水平计列
2	运杂费	指需要单独计列的运杂费,按施工组织设计的材料供应方案及本办法的有关规定计算
3	机械使用费	
4	夜间施工增加费	(一)×8%
5	施工配合费	按有关规定计算
6	施工监理费	
7	勘察设计费	
(三)	间接费	
1	施工措施费	
2	特殊施工增加费	
3	施工管理费	
4	劳务工社会保险费	(一)×15%
5	跨局施工综合费	
(四)	单项预算合计	(一)+(二)+(三)

7.2.5 线路大修施工

线路大修是在营业线路上进行的一项较大规模的施工,既不同于线路维修,更不同于新建线路。其特点是:先拆后建,施工是在列车慢行和中断行车的情况下进行,要在允许的有限时间内,紧密作业,保质保量地完成规定的任务,并且经过一定的行车和整修,把刚修过的线路逐步地恢复到稳定状态;线路大修是露天施工,自然会在不同程度上受到季节气候的影响;大修所使用的人员、机具和材料都比较多比较密集,必须精心组织,恰当调配,使人尽其能,物尽其用。

线路大修的主要工作是成段更换轨排、铺设长钢轨、清筛道床、起道捣固及整理工作,本节主要介绍轨排组装作业、换轨大修施工、无缝线路换铺及道岔大修施工。

1. 轨排组装作业

(1)轨排基地建设

1)基地位置考虑因素

①宜设置在区段站附近的中、小车站附近,与车站线路接轨,不宜设在大编组站及调车繁忙的车站上,以便工程车的进出。

②基地布置宜考虑供应半径因素,一般单线区段为 150 km,双线区段为 250 km。

③地形平坦开阔地带,建设时工程量少,可布置足够数量和长度的股道。

④交通便利,水电供应方便。

2)基地设计及设备配置

基地线路应包括轨排组装线、旧轨排拆卸线、卸料线、牵出线、待发线及其他线。基地线路的设计标准应满足下列要求。

①平面:设计为直线,困难条件下设计为曲线时,其半径应不小于 300 m。

②纵断面:线路坡度不大于 2.5‰,尽头线末端应设计为上坡。

③横断面:考虑基地地面横向排水问题。一般横向坡度为 2%～3%。

④轨道标准:基地轨道一般应采用 43 kg/m 及以上的再用轨及联结零件。基地内轨枕配置为 1 440 根/km,连接车站的走行线配置 1 600 根/km。道岔选用不小于 9 号的单开道岔,但侧向通过新轨排工程车的股道应选用 12 号单开道岔。

其他要求可参照站场设计的标准进行。

轨排基地的机具设备,主要有:门式起重机、轨排组装台、硫磺砂浆炉、龙门架、卷扬机、电动螺栓扳手、电动起钉机、轨道起重机、扩孔钻、变压器、发电机组、电焊机、锻造设备、木工机具、轨道车等。

(2)轨排组装

首先,进行工地调查与测量,再进行内业计算,然后下达组装计划,最后进行组装作业。目前,现场多利用大修换铺无缝线路,不需要进行轨排组装,但需要进行无缝线路相关计算。

2. 换轨大修施工

目前,各国铁路线路大修机械化施工方法,都是根据各自的机械能力、财力、人力和列车密度等情况来考虑,如果采用大型养路机械进行施工,则与新线铺设方法相似,如果采用自制简易机械施工,大致有轨排换铺法、分别铺设法和分别拆铺法三种机械化施工方法。

1)轨排换铺法

轨排换铺法是许多国家广泛采用的线路大修施工方法,其作业程序是:先拆除旧轨排——清筛道床——平整夯实道床——铺设新轨排——整修轨道——起道捣固。但也有先清筛道床再拆除旧轨排的,也有在铺设好新轨排再清筛道床的。作业程序虽有区别,但都是流水作业。

如果是结合大修换铺无缝线路,新轨排通常是先用新轨枕和再用轨组成。如大修地段原为无缝线路,需先将长轨锯断,或先换上与新轨排设计长度相同的再用轨。两者均是两次换轨。

2)分别铺设法

拆旧轨排、铺新枕、再铺新长钢轨的作业程序为:先用门式吊车拆除旧轨排、平整道床;用另一组门式吊车吊运新轨枕并按规定间距逐根铺在整平的道砟上;用拨道机把作为工作轨的焊接新长钢轨推移到新轨枕上,并装好扣件;用道砟清筛机和整修机清筛道床、扒砟和整修道床;最后用捣固车进行起拨道和捣固。

3)分别拆铺法

轨枕和钢轨分别拆铺法是鉴于作业机械化日渐发展和劳动力紧张、列车间隔时间短的情况下出现的一种方法。这种方法的机械化自动化程度较高,可用于换铺各种长钢轨,也可以直接结合线路大修铺设无缝线路,而不需两次换轨,也不需铺设工作轨。

以龙门架轨排换铺法(图7-2)为例。龙门架换铺轨排的施工过程通常分为基地作业和现场作业两大环节。一般的施工程序为:①施工测量;②现场调查;③技术交底;④基地组装轨排;⑤新轨排装车;⑥进入封锁区间;⑦现场施工作业;⑧铺轨排列车返回车站;⑨开通线路;⑩铺轨列车返回基地;⑪旧轨排卸车;⑫拆卸旧轨排。

现场施工作业是一个有限循环的过程,主要作业为拆卸旧轨接头、拆除旧轨排、整平道床、铺设新轨排、回填枕盒石砟及起拨道、捣固。

图7-2 龙门架轨排换铺法

3.无缝线路铺设

(1)铺设条件

1)无缝线路的最大轨温幅度

在20世纪60~70年代,世界各国仅限于在最大轨温幅度90 ℃的地区铺设无缝线路,90年代后,已有一些国家突破这一范围。美国、加拿大、挪威、瑞典在最大轨温幅度95 ℃的地区,前南联盟在最大轨温幅度100 ℃地区铺有无缝线路,尤其俄罗斯在西伯利亚最大轨温幅度115~119 ℃的地区铺设有P65型钢轨无缝线路,更是取得重大突破。我国使用CHN60钢轨已在最大轨温幅度97~102 ℃地区广泛铺设无缝线路。

允许铺设无缝线路的最大轨温幅度与曲线半径、轨道结构类型、机车类型、列车行车速度等有关。

2)确定锁定轨温

度量无缝线路温度力的大小,是以无缝线路锁定时测得的钢轨温度为基准,此时无缝线路的温度应力为零,因此国内外文献把无缝线路处于零应力状态测得的钢轨温度定义为锁定轨温。设计、施工、运营情况不同,运用锁定轨温的概念应加以区别。设计确定的锁定轨温称为中和温度,施工确定的锁定轨温称为施工锁定轨温,无缝线路在运营过程中处于零应力状态的轨温为实际锁定轨温。这些个概念不应混淆,否则将产生误解。例如,常说锁定轨温改变,其实是实际锁定轨温发生变化,而设计锁定轨温和施工锁定轨温,一旦设计和施工完成,记入技术档案,是不允许随意改变的。

中和轨温按下式计算:

$$t_e = \frac{T_{max} + T_{min}}{2} + \frac{[\Delta t_d] - [\Delta t_u]}{2} + [\Delta t_k]$$

式中 $[\Delta t_d]$,$[\Delta t_u]$——允许温降和温升,可按《修规》附录六查得;

T_{max},T_{min}——当地最高、最低轨温;

$[\Delta t_k]$——中和轨温修正值,取 $0 \sim 5$ ℃。

通常情况:设计锁定轨温上限 $t_m = t_e + (5 \sim 6)$ ℃;

设计锁定轨温下限 $t_n = t_e - (5 \sim 6)$ ℃;

困难情况:设计锁定轨温上限 $t_m = t_e + (3 \sim 4)$ ℃;

设计锁定轨温下限 $t_n = t_e - (3 \sim 4)$ ℃。

求得的 t_m、t_n 值必须满足以下条件:

$$t_{max} - t_n < [\Delta t_u]$$
$$t_m - t_{min} < [\Delta t_d]$$

(2)无缝线路的铺设

铺设无缝线路可以直接在新线上铺设,也可以在既有线上铺设。无缝线路铺设的流水作业线分为前期工程和铺设工程。前期工程流水作业线为整修钢轨—清筛—起整;铺设工程分为厂焊长轨条—装运长轨条—卸下长轨条—工地焊接长轨条—换铺长钢轨—收集旧钢轨—整理线路。

在运营线上铺设无缝线路的施工步骤分为施工准备工作、封锁中的工作及封锁后的整修工作。

1)铺设前的准备

①撤除调高垫板,整修线路。

②铺设无缝线路前,必须埋设位移观测桩,并使其牢固、可靠。

③施工前应拨顺并串动轨条,放散初始应力。

④散布并连接缓冲区钢轨,备齐换轨终端龙口轨和钢轨切割工具。

⑤散布扣件及橡胶垫板和橡胶垫片。

⑥在封锁前的慢行时间内(列车限速≤45 km/h),拆除轨道加强设备;卸除部分道钉、轨枕扣件及接头螺栓:接头两根轨枕和桥枕上,道钉及扣件齐全、有效;半径不大于 800 m 曲线地段混凝土枕隔三卸一,木枕隔六卸一;其他部位混凝土枕隔一卸二,木枕隔二卸一。接头螺栓每端卸一个(每端保证两个拧紧)。

2)轨条铺设

①应使用换轨车铺设轨条,从轨条的一端向另一端依次拨入。

②必须准确确定无缝线路锁定轨温。

铺设锁定轨温取轨条始端入槽和终端入槽时轨温的平均值。如果铺设锁定轨温不在设计锁定轨温范围内(含轨条始端入槽或终端入槽时的轨温不在设计锁定轨温范围内),无缝线路铺设后必须进行应力放散或调整,并重新锁定。

③铺设无缝线路必须将轨条置于滚筒上,并配合撞轨确保锁定轨温均匀,低温铺设时应用

拉伸器张拉轨条。

④严禁采用氧炔焰切割钢轨进行合龙。

⑤左右两股轨条锁定轨温差不得超过 5 ℃。

⑥无缝线路锁定后,应立即作好位移观测标记,并观测位移。同时在钢轨外侧腹部或观测桩上,用油漆注明锁定日期和锁定轨温,并做好记录。

⑦线路开通后,应及时全面复紧接头及扣件螺栓,接头螺栓扭矩达到 900~1 100 N·m,混凝土枕弹条的弹条中部前端下颚应靠贴轨距挡板(离缝不大于 1 mm)或扣件螺栓扭矩达到 120~150 N·m,调整轨距;复紧轨距杆;加固防爬设备;特殊设计的桥上,应检查扣件螺栓扭矩是否符合设计要求。

3)封锁施工作业程序

在运营线上铺设无缝线路,应根据设计文件的要求,在封锁线路的条件下进行。其施工程序分为封锁前的准备工作、封锁中的基本工作和开通后的整理工作三个阶段。

①封锁前,主要做好封锁施工的准备工作,尽可能减少封锁时间内的工作量。其主要工作内容如下:

a. 做好始、终点的准备。

b. 做好工具备品的检查及到位。

c. 做好扣件预卸及更换新扣件、新胶垫的准备。

d. 对于需要方动的轨枕,按预计方动量方正到位。

e. 既有线上的防爬器、轨距杆应予拆除。

f. 在施工前几天按设计要求预埋好钢轨位移观测桩。

g. 使用换轨小车组换轨时,需将既有线接头螺帽向外的螺栓一律拆除,新轨接头螺帽向内的螺栓暂时不上紧,以便便轨条通过换轨小车拨轨拢口时不被卡阻。

h. 列车按 25 km/h 慢行时,慢行时间内,混凝土枕扣件按隔一拆一的原则拆除扣件;列车提速地段按 45 km/h 慢行时,慢行时间内,当作业轨温低于既有无缝线路锁定轨温时,混凝土枕扣件按隔一拆一的原则拆除扣件,否则按隔二拆一原则拆除。

②线路封锁中,是铺设无缝线路的基本作业阶段,在这个阶段主要完成新、旧钢轨的更换和紧固锁定。

a. 线路封锁后,迅速拆除全部扣件;换轨作业车进入封锁区间,按换轨车作业规程使新、旧轨分别就位、入槽;轨道车启动运行,使旧轨离槽放置于轨道两侧或轨道中心,新轨就位入槽。

b. 换轨作业车通过后,迅速上紧扣件,并将旧料回收,及时装上平板车。

c. 换轨作业车到达换轨终点后,应迅速组织合龙口,项目包括锯轨、钻眼、联结钢轨等,同时对新轨扣件全面上紧,调整线路方向、水平等,使之达到开通条件,并及时开通线路。

d. 在换轨作业的同时,应分别测得长轨条始端入槽和终端落槽时的轨温,取其平均值,作为当日铺设的锁定轨温。在长轨条全面锁定后,应立即在钢轨头部外侧作好位移观测标记,同时在钢轨外侧腹部或观测桩上,用白油漆注明锁定日期和锁定轨温,并做好记录。

③线路开通后,主要进行在封锁时间内未完成的修整工作。主要工作内容有:

a. 列车按规定速度慢行通过,这时应及时全面复紧接头螺栓及扣件,并打紧防爬器,使其达到紧密、靠正、牢固的要求,并按施工规定及时恢复列车正常速度。

b. 消灭超限轨距,整正线路方向,调整补齐扣件和支垫。

c.方正轨枕,整修道床断面,补足石砟,起道捣固,夯实道床边坡。

d.整修、打磨不平整焊缝,提高轨面的平顺性。

e.利用轨温变化,调整缓冲区内不符合规定的轨缝等。

f.找平轨面、拨正方向、整修道口、配齐备料。

线路开通后,以 15 km/h、25 km/h、35 km/h 的速度通过 3 趟慢行列车后,即可恢复正常速度。

4)施工注意事项

①施工前,设置防护信号,并随时与驻站值班员联系,慢行时间内必须做好测速工作,密切注意列车运行情况。

②在施工前对原有线路状态要进行仔细地调查和丈量,并结合施工任务拟定施工方案。

③铺轨前要对长轨条进行严格检查,不允许钢轨出现硬弯,以 1 m 直尺测量,其矢度不超过 0.5 mm。小型气压焊联合接头应经过外观检测和内部超声波探伤检查,并符合规定要求。

④必须正确确定锁定轨温,尽量做到在设计锁定轨温范围内锁定线路。合龙口时,要精确计算切轨位置及长度,尽量不使用撞轨合龙口。

⑤在自动闭塞电气化区段,换轨作业前要在被换钢轨两端的左右轨节间各安设一条横向连接线(截面不小于 70 mm² 的铜线),用夹子夹紧在轨底上。

⑥在自动闭塞电气化区段施工,如需拆除回流线时,必须有供电人员配合,并负责监护。在未设好可靠分路线之前,不得将回流线从钢轨上拆除。拆除回流线的工作均由供电段人员负责完成。

7.2.6　道岔大修施工

在线路大修同时需要更换比原轨型较重的钢轨时,道岔也必须同时更换为同类型钢轨的道岔,或更换为重型及大号码道岔。当因道岔长期使用,零部件磨损严重,难于保证行车安全时,也需更换道岔。成组更换新道岔站场设备的改善。

1.设计

(1)基本要求

成组更换道岔时要求道岔轨型不低于线路的轨型,道岔前后(含侧向)应各更换一对与道岔轨型相同的钢轨作为引轨。

(2)大修文件构成

成组更换新道岔设计文件内容包括:确定道岔钢轨类型及道岔号码,计算道岔各桩点位置,计算道岔连接曲线,配轨计算,计算所需材料及用量,编写施工组织及施工预算。其文件组成如下:

①道岔平面布置图;

②设计计算说明书;

③材料表和预算表;

④施工组织措施。

2.施工

成组更换道岔的施工方法有成组预铺横移法、成组纵向移动法和分股更换法。由于成组预铺横移法具有封锁时间少、施工时间内技术作业少、岔枕不受损伤、道岔组装质量高等优点,故现场大多采用该方法。

成组预铺横移法需要利用或创造预铺场地,预先将新道岔装配好,然后在封锁时间内拆除旧道岔,横向移入新道岔。

(1)侧位预铺

1)核对岔位、钉好桩位。通过钢尺丈量计算出新换道岔前后的短轨长度,检查与新旧道岔相互关联的线路。为了不使新道岔在横向拨移后位置发生错动,在新道岔的岔首、道岔中心和岔尾位置上,牢固准确地打入木桩。

2)选定和整理预铺场地。预铺场地宽度不小于 5 m,长度为道岔全长。如两侧无合适场地,则需在路堤边坡搭枕木垛,并使枕木垛高度与线路上的枕木高度相近。

3)预铺新道岔的岔枕。在新道岔直股外侧的铺设场地画出一条轨端线,按岔枕长度或岔枕编号,顺序排列岔枕,其间距大致与铺设图相同即可。然后在木岔枕上画出直外股轨底距枕端的等距横线,其距离大小依轨型计算得出,以保证道岔就位后直股一端岔枕取齐。转辙连接杆处长岔枕可不铺设。

4)组装新道岔。当尖轨、基本轨和滑床板联结就位后,再安装其他垫板、轨撑、扣件和螺旋道钉。其他部分的组装顺序:

①在保证直外股钢轨外侧轨底与枕端距离一致的前提下,铺设直外股,并用间距累加法保证岔枕间距符合设计要求。

②按辙后垫板的编号顺序、尺寸和导曲线支距,铺设导曲线上股。按各部轨距和递减,铺设内直股和导曲线下股。

③依据辙叉趾端、跟端轨距、查照间隔和护背距离先后铺设直外股主轨和护轨、辙叉、曲下股主轨和护轨。

④补充与整修其他联结零件。

5)装设滑道。为使新道岔能迅速和准确地横移到铺设位置,最好使用滑轮式滑道。木岔枕使用 5 根滑道,混凝土岔枕使用 7 根滑道。穿入滑道时要保证滑道垂直线路直股方向,向线路方向稍有下坡。滑道铺好后应在滑轮下加垫木楔或用绳索稳住新道岔,以防滑走。

6)调整道岔前后的连续瞎缝和大轨缝,加强防爬设备,锁定线路,防止拆除旧道岔后,发生新道岔换不进去或与两端线路连接不上的现象。

7)做好拆旧道岔的各项准备,包括松动螺栓与复拧、料具准备、拆除道岔内的防爬设备和部分挖除枕盒道砟等。

(2)拨接就位

①设置防护。施工领导人接到车站值班员的封锁线路命令后,按规定设置停车防护,并组织开工。

②拆开接头、挖枕盒道砟至枕底。拆除旧道岔前后钢轨接头的夹板螺栓,若整组拨移有困难时,按拨移要求拆开其他部位的钢轨接头。

③拨移旧道岔。若整组拨移时,用起道机将旧道岔同岔枕一并抬起,安装滚杠后,撤除起道机将旧道岔横向拨至不妨碍新道岔铺设的位置。

④拨入新道岔。取掉滑轮下的木楔,在新道岔钢轨上栓上 $\phi30\sim40$ mm 的绳索 4~5 根,前面拉,后面拨,确保道岔一次到位。新道岔到位后即拆除滑道和滑轮。

⑤穿钉转辙连接杆处的长岔枕。连接道岔短轨及钢轨接头。

⑥方正个别岔枕,整正垫板。

⑦回填道床,起道捣固,拨正方向。

⑧检查质量,撤除停车防护,设置慢行防护,开通线路。

(3)通车整理

①慢行列车通过后,再对道岔质量进行全面检查,整修超限处所。

②全面回填石砟,整理并夯拍道床。

③补齐各种钢轨标记,整理和回收旧料。

④通车后,组织检查和整修,确认设备质量达到标准后,方准收工。

7.2.7　线路大修施工的验收

线路设备大修应按设计文件及《铁路线路修理规则》进行验收,主要项目(轨向、高低、线路锁定、道床清筛、捣固质量、路基排水)一次达到标准,可评为优良。如有主要项目不符合标准,次要项目漏项或不合格,经整修后复验达到标准,评为合格。

1. 验收单元

验收其他线路设备大修工程时,参照线路大修进行质量评定。验收标准一般由铁路局自定。铁路局应配备专职验收人员,对主要大修工程的安全、质量进行监督检查,并组织验收工作。并按下列单位进行验收:

(1)线路大修正线为千米(始终点不是整千米时可按实际长度合并验收),站线为一股道。

(2)铺设无缝线路为一个区间(包括相衔接的普通线路),特殊情况为一段。

(3)其他各项线路设备大修由铁路局自定。

2. 验收程序

(1)所有线路大修工程实施三级验收制度。施工主体车间组织自验,自验合格后,施工单位会同设备管理单位联合初步验收,初步验收合格后,施工单位向路局申请正式验收,路局专职验收人员组织正式验收工作。

(2)大修清筛、成段更换轨枕正线每完成 3~5 km,站线每完成一股道;成段更换钢轨正线每完成一个区间,站线每完成一个车站;成组更换道岔及岔枕每完成一个站(或一头岔区),施工单位向路局申请安排一次验收。

(3)铺设无缝线路分两步验收。第一步,当天铺设长轨施工结束后,施工单位经自验合格后,和设备管理单位联合验收。验收内容:锁定轨温、长轨条轨端相错量、缓冲区轨缝、扣件压力、接头螺栓扭力、扣件螺栓涂油、线路几何尺寸、位移观测桩、线路标志等。第二步验收项目:道床、外观、无缝线路位移量、旧料回收、备用料等,一般以一个区间为验收段。施工单位分别与工务(桥工)段、电务段单独验收工地焊接接头(探伤、不平顺值)、胶接绝缘接头(电阻值),并进行签认。

3. 提交资料

大修施工单位在办理工程交验时,须备齐下列竣工资料。

(1)大修清筛、成段更换轨枕

①主要材料使用数量表;

②竣工后的线路平纵断面图;

③无缝线路的锁定轨温及应力放散资料;

④隐蔽工程记录；

⑤其他有关技术资料。

(2)铺设无缝线路

①无缝线路布置图、观测桩位置；

②施工日期、时间；

③锁定轨温；

④纵向位移观测记录；

⑤工地联合接头焊接、探伤及外观检查记录，以及设备管理单位签认记录；

⑥胶接接头电阻测量值及电务签认记录；

⑦钢轨编号和焊接编号表（新钢轨包括钢种、生产厂、炉号等资料）；

⑧铺设后，施工单位进行应力放散记录。

(3)其他各项线路设备大修

①主要工程数量表；

②其他有关技术资料；

③隐蔽工程记录。

7.3 桥隧建筑物及路基大修

每件桥隧大修工程均应进行设计，编制设计文件。周期大修和一般大修件名可直接进行设计。重点桥隧大修工程可分两阶段进行设计，即先提出初步设计和概算，经铁路局主管部门审查确定后，再编制技术设计。

7.3.1 桥隧建筑物大修

1.设计文件组成

(1)说明书——建筑物的技术状态和病害情况、设计依据、工程范围、技术标准、设计方案、施工方法、质量要求、安全措施及其他注意事项。重点大修工程还应有详细的施工图及说明。

(2)设计图表——包括桥址地形平面图、工程总布置图、纵横断面图、各种结构细节、架空线路布置、基础地质柱状图等图纸及工程数量表、主要说明等。

(3)预算——包括预算汇总表、单项工程预算表、材料数量和重量表、运输费用计算表、工程数量表和计算清单以及补充单价分析表、路工工费表等，计算费率按有关规定办理。

2.设计注意事项

设计文件是指导施工和进行经济核算的主要依据。应做到技术先进，经济合理。设计中应注意：

(1)广泛收集和查明该建筑物的有关资料，特别是水文地质资料和隐蔽部位状态。现场调查工作应在工务段配合下进行，并听取工务段关于病害情况的介绍和对整治方案的意见。

(2)对大修部位的测量工作必须全面进行，即使是同类结构的建筑物也要分别进行。

(3)选择方案时，应考虑施工单位的施工能力（包括机具设备、技术力量等），以及材料供应等具体条件，在保证质量的前提下，采取节省材料、资金和人力的措施。

3. 鉴定审批

重点大修件名设计完成后,技术文件应由工务处主持进行鉴定。设计单位根据鉴定提出的问题作修改后编成正式文件。

凡列入桥隧大修计划的件名,其设计文件编制完成后,均应经过铁路局工务处审查批准。

全年大修的设计文件应在当年的 6 月底前完成。在一季度至三季度内施工的件名,应在开工前 60 d 提出。对个别临时变更或追加的件名,设计文件最迟应在开工前 20 d 提出。

4. 变更管理

在施工过程中,如需变更原设计和预算时,应根据变更性质及程度,按下列规定办理。

(1)凡改变主要施工方案或增减较大的工程项目时,应由提议单位提出变更理由,报设计单位签注意见后,由原批准单位审查同意,交原设计单位变更设计及预算。

(2)如为原设计方案基础上的零小变更或仅为工作量的增减,可不变更设计,由施工单位提出理由,连同增减工程项目及数量报原设计和批准单位审查同意后,据以施工。

(3)由于工费料价变更而影响预算价值时,可不变更原设计的预算表,仅将每件工程的材料工费差价列成汇总表,进行一次总的调整。

5. 计划编制

桥隧大修件名以每座建筑物为单位,将需要进行大修的各个工程项目,均安排在同一次大修件名内。

(1)任务确定

①工务段应根据铁路局制订的桥隧大修规划和设备技术状态,每年上半年提出次年的大修申请,详细填写《桥隧大修项目建议书》,报送铁路局工务处审核。

②铁路局工务处对工务段报请的大修工程复查后,于 9 月底前提出次年度大修建议计划件名表,会同铁路局财务部门,根据轻重缓急和投资能力,确定次年度大修任务计划。

(2)专家论证

对病害原因复杂的桥隧大修项目,应对病害原因、程度、发展趋势和整治方案进行专家论证。

6. 施工管理

桥隧大修工程,必须有批准的设计文件才能施工。桥隧大修原则上由专业施工单位施工,零小的一般大修或周期性大修工程,亦可由工务段施工。

(1)施工准备

施工单位在接到批准的设计文件后,详细了解设计文件内容,编制施工组织设计,以确定施工组织、施工方法、施工步骤、工程进度和安全防护措施,对施工较复杂的工程,必要时绘制施工网络图。开工前进行技术交底。对重点大修工程,铁路局主管部门应派员参加。

(2)施工计划

桥隧大修施工应编制年度分季、季度分月和日施工计划。

①年度分季计划,由铁路局根据批准的年度大修计划编制,并下达施工单位实施。施工单位按照计划进度要求,提出材料申请和施工封锁计划等。

②季度分月施工计划,由施工单位根据铁路局下达的季度任务编制,报铁路局批准后执行,并每月向施工工班下达任务。

③月度施工作业计划,由施工单位编制,并须在上月末前下达工班。

④日作业计划,由工班长(或施工负责人)编制,并于每日上工前向工人宣布,使任务落实到个人。

(3)施工要求

①建立施工安全质量负责制,严格按照设计文件、桥隧大维修规则和有关施工规范、规则、既有线施工安全的规定施工,保证行车安全、人身安全和工程质量。

②大修封锁施工,必须充分做好施工前的各项准备,特别是重大复杂工程的封锁施工,在施工前应将施工方案、施工步骤、封锁时间、人员分工、安全注意事项及质量要求,详细向职工交底,保证安全正点,质量良好地进行施工。

③每日施工的工作内容、安全、质量、使用材料、施工方法以及施工中发现的主要问题及处理情况等,工地负责人应详细记载在《桥隧大修施工日志簿》内。技术复杂的大修工程,如打桩、锚喷、压浆、灌筑水下混凝土及隐蔽工程项目等,应填写《隐蔽工程检查验收记录簿》(或相应的专门施工记录,监理或监护人员填写记录)。

④大修使用的主要材料应提供材质说明书和合格证,并按有关规定进行检验,检验合格并经监理或监护员审核签认后,才准领用和运往工地。使用代用材料时,应征得原设计单位同意。

⑤加强料具管理,建立和健全料具保管、领发盘点等制度,防止散失或受损;应特别注意对易燃、爆炸、有毒及受潮变质材料的保管工作,以及动力设备、施工机械、运输工具等主要生产机具的保养和管理工作。

(4)竣工后工作

①由于施工影响拆除和受损部分,应全部恢复原状。

②及时清理工地;清除河道中遗留阻碍水流的障碍物和桥梁附近的易燃物;清理和回收遗存的材料、工具、备品;对换下的枕木、钩螺栓、步行板等材料均须整理堆码整齐,点交工务段保管或处理,换下的旧钢梁,按相关规定,与工务段办理交接手续。

③大修施工单位应将施工记录和竣工图等资料整理齐全。技术复杂,采用新技术、新工艺的大修工程,应做好施工技术总结,交付验收。

7. 检查验收

(1)施工自检

①工地负责人应在每日工作中、收工前,对当日作业质量和安全情况进行全面检查。

②严格执行《铁路营业线施工安全管理办法》的规定。施工单位应加强经常性技术指导,至少每月进行一次检查,尤其是封锁施工时,主管领导必须亲自检查。

③对委托或发包给其他单位施工的单项工程,施工单位应派专人负责现场施工的工程质量和施工安全的检查监督,严禁以包代管。

④架空线路或慢行施工,应派专人对线路变化情况进行检查,及时对线路不良处所进行整修和保养,并做好记录。

(2)质量监督

①铁路局应指派专人认真检查大修工程的安全质量情况。工务段应与施工单位密切配合,指派有关人员经常检查管内大修工程的安全质量。如有必要还应签订有关协议,明确安全责任。

②隐蔽部分的施工、关键工序,现场应旁站监理或监护。施工单位必须派技术人员临场检

验,并应事先通知工务段派员会验,检验合格方可继续施工并应详细填写《隐蔽工程检查验收记录簿》。重大工程应通知铁路局进行检验。

（3）竣工验收

大修验收以每件为单位,工程项目工作量较大的工程,亦可分项或分孔(个)进行验收,但全部工程竣工后,须再进行一次总的质量评定。

1)验收程序

①工程竣工后,应先由施工单位按设计文件和桥隧建筑物大修维修作业验收标准逐级检验施工质量,并作出检验记录及质量评定。如质量不合格或有漏项等缺陷,应及时整修完好,同时备齐竣工文件,报请铁路局验收,并通知有关工务段。

②铁路局在接到施工单位申请办理正式验收的报告后,应立即组织验收,经验收合格,提供的竣工文件齐全后,组织工务段和施工单位办理验交手续。

③经验收人员检查认为工程内容符合设计文件,工质量符合验收标准的要求、竣工文件齐全完整时,验收人即应签发《桥隧建筑物大修竣工验收证》。如检查认为不合要求时,应指出不合格处所和改正意见,由施工单位继续整修,限期完成,达到标准时,再行复验。

2)结果处理

桥隧大修工程的施工质量,以每件工程为单位综合评定,分为合格、不合格两个等级。合格——全部工作项目的质量达到合格及以上。不合格——任何一项工作项目的质量未达到合格。若不合格项目返工整修,经复验达到合格,评为合格。

7.3.2　路基大修

1.计划编制

路基大修件名,应以一处病害地段为长度单位,以主要病害的处理立项,并将同一处所的其他路基病害安排在拟定件名内整治。在线路大中修时,应综合考虑排水不良、基床病害、路基宽度不足等方面的治理,线路大修与路基大修协调进行,以提高工程效果。

路基大修件名的确定:

（1）调查:工务段应在当年春(秋)检中认真进行现场病害调查,并详细核对历史资料,根据病害登记簿及重点病害观测记录,分析成因及发展变化过程。

（2）申报:根据秋检资料和路基大修工作范围,优先安排整治 A 级路基病害的原则,工务段填写"路基大修工程申请书",于 9 月 25 日前向铁路局(公司)提出次年度计划申请。

（3）复查:铁路局(公司)根据工务段报送的申请书,结合平时掌握的设备状态及病害情况于 11 月底前完成现场核查、初定整治方案、估算投资等工作。

（4）立项:根据复查结果,按轻、重、缓、急,确定件名,纳入铁路局(公司)次年度设备大修计划。

2.设计文件

大修设计文件,是指导施工和进行经济核算的主要依据,必须深入调查、精心设计、认真编制。铁路局负责组织路基大修设计工作。大修设计文件的编制应以铁路局批准的大修工程建议书或设计任务书为依据。大修工程设计完成后,须经铁路局审查。对于常见的路基病害整治工程,大修设计可按一阶段设计即直接进行施工设计。较复杂的路基病害整治,应进行分阶段设计,具体由各铁路局自定。

　　大修工程设计时,一般的件名可以直接进行施工设计;技术复杂或投资大(100 万元及以上)的件名设计,应先提出初步设计和概算,经铁路局(公司)审查(必要时组织专家评审)同意后再进行施工设计。

　　(1)设计要求

　　①应全面收集和分析设计工点的历史资料,认真听取设备管理单位关于病害情况的介绍和对整治方案的意见。对病害的成因和发展进行分析,并实地调查工程及水文地质情况,必要时进行地质勘探及土工试验。

　　②选择方案时,应进行技术经济比较,并优先采用成熟先进的技术,做到确保安全,彻底整治。

　　③建立设计工作负责制。设计人员必须具有相应的专业技术素质;设计单位对每个大修件名的勘测设计、预算编制、技术交底及施工期间的设计变更等全过程负责。

　　④技术复杂、工程量及投资较大,对行车安全影响较大的工点,应提出指导性施工组织设计。

　　(2)文件组成

　　设计文件编制完后,经铁路局审查批准后方可交付施工。施工设计文件由设计说明书、设计图和预算三部分组成。

　　①设计说明书

　　概述设计依据、病害情况及病因分析、工程及水文地质概况、原有设备的技术状态、设计内容、施工方法、质量要求、安全措施及其他注意事项。

　　②设计图

　　按照不同的工程需求确定图表内容(平面图、断面图及建筑物的结构详图、工程数量表、材料表),按规定的图幅、比例绘制,各种标注要清晰、规范、正确,各工程项目必须反映完全。

　　③预算

　　根据设计文件和施工组织方案,按照铁路总公司、铁路局(公司)规定的预算定额和编制办法进行编制。预算内容包括编制说明、汇总表、详细表、劳材数量分析表、材料运杂费表、工程数量计算表及汇总表等。预算费用由直接费、施工管理费、勘测设计费、其他工程费、小型机具购置费、单项独立费(必要时列)等部分组成。

　　设计文件编制完后,经铁路局(公司)工务处审查批准后方可交付施工。设计文件的分发单位及份数由各铁路局(公司)自定。当年路基大修的设计文件,应在八月底前全部完成并送审。在一季度至三季度内施工的件名,应在开工前45 d送审,以便施工单位有充分时间做好各项工前准备工作。对个别临时变更或追加的件名,设计文件最迟应在开工前20 d送审。

　　(3)设计变更

　　任何单位和个人不得擅自变更设计。施工中需要变更设计时,按下列规定办理:

　　①改变设计内容或工程项目增减变化较大时,应由建议单位提出变更理由,经监理、设计单位签注意见、报原批准单位审查同意后,交原设计单位进行变更设计。

　　②零星变更的项目(增减量不超过预算总额5%)由建议单位提出理由,连同增减项目及数量经监理单位签注意见,报原批准、设计单位同意。

　　③凡变更的件名均应填写"工程设计变更单"。

　　④由于劳材单价变更影响预算价值时,可以不变更原设计预算,由施工单位根据铁路局规

定的差价,在年底前将全年内的工程项目按预算分项列成汇总表,经设计单位签认后报原审批单位进行一次性的差价调整。

3.施工管理

路基大修工程,原则上应由铁路局(公司)工务系统专业工程单位施工。任务量大、技术复杂时,可以委托或发包给路内外其他单位施工,由施工单位与代建单位签订工程施工合同并报铁路局(公司)核备。对于工作量小而又分散的工程,若工务段具有施工条件和能力时,可由工务段施工。路基大修工程必须实行监理制度。

(1)施工准备

1)熟悉设计文件内容,编制施工组织设计(含组织措施、施工工艺、施工方法和施工步骤)。

2)做好施工进度、劳动组织等具体安排及施工计划申请和材料机具准备等各项工作。

3)工程开工前,应进行技术交底,交底的内容为:

①工程范围、项目、数量、施工方法及施工进度安排。

②工程构件各部分平面位置、标高、尺寸、相关关系以及技术要求。

③确保质量和安全的措施及注意事项。

④环保措施。

4)工程开工前,施工单位应与有关设备管理单位签订施工安全协议,明确施工地段的安全管理责任。

5)根据施工合同的工期要求制定施工计划,编制月度计划以及日班作业计划,并按规定的时间及时向有关部门提报路料运输和施工慢行及封锁计划。

6)每件大修工程开工前,施工单位应向有关设备管理单位提出开工报告,经设备管理单位审查并报铁路局批准后方可开工。开工后,施工单位应定期向设备管理单位和铁路局报告施工进度(包括工程数量和投资)。

(2)施工要求

路基大修工程需封锁线路施工时,施工单位应在开工前将施工组织、方案、封锁时间、质量要求及安全注意事项向施工人员交底,并做好应急预案。填写施工日志。

1)每日施工中,工地负责人应对施工项目、工序、作业质量、施工安全等进行全面检查,发现问题及时纠正。

2)每日收工前,工地负责人应全面检查施工现场,确认材料机具放置牢固、不侵入限界、设备状态达到放行列车条件,并向相关人员交待巡守、巡养重点。

3)施工负责人、技术负责人应全面检查大修工程的施工工序、方法、安全、质量等环节。

4)隐蔽工程在隐蔽前,应事先通知监理单位到现场验收,并在隐蔽工程验收证上签认。验收合格后,方可进行下一道工序的作业。

5)应建立工程自检制度。

6)对监管单位检查发现的问题,施工单位应立即进行整改。

(3)竣工工作

1)全部恢复因施工拆除或损坏的建筑物。

2)将施工记录、竣工图等资料按铁路局(公司)规定的格式和份数整理成册,报请交验。

3)对技术复杂及采用新工艺、新技术的大修工程做好施工技术总结。

4)及时清理施工现场,运走各种施工机具及施工余料余土。

5)彻底清筛道床污染地段。

6)在地下隐蔽设备起始位置设置明显的地面标志。

4.验收交接

大修工程竣工后,由代建单位主持验交工作。验交以处(件)为单位,当工程项目较多、工作量较大时,亦可分批分项验交,在该处(件)全部工程竣工后再进行总的质量评定和办理全部工程的结算。较复杂的、涉及面广的工程,代建单位应报请建设单位主持验交。

主持验收单位接到施工单位请求验收的报告后,当确认可以办理交验时,应及时确定交验日期,并通知有关单位按时参加验交。

验收人员经检查认为工程内容符合设计文件,质量符合相关质量检查及验收标准要求时,签发竣工验收证,办理验交手续。施工单位凭验收证办理竣工清算。

验收认为不合格时,验收人员应指出不合格的处所和改正意见,由施工单位继续整修、限期完成,达到标准时再行重验。对不合格又不能整修的部分,验收人员应提出处理意见,报铁路局(公司)工务处处理,同时该工程质量不得评为优良。

路基大修工程的质量验收,按优良和合格两级评定。85分及以上者评为优良,60~85分(不含85分)者评为合格,60分以下者为不合格。

复习思考题

1.简述大修的目的、基本任务和工作范围。

2.简述大修的管理机构和历史变迁。

3.简述线路设备大修的原则、组织和主要工作内容。

4.如何编制线路设备大修计划?

5.线路大修设计主要由哪些文件组成?

6.线路大修预算包括哪些费用?如何进行计算?

7.简述线路换轨大修施工的常用方法。

8.简述无缝线路的铺设条件。

9.简述道岔大修施工的基本方法。

10.简述桥隧建筑物大修设计文件的组成。

11.简述路基大修设计文件的组成。

第8章　铁路防灾与抢修

　　铁路处在大自然中,气候、季节、地理、环境等条件的变化,都有可能使铁路设备受到影响或侵蚀,甚至破坏而酿成事故。

　　大自然的变化虽然不以人们的意志为转移,但是,它的变化还是有规律的,问题的关键在于发现它、掌握它、重视它。因此,充分掌握所在地区大自然的变化规律,从预防入手,及时采取有效的对策措施,就能防患于未然,避免或减少自然灾害可能造成的危害。

8.1　应急处置

　　当事故、故障及自然灾害发生后,需要快速有效开展设备抢险恢复工作,最大限度地减少事故及自然灾害对运输生产的影响,工务各部门、各单位发生事故、故障及自然灾害时,须按照铁路局制订的相应办法实施应急处置工作。

　　应急处置工作应当遵循"以人为本、逐级负责、应急有备、处置高效"的原则。工务各部门、各单位应成立应急处置领导小组并设工作机构,建立健全工作制度,制定和完善应急处置专业预案,加强人员培训、装备配置、物资储备、预案演练等应急管理基础工作,提升应急处置管理和实战水平。

8.1.1　应急信息报告

　　发生安全生产事故、故障时,事故、故障所在车间、班组应立即报告段调度,段调度应及时掌握基本情况,并立即向工务处调度报告。同时,各单位安全管理部门在接到事故、故障信息后,应立即电话向工务处安全管理人员报告。

　　1.报告基本内容

　　(1)事故报告基本内容

　　①事故发生的时间、单位(段、车间、班组)、地点、区间(线名、公里、米);属劳动人身安全事故,须报告伤亡人员姓名、年龄等人员基本情况,属行车安全事故,须报告列车种类、车次、运行速度等。

　　②事故影响程度:线路中断、设备损坏程度等铁路行车影响情况。

　　③事故原因的初步判断,事故发生后采取的措施及事故控制情况。

　　(2)行车设备故障报告内容

　　故障发生的时间、单位、地点,原因初步分析判断,现场检查处置安排情况。

　　(3)自然灾害报告内容

　　发生水害、险情等自然灾害时,各单位调度、防洪办应立即对口向路局工务处调度、路局防洪办报告。报告内容:灾害时间、单位、地点、类型、影响程度与范围、抢修工作量估算及水害点抢修所需人员、材料、机械、附近公铁运输通道等情况。

2. 报告处置方法

工务处调度接到站段及安监、调度所等单位和部门有关事故、故障及自然灾害信息时,按要求向处领导和相关科室人员报告。工务处接到事故、故障及灾情信息后,须尽快收集掌握事故、故障及灾情的基本概况,初步判明原因,并与安全监督管理办公室、路局调度所核对确认后,经处领导审核同意,由处调度报铁路总公司,涉及防洪自然灾害信息,由路局防洪办常设机构对口报上级防洪办。

3. 紧急召集

接到处调度事故信息后,相关负责我做好应急指挥、协调、盯台等工作。处长或处领导指定人员立即赶赴路局应急救援指挥中心参与应急处置工作。发生行车设备故障,由值班调度负责信息追踪和督促处理,并在次日交班会上通报情况。遇高铁防灾系统故障影响行车时,路桥科科长、主管工程师接到调度故障通知后立即赶赴调度所协调处理;凡发生线路连续晃车、重复晃车、断轨等惯性设备故障时,设备主管工程师、安全管理人员亲自追踪、分析。

8.1.2　现场处置

1. 领导小组

发生一般 C 类及以上事故时,分管安全副处长应组织处内相关科室人员赶赴事故现场,开展事故调查和事故救援、设备抢险恢复工作。发生一般 D 类事故由处领导根据事故影响程度,指派相关科室人员赶赴事故现场处置。发生水害等灾情时,分管副处长组织人员赶赴水害现场组织、指挥抢险。

各段接到事故、水害灾情信息后,行政主要领导组织人员,赶赴现场,掌握情况,组织调查、抢险等工作,并有人负责段调度指挥协调。

2. 职责要求

(1)听取现场人员的情况介绍,察看事故、灾害现场,召集相关单位研究确定工务抢修方案,组织人员开展事故、灾情调查,形成专业调查报告。

(2)根据现场需要迅速调集或通知工务处盯台人员调集抢修劳力、材料、机械等抢修物资。

(3)指挥、协调、监督现场抢修工作。

(4)对设备恢复使用、放行列车条件进行监督。

3. 人员要求

(1)各级应急处置人员接到应急信息报告后,须在规定时限到岗到位。

(2)分工落实应急处置各项工作。处内各科按照领导小组分工及本专业范围事项,分工限时抓好落实。

(3)畅通信息。参与现场应急处置人员与处调度及工务盯台人员要加强联系,畅通信息。

(4)做好应急处置过程中的作业安全。参与现场应急抢修工作的人员,要针对现场情况,加强作业及自我安全防范,防止次生事故的发生。

(5)做好信息保密工作。在事故调查和抢修过程中,以及事故未定性定责前,不得随意对外透露事故信息。

(6)工务各单位要结合本单位实际,对应急处置的现场指挥人,抢修技术组、抢修实施组、材料组、后勤组、宣传组等职责与要求予以细化,确保应急处置有序、高效。

4. 分析与总结

建立应急处置工作写实制度。围绕应急处置信息流转、应急处置行动真实记录应急处置过程,为总结分析提供第一手资料。及时做好事故、故障及水害的分析、统计和建档工作。分层开好应急处置总结会议。各部门、各单位在应急处置结束后,应及时召开总结会议,从应急信息管理、现场劳力组织、材料准备、抢修进度、设备恢复开通、抢修指挥决策等方面认真分析、总结,提炼经验,总结不足,不断完善应急处置预案,提高应急处置水平。

8.2　铁路灾害及类型

中国地域辽阔,自然地理情况复杂,特别是西南地区,多山川河流,铁路桥隧相连,每到雨季,洪水肆虐,滑坡、泥石流、塌方落石等山地灾害频繁;西北地区多风沙,对铁路运输影响极大。中国铁路长期以来,加大资金投入,持之以恒,对灾害频发地段进行治理,取得了一定成效。

8.2.1　灾害的主要类型

危及铁路行车安全的主要自然灾害包括:风、雨、雪、水灾、地震;亦有其他施工质量及人为灾害如:线路边坡崩坍、线路软土下沉、落石落物、火灾等。

1. 风灾

强风的主要危害包括吹翻车辆、引起接触网断线,危及行车安全。

2. 水灾

水灾主要包括洪水以及大雨引起的各种危害:线路积水、泥砂石塌方、泥石流、滑坡、洪水冲垮桥梁及路基。据日本的防灾资料,因水害造成路基流失占 13%、塌方占 33%、泥石流占 17%、筑堤毁损占 20%、落石倒树占 15%、桥梁占 1%、护坡毁损占 1%。水灾危害比较普遍,往往是台风伴随暴雨甚至地震同时出现。

3. 雪灾

雪灾主要指积雪区段的雪附着在高速运行车辆底板下面机器上而引发事故,附着雪块到暖和地区落下,导致车辆地板下部机器破损,此外,大雪还导致转辙机不能转动。

4. 地震

地震破坏线路结构、各种房屋及桥梁,使正在行驶的列车出轨,地震的危害性最大。

5. 崩坍、落石

破碎或裂隙发育的岩石,变质程度较深、较脆弱的岩石,泥层岩、各种堆积层、风化物、火山堆积物等的斜坡易于发生崩坍,特别是陡崖、有地表水和地下水活动的斜坡、沟谷顶端及有地下水侵蚀下部的斜坡等都易于产生崩坍。而在悬崖、陡坡、人工开挖的路堑等地方,风化侵蚀作用强而结合力弱的岩石,岩块周围的母岩较软弱容易被侵蚀等都有发生落石的可能。如果发生,就可能袭击行驶的列车、堵塞线路。

6. 其他灾害

地下水位上升引起溃坍;由于地质地压自然外力作用,使隧道变形隆起侵限;软土路基下陷及线上障碍物引起列车脱轨等。

8.2.2 防灾监控与救援措施

防灾是指研究寻求各种手段来防止灾害的发生、减轻灾害带来的损失。

1. 防灾阶段

防灾过程中有三个阶段，即灾害发生前、灾害发生时及灾害发生后。

(1)灾害发生前，铁路基础构造物及运营设备根据灾害的可能危害程度，在修建和制造时要考虑有一定的抵御能力；监测；预防。

(2)灾害发生时，通过监控报警系统在最短时间内确定灾害发生的地点、大小，及时采取救援措施减少因此带来的损失；处理；通知。

(3)灾害发生后，要通过严密、周全的救援方案进行救援和恢复铁路的正常运输。

2. 防灾原则

防灾要遵循以下两点：

(1)准确掌握原有基础或构造物对各种自然外力所具有的现有极限应力情况；

(2)建立一套即使有意外事态发生也能控制受损规模的保障体制。

3. 相关措施

防灾过程在铁路基础构造物及运营设备的基础上依靠现代电子技术而进行研究及其成果被称为防灾报警技术，其构成的系统为防灾报警系统，灾害的预报和及时报警已成为减少灾害损失的一个必不可少的手段；而通过一定的技术手段来实施救援方案和恢复措施则被称为灾后救援系统，与防灾报警系统一起构成铁路安全防灾系统。

8.2.3 灾害应急治理措施

1. 水灾

(1)危害

我国铁路的线桥设备由于建设对期的不同，设计的标准也不相同，这就造成了当洪水来临时，危及列车运行安全的事故时有发生，洪水冲毁中小桥梁造成较长时间断道的灾害较为严重。特别是我国东部地区，洪涝灾害比较频繁，而整个地区的抗洪排涝设施不是十分有效。如在 1994、1998 年汛期，由于我国大部分地区气候反常，给铁路运输生产带来较严重的损失。

(2)处理对策

水害是因水浸路基桥梁，从而冲毁线路或桥梁，所以，在经常发生水害的处所或重要地段设置降雨观测设备，初期指定专职人员进行降雨的有关资料记录和沿线有关防治地段的水位观测。通过几年的观测，收集到一定的数据后，做统计分析，根据线路、桥梁设备的抗洪能力，找出他们的极限水位，此极限水位是对应着相应的极限暴雨强度和暴雨历时的，即水位是暴雨强度和历时两个变量所决定的。这样即可通过所求得的极限水位暴雨强度和暴雨历时进行水害预报。当所观测的暴雨强度和暴雨历时达到此极限值时，便可向各有关单位发出水害警报，采取相应对策，确保行车安全。另外还可从气象部门取得一定的资料。

发生水害时，列车的运行速度标准有注意、限速和停车三种标准，如何确定其标准值，是影响运输生产安全和效率的重要因素，目前为止，尚未达到一个比较科学的统一标准。

2. 风灾

风灾是铁路的一大自然灾害，大风容易吹翻车辆。尤其是风区铁路。在新疆地区，铁路部门通过修建挡风墙、提高列车编组水平、改进车型等来提高稳定性，并参考英、日等国大风行车标准，结合地区特点，根据危险翻车风速和临界翻车风速，提出铁路安全运行速度标准。2003年3~4月期间，兰新线就因此飓风造成线路中断。

3. 地震灾害

我国是个多震的国家，处在印度板块向北与欧亚板块相碰撞作用和太平洋板块向西俯冲作用的共同影响下，地震活动频度高、强度大、分布范围广、震源浅，地震灾害十分严重。目前，我国铁路现有的大部分线桥设备，基本上未经抗震设计，故在发生地震时，均有不同程度的震害，造成行车中断。对地震的防护主要从桥梁的震害预测和抗震加固两方面考虑。

我国的地震预报是从1966年河北邢台7.2级地震发生后开始的，经过30年的努力，地震部门的观测系统已形成一定的规模。铁路部门在接到地震部门的地震预报后，通常要对震区内桥梁进行普遍加固，以提高它们的抗震能力。

4. 泥石流灾害

在我国的山区铁路中，该区域内由于岩体受侵蚀、风化剥落严重；地表植被极少，土石完全外露，遇强暴雨，沟谷中就可能发生泥石流，建在泥石流沟谷、河中的桥、隧、涵建筑物就遭受泥石流袭击。

目前在防止泥石流灾害的措施中，除了对线路、桥梁、涵洞等基础设施采取一定的措施外，在预报方面，主要依靠人员上道巡查来检查泥石流的发生情况。对泥石流的中、长期预报及实时警报还没有，尚在研究探讨中。

（1）防灾检测报警设备

为达到检测报警，我国研制了各种防灾检测报警设备，如钢轨险情报警设备、山坡落石报警装置、客车轴温集中监测设备、无线旅客列车报警系统及熔缆式微机火灾报警系统。

（2）灾害信息系统的研究

为进一步地掌握灾害的特征情况和进行一定的防御，我国已有不少铁路单位进行了灾害信息系统的研究，尽管研究的范围为一种灾害或一个地区，但都为以后的防灾工作打下良好的基础。

（3）行车条件及救援体制

根据各种自然条件和铁路建筑物的特性来确定限速行车和禁止行车的范围。目前，各铁路局救援体制为三级救援网，配备了一定的救援设备。但是由于设备维修更新得不到有效的保证及人员的知识储备，在事故发生时应变力不强。

5. 警报标准

警报标准根据设备和基础设施的承受能力来确定，同时参考本地区的自然情况。标准的制订要充分考虑列车的运行安全和效率，既不能为保证安全提高标准，又不能提高效率而降低标准，要做到二者的有机统一。

根据国外和国内现有的标准，在现场采集系统中所采用的警报标准可按以下标准规定：

（1）停车警报：发出停车警报时，临时中止列车或车辆运行。

（2）警戒警报：发出警戒警报时，规定列车或车辆的运行速度在25 km/h以下。

（3）注意警报：发出注意警报时，规定列车或车辆的运行速度在45 km/h以下。

除上述标准外，为加强警备和巡回，在注意警报之前，预先发出警备警报。

6.常见灾害警报标准

（1）风

风速在 20~25 m/s 时,对设置有挡风墙的情况可不限速,否则限速在 160 km/h 以下;风速在 25~30 m/s 时,对设置有挡风墙的情况限速 160 km/h 以下,否则限速 70 km/h 以下,并根据情况暂停运行;风速在 30~35 m/s 时,对设置有挡风墙的情况限速 70 km/h 以下,根据情况暂停运行,否则暂停运行;风速在 35 m/s 以上时则暂停运行。

（2）地震

当沿线感震器的加速度值在 80~120 cm/s² 时,列车运行速度限制在 30 km/h 以下,在设备、电力有关人员添乘的情况下,列车速度可限制在 70 km/h 以下;当加速度值在 120 cm/s² 以上时暂停运行,由维护人员做地面检查后,以 70 km/h、160 km/h 最高速度的顺序逐步提高。

（3）积雪

当轨面以上 5~17 cm 时,限速 245 km/h 以下;17~19 cm 时,限速 210 km/h 以下;19~22 cm 时,限速 160 km/h 以下;22~30 cm 时,限速 110 km/h 以下;30 cm 以上时则暂停运行。

7.我国铁路灾害救援系统

我国既有的救援体制与国外高速铁路的救援体制完全不同,应根据铁路线路特点,结合我国的实际情况来确定灾害救援系统的组织管理。

当灾害事故发生后,核心问题是如何能及时有效地进行组织救灾,使灾害造成损失为最小。

（1）救灾设备的日常维护、使用及救灾人员的安排应与客运专线的组织结构相配套。综合维修工区中应成立人员相对固定的防灾抢修小组。灾害发生后,调度中心应根据灾害事故的性质、种类和地点,通知就近的综合维修工区进行抢修。防灾报警系统设备的日常维护也应由有关综合维修工区负责。

（2）根据灾害的等级及造成的损失大小,制订相应的措施以供各级决策部门参考,从而实施全方位的救援和灾后处理方案,使因灾害而造成的影响减少到最低程度。

（3）相互关系。安全防灾系统由于是针对某线的各种基础构造物和运营设备的情况来经过调度中心控制列车运行而形成的系统,所以与各个系统有着密切的联系:

①工务部门:提供线路、桥梁、隧道等各种基础构造物抗御自然灾害的各种指标以及承受力,在灾害发生时和发生后由安全防灾系统发出不同的警报信号、提出相应的解决措施,如列车运行速度等级、救援恢复的方案等。

②运输车门:根据防灾监控系统提供的警报信号和解决措施,通过信号、电力、设备管理等系统发出相应的控制命令来控制在线列车的运行以保证安全和提高运营效率。

8.3 铁路交通事故

铁路机车车辆在运行过程中发生冲突、脱轨、火灾、爆炸等影响铁路正常行车的事故,包括影响铁路正常行车的相关作业过程中发生的事故;或者铁路机车车辆在运行过程中与行人、机动车、非机动车、牲畜及其他障碍物相撞的事故,称为铁路交通事故。

随着世界各国铁路(特别是高速铁路)的大规模建成运营,列车行驶速度越来越快,对各方面的要求都更为严格、苛刻。当机车高速行驶时,任何环节出现问题,若难以及时有效地处置和排险,一旦遇有紧急情况,极易造成铁路交通事故。

8.3.1　分类与等级

1. 事故分类

按我国铁路交通事故统计惯例,铁路交通事故应包括路外伤亡事故、铁路旅客伤亡事故和铁路职工责任伤亡事故三大部分。其中,铁路旅客伤亡事故,指铁路运营过程中,在铁路责任期间发生的致使持有有效乘车凭证者及其他法律、法规规定人员的人身伤亡和财产损失的交通事故。铁路职工责任伤亡事故指由于铁路职工的责任所引发的人身伤亡,设施、设备毁损的事故。路外伤亡事故指铁路列车运行和调车作业中发生火车撞轧行人、与其他车辆碰撞等情况,招致人员伤亡或其他车辆破损。

2. 事故等级

事故分为特别重大事故、重大事故、较大事故和一般事故四个等级。有下列情形之一的情况分别为:

(1)特别重大事故

①造成 30 人以上死亡。

②造成 100 人以上重伤(包括急性工业中毒,下同)。

③造成 1 亿元以上直接经济损失。

④繁忙干线客运列车脱轨 18 辆以上并中断铁路行车 48 h 以上。

⑤繁忙干线货运列车脱轨 60 辆以上并中断铁路行车 48 h 以上。

(2)重大事故

①造成 10 人以上 30 人以下死亡。

②造成 50 人以上 100 人以下重伤。

③造成 5 000 万元以上 1 亿元以下直接经济损失。

④客运列车脱轨 18 辆以上。

⑤货运列车脱轨 60 辆以上。

⑥客运列车脱轨 2 辆以上 18 辆以下,并中断繁忙干线铁路行车 24 h 以上或者中断其他线路铁路行车 48 h 以上。

⑦货运列车脱轨 6 辆以上 60 辆以下,并中断繁忙干线铁路行车 24 h 以上或者中断其他线路铁路行车 48 h 以上。

(3)较大事故

①造成 3 人以上 10 人以下死亡。

②造成 10 人以上 50 人以下重伤。

③造成 1 000 万元以上 5 000 万元以下直接经济损失。

④客运列车脱轨 2 辆以上 18 辆以下。

⑤货运列车脱轨 6 辆以上 60 辆以下。

⑥中断繁忙干线铁路行车 6 h 以上。

⑦中断其他线路铁路行车 10 h 以上。

（4）一般事故

一般事故分为：一般 A 类事故、一般 B 类事故、一般 C 类事故、一般 D 类事故。分别为有下列情形之一，未构成较大以上事故的。

1）一般 A 类事故

①造成 2 人死亡。

②造成 5 人以上 10 人以下重伤。

③造成 500 万元以上 1 000 万元以下直接经济损失。

④列车及调车作业中发生冲突、脱轨、火灾、爆炸、相撞，造成下列后果之一的：

a. 繁忙干线双线之一线或单线行车中断 3 h 以上 6 h 以下，双线行车中断 2 h 以上 6 h 以下。

b. 其他线路双线之一线或单线行车中断 6 h 以上 10 h 以下，双线行车中断 3 h 以上 10 h 以下。

c. 客运列车耽误本列 4 h 以上。

d. 客运列车脱轨 1 辆。

e. 客运列车中途摘车 2 辆以上。

f. 客车报废 1 辆或大破 2 辆以上。

g. 机车大破 1 台以上。

h. 动车组中破 1 辆以上。

i. 货运列车脱轨 4 辆以上 6 辆以下。

2）一般 B 类事故

①造成 1 人死亡。

②造成 5 人以下重伤。

③造成 100 万元以上 500 万元以下直接经济损失。

④列车及调车作业中发生冲突、脱轨、火灾、爆炸、相撞，造成下列后果之一的：

a. 繁忙干线行车中断 1 h 以上。

b. 其他线路行车中断 2 h 以上。

c. 客运列车耽误本列 1 h 以上。

d. 客运列车中途摘车 1 辆。

e. 客车大破 1 辆。

f. 机车中破 1 台。

g. 货运列车脱轨 2 辆以上 4 辆以下。

3）一般 C 类事故

①列车冲突。

②货运列车脱轨。

③列车火灾。

④列车爆炸。

⑤列车相撞。

⑥向占用区间发出列车。

⑦向占用线接入列车。

⑧未准备好进路接、发列车。

⑨未办或错办闭塞发出列车。

⑩列车冒进信号或越过警冲标。

⑪机车车辆溜入区间或站内。

⑫列车中机车车辆断轴,车轮崩裂,制动梁、下拉杆、交叉杆等部件脱落。

⑬列车运行中碰撞轻型车辆、小车、施工机械、机具、防护栅栏等设备设施或路料、坍体、落石。

⑭接触网接触线断线、倒杆或塌网。

⑮关闭折角塞门发出列车或运行中关闭折角塞门。

⑯列车运行中刮坏行车设备设施。

⑰列车运行中设备设施、装载货物(包括行包、邮件)、装载加固材料(或装置)超限(含按超限货物办理超过电报批准尺寸的)或坠落。

⑱装载超限货物的车辆按装载普通货物的车辆编入列车。

⑲电力机车、动车组带电进入停电区。

⑳错误向停电区段的接触网供电。

㉑电化区段攀爬车顶耽误列车。

㉒客运列车分离。

㉓发生冲突、脱轨的机车车辆未按规定检查鉴定编入列车。

㉔无调度命令施工,超范围施工,超范围维修作业。

㉕漏发、错发、漏传、错传调度命令导致列车超速运行。

4)一般 D 类事故

①调车冲突。

②调车脱轨。

③挤道岔。

④调车相撞。

⑤错办或未及时办理信号致使列车停车。

⑥错办行车凭证发车或耽误列车。

⑦调车作业碰轧脱轨器、防护信号,或未撤防护信号动车。

⑧货运列车分离。

⑨施工、检修、清扫设备耽误列车。

⑩作业人员违反劳动纪律、作业纪律耽误列车。

⑪滥用紧急制动阀耽误列车。

⑫擅自发车、开车、停车、错办通过或在区间乘降所错误通过。

⑬列车拉铁鞋开车。

⑭漏发、错发、漏传、错传调度命令耽误列车。

⑮错误操纵、使用行车设备耽误列车。

⑯使用轻型车辆、小车及施工机械耽误列车。

⑰应安装列尾装置而未安装发出列车。

⑱行包、邮件装卸作业耽误列车。

⑲电力机车、动车组错误进入无接触网线路。

⑳列车上工作人员往外抛掷物体造成人员伤害或设备损坏。

㉑行车设备故障耽误本列客运列车1 h以上，或耽误本列货运列车2 h以上；固定设备故障延时影响正常行车2 h以上(仅指正线)。

8.3.2 事故形态及原因

1. 事故形态

(1)高速铁路的事故发生与本国的实际情况有着重大的联系。如日本等岛国，事故的发生往往与天气状况有着密切的联系；而美国、法国等大陆性国家，行车事故往往由于速度过快，铁路和公路的交接部发生问题。

(2)高速铁路事故形态主要是列车脱轨、列车冲突、火灾三种类型。

(3)铁路事故，尤其高速铁路事故的发生，往往造成的损失会很大，而且人员伤亡较严重。

2. 事故原因

(1)主观因素

乘客和铁路工作人员的安全意识及采取的相应安全保障措施是动车安全行驶的根本保证，在动车运行过程中，各项系统的有效运作，既依赖于列车本身的稳定性，也依赖于工作人员包括乘务员的积极配合。总体来说，列车的安全运行，依赖于各项信息的及时传输和回馈，调度人员的及时调度，司机的准确判断及工作人员的通力配合。人为因素主要包括：工作人员因素，如操作人员失误、调度指挥人员失误；非工作人员因素，如乘客违规、其他人员破坏。

(2)客观因素

列车的安全运行，不仅取决于各项人为因素，也取决于诸如机械设备因素，天气环境因素等客观条件的影响。包括：设备因素，主要表现为机械故障，如系统故障、轨道系统故障、线路信号故障；环境因素，如雨雾冰雪、瞬间大风和泥石流等。

8.3.3 应急办法

(1)列车运行中突发剧烈冲击、晃动，旅客应立即蹲下，紧紧抓住列车固定物，保护好头部，不要盲目跳车；列车脱轨、颠覆停车后，旅客应按列车工作人员的指挥迅速离开车厢。

(2)列车运行中突发爆炸、火灾时，要保持冷静，听从列车工作人员指挥，迅速有序撤离事故车厢；火势不大的，旅客可用衣被、灭火器等立即灭火。列车未停稳前，切忌擅自打开列车门窗跳车。

(3)发现装载易燃、易爆、腐蚀、剧毒化学品的列车脱轨、颠覆、爆炸等情况时，要迅速撤离到上风位置，迅速报警，远离事故车辆。

(4)机动车辆在铁路道口熄火或被卡住而无法移动时，车上人员要立即下车，在道口两端采取措施拦停列车。

(5)遇到铁路道口栏木关闭或看守人员示意停止行进时，应依次停在停止线以外。

(6)通过无人看守道口时，应停车瞭望，确认安全后方可通过。

(7)不得在铁路线上行走、坐、卧，不得在铁路线路20 m范围内或者铁路防护林地内放牧。

8.4 防洪与防冻

我国幅员辽阔,大部分地区位于温带,气候温湿,雨量也比较丰沛,南方自春末夏初开始降雨,并由南向北逐渐推移,至 9 月才结束。而每年盛夏季节是降雨量集中的季节,也是暴雨集中的季节。北方则 3 月春融流冰,而暴雨集中在 7~9 月。沿海地区在 4~9 月常受热带风和台风影响带来暴雨,时间短、强度大、破坏力强。全国各地年平均降雨量:长江以南 1 000~2 500 mm,长江以北 500~1 000 mm,西北地区 500 mm 以下。

暴风雨来势凶猛,对铁路线路的危害最大。集中的大雨、暴雨或连续降雨,有时会造成地区性的洪水灾害,导致江河涨水、山洪暴发、泥石流或水库决口,遇到设备的抗洪能力过低时,就会发生路基塌方滑坡、道床冲空、轨道淹没、甚至路基桥涵冲毁,中断行车;如不能及时发现险情,还会酿成列车颠覆的重大事故。因此防洪对铁路而言至关重要。

8.4.1 桥涵防洪

为保证洪水、流冰能正常通过桥涵,防止堵塞、淤积或河床冲刷,任何单位部不得在桥涵上下游一定范围内拦河筑坝,围垦造田,采集沙石,以及修建其他工程设施,以保证铁路桥涵安全。

1. 疏通河道

对平时无水的河道,必须清理桥涵附近的淤土杂物和阻碍水流的杂草,清除上下游至少各约 30 m 范围内的灌木丛,使洪水能正常通过。在春汛和每次洪水通过后,须立即组织人力将小桥下及涵洞内的淤积物清除。

2. 防止堵塞

对易被漂浮物、泥石等堵塞的涵洞,应在洞前设置栅栏或沉淀池并及时进行清除;对有流木、流石等通过的河流,应采取措施,加强管理,使其安全通过桥涵,防止堵塞桥孔或撞击桥墩。

3. 防止淤积

在山区铁路,线路依山傍水,小桥涵多设在沟口或临近沟口处,如上游汇水面积内地层不良,坡度陡,则山洪暴发或区域性暴雨和融雪时,会形成不同性质的泥石流通过桥涵。泥石流含有 10%~60% 的固体杂质,它的基本特征是突然短时的水流携带大量泥土、碎石或大块石、树干或杂草从山谷中流出。由于泥石堵塞桥孔,形成水漫桥梁路基,将桥梁和路基冲毁。整治山区小桥涵的泥石流时,应根据实践经验,分别按不同情况,采用下列措施。

(1)水土保持

在山坡上种植成长快、防御力强的树木,并顺等高线挖掘鱼鳞坑,其作用在于拦蓄泥砂并起缓流作用,也能保证幼年树木的成长。当地面岩层风化或松散时,应扫山除石,刷方换土,及时勾缝支顶,保持山体稳定。用黏土或草皮覆盖表面或硬化覆盖层。流域面积很大时,可在山坡表面增设排水系统及时排除地面雨水。

水土保持是有效防止泥石流的措施,但工作量大,时间长。如需尽快保证铁路不受泥石流损坏,在进行上述工作的同时,还应采取其他防护措施。

(2)谷坊拦截

在上游沟谷适当的位置修建拦砂坝(谷坊)或拦石栅拦截砂石。即将水位分段抬高,使水流从坝顶漫过,而砂石在坝间沉积下来(图 8-1)。这样可变泥石流的紊流为缓流,消耗急剧水流的能量,并连续改变河道的纵向坡度,形成跌水,只有冲积物溢出谷坊脊顶以后才能继续流动。谷坊就地取材,根据冲积物成分可采用柳囤、柳干单层编篱、柳干木笼、干砌片石、浆砌片石、混凝土或钢轨内填充石堆等建筑。

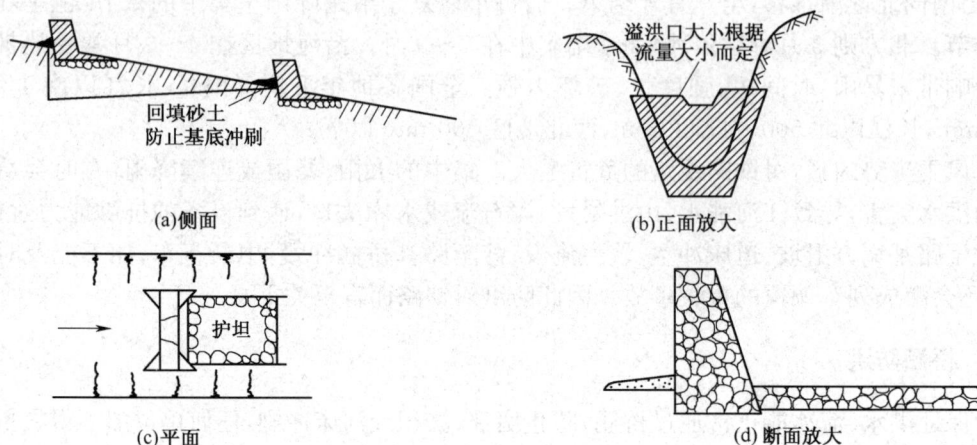

(a)侧面
(b)正面放大
溢洪口大小根据流量大小而定
回填砂土防止基底冲刷
(c)平面
护坦
(d)断面放大

图 8-1　谷坊

拦截砂石也可在上游山地流水洼处挖面积较大的水塘,或在山谷适当地方修建水库保持水土,使水流夹带的砂石在水塘或水库中沉积。

修建谷坊有工程量小,便于施工,收效快等优点,但寿命有一定限制,淤满后须另行采取措施。

(3)排泄

对河床沉积的泥石等淤积物,可采用加大河床坡度,加大流速的方法将其向桥孔下游排泄,防止桥渡淤积。例如采取在上游附近修建跌水坝,以提高水位、加大流速或加陡桥涵附近及下游的坡度等。

上述各种措施如配合进行,可以收到较好的效果。在修建谷坊或跌水坝等时,两端应伸入河床(例如 0.5～1 m)并设防护(例如三角形或圆锥形的砌石护体),坝下游应设有坚固的护体以防止被洪水冲毁。

4. 预防冲刷

为防止小桥涵,特别是山区或山前区小桥涵上下游附近河道被冲刷,保持桥涵墩台基础有足够的埋置深度,应根据当地条件进行防护。

(1)草皮护底

一般用平铺法。在河床坡度超过 7％～10％时,应分段钉竹或木橛;坡度为 10％～15％时,可适当加筑截水墙几道;坡度再大时可挖成阶梯形,筑砌跌水墙降低坡度后再铺草皮。

(2)柴排护底

桥梁一般用方格式柴排,涵渠用鱼鳞式柴排,如图 8-2 和图 8-3 所示。

方格柴排由 2 层 10～13 cm 厚的树枝粗缆编成方格(约 1 m²),上下方格间铺设厚为 25～30 cm 的树枝层,纵横缆交叉处用铁线捆紧并在该处树枝上钉上木桩,木桩突出的端部编成 15 cm 高篱格,当柴排浮运到要沉入的地方时,方格处填充石块。柴排厚度一般为 0.5～1 m,

长度在 50 m×15 m 以内,石块填层厚度约为柴排厚度的三分之一。

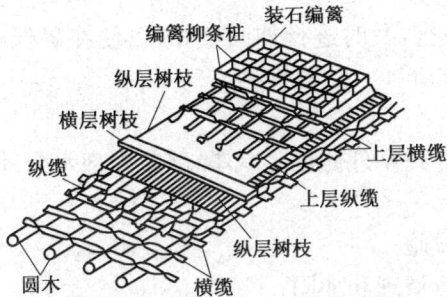

图 8-2　方格式柴排

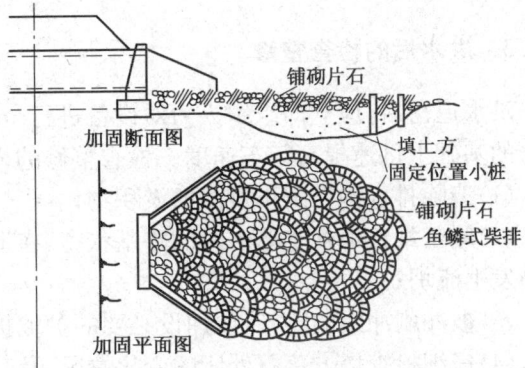

图 8-3　鱼鳞式柴排

(3)增设消能设备

山坡陡,冲刷较严重的小桥涵,可在上游附近设置缓流或者带阶梯的跌水槽等消能设备来减少桥涵下的河床冲刷。

(4)下游筑拦砂坝

桥下河道比降大,流速急或因下游在河内取砂,河床逐年下切(这对桥梁基础特别是浅基非常不利),当河宽不大时,为稳定河床,一般可在桥梁下游适当位置修筑拦砂坝拦截泥砂,坝位及顶高可根据各桥具体情况确定,但需严格注意坝下及两端冲刷或潜流危及坝身安全。

(5)浆砌片石(或混凝土)护底

浆砌片石护底是桥梁整孔防护最常用的一种。这一类防护适用于山区及山前区漂石、卵石及砂质河床(或平原砂质河床集中冲刷不严重的河流),适用于枯水期水浅、梁跨较小、净空容许,或局部防护难以达到一般冲刷线者。当流速小于 7 m/s 时采用浆砌片石护底,当流速大于 7 m/s 时宜采用混凝土护底。

5.河道裁弯取直

在平原地区曲折的河流上,为消除桥涵上游具有威胁性的河湾,可根据具体条件,作适当的裁弯取直。取直时新河道水流方向应与洪水流向一致,新河槽宽度可以做得比原主河槽小一些,而借洪水冲刷扩宽,但新河槽的深度不宜小于原主河槽的最大深度。新河槽与上下游原河道衔接处应保持顺直。因为新旧河道断面在初期相差较大,因此在入口处的旧河道上应修建漫水的拦河坝或过水的半坝来调节水流,使新河道逐渐冲刷扩大,而让旧河道逐渐淤积。为了加速达到上述目的,往往还需在旧河道内设置一些临时透水拦水坝和种植防护林等。

8.4.2　上游水库安全

新中国成立后全国各地修建了大量的水库,不仅为农田水利化奠定了基础,也减轻了铁路防洪工作的负担。但另一方面,有的水库当遇较大洪水时可能容纳不下洪水量,以致水坝溃决危及铁路线路、桥涵建筑等物的安全。所以各工务段应与桥涵上游水库主动联系,取得当地政府和水利部门的协助和支持,检查了解沿线水库的标准和质量,对有问题的水库及时提出意见,请有关部门采取措施保证水库安全。洪水期要与水库管理单位密切取得联系,及时掌握上游水库情况,充分估计可能对线路及桥涵的影响,检算桥涵防洪能力,并对桥涵采取适当的加固和防护措施。

8.4.3 洪水后的检查整修

洪水退落后,应立即组织人力对设备进行全面检查,及时进行加固整修,以便在确保行车安全的基础上迅速提高行车速度。检查整修的内容如下:

(1)清除排水沟渠及小桥涵的淤积物;

(2)周密细致地检查退水时的路基状态,在退水时路基外侧压力减小,路基内部水分外渗,容易发生流坍;

(3)被冲刷冲毁的路基,要加设必要的护坡护道设施;

(4)仔细检查塌方落石处所的变化情况,及时进行清理和加固;

(5)详细探测墩台翼墙基础冲刷情况;洪水时投下的片石,应加以铺砌平整,保持水流平稳;

(6)检查所有河流调节建筑物,恢复其完整及良好作用;

(7)为迅速提高行车速度,对遭受破坏处所的临时性建筑物,应采取加固措施,恢复设备状态;

(8)彻底清除路堤内的所有临时性建筑物,恢复路基正常状态,不留后患。

8.4.4 桥涵防凌

1. 冰凌对桥涵的危害

在严寒冰冻地区,春融期间水位上涨有时会和大量流冰同时发生,流冰可撞坏墩台,严重时会堵塞桥孔,甚至堆积成冰坝和冰桥,以至推走整个桥梁。有时冰层在骤冷情况下会开裂,如遇大风,冰层移动,也会挤歪桥墩。河流在结冰后,由于水流的影响或其他原因,冰层会发生爬动,当水位涨落时,冰面也能升降。这些对墩台都会产生破坏作用,特别是木墩台桥梁,甚至可把木桩拔出。所以,在这些河流中除设破冰凌(图 8-4)设施外,还应视冰凌情况采取对策。

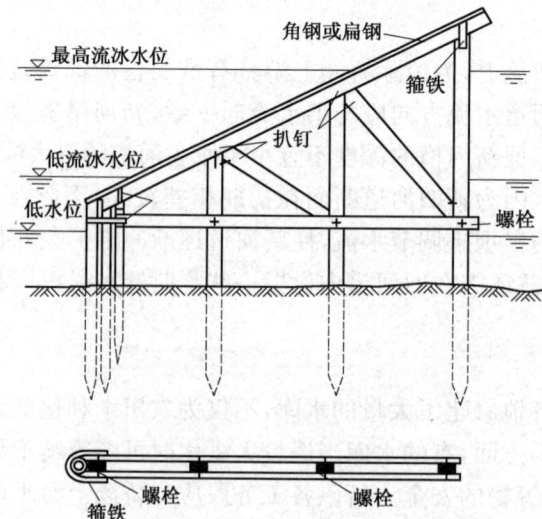

图 8-4 破冰凌设施

2.防凌一般措施

（1）封冻时防凌措施

木桥应在结冰期间，将木墩台、破冰凌设施以及在水库中墩台的周围（距最外一排木桩约 0.2～0.3 m）凿成冰沟（0.5～1.0 m 宽），以防止冰凌拔起木桩或挤坏墩台，见图 8-5 所示。

（2）春融时防凌措施

在冰层开始移动时前，应将实体墩台、翼墙、堤坝的周围（约宽 0.5 m）以及木桥墩上游（约 50 m）的一部分冰层破开，以免流冰撞击建筑物。

对有大量流冰的河流，应预先采取有效措施。例如冰层很厚的河流，除按上述方法处理外，还应在桥梁上游不少于 50 m、下游不少于 30 m 范围内开凿多道纵横冰沟，见图 8-6 所示。流冰特别严重的河流，为保护木桥，应在上下游各不少于 2 倍的河宽范围内将冰层凿成冰池（用手工或炸药爆破）。当有大量流冰形成冰坝或冰桥时，除在到达桥址以前投掷炸药包爆破外，还要使用迫击炮远程射击，必要时动用飞机侦察和轰炸冰坝。

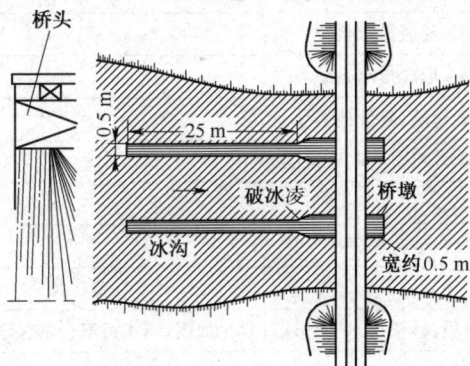

图 8-5　破冰范围　　　　　　　　图 8-6　纵横冰沟

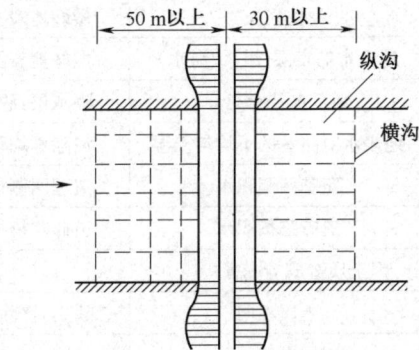

8.4.5　防治冻害

严寒地区，铁路线路的冻害是分布很广和常见的病害。冻害不仅会加速道床的脏污和道砟陷槽的发展，而且会促使路基发生其他病害，影响路基的稳定性。同时，冻害还会使轨道的工作条件恶化，特别是频繁地更换冻害垫板，缩短了轨枕和联结扣件的使用寿命。

冻害的存在，不仅增加了线路养护维修的劳力，加大了运营支出，而且会使线路质量下降；严重的冻害，甚至危及行车安全。

因此，严寒地区的铁路，应做好冻害的防治工作，包括"春融乱道"的防治，是线路养护维修的一项重要工作。

（1）道床冻害的防治

首先应坚持执行道床轮筛制度，按照脏污发展规律，确定合理的轮筛周期。清筛时，要达到：

①需将轨枕下板结层破除；

②清筛厚度尽可能为整个道床厚度；

③轨枕中部应将阻水部分挖掉，使排水畅通。

关于道砟陷槽,则应根据实际需要进行整治,可排除积水或切断补给水来源,或固结陷槽。

(2)路基表层冻害的防治

路基冻害中大多数属于表层冻害。对路基表层冻害的防治措施有多种多样,以减少或消除路基土体的冻胀为重点(表 8-1)。归纳起来,基本上可分为以下三类。

①排水及隔水:其目的在于排除地表水或降低疏导地下水及隔断下层水。

②改土:其目的是换除路基土体中的不均匀土质,或改良土的性质。

③隔温:其目的是使冻胀性土脱离冻结层或部分脱离冻结层。

表 8-1　路基表层冻害的防治措施

序号	冻害产生原因	应采取的防护措施
一	因水造成的冻害	
1	侧沟积水	深挖侧沟,清理、加强侧沟排水
2	基床面不平整积水	清理平整基床面,加强基床排水,砂垫层,矽化加固
3	裂隙水	做好地表及边坡排水,形成排水系统
4	地下水的表层(潜水/滞水)	做好地表及边坡排水,形成排水系统
5	地下水补给充分	隔水层,矽化加固,砂垫层,降低地下水
6	地表水对路基的不均匀浸湿	清除不均匀浸湿因素,矽化加固,砂垫层
7	路基两侧积水	清理两侧积水
8	道砟陷槽积水	道砟陷槽排水,砂垫层,矽化加固
二	因土质造成的冻害	
1	土质不同	换土,铲除不均匀土质,砂垫层,炉渣垫层,矽化加固,隔水板聚合物保温板
2	土层厚薄不等	换同样土清除不等厚度
3	导热不均匀	炉渣盖板,炉渣垫层,聚合物保温板

采用电硅化加固土的措施,主要是加固粉土质黏土,以防其抽吸水分而冻胀。改良土的性质,可用工业废料等化学添加剂;我国北方铁路大量采用添加氯盐整治冻害,每平方米的用盐量:冻害高度 20 mm 以下时为 5 kg,20~50 mm 时为 10~25 kg;50 mm 以上时为 25 kg。

(3)深层冻害的防治

防治深层冻害主要是整治地下水,换土的办法工程量太大,不宜采用。

①地下水流向路基时,可采取截水渗沟、引水渗沟、排水槽等拦截措施;

②路基土体有浅层地下水,可采取明沟、排水槽、引水渗沟等引排的措施;

③路基土体有深层地下水,可采取降低地下水位、保温层等减小冻结深度的措施;路基基床面换铺炉渣保温时,其宽度应在 2.8 m 以上,采用聚苯乙烯板时,其宽度至少为 3.2 m;

④路基有泉眼时,可设涵管引排。

(4)桥涵冻害防治

寒冷地区为防止涵洞内发生冻结,在冬季应用挡雪板挡住小孔径涵洞的洞口。对基底在冻结线以上,翼墙后为渗水不良土壤,或有冻害的涵洞、墩台、翼墙等应及早进行整治(如加深基础至冻结线以下,桥台及翼墙后更换为透水性土壤并作排水盲沟,进行基底压浆等),在未彻底整治前,视不同情况在冬季采用培土、培草、挂帘、临时抬高水位、填平冲刷坑等措施来进行整治。

8.5　紧急抢修

一旦发生水害,各部门都应服从抢修需要,优先投入劳力、材料、照明和机具设备,由领导负责统一指挥,按照"先通后固"的原则制定抢修方案,迅速全力抢通线路。既要缩短断道时间,减少经济损失;又要确保行车安全,为正式修复工程创造条件。在抢修通车后,应立即着手改善加固,逐步提高行车速度,恢复正常运输,彻底消灭水害根源,不留后患。

组织抢修的单位应迅速将灾情调查清楚,把发生的时间、地点、雨情、风情、灾情、参加抢修单位、抢修人员、抢修方案及预计抢通时间,由专人负责逐级上报,争取上级领导机关对抢修的指导和劳力、材料、机具、生活等方面的支持帮助。

重点地段的抢修,应成立现场指挥机构,制定抢修方案,一切抢修办法必须以能够迅速通车为目标,并且必须照顾到将来正式修复时的工作方便。组织抢修时首先要掌握雨情、水情,然后因地制宜、就地取材。对需要大批机车车辆运送抢险物资时,在水害现场有专门行车调度人员,根据现场指挥人员的决定,指挥调动抢险列车,协调列车运行。

8.5.1　中断行车条件的判断

检查人员在巡查中发现水害危及行车安全或遇暴风雨雪,区间线路情况不明时均可立即采取措施拦停列车并及时汇报,尤其在汛期,"宁可错拦,不可错放"。可立即中断行车的条件有:

①坍方、落石已侵入限界或堑坡、山坡裂缝迅速扩大或下错,处于明显动态变化过程中,随时有坍塌的危险;

②滑坡体滑动,使线路向上隆起或横向位移,处于明显变化中;

③区间正线水漫钢轨,水下情况不明;

④路堤软化,路基下沉、横移使轨道几何尺寸变化且不具备限速行车条件;

⑤路堤冲毁、沉陷、坍塌、道床失稳或滑动面已侵入荷载分布线;

⑥路堤因水力渗透作用形成较大的管涌,路堤有坍塌破坏的可能;

⑦桥梁墩台冲毁,涵洞翼墙、端墙或桥梁护锥冲毁、坍塌,侵入荷载分布线;

⑧涵洞管节冲失或基础冲空,影响路基荷载分布区域的稳定。

8.5.2　放行列车条件的判断

水害中断行车经抢修可以放行列车时,首先必须限速运行,开通线路条件及具体运行速度由现场负责人决定,如段领导不在场,须先征得段领导同意。可限速运行的条件为:

①水害现场线路两侧的料具必须整理稳固,不得侵入机车、车辆限界,更不得因震动或其他原因使石料、弃土、弃石、轨料等侵限;

②路堤边坡溜坍,坍体边缘已侵入道床内,但未侵入荷载压力分布线以内时;

③堑坡坍方,落石已派人看守,但仍在缓慢发展或有可能继续发展或继续落石;

④滑坡缓慢滑动,轨道几何尺寸变化较慢,经不断整修可以限速行车;

⑤水漫道床,但未淹轨面;

⑥桥台后路基下沉并因护锥变形使一部分线路钢轨头部缺道砟;

⑦线路静态几何尺寸容许偏差值应满足表 8-2。

表 8-2 列车限速线路静态几何尺寸（mm）

列车限制速度（km/h）		25	45	60	<100	100～120
轨　距		+10，−4	+9，−4	+9，−4	+8，−4	+7，−4
水平、高低、轨向		11	10	10	7	6
三角坑（扭曲）	缓和曲线	8	7	7	6	5
	直线与圆曲线	10	9	9	7	6

8.5.3 临时抢修方法

1. 路基抢修

（1）路基冲毁或缺口

路基冲毁而填土不高又无水时，宜填土修复。路基较高或坡脚有水时，宜先抛片石，出水后再用土填筑，但抛填片石一定要抛到坡脚滑动面以下。路堤或半填挖地段，路基较宽半填部分冲毁时可先拨道通车，再修复冲毁部分。

路基发生决口时，一般可从决口两端开始抛片石，逐渐缩小决口断面，最后以大片石或石笼堵住决口。抛石填出水面后可就地取土或使用道砟装填草袋的办法填筑。当决口流速较大时，还可采用吊轨挂网或石笼等办法抢修。

（2）崩塌落石

各种类型的崩塌落石多半是水的破坏作用引起的，因此在抢修中处理水源是个前提，凡发现有不被堵截、淹溢、渗流等情况时，应加快抢修进度，巩固抢修效果。

①为提前抢通，可先按机车车辆限界清理坍方，通车后再扩大清理，并清除路肩、水沟。一般的说，通车前要将山坡上可能坍塌的危石、危土清除掉，以防遇雨再次坍塌，保证行车安全。

②坍方数量较多或重量较大（如上跨梁体等），短时间难以清除开通线路时，若地形条件许可，可采用拨道或铺便线维持通车，然后再清除坍方，恢复正线。

（3）路基渗漏脱坡

河网地区的河堤一旦决口往往会引起铁路路基的一侧泡水或两侧存在较大的水位差，从而使路基基体内出现浸润线，导致路基的渗漏、脱坡。

抢修路基渗漏、脱坡的基本原则是"临河隔水、背河导渗"。迎水坡面用透水小的黏土（土袋）加以防护，可以减少渗到路基内的水，背水面则可用透水性大的砂袋（炉渣袋）作反滤层，可以把已渗入路基基体的水有控制的排出，以降低浸润线，并只让清水流出，不使水流把土粒带走；在反滤层外可用片石压坡脚。

路基出现漏洞时，可下水用麻袋或棉被等堵塞，然后可抛填土袋。路基发生脱坡时，要先分段挖除已滑动的松湿泥土，再从地面起用草袋装以透水性强的砂土，逐层堆砌上来，砌到脱坡面以上 0.25 m。砂袋厚度应不小于 1 m。

（4）路堤（堑）溜坍

路堤（堑）坡体溜坍之前，通常会在坍体周边产生裂缝。

1）发现裂缝但无下错

先用编织布盖住裂缝防止雨水灌入，以免进一步加速病害发展，再用黏土夯实裂缝，使之

封闭,其次在坡面上打桩,固定坡面;

2)发现路堤(堑)滑坍下错且坡脚向外臌

①坡脚反压片石或草袋以稳定路基坡脚不向外溜坍滑逸;

②在半坡凹陷溜坍处打桩、码草袋以加固边坡;

③在路肩错台处打桩、码草袋以补强路肩,挡护道砟。

3)抢修中的注意事项

①打木桩:桩身应向外侧倾斜,接近垂直于滑动面;桩身应尽量打深,穿过滑动面,切入下层稳固的土体;使用 8 磅锤、道钉锤等铁质锤头打桩时,应带好铁丝、克丝钳,以备捆扎桩头(尽量使用木锤);桩距应保持在 0.8～1.2 m 之间,每排错开呈梅花状布置。

②码草袋(片石):草袋(片石)首先应反压在坡脚,不可将大量的片石长时间堆放在坍体顶面,以免加速坍体下滑;路肩错台处码草袋(片石)以保住道床坡脚为原则,过多会增加坍体顶部荷载,过少则起不到保砟的作用;一次卸多辆片石应以 2～3 辆为一组,分成多组,每组指定一名负责人,带好对讲机,负责本组的人身安全和清道情况,同时记清车号,及时将卸车和清道情况汇报给现场负责人,以免造成混乱,延误开通。现场负责人要注意查看片石的数量和质量,发现数量不足或质量很差时及时向路桥科反映,有条件的情况下要拍好照片备查;未经请示,没有加固的地段,不准擅自提速。

(5)路基陷穴

一般表现为道心出现洞穴,石砟下沉,可采用填石砟捣固维持行车;但当道心石砟下沉的速度加快,工区人员过一趟列车就需起道垫砟时,就必须封锁线路。

(6)倒树侵限

在大风暴雨之后常有大树倒伏线路,侵入限界,这就要求我们加强冒雨和雨后检查,及时发现,及时移除。此类水害常伴有其他设施的损坏,如电杆吹倒、变压器损坏、泵房停电、人行涵积水等连锁反应,这就要求我们必须在汛前对备用防洪发电机和水泵进行检修,确保紧急情况下这些设备能够正常运行。

2.水淹道床

通常发生在地势较低的车站站内,蓄水面积大,一旦排水不畅,就会造成水淹道床,此时应采取列车限速运行的办法通过;水漫钢轨时,则应立即封锁线路。

线路漫水的水源分为山洪暴发和江河水位漫溢两类。山洪来势凶猛,水位上涨激烈,破坏性强,但持续时间短,受害范围也较小。江河水位上涨缓慢,但持续时间长,受害范围较大,并易使路基长期浸水后发生渗漏脱坡。

山洪暴发,将漫线路时,如确认可以设法阻止水漫路基时,可以草袋装土或道砟加高上游路肩;否则应以先行防护路基下游坡面为主使线路漫水时不致冲决路基。江河水位上涨,有漫线路可能时,应先在上游路基作好子捻以防止过水,并可争取时间作好下游防护或抬道抬桥,做到水涨路高,保证不间断行车。

水漫线路,来不及采取阻水措施时,可先用草袋压护道床,以防止冲空。洪水泛滥,高水位持续时间很长,且超过轨顶标高很多时,可采取抬道抬桥方法处理。抬道的高度应该以地方水利部门预测的最高水位和上涨速度决定,但是,抬道量愈大,安全率愈差,耗费的工料也愈多;因此,抬道的标高应该不超过最低的保证高度。抬道的断面,一般采用先在路肩上填筑片石基础,再在其上堆砌草袋;草袋装填石砟,每袋装满 2/3,袋口向轨道中心堆砌,每层约缩进

0.15 m。抬桥方法一般分上抬和下抬两种，上抬即在原有桥面上加一层或几层桥枕，或架设扣轨梁、工字梁，下抬一般在原支座下加钢轨支座。

抬道抬桥后，必须限速运行(一般为 5～15 km/h)。同时，应密切注意线路路基的变化，必要时要探摸路基，因为路基长期泡水后，可能浸软而发生渗漏脱坡等病害。另外，在水面较大时，还应采取防浪措施。

3.涵管破坏

路基填料多为砂黏土，此种土亲水性不强，在江河(水库)溃堤，单侧水压力作用时，易被水压力带走，形成管涌而淘空路基。遇此情况时，除加强引流疏导外，还可采用在外侧增加土压力的方法，使两侧压力持平，具体做法为夯填土方及堆码片石。

(1)涵管冲失的抢修方法

涵管冲毁冲失后，按洪水流量大小、路基高低、灾害情况，采取不同的抢修方法。当涵洞断面小时，可在冲失处填充片石做成透水路堤；若涵洞断面大，且经常流水，则可架设扣轨梁或制作临时木涵排水；而如果涵管冲失路基决口较大，就需采取正线便桥或便线便桥通车。

(2)涵洞堵塞路基壅水的抢修方法

涵洞堵塞，洪水无法宣泄，将导致壅水，水位上涨，有可能冲毁路基时，对有漂浮物通过的涵洞，应组织打捞拨顺，以免壅水冲决路堤；壅水无法排出，且继续上涨危及整个路基时，可于路基较低处掘口放水，但应注意防护，防止扩大缺口。

4.桥孔堵塞

洪水时随水冲来的漂浮物或竹排、木排失去控制随水下冲，都会堵塞桥孔，甚至冲撞墩台，或因增高壅水而冲撞梁部。

桥孔发生堵塞除及时清除外，还应在其上游用钩杆、长炳斧等疏导砍散漂浮物，随来随清理。重要的流筏江河；在洪水时可备船只在桥梁的上游适当距离处进行监视，发现失控的竹排、木排、立即用绳索拴住引向岸边处理，或砍散后逐根放流。

5.桥墩(台)破坏

由于连续暴雨而引发洪水，并造成局部的特大洪水，当沿线江河洪水位达到危急警戒值时，应将做好桥头封堵和抬桥抬道的准备工作，通知行车部门限速 45Km/h 通过，并及时上报水情、雨情、灾情。如江河(水库)溃堤，因水流湍急，桥梁墩台受到冲刷而造成墩台护锥坍塌，墩台基底淘空；土压力过大造成墩台倾斜、梁端顶死、梁体压溃等病害。遇以上情况时，一般方法为抛石笼巩固墩台基础，分流减少冲刷。必要时可设置预应力锚索桩，固定及扶正墩台。墩台冲倒时，可视具体情况而定，采用正线便桥、便线便桥或枕木垛便桥通车。

(1)桥梁的临时抢修

山洪暴发或水库溃决，水位迅速上涨，以致水漫铁路、中断行车，当桥梁只是被水淹没，墩台、梁跨结构部未遭受破坏时，可采用抬高桥梁的方法以顺应抬道的要求。

抬桥方法有上抬法和下抬法。

①上抬法

上抬法就是保持原桥跨结构的标高不变，而在原桥面上加一层或数层桥枕，如图 8-7 所示，以达到提高桥上线路标高的目的。前提是，原桥跨结构必须能承受原有荷载及新增桥面荷载，而且水位尚未盖住钢梁。

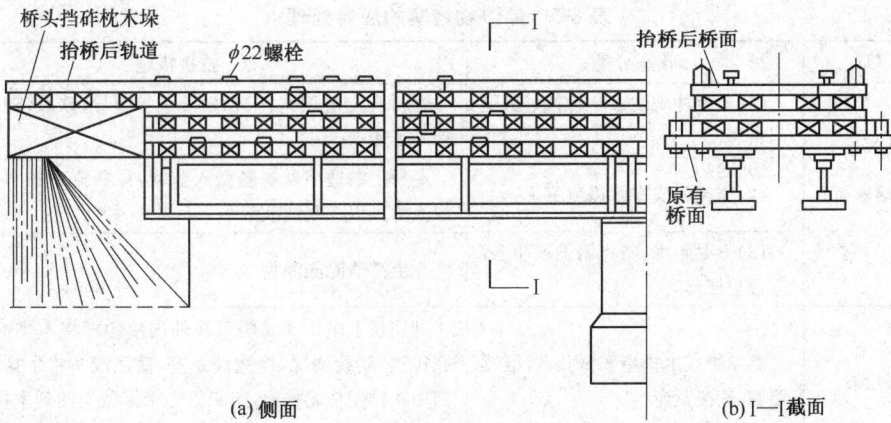

图 8-7 抬高桥面

上抬法中,也可以采用在原桥上架设扣轨梁或钢梁的方法,成为桥上架桥。其适用范围同上所述。

上抬法的优点是施工速度快,施工简单。其缺点是阻断水流,易受漂流物冲击。

②下抬法

下抬法就是在洪水未淹没梁底时,在钢梁与墩台之间加设临时支座抬高钢梁,以达到提高线路标高的目的,如图 8-8 所示。下抬法的优点是不阻水,施工简单,速度快。但需要千斤顶之类的施工机具,尤其是对自重较大的圬工梁,施工很困难。

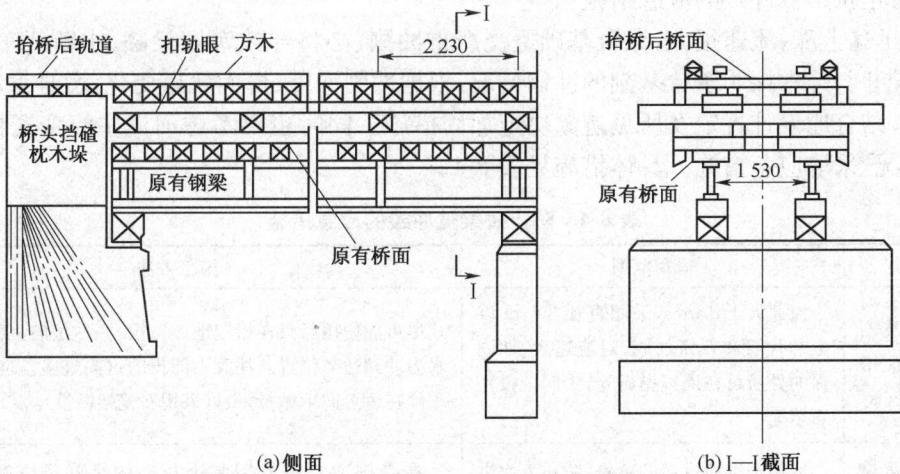

图 8-8 桥上架桥(单位:m)

当然也可根据实际情况采用上、下抬结合的方法。

当洪水已经淹没桥面时,大多采取桥上架桥的方法(水中抬桥),即在桥面上扣轨,将预先装钉好的桥面,运到桥上与桥头钢轨相接。

(2)漂浮物堵塞桥孔的应急处理

洪水期间随水冲下的漂浮物及流放的木排、竹排等会堵塞桥孔,冲撞桥台,甚至因壅水而冲击梁部,推倒桥梁,必须立即设法清除漂浮物,以保桥梁安全。清除漂浮物时,应根据漂浮物的堵塞情况,采取表 8-3 所示的相应防护措施。

表 8-3 漂浮物堵塞的应急处理

项 目	状态分类	抢护措施
防止漂浮物堵塞桥孔	(1)上游冲来的柴草、树木、房屋木料	在桥孔上游用钩杆、长柄斧头等疏导、砍散,随时清除,不使其堆积
	(2)流筏河流有木筏流下	距桥上游适当处备船派人监视,拦截流下的木筏,用拖轮或人力加以控制或砍散
	(3)钢梁阻水,防止钢梁被冲走,墩台被推移	在上游清除漂浮物
桥孔堵塞抢修	漂浮物或木排堵塞桥孔,若继续堵塞,情况紧急	利用桥上吊软梯或船只在外围用钩杆将木排推向未堵桥孔排送,陆续清除;岸边埋地垄,使用绞车将木排拖上河岸,河中木排拖轮拖出,组织人力带好救生圈到木排上把木排砍散,单根流放排出,遇有钢绳时应用氧气切断
涵渠堵塞抢修	漂浮物堵塞进口,壅水逐渐增高漫过线路	水中爆破,炸开通道

清除漂浮物时,还应注意壅水造成的水压增加,一旦冲开决口,水流的冲击力很大,其他漂浮物随着水流对桥跨产生更大危害。同时,要充分考虑清除漂浮物过程中的人身安全。在 20 世纪 60 年代,某大桥前木头堵塞桥孔,清除时曾因组织不当死亡十多人。

被流木堵塞和梁部受淹的桥梁,墩台基础冲刷必然加剧,必须设法立即进行基础和河床的探测,发现险情立即采取加固措施。

(3)防止桥梁被冲毁的应急措施

洪水迅猛上涨,流速很大,墩台基础遭受严重冲刷,必将导致墩倾梁翻,中断行车。为此,应在洪水期间,经常探明墩台基础的冲刷情况,根据冲刷深度、桥面轨道变化、墩身晃动及基础埋置情况,结合原设计规定及所见迹象决定加固措施。同时也要考虑河流主流变迁情况和桥墩历史情况,采取应急措施。具体措施见表 8-4。

表 8-4 防止桥梁被冲毁的应急措施

措施种类	适用范围	施工方法
投片石及石笼加固桥墩防护	流速大于 3 m/s,采用直径 30 cm 以上的片石和石笼加固,对流速大,冲刷深的处所可在周围抛石笼,中间抛投片石填充	尽可能使用船只在指定地点抛投,并尽量向上游抛,以借水力冲到适当位置。注意不能投的过高过多。也可把片石车停在桥上向下抛投,最好采用石笼架抛投
干灰砂浆麻袋加固冲空基础	适用于洪峰过后的抢修,防止下次洪峰时再冲刷。洪水大、水深流急,潜水员作业困难时,不宜采用	在基础冲空部分用装干灰砂的小麻袋填塞,每袋装 0.005 m³(灰砂比 1:2～3),由潜水员慢慢塞入,小麻袋间用小扒据钉连接,基底周围需投片石或石笼进行防护
木围堰浇筑水下混凝土加固冲空基础	桥墩基础冲空	用装土麻袋将桥墩周围填平,再打下木围堰,然后由潜水员用片石填满桥墩基础冲空部分,并埋好灌浆管,进行灌浆,围堰周围浇水下混凝土
抢修冲毁的护锥	桥头护锥被冲毁危及路基和桥台,必须及时加固	以片石或石砟袋投下作基础,再在基础上码砌土草袋,流速大时改以石笼基础坠石挂柳减缓附近水的流速,防止冲刷,打木桩防护。在桥头扣轨或吊轨以保行车安全

（4）墩台倾斜下沉的抢修方法

桥梁墩台倾斜、下沉一旦发生，要根据其倾斜、下沉程度以及发展速度，对其承载能力加以判断，然后采取相应措施（包括封锁线路），立即进行抢修。

首先应探明基础底部是否被冲空，如发现冲空，应先将冲空部分填实；如未被冲空，亦应在周围抛填片石或堆砌石笼至一定高度，以增强墩台的稳定性。然后将梁顶起至规定标高，移正、垫实，接通线路。根据墩台损坏程度和抢修情况确定试车计划，可由轻到重，由慢到快，进行多次试车。对墩台的位移情况应进行详细的观测，并做好记录，进行分析确认安全后，才能正式开通线路，限速运行。运行过程中，应设专人负责监测，发现有变化时，立即分析研究，采取加固措施，确保行车安全。

（5）便线与便桥

洪水冲毁正桥，在短时间内修复比较困难时，往往在原桥位或下游修便线及便桥通车。便桥基础有多种形式，应根据河流、车速、荷载及当地供应材料的情况进行比较；便桥墩台应根据现场实际情况，如洪水大小、地质条件、墩台高度、材料供应和争取抢修通车时间等条件而决定；抢修使用的桥跨通常根据河流大小、防洪备用器材、原桥长度及墩台高度的不同而定。

复习思考题

1. 当铁路事故、故障及自然灾害发生后如何进行应急处置？
2. 应急信息报告包括哪些内容？
3. 铁路灾害主要包括哪些类型？如何进行灾害防治？
4. 如何进行防灾监控，常用救援措施有哪些？
5. 灾害应急治理措施有哪些？
6. 简述铁路常见灾害警报标准
7. 简述铁路交通事故分类与等级。
8. 简述铁路防洪与防冻主要措施。
9. 简述中断行车的条件。
10. 简述放行列车的条件。

第9章　高速铁路养护特点

9.1　高标准的基础设施

高平顺性是高速铁路与普通铁路的最大区别,要求线路的空间曲线平滑,即平纵断面变化尽可能平缓,路基、轨道、桥梁具有高稳定性、高精度和小残余变形,建立严格的线路状态检测和保障轨道持久高平顺的科学管理系统。

9.1.1　高速铁路路基特点

路基工程是铁路工程建设项目中所占比例较大的工程,在线下工程中占有举足轻重的地位。随着铁路向高速化发展,路基标准及施工质量状况直接影响列车高速、平稳、舒适和安全的技术指标。与普通铁路路基相比,高速铁路路基主要有以下特点。

1.多层结构系统

高速铁路路基结构,已经突破传统的轨道、道床、土路基这种结构形式,既有有砟轨道,也有无砟轨道。对于有砟轨道,在道床和土路基之间,已抛弃了将道砟层直接放在土路基上的结构形式,做成了多层结构系统。

2.严格控制变形

控制变形是路基设计的关键,采用各种不同路基结构形式的首要目的是为给高速线路提供一个强度高、刚度大、稳定性强、耐久性好且线路纵向刚度比较均匀或变化缓慢的轨下基础。由散体材料组成的路基是整个线路结构中最薄弱、最不稳定的环节,是轨道变形的主要来源。

日本东海道新干线的设计时速为 220 km,由于其在设计中仅采用轨道的加强措施,而忽略了路基的强化,以至于从 1965 年起,因为路基的严重下沉,线路变形严重超标,不得不对线路以年均 30 km 以上的速度整修,列车运行平均速度降到 100～110 km/h。变形问题的解决是相当复杂的,日欧各国虽然实现了高速,但他们是通过采取高标准的强化轨道结构和高质量的养护维修技术弥补这方面的不足。日本对此不惜代价,在上越和东北新干线上,高架桥延长数所占比例分别为 49 ％和 57 ％,路基仅占 1 ％和 6％。

3.更高的路基及其下部结构

高速铁路路基变形控制包括工后沉降量、沉降速率和线路纵向刚度比。路基处理以 CFG 桩为主,并进行堆载预压以加速沉降,之后再进行路堤填筑,严格控制工后沉降。

(1)适当加宽横断面

高速铁路路基横断面宽度较普通铁路略宽。但对于曲线地段,路基面在无砟轨道正线部位一般不另行加宽,当轨道结构和接触网支柱等设施的设置有特殊要求时,根据具体情况分析确定;有砟轨道正线曲线地段加宽值便在曲线外侧适当加宽。

(2)增加基床刚度

普通铁路基床分表层和底层两部分,厚1.2～2.5 m,具体为:Ⅰ级铁路由路肩施工高程至其下 0.6 m 为基床表层,表层下 1.9 m 为基床底层;Ⅱ级铁路由路肩施工高程至其下 0.5 m 为基床表层,表层下 0.7 m 为基床底层;Ⅲ级铁路由路肩施工高程至其下 0.3 m 为基床表层。表层下 0.9 m 为基床底层。设计要求表层填料优先选 A 组填料,也可以选用粒径小于 150 mm 的 B 组填料;底层可选 A、B、C 组填料。

高速铁路路基基床通常是由基床表层和底层组成的两层结构。最典型的是德国无砟轨道的线路结构,包括钢筋混凝土板连续板、混凝土连续层和支持层、素混凝土、矿渣混凝土、填土、道砟等。上层大多要求填料变形模量大,渗透系数小。在使用级配砂砾石的国家,一般都把基床表层分成上下两部分。上层较薄,大多为 0.2~0.3 m,要求变形模量高,其次,为提高该层的刚度,颗粒的最大粒径可适当提高,粗颗粒含量增加。下层的作用偏重于保护,颗粒粒径应与基床填料匹配,使基床底层填料不能进入基床表层,同时要求渗透系数小,至少要小于 10^{-4} m/s。

规范中规定:基床表层厚度无砟轨道为 0.4 m,有砟轨道为 0.7 m,基床底层厚度为 2.3 m。表层采用级配碎石或级配砂砾石,底层采用 A、B 组填料及改良土。秦沈客运专线基床厚 2.5 m,其中表层 0.6 m,采用级配碎石,底层 1.9 m,采用 A、B 组填料及改良。

我国的京沪高速铁路路基基床由表层和底层组成,表层厚度为 0.7 m,底层厚度为 3.0 m。其中,基床表层由 5~10 cm 厚的沥青混凝土和 65~60 cm 厚的级配碎石、级配砂砾石组成。

(3)严控工后沉降及速率

高速铁路对路基工后沉降量和沉降速率有严格的要求,无砟轨道路基工后沉降应满足扣件调整能力和线路竖曲线圆顺的要求。工后沉降不宜超过 15 mm;沉降比较均匀并且调整轨面高程后的竖曲线半径满足相关要求时,允许的工后沉降为 30 mm。路基与桥梁、隧道或横向结构物交界处的差异沉降不应大于 5 mm,不均匀沉降造成的折角不应大于 1/1 000。

9.1.2 高速铁路桥梁特点

高速铁路桥梁一般有高架桥、谷架桥和跨越河流的一般桥梁。其中,高架桥用以穿越既有交通路网、人口稠密地区及地质不良地段,通常墩身不高,跨度较小,桥梁往往长达十余公里;谷架桥用以跨越山谷,跨度较大,墩身较高。

由于高速铁路的运营密度及对舒适性、安全性的要求均高于普通线路,因此高速列车对桥梁结构的动力作用也就更大。因而高速铁路桥梁具有以下特点。

1. 所占比例大、高架长桥多

高速铁路由于采用全封闭行车模式,线路平纵面参数限制严格以及要求轨道高平顺性,导致桥梁比例明显增大。尤其在人口稠密地区和地质不良地段,为跨越既有交通路网、节省农田,避免高大路基阻挡视线和路基不均匀沉降,大量采用高架线路。例如,日本近 2 000 km 的高速铁路中,高架桥占线路总长的 36%,全部桥梁占线路总长的 47%。而我国普通铁路桥梁占线路全长的平均比例仅为 4%左右。可见,桥梁比例大、高架桥且长桥多是高速铁路桥梁的主要特征,桥梁已成为高速铁路土建工程主要组成部分。

2. 以中小跨度为主

由于高速铁路对线路、桥梁、隧道等土建工程的刚度要求严格,高速铁路桥梁的跨度不宜过大,应以中小跨度为主。例如,法国高速铁路直到修建地中海线时才首次采用 100 m 以上跨度的桥梁。

3. 刚度大、整体性好

列车高速、舒适、安全行驶要求高速铁路桥梁必须有足够大的刚度和良好的整体性,以防桥梁出现较大的挠度和振幅。同时,必须限制桥梁的预应力徐变上拱和不均匀温差引起的结构变形,以保证轨道的高平顺性。一般来说,高速铁路桥梁设计主要由刚度控制,强度基本上不控制其设计。尽管高速铁路活载小于普通铁路,但实际应用的高速铁路桥梁,在梁高、梁重上均超过普通铁路。

4. 限制结构位移,避免过大的附加应力

高速铁路要求一次铺设跨区间无缝线路,而桥上无缝线路钢轨的受力状态不同于路基,结构的温度变化、列车制动、桥梁挠曲等会使桥梁在纵向产生一定的位移,引起桥上钢轨产生附加应力。过大的附加应力会造成桥上无缝线路失稳,影响行车安全。因此,墩台基础要有足够的纵向刚度,以尽量减少钢轨附加应力和梁轨间的相对位移。

5. 重视改善结构耐久性,便于检查、维修

高速铁路是极其重要的交通运输设施,任何中断行车都会造成很大的经济损失和社会影响,为此,桥梁结构物应尽量做到少维修或免维修,这就需要在设计时将改善结构物的耐久性作为主要设计原则,统一考虑构造细节并在施工中严格控制质量。另一方面,由于高速铁路运营繁忙、列车速度高,造成桥梁维修、养护难度大、费用高,因此,桥梁结构构造应易于检查与维修。

6. 上部结构多采用混凝土材料

尽管各国对高速铁路的建桥材料不作限制,但90%以上的桥梁都选用标准设计的混凝土梁,主要是混凝土梁具有刚度大、噪声低、养护工作量少,而且造价较为经济等优点。在桥下交通繁忙地区(为加快施工进度)或建筑高度受限地段可采用钢混结合梁;多采用等跨简支梁或连续梁;桥梁截面形式主要有箱梁、T梁和板梁。

7. 强调结构与环境的协调

高速铁路作为重要的现代交通运输线,应强调结构与环境的协调,重视生态环境的保护。这主要指桥梁造型要与环境相一致并注重结构外观和色彩;在居民点附近的桥梁应有降噪措施;避免桥面污水损害生态环境等。

此外,虽然目前大部分国家的高速铁路仍采用有砟轨道,但随着日本四十多年来在高速铁路上广泛应用板式无砟轨道以及经数十种刚性道床的试铺、改进后,德国近年也在新建高速铁路上全面推广桥上无砟轨道,桥上采用无砟轨道已被认为是高速铁路桥梁的发展趋势。

8. 采用降噪措施

高速铁路噪声主要来自轮轨噪声、集电系统噪声(包括受电弓滑板产生的滑动噪声、放电噪声、受电弓的空气动力学噪声)、列车前进引起的空气动力学噪声、建筑结构振动产生的结构物噪声等。因而高铁桥梁采用如下措施:尽量采用混凝土桥梁;有道床桥梁、有砟道床;在结构构件上敷设减振吸声材料;在轨枕下设置弹性材料、弹性衬垫;道床下设置弹性材料(橡胶等);设置隔声屏障、隔声罩,封闭对接接缝、人行道板缝密封、填充弹性材料等。

9.1.3 高速铁路隧道特点

1. 空气动力效应,外观设置有变化

高速铁路隧道的设计特点主要体现在隧道横断面的设计上。其横断面面积除通常要考虑

的隧道建筑限界和列车运营要求外,还必须考虑满足列车—隧道空气动力学的要求。

当列车进入隧道时,原来占据着空间的空气被排开。空气的黏性以及气流对隧道壁面和列车表面的摩阻作用使得被排开的空气不能像在隧道外那样及时、顺畅地沿列车两侧和上部流动,列车前方的空气受压缩,随之产生特定的压力变化过程,引起相应的空气动力学效应并随着行车速度的提高而加剧。

为降低及缓解空气动力学效应,除了采用密封车辆及减小车辆横断面积外,必须采取有力的结构工程措施,增大隧道有效净空面积及在洞口增设缓冲结构;另外还有其他辅助措施,如在复线上双孔单线隧道设置一系列横通道;以及在隧道内适当位置修建通风竖井、斜井或横洞;适当加大内轨顶面以上的净空面积,优化断面形状和尺寸,并保持隧道壁面光滑与平整。

2. 断面加大,结构设计更强化

大断面隧道的受力情况不利,尤以隧道底部较为复杂,隧道拱脚和边墙脚处的应力集中更严重,需要对边墙底与仰拱连接处进行加强,并要求有更高的围岩强度或更好的地基承载力。

隧底结构由于在长期列车重载作用及地下水侵蚀的影响下极易产生破坏,从而引起基底沉陷、道床翻浆冒泥等病害,不但增加养护维修工作量,而且严重影响运营安全,尤其是高速铁路对隧道底部的强度较普通铁路要求更高,且高速铁路隧道的断面跨度较大,因此要求高速铁路对底板厚度和仰拱、底板混凝土强度要求提高。

3. 施工措施与防排水要求更高

除围岩的整体性外,围岩自身强度对客运专线大断面隧道施工方法的确定、隧道的稳定与安全有较大影响。开挖后,隧道周边围岩出现更大范围的塑性化和更大的变形,围岩自稳所要求的围岩强度更高。产生拱作用要求的埋深更深,浅埋隧道的松弛压力更大,浅埋隧道的辅助施工措施要求更强。隧道拱顶更不稳定,拱顶围岩存在拉应力区,拱顶岩块崩塌的可能性更大。隧道渗漏水的危害主要会引起洞内金属设备及钢轨锈蚀、隧道衬砌丧失承载力、隧底翻浆冒泥破坏道床或使整体道床下沉开裂、有冻害地区的隧道衬砌背后积水引起衬砌冻胀开裂、衬砌漏水会引起衬砌挂冰而侵入净空。从运营安全,上对隧道防排水要求提高。

与此同时,为减低养护维修工作量、保障运营安全,对隧道病害的监测、诊断及评定、整治技术需要进一步提高。

9.1.4　高速铁路轨道特点

1. 高平顺性

高平顺性的核心是保持轨道结构良好的几何状态,即轨道部件的高精度和高可靠性、轨道铺设的高精度以及良好的养护维修质量。

2. 高稳定性

轨道稳定性是指轨道在高速运营条件下保持高平顺性与均衡弹性、维持部件有效性与完整性的能力,其内涵是少维修或免维修。如果轨道的稳定性难以保证,就必须进行必要的维修。维修的不利影响包括两个方面:一是干扰正常运输秩序,构成新的安全隐患;二是作为网络化、高密度的高速铁路,需要线路具有较高的使用率,而维修是影响线路使用率最重要的因素。所以,轨道稳定性要求指轨道结构的重型化,轨道部件的高精度化,轨道刚度的合理化与均匀化。

3. 高可靠性

高可靠性主要是指轨道强度足够,轨道弹性合理,轨道部件的长效性和完好性,轨下基础的稳固性和长久性。

4.高耐久性

高耐久性主要是指轨道结构维护少、寿命长、成本低。

在轨道上,钢轨是直接承受车轮压力并引导车轮运行方向的,应当具有足够的刚硬性和柔韧性刚硬性以承受车轮的强大压力,同时防止过快地磨耗;柔韧性是为减轻车轮对钢轨的冲击作用。目前国外高铁大都采用 UTC60 kg/m 钢轨,我国采用 CHN60 kg/m 钢轨。钢轨与轨枕之间用联结扣件联结。联结扣件应具有足够的强度、耐久性及一定的弹性。同时,道岔需要进行系统化设计,确保其具有与区间线路相同的行车舒适性。

9.2　严格的养护维修要求

9.2.1　国外高速铁路维修

国外高速铁路发展 30 多年,尤其是近十多年以来迅猛发展飞速发展。世界铁路处在各种交通运输的激烈竞争中,取得了高新技术,在某种程度上,铁路线路的质量代表了铁路技术的水平和行车速度的高低,而保证线路质量的关键是做好线路维修养护。

国外铁路发展的共同特点是想将线路变为少维修或不维修的轨道,以省力、经济、高效的新型线路维修为目标。维修水平主要表现在采用先进的检测系统、高度机械化作业方式、科学诊断和自动化管理方面。

国外铁路的研究及经验证明,在线路方面直接影响、控制行车速度的主要因素,一是线路的平、纵断面,二是线路的平顺性。

近年来发达国家在轨道维修管理现代化方面正在实现三个转变:

(1)从定性和传统经验管理向定量化科学管理转变。

(2)对轨道状态和质量的检测从静态检测向动态检测、综合检测转变。

(3)轨道管理系统从分散的单独系统向覆盖全路的综合化、网络化、智能化系统转变。

发达国家铁路都制订了本国轨道的管理目标值,通过先进的检测车进行监测,对高速铁路线路平顺状态进行严格的管理。

9.2.2　高速铁路维修理念

高速铁路维修在带给人们更快捷、更便利的同时,也伴随着高风险,对基础设施提出了更高的安全性和舒适性要求,具体如下特点。

(1)检查重于修理:根据动态不平顺,整治"晃车",检测以动态为主,结合静态检测;

(2)精检、细修、慎修:即精确检查、精细修理、谨慎修理;

(3)注重钢轨的修理:及时进行钢轨的预防性及修理性打磨、辙叉变截面打磨;

(4)注重长波病害的处理:高速行车条件下长波不平顺的影响已变得不可忽视,因此高速轨检车的可测波长必须增大。及时找出长波的不平顺,并有计划的对重点病害地段申请大机捣固维修。

9.2.3　高速铁路维修原则

1.轨道精调坚持"少动、慎动、多人集中动"

根据检查分析结果,对需要整修病害采取多手段检查的现场复核确认。

首先,分析动态检测数据,确定病害地点、类型、峰值;其次使用安伯格小车检测轨道的绝对位置和相对位置,分析静态检测数据与动态数据是否相符,确定每个承轨台的调整量;然后,使用电子道尺、弦线等工具确认安伯格小车数据提供的调整量与现场人工检测数据是否相符;制定精调方案,确定材料型号,安排整修作业;回检确认。

2.检重于修,慎修细修

针对高速客专铁路运营速度高、行车密度大和工务设备结构牢固、配合紧密、高精度、高标准的特点,线路养护维修强调检重于修,对检查发现的质量问题反复校核、找准位置、查明原因、定好方案并按规定报批后再组织整修,严禁盲目动道,以免造成不良后果。

3.综合检查,制订方案

根据质量不良信息,首先,复核动态检测数据,按图索骥查找病害地点、类型、峰值;其次,使用安博格小车检测轨道的绝对位置和相对位置,逐个承轨台确定偏差量;然后,使用电子道尺逐个承轨台检查轨距及其变化率,使用弦线对方向、高低及其变化率进行复核;最后,综合分析全部检查信息,权衡制定整修方案。

4.绝对相对相结合,优化线形

首先应保证轨道绝对位置满足偏差要求,同时妥善处理偏差量值与变化率之间的关系。一般说来各点偏差越小越好,但不是绝对的,关键是要突出线型观念。

5.工电结合,消除道岔病害

坚持道岔联合整治,工电一体化作业。在道岔整修上,树立综合精修、细修的理念,遵循"工、电一起动"的原则,加强工电联合整治管理。加强工电配合对涉及道岔转辙、可动心轨部位的整修,要求工务、电务部门进行现场联合诊断,对疑难问题及时会同系统集成商进行联合诊断,共同制定整修方案。

6.严格执行方案审批制度

为防止盲目整修形成有害作业,确保整修方案的正确性,施工作业建立分级审查把关制度,根据每项作业对线路设备的影响以及难易程度,规定相应的管理级别与层次。每次调整方案须经主任审批,调整过大的须经主管段长审批。

7.坚持按程序、按标准作业

依据整修方案,提前做好人员、工具、材料准备,重点核查所需材料规格、型号和数量;在作业现场提前标划作业项目及调整量值,并与整修方案对照复核。

轨道精调按照"结合高低整水平,结合方向调轨距"和道岔"先直股、后曲股"的原则进行。

8.坚持互控、确保安全

设备整修坚持多人联合作业,避免单人单独作业中出现疏忽和遗漏,加强作业互控,保证作业质量。

9.加强内实、规范管理

建立作业台账,翔实记录作业人员、地点、方法、使用工具、整修工作量、换装零配件的规格型号及整修结果;作业前工具和零配件规格和数量与作业后工具和零配件规格和数量进行核对,确保不留现场隐患。做好现场第一手资料收集,为摸索设备变化规律积累资料。

10.严格坚持"四化"

即职工技能化、从业人员专业化、安全绝对化、舒适最大化。

复习思考题

1. 简述国内外高速铁路养修模式。
2. 简述高速铁路基础设施主要特点及与常速铁路之间的主要区别。
3. 简述高速铁路养护维修的基本要求。
4. 举例说明国外高速铁路是如何进行维修的？
5. 简述高速铁路养护维修的基本原则。

第 10 章　地铁交通设施养护与维修

　　城市轨道交通系统可以按能力分为市郊铁路、地铁、轻轨、有轨电车四种形式;也可以按构造分为铁路、地铁、单轨、导向轨道交通、磁悬浮等形式。

　　地铁的养护与维修管理没有统一模式与方法,由各地铁所属部门自行制订,如广州地铁实行的方式如下:

　　(1)一级保养。对设备的巡视检查和日常性维护,确认设备的状态,保持设备良好的性能。

　　(2)二级保养。对设备的主要功能及主要部位进行检查、维修、局部拆卸、清理或更换零配件、加润滑油,及时修整超限或不良处所,以确保线路质量经常处于均衡状态保证行车平衡和安全。

　　(3)小修。对日常巡检、二级保养的故障进行结构性分析、诊断和维修,对较大工程量及维修周期长的故障进行计划维修。通过小修,改善轨道弹性,调整轨道几何尺寸,整修和更换设备零部件,以恢复线路完好的技术状态。

　　(4)中修。对线路全面的检查和维修处理,主要以工作量大、难度大,原故障和出现的难点进行有效的全面整治处理;以保障线路的完整,恢复线路最佳状态,列车安全、平稳的运行。

　　(5)大修。根据运营需要及线路设备损耗规律。周期性、有计划的对损耗部分进行更新和修理,恢复和提高设备强度,延长设备使用寿命,增强轨道承载力。

　　北京地铁养护维修技术规范则分为如下方式:

　　(1)日常检查。为及时了解和掌握设施状态及变化程度对设施进行的经常性的巡视检查。

　　(2)定期检查。为定期掌握设施状态及变化程度对设施进行的综合、全面细致的检查。

　　(3)专项检查。根据设施状态的需要,通过专业技术手段对设施损害进行的专门的、深入的特殊检查和检测。

　　(4)状态评定。根据日常检查、定期检查、专项检查的结果,对设施进行的分项判定、专项评定和综合评定。

　　(5)计划修。根据设施的平均失效间隔时间,确定设施的维修周期和维修计划的维修模式。

　　(6)状态修。根据设施的检测和诊断结果,掌握设施的性能和完好状态,然后进行综合分析和评价,最终做出检修计划和决策的维修模式。

　　(7)日常养护维修。根据设施状态评定的结果,对设施进行的经常性、局部性、预防性的养护维修工作。

　　(8)中修。根据设施状态评定的结果,对单项或多项设施进行的有针对性的维修整治工作。

（9）大修。根据设施状态评定的结果，对设施进行的更新、改造工作。

由于轨道结构的养护与维修方法与铁路基本相似，限于篇幅，本章只以北京地铁技术规范为基础，简单介绍地铁交通设备中区间隧道和车站的养护与维修。

10.1 区间隧道工程

地铁区间隧道的养护与维修需要了解当初的施工方法，以便有针对性的选择相应养护维修方案。目前主要的施工方法有明挖法和暗挖法，明挖法采用敞开口开挖或以工字钢桩、钢板桩、地下连续墙、钻孔桩等护壁施工，然后现浇整体式矩形钢筋混凝土框架结构。暗挖法主要为盾构法和矿山法两种。

10.1.1 定期检查

对区间隧道（含 U 形槽）的主体结构、附属结构及附属设施进行全面细致的检查，并对各分项进行状态评定，以全面掌握区间隧道的状态，将其作为制定养护维修计划工作的依据。

定期检查一年两次，分别在春季和秋季进行。通常配备常规检测工具（如钢尺、比尺、折尺）、锤子、照明工具、照相机等。

1. 主体结构检查

（1）衬砌开裂：裂缝长度≥5 mm、宽度＞3 mm；拱部压溃范围＞0.5 m²、掉块厚度＞6 mm。

（2）变形缝：缝宽变化、错位情况，缝宽变化值≥20 mm时标记。

（3）变形缝填塞物、管片螺栓孔、注浆孔填塞物：有无脱落。

（4）洞体结构：有无渗漏水现象。

（5）衬砌混凝土：是否发生起毛、酥松、麻面蜂窝、起鼓、剥落、钢筋外露、锈蚀现象。

2. 附属结构检查

附属结构检查包括联络通道、迂回风道、区间风道的相关检查。

3. 排水设施检查

重点检查排水沟、排水管、集水井有无开裂、漏水、淤积、堵塞、沉沙、滞水等现象，钢水管有无锈蚀。

4. 疏散平台

平台板上有无杂物，结构是否完好，固定螺丝是否松动等。

10.1.2 专项检查

专项检查主要针对较为严重的衬砌开裂、渗漏水、掉块等病害进行，并填写记录。

1. 衬砌开裂检查

使用裂缝测量计、设置标点等方法对其发展变化情况进行监测，并记录各次观测结果。每隔一个月进行一次复查，当裂缝宽度达到 5 mm 以上，压溃面积达到 1 m² 以上，掉块厚度达到 10 mm 以上时应进行专项检查查明原因，及时处理。对衬砌贯通裂缝或发展变化的裂缝，应分析原因。

2. 渗漏水检查

对滴水、淌水、涌水病害进行以下检查：

（1）检查漏水的流量，淌水、涌水时可用秒表和计量容器等测定；

（2）若漏水浑浊，应检查漏水中是否混有砂土，并测定砂土流出量；

（3）使用温度计、pH 值测定器、导电计等工具测量漏水的温度、pH 值和导电度，判断漏水是否对混凝土结构存在劣化作用。

3. 材质检查

出现严重病害时应该进行混凝土碳化深度检查，使用超声波、电磁波等方法对剥落部位衬砌的厚度进行测量。

4. 限界检查

使用横断面法、限界检查车等方法，每 10 年对隧道限界进行一次全面检查。

10.1.3　状态评定

1. 分级与处理

区间隧道按照主体结构和附属结构分别进行状态评定。

状态评定分为五级：一级为轻微病害，二级为中等病害，三级为较重病害，四级为严重病害，五级为极严重病害。

评为一级时应进行日常养护维修；评为二级时应进行日常养护维修，并加强检查；评为三级时应加强监视，必要时进行中修；评为四级时应尽快进行中修或大修；评为五级时应立即进行大修。

2. 主体结构及附属结构分项评定

主体结构及附属结构的分项评定可从裂损劣化、渗漏水、材料劣化三个方面分别按照表 10-1 进行分项评定。

表 10-1　隧道分项状态评定标准

序号	类别	检查项目	一级	二级	三级	四级	五级
1	主体结构	洞体裂缝	一般龟裂或无发展状态	钢筋混凝土衬砌裂缝宽度 $\delta<0.3$ mm；普通混凝土衬砌裂缝宽度 $\delta<3$ mm 且长度 $L<5$ mm	钢筋混凝土衬砌裂缝宽度 0.5 mm$\geq\delta\geq0.3$ mm；普通混凝土衬砌裂缝宽度 5 mm$\geq\delta\geq3$ mm；长度 $L\geq5$ mm 且裂缝有发展，但速度不快	衬砌出现贯通裂缝；钢筋混凝土衬砌裂缝宽度 $\delta>0.5$ mm；普通混凝土衬砌裂缝宽度 $\delta>5$ mm；长度 10 m$\geq L\geq5$ m 且裂缝密集	钢筋混凝土衬砌裂缝宽度 $\delta>0.5$ mm；普通混凝土衬砌裂缝度 $\delta>5$ mm，长度 $L>10$ mm，且变形继续发展；拱部开裂呈块状，有可能掉落
		洞体变形	有变形，但不发展，而且对使用无影响	有变形，但速度 $v>3$ mm/年	变形或移动速度在 10 mm/年$\geq v\geq3$ mm/年，而且有新的变形出现用变形量表示。限界不能变小保证不能侵入限界	变形或移动速度 $v>10$ mm/年	衬砌变形、移动、下沉发展迅速，威胁行车安全

续上表

序号	类别		检查项目	一级	二级	三级	四级	五级
1	主体结构		变形缝	变形缝压条牢固、完整无破损	基本完好、无破损,个别空鼓、有裂缝、剥落	变形缝压条轻微翘起破损、残缺部分空鼓、有裂缝、剥落	变形缝压条翘起、脱落破损残缺严重	变形缝压条大部分翘起、脱落破损残缺严重
			渗漏水	有漏水,但对行车安全无威胁,并且不影响隧道的使用功能;混凝土表面有轻微腐蚀现象	漏水使钢轨腐蚀,养护周期缩短,继续发展将会升级为三级;混凝土表面容易变酥、起毛	隧道滴水、淌水、渗水及排水不良引起洞内局部道床状态恶化;在短时间内混凝土表面凹凸不平	隧底冒水、拱部滴水成线,边墙淌水,危害正常运营;水泥被溶解,混凝土可能会出现崩裂	隧道涌水,危及行车安全
			仰拱压溃	个别位置	压溃范围很小	压溃范围 $S<1\ m^2$ 剥落块厚度 $<3\ cm$	压溃范围 $3\ m^2>S>1\ m^2$ 或有可能掉块	压溃范围 $S>3\ m^2$ 危及行车安全
			材料劣化	混凝土有起毛或麻面蜂窝现象,但不严重	混凝土有剥落,材料劣化,但发展较慢	混凝土剥落,材质劣化,衬砌厚度减少,混凝土强度有一定的降低	(1)材料劣化,稍有外力或震动,即会崩塌或剥落,对行车产生重大影响;(2)腐蚀深度 10 mm,面积达 0.3 m²;(3)衬砌有效厚度为设计厚度的 2/3 左右;(4)孔蚀或钢筋表面全部锈蚀	材料劣化严重,经常发生剥落,危及行车安全;衬砌厚度为原设计厚度的 3/5,混凝土强度大大下降;由于锈蚀,钢筋断面明显减小,结构物功能受到损害
2	附属结构	联络通道		同主体结构	同主体结构	同主体结构	同主体结构	同主体结构
		迂回通道		同主体结构	同主体结构	同主体结构	同主体结构	同主体结构
		区间通道		结构完好	存在裂缝和渗水,不影响使用功能	裂缝较多;出现滴水现象	裂缝密集;出淌滴水现象	裂缝密集,导致混凝土起层、剥落;出现涌水现象
		排水设施		结构完好	结构破损小于3%	结构破损在3%~10%	结构破损在10%~20%	结构破损达20%以上
		疏散平台		结构完好	结构破损小于3%	结构破损在3%~10%	结构破损在10%~20%	结构破损达20%以上

10.1.4　日常养护维修

日常养护维修可在检查过程中或在检查后及时进行。其工作主要包括经常性、预防性的养护工作和对轻微破损部分的维修工作。

1. 主体结构

(1)对于衬砌混凝土疏松、起鼓、剥离、掉块、露筋,凿去松动混凝土,清除钢筋锈迹后进行修补。

(2)对于变形缝以及盾构隧道的管片螺栓孔、注浆孔填塞物脱落,修补填塞物。

(3)清理变形缝中的杂物。

(4)隧道主体结构出现小的渗漏水情况时,应进行引流,避免淤积;检查衬砌是否有局部小掉块、钢筋外露、锈蚀现象,并做出标记;对衬砌出现局部小掉块的部位进行修补。

(5)对整体道床与底板结构间的间隙进行填充。

2. 其他部位

根据具体情况安排清理、疏通、修复等工作。

10.1.5 中修

中修计划的制订应根据区间隧道的状态评定结果进行。

1. 裂损劣化整治

当隧道裂损劣化出现宽度大于 5 mm 的纵向裂缝或宽度大于 3 mm 的环向裂缝时需查明原因进行整治,必要时可采取专项评估、专项设计和专业施工队伍施工的方式进行病害整治。

2. 变形缝

对于较严重的变形缝填塞物脱落,清除变形缝内杂物后进行修补。

3. 渗漏水

对于隧道渗漏水采用引流等方法止水排水。对于由隧道渗漏水导致的钢轨腐蚀应清除锈迹,对钢轨表面涂油并加强养护。对隧道渗漏水引起的混凝土表面变酥、起毛,除去表面松动混凝土并进行修补,对于凹凸不平的部位用水泥砂浆抹平。

4. 材料劣化整治

材料劣化中修方法需查明原因进行整治,必要时可采取专项评估、专项设计和专业施工队伍施工的方式进行病害整治。

10.1.6 大修

大修计划的制订根据区间隧道的状态评定结果进行。区间隧道病害应采取评估进行专项设计的方式进行大修和验收。对于限界不合格的隧道应调整限界尺寸满足线路行车要求。

10.2 地铁桥梁

10.2.1 日常检查

日常检查主要检查桥梁桥面系、梁、墩台、基础及其附属设施的外观。

梁、墩台及基础每月至少检查 1 次,桥面系和附属设施每季度至少检查 1 次,并填写检查日志。通常检查时配备望远镜、照相机等。

1. 桥面系

检查相应设施是否完整、有效;有无裂缝、钢筋有无锈蚀。

2. 圬工梁

检查裂缝及发展情况、有无渗漏水、有无锈斑、剥落、露筋等。

3. 钢梁

检查油漆是否脱落、钢梁是否锈蚀。

4. 组合梁

检查有无渗漏水、裂缝情况。

5. 墩台及基础

检查裂缝、腐蚀、剥落、露筋、空鼓、麻面及基础有无冲刷情况。

6. 附属设施

桥台护锥和背后盲沟及防护设施有无下沉、损坏、空洞;砌石勾缝有无脱落;防护设备有无撞击损坏。

7. 拉索系统

每月检查1次拉索防护层有无裂缝、老化和漏水;拉索护筒、套管有无裂缝、破损、松动脱落;锚固端是否流锈,锚固构件有无浸水、锈蚀、裂纹等;检查拉索振动情况。

8. 主塔

检查塔身及斜拉索锚座处混凝土有无剥落;锚螺栓、连接螺栓有无松动、断裂、锈蚀;钢构件、钢锚箱有无锈蚀、裂纹。

10.2.2 定期检查

对桥梁桥面系、支座、梁、墩台、基础及其附属设施进行全面检查,针对不同的结构,填写检测记录表,并做出状态评定,依据其状态指导维修工作。

定期检查应配备常规测量仪器、裂缝观测仪等。

除特别指明周期的结构外,定期检查每年两次,分别在春季、秋季进行。

1. 桥面系

主要是伸缩缝检查、栏杆检查。

2. 支座

主要是锚螺栓、螺母、钢件、支承垫石、各种支座检查。

3. 圬工梁

检查裂缝情况,裂缝宽度符合表10-2的规定;检查预应力混凝土梁封端混凝土及梁体是否出现空洞、蜂窝麻面、龟裂、风化等情况。

表 10-2 钢筋混凝土梁恒载裂缝限值

梁　别		裂缝部位	最大裂缝限值(mm)
预应力混凝土梁	梁体	下缘竖向及腹板主拉应力方向	不允许
		沿预应力管道方向	不允许
		纵向及斜向	≤0.2
		横隔板	≤0.3
钢筋混凝土上梁及框构		竖向裂缝	≤0.25
		腹板、底板横向裂缝	≤0.2
抗震销棒		水平裂缝	0.3

4. 钢梁

检查油漆涂膜、各种钢梁、杆件、拼接板、焊缝、联结件、铆钉和高强度螺栓等不良情况。

5. 组合梁

检查跨中区域桥面板有无压裂、压碎、磨损等情况。连接件情况。

6. 墩台及基础

检查裂缝情况。裂缝宽度应符合表 10-3 墩台恒载裂缝限值的规定；检查墩台基础的掏空、冲刷情况。墩柱、桥台、盖梁混凝土损坏情况。

表 10-3　墩台恒载裂缝限值

结构	裂缝部位		最大裂缝限值(mm)
墩台	顶帽		≤0.3
	墩身	经常受侵蚀性环境水影响	有筋 0.2 无筋 0.3
		常年有水但无侵蚀性	有筋 0.25 无筋 0.35
		干沟或季节性有水	≤0.4
	有冻结作用部分		≤0.2

7. 附属设施

主要检查横向限位螺栓、防磨板、抗震销棒、桥台护锥、栏杆、防护栅、防护栏、隔离带、防撞墩、防撞护栏等情况。

8. 拉索系统

(1)开管检查内置式减振装置是否有效,每年 1 次。

(2)开管检查斜拉索导管内是否有积水,每半年 1 次。

(3)每半年检查 1 次斜拉索护层的防锈油膏。

(4)使用振动测定等方法全面检测拉索力。斜拉桥建成 3 年内,每季度检测 1 次,其后每年检测 1 次。

(5)检查阻尼垫圈减振器的防水及橡胶老化情况。

(6)检查护层是否有裂缝,护套是否存在松动、脱落、老化现象。

9. 主塔

(1)检查记录裂缝的宽度、长度及发生的位置,重点检查主塔的横梁及根部、桥塔拉索锚固区。斜拉桥建成 3 年内,每季度 1 次,其后每半年 1 次。

(2)检查混凝土表面是否有剥落情况。

(3)检查钢构件是否锈蚀、脱焊,钢锚箱、连接螺栓是否损伤。

(4)检查拉索锚座钢垫板是否锈蚀。

(5)检查主塔扒梯的可靠性。

(6)检查塔身与梁体之间橡胶横向限位装置的橡胶老化程度。

(7)斜拉桥建成 1 年内,每季度进行 2 次塔顶偏位观测,其后每年观测 2 次。

(8)斜拉桥建成 3 年内,每半年进行 1 次索塔基础沉降观测,其后每年观测 1 次。

10. 汛期检查

每年汛期中应在雨前、雨中和雨后对桥梁的防排水设施进行全面检查。汛期应每天对防排水设施进行 1 次检查。

10.2.3 专项检查

1. 检查情况与处治

（1）专项检查

①检测结果超过规范规定的限值时；

②超过设计年限，需延长使用的；

③日常和定期检查中难以判明的病害；

④桥梁进行加固、改造前后；

⑤结构需要进行强度检算、限界检测、特殊结构周期性试验等。

（2）处置方法

检测结果填写记录，并写出专项检查报告。内容包括：

①概述桥梁基本情况、提出检测组织方案、时间和工作程序；

②描述目前桥梁技术状况、试验与检查项目及方法、检查数据与分析结果；

③阐述病害发生的原因及对结构安全的影响，评定桥梁继续使用的安全性；

④提出结构及局部构件的维修、加固或改造的建议方案，提出维护管理措施。

2. 检查时间要求

检查时间根据桥梁的结构类型、地域气候特点、行车密度等情况具体由相应地铁运营管理公司制订。北京地铁养护维修技术规范采用的时间要求参见表 10-4。

表 10-4　地铁桥梁专项检查时间要求

序号	项　目	时间要求	备　注
1	挠度和拱度	每 5 年 1 次	40 m 及以上的钢梁或组合梁
2	强度检算	必要时	
3	墩台及基础变位	稳定前每 3 年 1 次 稳定后每隔 5～8 年 1 次	
4	桥墩垂直度	每年 1 次	墩高大于或等于 20 m 的桥墩
5	梁、墩台、主塔混凝土裂缝深度，并检查钢绞线和钢筋锈蚀情况	裂缝宽度超过表 10-2 规定限值的 70% 时	
6	主塔混凝土强度、碳化深度和保护层厚度检测	裂缝宽度超过表 10-2 规定限值时	强度检测可使用回弹仪或超声波检测等方法，碳化深度检测可使用钻孔化验等方法
7	拉索探伤	每年 1 次	检查钢丝有无锈蚀或断丝
8	斜拉桥主桥挠度测量	每隔 1 年在春、夏、秋、冬各测一次，每次测 24 h	
9	斜拉桥应力检测	不超过 7 年	

10.2.4　日常养护维修

日常养护维修应在检查过程中或之后及时进行。其工作宜以整座桥梁进行,也可分区段进行。主要是针对检查中发现的问题对其进行清理、清扫、疏通、修补、补充、修复或更换等工作,并进行必要的除锈、涂油、拧紧、补充、涂漆、整治等工作,使设备处理良好的工作状态。

10.2.5　中修

根据桥梁状态,有计划地对桥梁进行全面维修和整治,以消除病害,恢复功能。桥梁的中修按联(跨)进行,中修计划的制订应根据桥梁的状态评定结果进行。

1. 桥面系

每 5 年对金属栏杆进行 1 次全面的油漆养护;更换或增设栏杆;每 5 年对钢质步行板进行 1 次油漆养护;更换或增设步行板;修复或更换个别损坏或失效的伸缩缝;更换损坏的声屏障。

2. 支座

批量加固或更换折断的螺栓;更换个别支座。

3. 圬工梁

对裂缝进行封闭或注浆处理;对封端混凝土裂缝、剥落进行修复;对破损、撞坏梁体进行加固处理。

4. 钢梁

每 10 年对钢梁进行 1 次全面的除锈、油漆养护工作;对状态为较重的焊缝裂纹进行补焊;批量更换损坏的螺栓。

5. 组合梁

修复组合梁钢构件与混凝土结构接头处的截面开裂。同时满足圬工梁和钢梁的规定。

6. 墩台

修补裂缝、修复缺陷、加固处理破损、撞坏、墩顶位移超限等情况。

7. 附属设备

对砌石勾缝脱落重新进行勾缝。修复梁、墩防护设备的撞击损坏。

8. 拉索系统

对有裂缝但钢丝未锈蚀的拉索防护层,进行封闭处理;对有裂缝并且钢丝锈蚀的拉索防护层进行防护处理,处理时应沿裂缝处剥开防护层,排出水分,除锈干燥后,再做防锈处理;当拉索 PU 护层撕破露出 PE 护层超过 10%,应进行修补;更换破损的护筒、套管;对索力变化值大于设计值的 10% 的拉索,应在拉索探伤的基础上,通过计算调整或更换拉索;更换失效的减振器,或者根据计算数据和日常检查观测数据设置外置式减振器。

9. 主塔

对宽度小于 0.2 mm 的裂缝进行封闭处理,并观测其发展趋势;对宽度大于 0.2 mm 或拉索锚座混凝土出现网状裂缝的,应向原设计单位报告;修复塔身及斜拉索锚座处脱落的混凝土,并在混凝土表面涂混凝土保护剂;更换老化的橡胶横向限位装置;拉索钢锚箱出现裂纹,先采用 6~8 mm 钻孔止裂,并观察裂纹是否发展。如裂纹进一步扩展,应研究确定加固方案。

10.2.6 大修

桥梁大修应根据桥梁设施状态有计划地、周期性地进行,主要是为恢复和提高桥梁承载能力,延长桥梁使用寿命。大修工作应整体规划、突出重点、有步骤地进行。

1. 桥面系

对超过全线 5% 的,损坏或失效的伸缩缝进行批量更换。

2. 梁

对出现裂缝状态为极严重的整孔钢筋混凝土梁进行全面整治;对保护层中性化裂损、钢筋锈蚀等病害进行综合整治;更换或增设整孔钢筋混凝土梁防水层;加固钢梁或混凝土梁;更换拉索。

3. 支座

根据状态评定结果,对超过全线 5% 的支座进行批量更换;对到大修周期(板式橡胶支座大修周期为 8～10 年,盆式橡胶支座大修周期为 20 年)的支座进行全面更换。

4. 墩台及基础

对超过全线墩台数 2% 的,存在长大裂缝的墩台进行整治;加固墩台及基础;更换或增设墩台;桥梁扩孔。

10.3 地铁车站

10.3.1 日常检查

日常检查以人工检查为主,辅以简单的检测工具。

车站的日常检查主要包括对地下、地面、高架车站的外露主体结构、附属结构、装饰面及附属设施的外观检查。

主体结构的日常检查包括钢结构、钢筋混凝土结构、预应力混凝土结构的外观检查;附属结构的日常检查包括出入口、疏散口、风道、炮台、过街天桥、地下通道的外观检查;装饰面的日常检查包括墙面、顶面、柱面、地面、屋面、门窗、盥洗设施、安全疏散标志及排水设施的外观检查,装饰面的日常检查每周至少 1 次;附属设施的日常检查主要包括栏杆、雨棚等。

1. 钢结构

检查钢结构表面油漆是否脱落、锈蚀;检查钢结构表面有无裂纹;检查钢结构柱脚螺栓有无松动、脱落或断裂。

2. 圬工结构

检查结构表面有无渗漏水;检查结构表面混凝土有无锈斑、剥落;检查结构有无露筋、开裂、破损。

3. 顶面

对普通涂饰类顶面,检查是否空鼓、起皮、脱落或开裂;检查吊顶有无松动、脱落、破损。

4. 墙(柱)面

对涂饰类装饰面,检查有无起皮、脱落或开裂;对于挂类装饰面,检查是否平整,有无开裂,嵌缝是否密实,金属挂件是否结实,吊挂是否牢固、翘起;对于湿贴类装饰面,检查表面是否平整,有无空鼓、裂缝,绑扎或黏贴是否牢固。检查变形缝是否完好,局部是否翘起,装饰面是否开胶,每周不少于一次。

5. 地面

对于整体铺设地面,检查是否平整,有无脱皮、空鼓、裂纹、麻面和起砂等现象;对于板块地面,检查是否平整,有无松动、空鼓、裂纹、掉角、缺楞、翘曲等现象;对于大理石地面,检查是否有开裂、破损、渗漏水等现象。

检查站内沟盖板有无出槽、变形、断裂或丢失,胶皮是否脱落;站台板是否松动,有无空鼓、破损;盲道砖是否空鼓,防滑功能是否有效;检查无障碍标志是否翘起、脱落和破损。

6. 门窗

对普通门窗,检查是否完好,有无松动、开焊、开裂和变形;开关是否灵活;小五金是否有缺损;玻璃安装是否牢固,有无缝隙裂纹等;对特种门,检查开启是否正常,配件是否齐全、位置是否正确、是否牢固,插销件是否损坏、掉漆,骨架是否腐蚀,是否满足使用及性能要求。

7. 盥洗设施

检查站内卫生间洁具设施是否完好、小五金配件是否缺失,每周不少于 1 次。

8. 安全疏散标志

检查站厅、售票厅、出入口、通道柱、墙面和台阶等处的安全疏散标志及导向标识是否清晰,有无翘起、脱落或破损,每周不少于 1 次。

9. 楼梯

检查台阶有无破损、松动、露筋或裂缝;防滑条有无破损、翘起;水泥抹灰有无脱落;木质扶手、栏杆是否存在缺失、线条不顺直、对缝不严密整齐的情况;不锈钢扶手、栏杆是否存在变形、连接处开焊的情况;钢质扶手、栏杆是否存在变形、开焊、锈蚀、掉漆的情况。

10. 出入口

检查出入口顶面、墙面、地面以及楼梯相关内容及有无渗水情况。

10. 3. 2　定期检查

对不同形式的车站主体结构、附属结构、装饰面及附属设施进行全面、细致的检查,检查结构渗漏情况,结构钢筋是否外露、锈蚀,钢结构柱脚螺栓有无松动、脱落或断裂等项目。检查的结果填写记录;并对各分项进行状态评定,以全面掌握车站的状态,将其作为制定养护维修计划工作的依据。

除汛期检查外的定期检查每年应进行两次,分别在春季、秋季进行;汛期检查每年进行 1 次;主体结构、附属结构及附属设施的日常检查每季度至少 1 次。

1. 钢结构

主要检查屋架、立柱、接缝、轻质隔墙、防锈漆、防火涂料等的完好情况;对地下车站电缆墙,检查是否有空鼓、裂缝或渗漏;检查结构是否有渗漏,导流管是否工作正常。

2. 圬工结构

主要检查墙体、楼板、结构变形缝、导流管以及结构体本身是否工作正常。

3. 屋面

主要检查车站屋顶、屋面装饰面伸缩缝盖板孔(门)、透气孔网等外观是否完好;对于地上车站,还要检查采光板屋面及金属屋面是否有污点、腐蚀,采光是否良好,隔热层及防潮板功能是否有效;检查屋面防水卷材是否起臌、开裂,封边是否牢固,屋顶是否洇水、漏水,女儿墙是否尿檐。

4.顶面

主要检查吊顶的面板、扣件、龙骨、吊件等是否完好无损。对于地上车站,还应检查格栅类吊顶格栅分格是否均匀、方正,表面是否平顺、起拱,是否有塌陷;垂片类吊顶龙骨是否水平,吊件和龙骨是否紧固。

5.墙面

检查玻璃幕墙密封是否完好,挂件是否牢固;对轻质隔墙,检查是否开裂、变形和倾斜。

6.楼梯

检查钢质楼梯是否开裂、变形和倾斜。

7.排水设施

检查雨落管、排水管和排水漏斗是否堵塞、破损,水箅子是否破损。

8.汛期检查:每年汛前对车站出入口、地面厅、屋面等处防洪、排水设施进行检查。汛期应每天对车站出入口、地面厅等处防洪、排水设施进行 1 次检查;

10.3.3 专项检查

专项检查是对车站日常检查和定期检查中难以判明的病害进行的深入检查。检测结果填写检查记录表。

1.结构

(1)使用专业测量仪器检测主体结构变形、开裂、沉降等病害。

(2)检测结构混凝土强度是否满足要求。

(3)对结构的渗漏,加密检测周期,并用导流管引流;对结构较严重的渗漏,应请专业机构进行检测。

(4)检查钢结构构件是否压屈稳定、弯曲变形。

2.状态评定

车站状态评定按主体结构、附属结构、装饰面及附属设施分项进行,状态评定分为五级:评为一级时应进行日常养护维修;评为二级时应进行日常养护维修,并加强检查;评为三级时应加强监视,必要时进行中修;评为四级时应尽快进行中修或大修;评为五级时,功能丧失严重,应进行大修。

10.3.4 日常养护维修

日常养护维修是对车站设施进行的经常性或预防性的养护以及局部小补修和一般故障的处理。通常在检查过程中或在检查后及时进行。

1.钢结构

对于地上钢结构车站,应对局部锈蚀的部位进行除锈;重新涂刷脱落的防锈漆;重新涂刷开裂的防火涂料。拧紧松动的螺栓和铆钉。

2.圬工结构

对于轻微的混凝土剥落、露筋,凿去松动混凝土,清除钢筋锈迹后进行修补。

3.顶面

对普通涂饰类顶面,对起皮、脱落和开裂的破损进行清理,并尽量以原色或靠色修补。对松动、损坏的吊顶进行加固、修复。

4. 墙(柱)面

对涂饰类装饰面,清理起皮、脱落或开裂的破损面,尽量以原色或靠色修补;对于干挂类装饰面,平整、修复开裂面,紧固松动的挂件,重新黏贴翘起的挂件;对湿贴类装饰面,应平整开裂表面,对空鼓饰面,重新安装,对松动饰面,重新绑扎并黏贴牢固。紧固松动的变形缝,使用踢凿、清理、填充、加固等方法对变形缝局部翘起、整体损伤进行修补。

5. 地面

主要针对地面装饰面、水沟盖板、站台板、无障碍设施标志、散水等进行修补与复原。

6. 门窗

修补破损的部位,使其处理完好状态。

7. 盥洗设施

对站内松动的卫生间洁具设施进行紧固,对小五金配件及破损设备进行修复。

8. 安全疏散标志

对车站站厅、售票厅、出入口、柱面、墙面、台阶等处的安全疏散标志,翘起、破损的,重新粘贴修补;破损程度较大的拆除后重新安装;脱落的重新安装,并用胶对四周进行密封;不清晰的进行更换。

9. 楼梯

对出现破损、松动、裂缝的台阶和出现破损、翘起的防滑条,使用胶、快干水泥等材料紧固或修补;对水泥脱落处重新涂抹;对木质扶手、栏杆,对缝不严密整齐、松动、交圈的进行修整、紧固铆钉;对缺失的,按原样补齐;对不光滑平整、线条不顺直的进行矫正;对不锈钢扶手、栏杆的开焊处进行补焊并抛光;对其出现变形的进行矫正;对于钢质扶手、栏杆,其锈蚀、掉漆处进行除锈打磨,并尽量以原色漆修饰;其开焊处进行补焊并抛光;其出现变形的进行矫正。

10.3.5　中修

车站中修工作以整治病害、消除危险为主,其维修标准是对破损部分基本修复为原样,对失效的设施进行全面维修或更换。中修计划的制订应根据车站的状态评定结果进行。

1. 主体结构

每 3～5 年对钢结构进行 1 次全面的除锈涂漆,每 3～5 年对钢筋混凝土结构进行 1 次全面的涂刷;防火漆更换以设计使用年限为依据。对螺栓或铆钉折断、焊接开裂的钢结构进行加固、焊接或换新。整治车站结构漏水。

2. 屋面

补漏处理屋顶洇水、漏水,女儿墙尿檐等屋面漏水问题。清理屋面、天沟、雨搭;使用切割、钻眼、挖补等方法清除卷材空鼓;使用聚氯乙烯、聚氨酯、氯丁水泥等材料对开裂或不牢固封边进行填嵌密封。

3. 顶面

修补或更换损坏的吊顶配件及板条;对松动、破损、开胶的铝扣板,进行紧固、修补、补胶。对普通涂饰类顶面,清除空鼓,尽量以原色或靠色修补顶面破损,并整体进行粉刷和保养。

4. 墙面:每 4 年对装饰面应进行整体粉刷和保养;铲除空鼓,加固边缘;修补密封不严的玻璃幕墙并注密封胶;拆除、重新制作出现开裂、变形和倾斜的轻质隔墙;检查空鼓属于表层空鼓还是结构空鼓;对大面积的电缆墙空鼓进行清除,修补裂缝。

5. 地面

局部更换整体铺设、板块地面装饰面的严重缺损部位；原样更换变形、断裂或破损严重的站内沟盖板；更换大面积破损的无障碍设施的标志；重新安装功能性损坏的防滑条；散水开裂，应用水泥砂浆或豆石混凝等材料修补；损坏较大应重新砌筑。

6. 门窗

根据腐蚀程度拆卸修补或更换门腐蚀的骨架；更换不能满足使用功能及性能要求的特种门。

7. 楼梯

尽量以原色原材料对整个楼梯的木质扶手、栏杆进行全面涂刷。使用加固、焊接、除锈和补漆的方法维修开焊、锈蚀或掉漆的楼梯；

10.3.6 大修

车站大修应根据车站各分项的状态有计划地、周期性地进行，主要是为了恢复车站的使用功能，延长车站的使用寿命。大修工作应整体规划、突出重点、有步骤地进行。

（1）主体结构：对结构变形、倾斜和沉降，进行加固维修。

（2）屋面：对严重漏水的屋面进行整治，每隔 10 年更换 1 次屋面防水。

（3）顶面：用相同材质更换顶面腐蚀的龙骨。

（4）楼梯：拆除并更换开裂、变形和倾斜的钢质楼梯。

（5）安全疏散标志：全面更换安全疏散标志。

（6）装饰面：整体更新装饰面。

10.4 地铁路基和涵洞

10.4.1 日常检查

路基与涵洞的日常检查主要包括对路基本体、排水沟、防护加固设施、涵洞等设施的外观及使用状态检查。路基及涵洞的日常检查每周至少 3 次。

1. 路基本体

检查基床是否出现渗水、渗流、下沉外挤及翻浆冒泥现象；冬季还应检查基床是否发生冻害。检查边坡是否坍滑、风化剥落、溜坍、陷穴、裂缝、零星活石或松动孤石；侧沟平台和堑坡平台上有无杂物堆积。检查路肩是否平整，有无缺损，有无外高内低、积水、塌陷、挤出或隆起；路肩面和肩缘下 2 m 范围内有无弃砟弃土堆积。

2. 排水设施

检查排水沟有无淤积物和排水不良现象，两侧是否整洁，沟帮上有无杂物堆积；周边杂草植物是否侵入。检查地下排水设施的沟口和泄水孔有无淤塞物；盲沟出水口排水是否畅通；出水口边坡有无冲沟或坍塌。

3. 防护加固设施

（1）检查护栏网片有无损坏、缺损和锈蚀，护栏有无断裂；护栏基础和立柱有无损坏。

（2）检查声屏障的隔音板、骨架有无损坏、脱落。

（3）检查护坡是否出现坍滑；泄水孔有无堵塞；平台及堑坡砌体有无杂物堆积；挡土墙有无

开裂、蚁穴、坍塌、墙后堵塞积水;周围地基是否有错台或出现空隙。

(4)巡查检查道有无积水、杂物堆积妨碍行走。

4.涵洞

检查涵洞端墙、翼墙和护锥有无变形和损坏。检查涵洞排水设施是否齐全有效。检查涵洞内是否存在淤积和杂物堆积。

10.4.2　定期检查

对路基和涵洞设施进行全面、细致的检查,并对各分项进行状态评定,以全面掌握路基和涵洞的状态,将其作为制定养护维修计划工作的依据。通常配备钢尺、皮卷尺、水准仪、经纬仪和回弹仪等测量仪器进行。每年两次,分别在春季和秋季进行。

1.路基本体

检查土质边坡坡度是否满足设计要求。检查边坡是否风化剥落、溜塌、滑坡、是否有裂缝。

2.排水设施

检查排水泵等设施功能是否正常。检查排水沟是否损坏,是否存在淤积现象。

3.防护加固设施

检查护坡、护墙和挡土墙是否有蚁穴,挡墙是否开裂、倾斜下沉。检查声屏障骨架是否松动、脱落,隔音板是否变形、损坏。

4.涵洞

检查涵身有无变形、损坏;有无漏水;涵身结构有无裂缝,表面是否蜂窝麻面,涵身是否露筋,涵洞铺砌是否裂损,是否淤塞;防护设施是否有裂缝,端墙翼墙护锥是否倾斜、挤出;排水设施是否完好,管节接缝是否透水渗漏。

5.汛期检查

每年汛前对路基的排水、泄洪设施以及涵洞排水设施进行检查。汛期应每天对路基的排水、泄洪设施以及涵洞排水设施等进行 1 次检查。

10.4.3　专项检查

专项检查是对路基和涵洞日常检查和定期检查中难以判明的病害进行的深入检查。并进行状态评定。

1.路基严重病害地段

(1)对基床下沉外挤地段,当出现大范围侧沟挤动、变形、挤死时,检查雨季基床下沉量,侧沟挤动或挤死的程度。

(2)对基床翻浆冒泥地段,检查雨季泥浆上冒、旱季泥结碎石、翻浆面积,侧沟淤塞程度。

(3)对边坡坍塌地段,检查塑流状推移、环状小陡坎的面积;连续溜塌群的面积;边坡土体整体性滑落的面积及距离;前缘局部性崩塌的程度。

(4)对边坡陷穴地段,检查边坡陷穴和塌陷的面积及范围。

(5)对冻害地段,检查路基本体的冻害深度及冻害范围。可使用冻土仪、地温计勘测、挖验观测等方法进行检查。

2.涵洞严重病害部位

主要检查淤塞、渗漏、倾斜、挤出、裂缝、破损、变形程度,腐蚀等情况。

10.4.4 日常养护维修

日常养护维修可在检查过程中或在检查后及时进行。工作主要针对路基小型病害,目的是保持路基设施合格状态,充分发挥其作用,延长设施使用寿命,预防病害的发生和发展。

1. 路基本体

(1)清除边坡坡面杂草、修补夯填土质边坡裂缝、清除零星坍体及土石堆积物,使路基边坡保持平整,无杂草侵入,无土石杂物堆积。

(2)清除路肩杂草、弃土,处理坑洼积水,填平坑洼,使路肩平整、无外高内低、无积水,无弃砟弃土堆积。

(3)对边坡植被喷药,对缺失的植被进行局部修补。

2. 排水设施

(1)修补地表排水设施裂缝、局部损坏和脱落的勾缝,清除沟内杂物和淤积,修补抹面破裂,铲除排水设施周边杂草,处理天沟附近坑洼积水,使地表排水设施不堵不淤、流水畅通。

(2)清除地下排水设施出水口杂草,清除淤积,对损坏或丢失的地下排水设施标志进行维修或补齐,使地下排水设施保持不堵不淤、流水畅通,各种地下排水设备的标志完整。

3. 防护加固设施

(1)清除护栏周边侵入的杂草,修补局部缺失、破损或变形的护栏,对护栏局部除锈涂漆,维修或补齐损坏或丢失的标志、标识,使护栏无杂草侵入,无破损和严重锈蚀,各种标志、标识完整。

(2)清除声屏障周边杂草、杂物,修补松动、破损或变形的声屏障,补全或局部更换声屏障隔音板,使声屏障无杂草侵入,无破损和严重锈蚀。

(3)修补护坡、护墙和挡土墙松动或脱落的砌体,修补裂缝和脱落的勾缝,修补损坏的变形缝,清理疏通泄水孔的淤积,拔除坡面上的杂草,清除土石堆积,使砌体脱落和破损面积小于5%,泄水孔无堵塞,坡面无杂草、土石堆积。

(4)排除检查道坑洼积水,填平坑洼,清除侵入的杂草、杂物,使检查道无积水,无杂草、杂物,不妨碍行走。

4. 涵洞

清除涵洞杂物、淤积,清理护栅,使涵洞不堵不淤,排水畅通,孔径满足要求。

10.4.5 中修

中修应根据路基和涵洞状态变化规律和特点,有计划地进行全面维修和整治,以消除病害,恢复功能。路基本体、排水设施、防护加固设施及涵洞的分项评定结果可供制定中修计划参考。

1. 路基本体

主要包括整治边坡溜坍、风化剥落、边坡裂缝、边坡陷穴等病害。中修后的路基本体状态应满足设计要求。

2. 排水设施

主要包括加固砌石侧沟、翻修地面下沉、断裂等变形设施。中修后的排水设施应保证不渗不漏,排水畅通。

3. 防护加固设施

主要包括补全或局部更换护栏网片,加固护栏基础和立柱,使护栏网片完整,立柱、基础稳定;每 4 年对护栏进行全面的除锈涂漆;局部加固声屏障基础和骨架,使基础稳定,隔音板完整,骨架牢固;对护坡、护墙和挡土墙的局部破损开裂进行圬工处理,对铁制检查梯、安全栏杆除锈油漆;修补破损的检查道台阶。

4. 涵洞

主要包括整治涵管接头漏水、漏土、涵管裂缝、涵管节段沉陷、涵身结构开裂、涵管脱节、砖石松动缺损、勾缝脱落、钢筋混凝土保护层脱落和钢筋外露等病害。

10.4.6　大修

路基大修应根据路基和涵洞设施病害发生、发展规律和状态,有计划地地对其进行彻底整治或更新,恢复和提高路基和涵洞功能,延长使用寿命。大修工作应整体规划、突出重点、有步骤地进行。大修计划的制订应根据路基和涵洞的状态评定结果进行。

1. 路基本体

使用砂垫床、土工膜(板)封闭层、无纺布纤维渗滤层、换砂等措施对基床翻浆冒泥进行彻底整治;使用换填土、换掺料土、换砂、灰土桩、石灰砂桩、反压马道、灌浆和旋喷等措施对基床下沉外挤进行彻底整治;使用增设排水系统或护道,设置砂垫层或隔水层,部分换土或改良土质等措施对基床冻害进行整治;大面积边坡溜坍、风化剥落、陷穴等病害的整治;使用填土、干砌片石等措施加宽路堤地段路肩;使用刷坡、浆砌片石、浆砌片石砌筑坡脚墙、钢筋混凝土盖板等措施加宽路堑地段路肩。

2. 排水设施

翻修破损、变形的排水设施;拆除并重建丧失排水功能的设施;对影响地下排水设施功能的大面积地面下沉、断裂等变形,进行翻修;地下排水设施破坏严重时应拆除重建。

3. 防护加固设施

更新护栏;整体更换损坏的声屏障骨架;拆除重建声屏障;修破损的护墙、挡土墙,严重断裂或倾斜的应拆除重砌,由土压力过大造成的,还应采取换填片石、硅化土层等措施减小土压力;接长或增加防护加固设施。

4. 涵洞

拆除重砌严重断裂或倾斜的端墙、翼墙;增设新盲沟;整体抬高涵身或抬高中间部分涵身整修涵身下沉,或更新改造涵身;更换涵洞损坏的管节;使用疏整水道、修补铺砌层等措施整治铺砌变形、沉陷。

10.5　车辆段及区间附属构筑物

10.5.1　日常检查

日常检查以人工检查为主,辅以简单的检查工具。车辆段的日常检查主要包括对停车列检库、架修库、月修库、定修库、洗刷库、轨道车库、过街天桥、料棚、站台、防雨雪棚的外观检查;区间附属建筑的日常检查主要包括对风亭和变电站的钢结构、钢筋混凝土结构、检修沟、天窗及附属设施的外观检查。停车列检库、架修库、月修库、定修库、洗刷库、轨道车库的日常检查主要包括对结构、顶面、墙面、柱面、地面、门窗、检修沟的检查。结构、顶面、墙面、柱面、地面、门窗、洁具设施的检查周期为每季度至少1次。

(1)过街天桥:检查台阶有无破损、松动。栏杆、扶手是否存在变形、开焊、锈蚀及掉漆情况。

(2)料棚:检查料棚顶面是否渗漏水。检查钢结构表面油漆是否脱落、锈蚀。

(3)站台:检查站台板是否松动,有无空鼓、破损。检查盲道砖是否空鼓,防滑功能是否有效;检查无障碍标志是否翘起、脱落和破损。每周不少于1次。

(4)检修沟:检查车辆段电客车、轨道车检修沟是否开裂。

(5)天窗:检查车辆段天窗是否清洁、是否破损,开启是否自由,配件是否齐全。每季度应不少于1次。

(6)附属设施:围墙应检查是否破损,每月应不少于1次。检查雨棚、围栏、车辆空调检修平台是否破损、锈蚀。每年应不少于2次。

10.5.2 定期检查

定期检查每年应进行2次,分别在春季、秋季执行。结构、屋面、顶面、墙面、柱面、地面、门窗、排水设施、洁具设施的检查按照钢结构相关规定执行。

(1)过街天桥:除检查相关钢结构外,同时检查过街天桥栏杆、扶手是否存在变形、开焊、锈蚀及掉漆情况,每年不少于2次。

(2)料棚:检查屋架、立柱等处是否出现裂纹、锈蚀现象。检查接缝是否开焊。检查防锈漆是否脱落,防火涂料是否开裂。

(3)检修沟:车辆段电客车及轨道车检修沟检查是否发生沉降、开裂。

(4)附属设施:道路应检查路面是否有坑洼、破损、开裂和下沉,每月不少于1次。围墙应检查是否破损、开裂和变形。

(5)汛期检查:对车辆段及区间附属建筑的结构不需要做汛前检查。汛期应每天对屋面防水、雨落管等进行1次检查。

10.5.3 日常养护维修

日常养护维修是对设施进行的经常性或预防性的养护以及局部小修补和一般故障的处理。日常养护维修在检查过程中或在检查后及时进行。

(1)过街天桥:对相应钢结构进行维修,并对过街天桥栏杆、扶手的变形、开焊、锈蚀及掉漆情况修理。

(2)料棚:对局部锈蚀的部位进行除锈;重新涂刷脱落的防锈漆;重新涂刷开裂的防火涂料。拧紧松动的螺栓和铆钉。

(3)检修沟:电客车、轨道车检修沟破损、开裂,应对其断电修补。

(4)附属设施:涂抹修补损坏的道路。修补破损的围墙。对跨线天桥、雨棚、围栏、车辆空调检修平台破损,锈蚀进行除锈、修补。

10.5.4 中修

中修工作以整治病害、消除危险为主,其维修标准是对破损部分基本修复为原样,对失效的设施进行全面维修或更换。中修计划的制订应根据车辆段及附属建筑的状态评定结果进行。

(1)检修沟:电客车、轨道车检修沟破损、开裂,应对其断电修补。

(2)附属设施:涂抹修补损坏的道路;使用水泥砂浆填补嵌缝道路裂缝。围墙破损、开裂和变形,应对其进行修补。

10.5.5　大修

大修计划的制订应根据车辆段及附属建筑的状态评定结果进行。

(1)屋面:对严重漏水的屋面进行整治,每隔 15 年更换 1 次屋面防水。

(2)检修沟:整治检修沟的沉降。

(3)附属设施:重新砌筑开裂及变形过大的附属设施。

复习思考题

1.综述地铁养护与维修管理的模式。

2.如何对地铁区间隧道工程进行定期检查和专项检查?

3.如何对地铁区间隧道工程进行状态评定?

4.地铁区间隧道日常养护维修、中修、大修工作主要有哪些? 有什么要求?

5.地铁桥梁日常养护维修、中修、大修工作主要有哪些? 有什么要求?

6.如何对地铁车站进行日常检查、定期检查和专项检查?

7.如何对地铁车站进行日常养护维修、中修和大修?

8.地铁路基日常养护维修、中修、大修工作主要有哪些? 有什么要求?

9.地铁车辆段及区间附属构筑物日常养护维修、中修、大修工作主要有哪些?

参考文献

［1］铁路线路修理规则［S］.北京：中国铁道出版社，2010.

［2］铁路路基大维修规则［S］.北京：中国铁道出版社，2008.

［3］铁路桥隧建筑物修理规则［S］.北京：中国铁道出版社，2010.

［4］铁路运输企业线路设备大修预算编制办法［S］.北京：中国铁道出版社，2007.

［5］铁路交通事故应急救援规则［S］.北京：中国铁道出版社，2007.

［6］高速铁路无砟轨道线路维修规则［S］.北京：中国铁道出版社，2012.

［7］北京市交通委员会.城市轨道交通设施养护维修技术规范［S］.北京市质量技术监督局，2010.

［8］广州市地下铁道总公司运营事业总部.广州地铁线路维修规程［S］.GDY/QW-WXⅠ08-030-001.

［9］李明华.铁道工务［M］.北京：中国铁道出版社，2006.

［10］张钟祺.桥隧施工及养护［M］.北京：中国铁道出版社，2001.

［11］邓学通，叶一鸣.准高速轨检车检测原理及应用［M］.北京：中国铁道出版社，2004.

［12］广钟岩 高慧安.铁路无缝线路［M］.北京：中国铁道出版社，1995.

［13］李德武.隧道［M］.北京：中国铁道出版社，2004.

［14］陈岳源.铁路轨道［M］.北京：中国铁道出版社，2004.

［15］王启德.铁路线路维修与大修［M］.北京：中国铁道出版社，2004.

［16］卢耀荣.无缝线路研究与应用［M］.北京：中国铁道出版社，2004.

［17］范俊杰.现代铁路轨道［M］.北京：中国铁道出版社，2004.

［18］王其昌.铁路线路大修工程［M］.北京：中国铁道出版社，2000.

［19］荣佑范.铁路线路维修与大修［M］.北京：中国铁道出版社，2005.

［20］易思蓉.铁路选线设计［M］.成都：西南交通大学出版社，2005.